Digital Services Act (DSA)

Digital Services Act (DSA)

O REGULAMENTO EUROPEU 2022/2065
SOBRE OS SERVIÇOS DIGITAIS

2023

Luís Manuel Teles de Menezes Leitão
Doutor e Agregado em Direito
Professor Catedrático da Faculdade de Direito de Lisboa
Advogado e Jurisconsulto

ALMEDINA

DIGITAL SERVICES ACT (DSA)
O REGULAMENTO EUROPEU 2022/2065
SOBRE OS SERVIÇOS DIGITAIS
AUTOR
Luís Manuel Teles de Menezes Leitão
EDITOR
EDIÇÕES ALMEDINA, S.A.
Avenida Emídio Navarro, 81, 3D
3000-151 Coimbra
Tel.: 239 851 904 · Fax: 239 851 901
www.almedina.net · editora@almedina.net
DESIGN DE CAPA
EDIÇÕES ALMEDINA, S.A.
PRÉ-IMPRESSÃO
João Jegundo
IMPRESSÃO E ACABAMENTO

Março, 2023

ISBN
978-989-40-1121-7

DEPÓSITO LEGAL

ALMEDINA | GRUPOALMEDINA

"The bird is freed".

Publicação de Elon Musk no Twitter, em 28/10/2022, após ter concretizado a compra dessa plataforma por 44 mil milhões de euros.

"@elonmusk In Europe the bird will fly by our rules. #DSA".

Publicação de resposta do Comissário Europeu Thierry Breton a Elon Musk, também no Twitter em 28/10/2022.

1
Introdução

As regras sobre a prestação de serviços digitais no mercado único europeu irão sofrer uma alteração profunda depois da publicação no dia 27 de Outubro de 2022 do Regulamento (UE) 2022/2065 do Parlamento Europeu e do Conselho de 19 de Outubro de 2022 relativo a um mercado único para os serviços digitais e que altera a Diretiva 2000/31/CE (Regulamento dos Serviços Digitais), conhecido internacionalmente pela designação *Digital Services Act (DSA)*. Este Regulamento é aplicável a partir de 17 de Fevereiro de 2024, salvo quanto a algumas das suas disposições, que já se aplicam a partir de 16 de Novembro de 2022.

Este Regulamento vem alterar a Directiva 2000/31/CE, do Parlamento Europeu e do Conselho, de 8 de Junho de 2000, relativa a certos aspectos legais dos serviços da sociedade de informação, em especial do comércio electrónico, no mercado interno, que constituía até agora o enquadramento da prestação de serviços digitais no âmbito da União Europeia. Essa Directiva tinha sido transposta em Portugal pelo denominado Regime Jurídico do Comércio Electrónico (RJCE), constante do Decreto-Lei 7/2004, de 7 de Janeiro, sucessivamente alterado pelo Decreto-Lei 62/2009, de 10 de Março, pela Lei 46/2012, de 29 de Agosto e pela Lei 40/2020, de 18 de Agosto.

Embora estabelecendo uma harmonização plena das regras relativas à prestação de serviços digitais no mercado interno, o considerando (24) do Regulamento (UE) 2022/2065 parece admitir a manutenção da vigência, pelo menos parcial, do actual Regime Jurídico do Comércio Electrónico ao dispor o seguinte:

> "O presente regulamento harmoniza plenamente as regras aplicáveis aos serviços intermediários no mercado interno com o objetivo de assegurar um ambiente em linha seguro, previsível e fiável, combatendo a difusão de conteúdos ilegais em linha e os riscos sociais que a difusão de desinformação ou de outros conteúdos pode gerar, e no qual os direitos fundamentais consagrados na Carta sejam eficazmente protegidos e a inovação seja facilitada. Por conseguinte, os Estados-Membros não deverão adotar ou manter requisitos nacionais adicionais no que diz respeito às matérias abrangidas pelo âmbito de aplicação do presente regulamento, salvo se explicitamente previsto no presente regulamento, uma vez que tal afetaria a aplicação direta e uniforme das regras plenamente harmonizadas aplicáveis aos prestadores de serviços intermediários em conformidade com os objetivos do presente regulamento. Tal não deverá excluir a possibilidade de aplicar outra legislação nacional aplicável aos prestadores de serviços intermediários, que seja conforme com o direito da União, incluindo a Diretiva 2000/31/CE, nomeadamente o artigo 3º, sempre que as disposições do direito nacional visem alcançar objetivos legítimos de interesse público distintos dos visados pelo presente regulamento".

Nesta obra iremos por isso analisar as modificações do regime que resultam do referido Regulamento (UE) 2022/2065 e qual a sua repercussão no actual Regime Jurídico do Comércio Electrónico.

2
Os objectivos do novo Regulamento dos Serviços Digitais

Após a aprovação da Directiva 2000/31/CE, a utilização da internet e a importância das plataformas digitais assumiu uma dimensão cada vez maior, tornando a anterior regulação desajustada. Basta recordar que aquando da publicação da Directiva 2000/31/CE ainda não existia o Facebook (criado em Fevereiro de 2004), nem o YouTube (criado em Fevereiro de 2005), nem o Twitter (criado em Março de 2006) e muito menos o Instagram (criado em Outubro de 2010). A partir do seu surgimento, estas plataformas assumiram um impacto sócio-económico crescente, tornando-se na prática espaços públicos, que permitem aos indíviduos aceder e partilhar informação, às empresas contactar com clientes, e até aos políticos e às autoridades comunicar com os cidadãos[1].

Por outro lado, a Directiva 2000/31/CE baseava-se na ideia de que os prestadores intermediários de serviços eram meros alojadores passivos de conteúdos alheios. A jurisprudência do Tribunal de Justiça da União Europeia levou, porém, à identificação de inúmeros casos em que essa passividade não existia. Assim, nos processos apensos C-236/08 a C-238/08, em que estava em causa o serviço de referenciamento *AdWords* da Google que permitia que uma pesquisa de produtos relativos a marcas de prestígio orientasse o utilizador para produtos contrafeitos, o TJUE considerou que a Google só poderia beneficiar da isenção de responsabilidade pre-

[1] Cfr. Ilaria Buri / Joris Van Hobokem, "The Digital Services Act (DSA) proposal: a critical overview", Institute for Information Law (IViR), University of Amsterdam, 2021, disponível em https://dsa-observatory.eu/wp-content/uploads/2021/11/Buri-Van-Hoboken-DSA-discussion-paper-Version-28_10_21.pdf, p. 4.

vista no art. 14º da Directiva 2000/31/CE se não tivesse desempenhado um papel activo susceptível de lhe facultar um conhecimento ou um controlo dos dados armazenados[2]. Da mesma forma no processo C-324/09 relativo à plataforma Ebay, o TJUE considerou que esta não poderia beneficiar da isenção de responsabilidade do art. 14º da Directiva caso conhecesse ou devesse conhecer a ilicitude das propostas de venda de produtos contrafeitos realizadas através da sua plataforma[3]. Também nos processos apensos C-682/18 e C-683/18, relativos às plataformas YouTube e Cyando, o TJUE considerou que as plataformas de partilha de vídeos e ficheiros só são abrangidas por aquela disposição se não desempenharem um papel activo susceptível de lhes conferir um conhecimento ou um controlo dos conteúdos carregados na sua plataforma[4].

Efectivamente, a ascensão da Web 2.0 e da interactividade que a caracteriza levou a um modelo de negócio completamente diferente, em que os prestadores intermediários de serviços exploram os dados dos utilizadores e os seus efeitos na internet. Nesse novo modelo é difícil configurar a actividade das plataformas em linha como mero alojamento de conteúdos alheios, o que limita a possibilidade de isentar a sua responsabilidade com base em conceitos simplistas como a o carácter técnico da actividade ou a ausência do conhecimento ou controlo do conteúdo ilegal por parte do prestador[5]. Ao mesmo tempo, os utilizadores da internet também deixaram de ser passivos e passaram a ser criadores frequentes de conteúdos de texto, imagens, áudio ou vídeo, procedendo frequentemente à sua colocação nas diversas plataformas digitais. Tal aumenta a possibilidade de disseminação na internet de conteúdos ilegais, como violações de direito de autor, discursos de ódio, propaganda do terrorismo, mas também de desinformação, justificando um maior controlo dos conteúdos em circulação na internet[6].

[2] Cfr. Acórdão TJUE 23/3/2010, processos apensos C-236/08 a C-238/08 *Google France SARL e Google Inc. contra Louis Vuitton Malletier SA e outros.*

[3] Cfr. Acórdão TJUE 12/7/2011, processo C-324/09, *L'Oréal SA e outros contra eBay International AG e outros.*

[4] Cfr. Acórdão TJUE 22/6/2021, processos apensos C-682/18 e C-683/18, *Frank Peterson contra Google LLC e o. e Elsevier Inc. contra Cyando AG.*

[5] Cfr. o considerando (42) da Directiva 2000/31/CE.

[6] Cfr. Mark D. Cole / Christina Etteldorf / Carsten Ullrich, *Updating the Rules for Online Content Dissemination. Legislative Options of the European Union and the Digital Services Act Proposal*, Baden-Baden, Nomos, 2021, pp. 18-19 e 76-77.

Esse controlo começou, no entanto, a ocorrer a nível dos diversos Estados-Membros, que impuseram sucessivas regras às plataformas em rede, em ordem a evitar a disseminação de conteúdos ilegais, como os discursos de ódio. Tal ocorreu designadamente com a *NetzDG* alemã[7], com a *Loi Avia* francesa[8] e com a *KoPlG* austríaca[9]. Estas iniciativas legislativas conduzem, porém, a um sério risco de fragmentação no ordenamento jurídico europeu em matéria de serviços digitais, ao contrário do que tinha sido pretendido pela Directiva 2000/31/CE. Em consequência torna-se manifesto que a Directiva 2000/31/CE já não constitui uma regulação suficiente da prestação de serviços digitais na internet.

Para além disso, a Directiva (UE) 2019/790, do Parlamento Europeu e do Conselho, de 17 de Abril de 2019, relativa aos direitos de autor e direitos conexos no mercado único digital e que altera as Diretivas 96/9/CE e 2001/29/CE, veio regular as utilizações digitais e transfronteiriças de conteúdos protegidos[10], em termos que ultrapassam a tradicional isenção de responsabilidade da Directiva 2000/31/CE, conforme resulta claramente do art. 17º da Directiva 2019/790[11].

[7] *Gesetz zur Verbesserung der Rechtsdurchsetzung in sozialen Netzwerken (Netzwerkdurchsetzungsgesetz – NetzDG) vom 1. September 2017.*

[8] *Loi nº 2020-766 du 24 juin 2020 visant à lutter contre les contenus haineux sur internet.* É habitualmente denominada de *Loi Avia*, em virtude de resultar de um relatório de Laetitia Avia.

[9] *Bundesgesetz über Maßnahmen zum Schutz der Nutzer auf Kommunikationsplattformen (Kommunikationsplattformen-Gesetz – KoPlG) vom 23. Dezember 2020.*

[10] Estranhamente essa Directiva ainda não foi transposta para o ordenamento nacional, quando a sua transposição já deveria ter ocorrido até 7 de Junho de 2021. Sobre os problemas suscitados pela sua transposição, cfr. MENEZES LEITÃO, "A transposição da Directiva (UE) 2019/790 do Parlamento Europeu e do Conselho, de 17 de Abril de 2019, relativa dos Direitos de Autor e Direitos Conexos no Mercado Único Digital", na *ROA* 81 (2021), III-IV, p. 473-492.

[11] Esta situação levou a que a Polónia apresentasse no Tribunal de Justiça da União Europeia através do processo C-401/19 *Polónia contra Parlamento Europeu e Conselho*, um recurso de anulação desta disposição por considerar que a mesma atenta contra a liberdade de expressão e de informação dos utilizadores dos serviços de partilha, garantida no artigo 11.º da Carta dos Direitos Fundamentais da União Europeia. No acórdão de 26/4/2022, o TJUE decidiu no sentido de que não se verificava esta incompatibilidade e que o art. 17º da Directiva (UE) 2019/790 "comporta um sistema de garantias completo que preserva o direito à liberdade de expressão e de informação dos utilizadores de serviços de partilha de conteúdos em linha e o justo equilíbrio entre os direitos e interesses em causa". Com a entrada em vigor do DSA, o art. 17º desta Directiva manter-se-á como lei especial relativamente à infracção dos direitos de autor por parte de prestadores de serviços de partilha de conteúdos em linha. Neste sentido, cfr.

Depois o Regulamento (UE) 2019/1150 do Parlamento Europeu e do Conselho, de 20 de Junho de 2019, relativo à promoção da equidade e da transparência para os utilizadores profissionais de serviços de intermediação em linha[12], já tinha vindo alterar o enquadramento legal dos prestadores intermediários de serviços, sujeitando-os a regras específicas de equidade e transparência no comércio electrónico.

Finalmente, o Regulamento (UE) 2021/784 do Parlamento Europeu e do Conselho de 29 de Abril de 2021, relativo ao combate à difusão de conteúdos terroristas em linha (habitualmente designado por TERREG) já tinha estabelecido obrigações específicas dos prestadores de serviços de alojamento virtual para combater a disseminação de conteúdos terroristas nas suas plataformas.

Naturalmente que por isso se tornava necessária uma nova regulação europeia no âmbito do comércio electrónico e da prestação de serviços digitais em rede.

Por esse motivo, a Comissão Europeia resolveu intervir para criar um ambiente digital mais seguro, em que os direitos fundamentais dos utilizadores fossem protegidos, estabelecendo ao mesmo tempo um enquadramento que estimulasse a inovação, o crescimento e a competitividade, não apenas no Mercado Único Europeu, mas também a nível global. Nesse objectivo a Comissão Europeia apresentou em 15 de Dezembro de 2020 o denominado Pacote dos Serviços Digitais, que incluía duas propostas de Regulamento, sendo a primeira sobre Serviços Digitais (*Digital Services Act* ou *DSA*)[13] e a segunda sobre Mercados Digitais (*Digital Markets Act* ou *DMA*)[14]. A Comissão Europeia conseguiu obter um acordo político sobre o DMA em 25 de Março de 2022 e sobre o DSA em 23 de Abril de 2022[15].

Eleonora Rosati, "The Digital Services Act and copyright enforcement: The Case of Article 17 of DSM Directive", em Maja Capello (org.), *Unravelling the Digital Services Act package*, IRIS Special, European Audiovisual Observatory, Strasbourg, 2021, pp. 63-78 (64 e 71 e ss.).

[12] Este Regulamento é habitualmente designado por *P2B Regulation*.

[13] Cfr. COMISSÃO EUROPEIA, *Proposta de Regulamento do Parlamento Europeu e do Conselho relativo a um mercado único de serviços digitais (Regulamento Serviços Digitais) e que altera a Diretiva 2000/31/CE*, COM/2020/825 final.

[14] Cfr. COMISSÃO EUROPEIA, *Proposta de Regulamento do Parlamento Europeu e do Conselho relativo à disputabilidade e equidade dos mercados no setor digital (Regulamento Mercados Digitais)*, COM/2020/842 final.

[15] Cfr. COMISSÃO EUROPEIA, *The Digital Services Act Package*, disponível em https://digital-strategy.ec.europa.eu/en/policies/digital-services-act-package

Tal permitiu a publicação no Jornal Oficial da União Europeia a 12 de Outubro de 2022 do Regulamento (UE) 2022/1925, relativo à disputabilidade e equidade dos mercados no sector digital e que altera as Diretivas (UE) 2019/1937 e (UE) 2020/1828 (Regulamento dos Mercados Digitais) e a 27 de Outubro de 2022 do Regulamento (UE) 2022/2065 do Parlamento Europeu e do Conselho de 19 de Outubro de 2022 relativo a um mercado único para os serviços digitais e que altera a Diretiva 2000/31/CE (Regulamento dos Serviços Digitais), habitualmente designado por DSA.

No caso específico do DSA, o seu objectivo principal é o de "contribuir para o bom funcionamento do mercado interno para serviços intermediários, mediante o estabelecimento de regras harmonizadas para um ambiente em linha seguro, previsível e fiável, que facilite a inovação e no qual os direitos fundamentais consagrados na Carta, incluindo o princípio da defesa dos consumidores, sejam efetivamente protegidos" (art. 1º, nº 1, DSA). Para esse efeito o DSA estabelece regras harmonizadas sobre a prestação de serviços intermediários no mercado interno, designadamente:

a) um regime de isenção condicional de responsabilidade dos prestadores de serviços intermediários;

b) um regime de obrigações específicas de devida diligência (*due diligence*) adaptadas a determinadas categorias específicas de prestadores de serviços intermediários;

c) regras sobre a aplicação e execução do regulamento, especialmente em relação à cooperação e coordenação entre as autoridades competentes (art. 1º, nº 2, DSA).

A combinação da isenção condicional de responsabilidade dos provedores de serviços intermediários com a imposição de obrigações de devida diligência constitui uma forma de assegurar a prossecução dos direitos fundamentais por parte dos prestadores intermediários de serviços, mas também a luta contra a disseminação de conteúdos ilegais na internet. Ao mesmo tempo as regras sobre a aplicação e execução do regulamento garantem que o mesmo venha a ser efectivamente cumprido por parte dos prestadores[16].

O art. 2º, nº 3, do DSA, refere que o mesmo não afecta a aplicação da Directiva 2000/31/CE, mas a verdade é que procede à revogação dos seus

[16] Cfr. COLE / ETTELDORF / ULLRICH, *Updating the Rules for Online Content Dissemination*, p. 30.

arts. 12º a 15º, que são substituídos pelos arts. 4º a 8º do Regulamento (art. 89º, nº 1, DSA). Essa revogação compreende-se, em virtude de a Directiva ser substituída por um Regulamento, deixando consequentemente as isenções de responsabilidade dos prestadores de serviços nessas condições de constituir uma obrigação dos Estados-Membros, para passarem a ser estabelecidas directamente pelo DSA.

3
Âmbito de aplicação do novo Regulamento dos Serviços Digitais

O art. 2º, nº 1, DSA refere que este Regulamento apenas se aplica a serviços intermediários oferecidos aos destinatários do serviço cujo local de estabelecimento seja na União ou que nela estejam localizados, independentemente de onde os prestadores desses serviços têm o seu local de estabelecimento.

O critério de aplicação do DSA não é assim o local do estabelecimento do prestador de serviços, mas antes a oferta dos seus serviços na União, o que o art. 3º *d)* DSA define como "permitir a pessoas singulares ou coletivas de um ou mais Estados-Membros a utilização dos serviços de um prestador de serviços intermediários que tenha uma ligação substancial à União".

Por sua vez, a ligação substancial à União é definida no art. 3º *e)* DSA como "a ligação de um prestador de serviços intermediários com a União em resultado do seu estabelecimento na União ou de critérios factuais específicos, tais como: –um número significativo de destinatários do serviço num ou mais Estados-Membros, em relação à respetiva população, ou –o direcionamento das atividades para um ou mais Estados-Membros". Este conceito vem a ser explicitado no considerando (8) pela forma seguinte:

> "Deverá considerar-se que existe uma ligação substancial à União quando o prestador de serviços tem um estabelecimento na União ou, na ausência de um tal estabelecimento, quando o número de destinatários do serviço num ou mais Estados-Membros é significativo em relação à respetiva população, ou com base no direcionamento das atividades para um ou mais Estados-Membros. O direcionamento das atividades para um ou mais Estados-Membros pode ser determinado com base em todas as circunstâncias pertinentes,

nomeadamente fatores como a utilização de uma língua ou de uma moeda habitualmente utilizadas num Estado-Membro, a possibilidade de encomendar produtos ou serviços ou a utilização de um domínio de topo pertinente. O direcionamento das atividades para um Estado-Membro pode também resultar da disponibilidade de uma aplicação na loja de aplicações nacional em causa, da divulgação de publicidade local ou de publicidade numa língua utilizada nesse Estado-Membro, ou da gestão das relações com o cliente, por exemplo prestar um serviço de apoio ao cliente numa língua geralmente utilizada nesse Estado-Membro. Deverá também pressupor-se que existe uma ligação substancial quando um prestador de serviços dirige as suas atividades para um ou mais Estados-Membros, na aceção do artigo 17º, nº 1, alínea *c)*, do Regulamento (UE) nº 1215/2012 do Parlamento Europeu e do Conselho. Por outro lado, não se pode considerar que a mera acessibilidade técnica a um sítio Web a partir da União estabeleça, unicamente por esse motivo, uma ligação substancial à União".

A forma de determinar essa ligação substancial à União passa assim por averiguar em primeiro lugar se existe um estabelecimento na União (passo 1). Caso não exista, haverá que averiguar em segundo lugar o número de utilizadores nos Estados-Membros ou o direccionamento da actividade para os Estados-Membros (passo 2), o que finalmente requer uma avaliação das circunstâncias referidas no considerando (8) (passo 3)[17].

O art. 2º, nº 2, DSA esclarece que o mesmo não é aplicável a serviços que não sejam serviços intermediários ou a requisitos impostos a esses serviços, independentemente de serem prestados com recurso a serviços intermediários.

A definição de serviços intermediários consta do art. 3º *g)* DSA, o qual refere que os mesmos abrangem os serviços de «simples transporte» (*browsing*), «armazenagem temporária» (*caching*) ou «alojamento virtual» (*hosting*). Esta disposição explicita que: *i)* um serviço de «simples transporte», consiste na "transmissão, através de uma rede de comunicações, de informações prestadas por um destinatário do serviço ou na concessão de acesso a uma rede de comunicações"; *ii)* um serviço de «armazenagem temporária» consiste na transmissão, através de uma rede de comunicações, de informações prestadas por um destinatário do serviço, que envolve

[17] Cfr. Cole / Etteldorf / Ullrich, *Updating the Rules for Online Content Dissemination*, p. 156.

a armazenagem automática, intermédia e temporária dessas informações efetuada apenas com o objetivo de tornar mais eficaz a transmissão posterior das informações a outros destinatários, a pedido destes, e *iii)* um serviço de «alojamento virtual» consiste na armazenagem de informações prestadas por um destinatário do serviço e a pedido do mesmo".

Ao contrário do que sucedia com a Directiva 2000/31/CE, que abrangia praticamente todos os prestadores de serviços da internet, o DSA restringe-se a prestadores de serviços intermediários. O conceito de prestadores de serviços intermediários é, no entanto, bastante amplo, abrangendo não apenas a intermediação de serviços em sentido tradicional, mas também os próprios fornecedores de acesso e de espaço, apenas se excluindo o fornecedor de conteúdos[18]. Tal permite abranger neste conceito serviços de acesso à rede (como a NOS ou a MEO), redes sociais (como o Facebook, Twitter, Instagram, ou Linkedin), plataformas de venda de produtos (como o EBay ou Amazon), plataformas de colocação de vídeos em linha (como o YouTube)[19] e mesmo motores de busca (como o Google ou a Yahoo). Em todos estes casos verifica-se uma situação de serviços intermediários, a qual determina a aplicação do DSA.

O DSA regula, no entanto, dentro dos serviços intermediários especialmente a situação das plataformas em linha e dos motores de pesquisa em linha.

[18] Em Menezes Leitão, "A responsabilidade civil na internet", na *ROA* 61 (2001), I, pp. 171-192 (182-183), também publicado em FACULDADE DE DIREITO DA UNIVERSIDADE DE LISBOA / ASSOCIAÇÂO PORTUGUESA DE DIREITO INTELECTUAL (org.), *Direito da Sociedade da Informação*, III, Coimbra, Coimbra Editora, 2002, pp. 147-167 (158-159), tínhamos distinguido os prestadores de serviços da internet em quatro categorias: *a)* o fornecedor de conteúdos, correspondendo à entidade que coloca conteúdos em rede, à disposição dos utilizadores da internet, *b)* o fornecedor de acesso, correspondendo à entidade que permite aos utilizadores o acesso à rede; *c)* o intermediário de serviços, correspondendo à entidade que exerce actividades de intermediação em relação aos serviços que circulam na rede, facilitando a prestação e a recepção desses serviços; *d)* o fornecedor de espaço, correspondendo à entidade que se limita a colocar certa área do ciberespaço à disposição de outrem, para esta aí colocar conteúdos. O conceito de prestação de serviços intermediários, referido nos arts. 2º e 3º *g)* do DSA apenas exclui a primeira categoria.

[19] Conforme se salienta em Maja Capello (org.), *Unravelling the Digital Services Act package*, IRIS Special, European Audiovisual Observatory, Strasbourg, 2021, p. 99 não são, no entanto, abrangidas pelo DSA as plataformas de vídeo *on demand* (*streaming*), como a Netflix, Amazon Prime ou Disney+.

A plataforma em linha é definida no art. 3º *i)* DSA, como um serviço "de alojamento virtual que, a pedido de um destinatário do serviço, armazene e difunda informações ao público, a menos que essa atividade seja um elemento menor e meramente acessório de outro serviço ou uma funcionalidade menor do serviço principal e que, por razões objetivas e técnicas, não possa ser utilizado sem esse outro serviço, e que a integração desse elemento ou dessa funcionalidade no outro serviço não constitua uma forma de contornar a aplicabilidade do presente regulamento". A explicação desta nova categoria de prestadores intermediários de serviços consta do considerando (13) que refere o seguinte:

> "Atendendo às características específicas dos serviços em causa e à correspondente necessidade de submeter os seus prestadores a determinadas obrigações específicas, é necessário distinguir, no âmbito da categoria mais vasta de prestadores de serviços de alojamento virtual, tal como definidos no presente regulamento, a subcategoria de plataformas em linha. As plataformas em linha, como as redes sociais ou as plataformas em linha que permitem aos consumidores celebrar contratos à distância com comerciantes, deverão ser definidas como prestadores de serviços de alojamento virtual que não só armazenam informações fornecidas pelos destinatários do serviço a pedido dos mesmos, mas também difundem essas informações ao público a pedido dos destinatários do serviço. No entanto, a fim de evitar impor obrigações demasiado amplas, os prestadores de serviços de alojamento virtual não deverão ser considerados plataformas em linha quando a difusão ao público seja apenas um elemento menor ou meramente acessório intrinsecamente associado a outro serviço, ou uma funcionalidade menor do serviço principal, e esses elementos ou funcionalidades não possam, por razões técnicas objetivas, ser utilizados sem esse serviço principal, e quando a integração desse elemento ou funcionalidade não constitua uma forma de contornar a aplicabilidade das regras do presente regulamento às plataformas em linha. Por exemplo, a secção de comentários de um jornal em linha poderá constituir um elemento deste tipo, caso seja evidente que a secção em causa é acessória do serviço principal, representado pela publicação de notícias sob a responsabilidade editorial do editor. Em contrapartida, o alojamento de comentários numa rede social deverá ser considerado um serviço de plataforma em linha, uma vez que é evidente que não constitui uma funcionalidade menor do serviço oferecido, ainda que esta atividade seja acessória em relação às publicações feitas pelos destinatários do serviço. Para efeitos do presente regulamento, os

> serviços de computação em nuvem ou de alojamento na Web não deverão ser considerados plataformas em linha caso a difusão ao público de informação específica constitua uma característica menor e acessória ou uma funcionalidade menor desses serviços.
>
> Além disso, os serviços de computação em nuvem e de alojamento na Web que funcionem como infraestrutura, como por exemplo uma infraestrutura subjacente a serviços de armazenamento e computação para uma aplicação, sítio Web ou plataforma em linha baseada na Internet, não deverão, por si só, ser considerados como difundindo ao público informações armazenadas ou tratadas a pedido de um destinatário de uma aplicação, sítio Web ou plataforma em linha que possam alojar".

Por sua vez, o motor de pesquisa em linha é definido no art. 3º *j)* DSA como "um serviço intermediário que permite aos utilizadores fazer pesquisas para consultar, em princípio, todos os sítios na Internet, ou sítios Internet numa determinada língua, com base numa pesquisa sobre qualquer assunto, sob a forma de uma palavra-chave, comando de voz, frase ou outros dados, e que fornece resultados em qualquer formato nos quais pode ser encontrada informação relacionada com o tipo de conteúdo solicitado".

4
A isenção condicional de responsabilidade dos prestadores de serviços intermediários

4.1. Generalidades

Os arts. 4º e ss. DSA continuam a recorrer à técnica utilizada pela primeira vez em 1998 pelo *Digital Millennium Copyright Act* americano (novo § 512 do *U.S. Copyright Act* de 1976) e seguida nos arts. 12º e ss. da Directiva 2000/31/CE, transpostos entre nós pelos arts. 11º e ss. do D.L. 7/2004, de estabelecer uma isenção de responsabilidade (*safe harbour*) dos prestadores intermediários de serviços pela distribuição de conteúdos ilegais que se reconduzam a serviços de «simples transporte», «armazenagem temporária», ou «alojamento virtual», desde que preenchidas as condições estabelecidas no Regulamento.

O regime de isenção de responsabilidade não se afasta muito do que estabelecia a Directiva 2000/31/CE, salvo no que respeita ao alojamento virtual, em que se passou a prever a cessação da isenção de responsabilidade, caso a plataforma permita induzir um consumidor em erro sobre o facto de o produto ser fornecido por terceiro (art. 6º, nº 3, DSA). Mantém-se consequentemente a inexistência de uma obrigação geral de vigilância ou de um dever de apuramento activo dos factos (art. 8º DSA). Em qualquer caso, o facto de se prever expressamente o dever de acatar decisões contra conteúdos ilegais[20] (art. 9º DSA), bem como o de prestar informa-

[20] A definição de "conteúdos ilegais" consta do art. 3º *h)* DSA, que considera como tais "quaisquer informações que, por si só ou em relação a uma atividade, incluindo a venda de produtos ou a prestação de serviços, não estejam em conformidade com o direito da União ou com o direito de qualquer um dos Estados-Membros que seja conforme com o direito da União, independentemente do objeto ou da natureza precisa desse direito". Explicitando essa

ção a pedido de autoridades (art. 10º DSA) atenua a isenção de responsabilidade em relação ao que constava da Directiva.

O DSA tem ainda o cuidado de explicitar no seu considerando (20) a existência de um limite geral da isenção de responsabilidade, que é a colaboração com actividades ilegais. Efectivamente essa disposição refere textualmente:

> "Sempre que um prestador de serviços intermediários colaborar deliberadamente com um destinatário dos serviços a fim de exercer atividades ilegais, considera-se que o serviço não foi prestado de forma neutra, pelo que o prestador não deverá poder beneficiar das isenções de responsabilidade previstas no presente regulamento. É o que deverá acontecer, nomeadamente, quando o prestador oferece os seus serviços com o principal objetivo de facilitar atividades ilegais, por exemplo tornando explícitos o seu objetivo de faci-

definição, o considerando (12) do DSA refere que "esse conceito deverá ser entendido como referindo-se a informações que, independentemente da forma que assumam, nos termos da lei aplicável, são ilegais, como os discursos ilegais de incitação ao ódio ou os conteúdos terroristas e os conteúdos discriminatórios ilícitos, ou que as regras aplicáveis tornam ilegais, tendo em conta o facto de estarem relacionadas com atividades ilegais. São exemplos ilustrativos dessas atividades a partilha de imagens pedopornográficas, a partilha não consensual ilícita de imagens privadas, a perseguição em linha, a venda de produtos não conformes ou contrafeitos, a venda de produtos ou a prestação de serviços em violação do direito em matéria de defesa dos consumidores, a utilização não autorizada de material protegido por direitos de autor, a oferta ilegal de serviços de alojamento ou a venda ilegal de animais vivos. Em contrapartida, um vídeo de uma testemunha ocular de um potencial crime não deverá ser considerado um conteúdo ilegal pelo simples facto de representar um ato ilegal, quando a gravação ou a difusão desse vídeo ao público não for ilegal nos termos do direito nacional ou da União. Neste contexto, é irrelevante se a ilegalidade da informação ou da atividade resulta do direito da União ou do direito nacional que seja conforme com o direito da União e qual a natureza precisa ou o objeto do direito em questão". Apesar destes esclarecimentos, tem-se considerado que a definição de conteúdos ilegais é demasiado vaga e ampla, indo desde conteúdos por si só que constituem crime (como a pornografia infantil), conteúdos cuja ilegalidade resulta de normas legais (como a publicidade proibida), conteúdos cuja ilegalidade apenas se torna manifesta por decisão judicial (como a difamação) e conteúdos que se referem a actividades ilegais no mundo físico e que só por isso não podem ser considerados ilegais. O facto de todos estes conteúdos poderem sem distinção desencadear medidas restritivas já foi considerado uma séria ameaça à liberdade de expressão. Neste sentido, cfr. JOAN BARATA, *The Digital Services Act and its impact on the right to freedom of expression: special focus on risk mitigation obligations*, Plataforma por la Libertad de Información, 2021, disponível em https://libertadinformacion.cc/wp-content/uploads/2021/06/DSA-AND-ITS-IMPACT-ON-FREEDOM-OF-EXPRESSION-JOAN-BARATA-PDLI.pdf, p. 16.

litar atividades criminosas ou a adequação dos seus serviços para esse fim. O simples facto de um serviço oferecer transmissões encriptadas ou qualquer outro sistema que impossibilite a identificação do utilizador não deverá, por si só, ser considerado como facilitação de atividades ilegais".

Parece assim claro que as disposições dos arts. 4º e ss. DSA não se poderão aplicar a casos de intermediários de serviços que não sejam neutros, mas antes colaboradores de actividades ilegais. Salienta-se, no entanto, que o fornecimento do serviço de encriptação das comunicações, como sucede em certas plataformas como o *WhatsApp*, não é só por si considerado como facilitação de actividades ilegais.

4.2. A isenção de responsabilidade pelo simples transporte.

À semelhança do que previa o art. 12º da Directiva 2000/31/CE, o art. 4º, nº 1, DSA estabelece uma isenção de responsabilidade pelo simples transporte (*browsing*), definido como "um serviço da sociedade de informação que consiste na transmissão, através de uma rede de comunicações, de informações prestadas pelo destinatário do serviço ou em facultar o acesso a uma rede de comunicações". Nesse serviço o prestador é isento de responsabilidade pelas informações transmitidas, desde que

a) Não esteja na origem da transmissão;
b) Não seleccione o destinatário da transmissão e
c) Não seleccione nem modifique as informações que objeto da transmissão.

A proibição da modificação da informação, que também ocorre na armazenagem temporária, é explicada no considerando (21) do DSA, como a exigência de que o prestador seja "inteiramente alheio à informação transmitida ou consultada. Tal exige, designadamente, que o prestador não altere a informação que transmite ou cujo acesso faculta. No entanto, esta exigência não deverá ser entendida como abrangendo o manuseamento técnico que tem lugar no decurso da transmissão ou do acesso, desde que esses manuseamentos não afetem a integridade da informação transmitida ou à qual seja facultado acesso".

A exclusão da responsabilidade no caso do simples transporte abrange ainda "a armazenagem automática, intermédia e transitória das informações transmitidas, desde que essa armazenagem sirva exclusivamente para a execução da transmissão na rede de comunicações e a sua duração não exceda o tempo que considerado razoavelmente necessário à transmissão" (art. 4º, nº 2, DSA).

No entanto, o art. 4º, nº 3, DSA determina expressamente que essa isenção de responsabilidade "não afeta a possibilidade de um tribunal ou autoridade administrativa, de acordo com o sistema jurídico de um Estado-Membro, exigir do prestador que previna ou ponha termo a uma infração".

O regime instituído pelo art. 4º do DSA não difere do disposto no art. 14º do Decreto-Lei 7/2004, mas a revogação do art. 12º da Directiva 2000/31/CE, que aquela disposição transpôs, deve levar a considerar que a correspondente disposição interna será igualmente substituída pelo DSA.

4.3. A isenção de responsabilidade pela armazenagem temporária. Também da mesma forma que o previsto no art. 13º da Directiva, o art. 5º do DSA estabelece uma isenção de responsabilidade pela armazenagem temporária (*caching*), determinando que "em caso de prestação de um serviço da sociedade da informação que consista na transmissão, através de uma rede de comunicações, de informações prestadas por um destinatário do serviço, o prestador do serviço não é responsável pela armazenagem automática, intermédia e temporária dessas informações, efetuada apenas com o objetivo de tornar mais eficaz ou mais segura a transmissão posterior das informações a outros destinatários do serviço, a pedido dos mesmos, desde que o prestador:

a) Não modifique as informações;
b) Respeite as condições de acesso às informações;
c) Respeite as regras relativas à atualização das informações, indicadas de forma amplamente reconhecida e utilizada pelo sector;
d) Não interfira com a utilização legítima da tecnologia, tal como amplamente reconhecida e utilizada pelo sector, aproveitando-a para obter dados sobre a utilização das informações; e
e) Atue com diligência para suprimir ou bloquear o acesso às informações que armazenou, logo que tome conhecimento efetivo de que as informações foram suprimidas da rede na fonte de transmissão inicial, de que o acesso às mesmas foi bloqueado, ou de que uma autoridade judiciária ou administrativa ordenou essa supressão ou desativação de acesso".

A armazenagem temporária consiste na situação em que o intermediário de serviços se limita a reproduzir e armazenar temporariamente um documento electrónico de acesso mais demorado, por forma a poder satisfazer prontamente os pedidos de acesso que se encontra a receber. A isenção de responsabilidade por esta situação depende do cumprimento das cinco condições acima referidas.

A primeira condição é a de o prestador não modificar as informações, uma vez que nesse caso estaria a armazenar não um conteúdo alheio, mas antes um conteúdo próprio[21].

A segunda é a de o prestador respeitar as condições de acesso à informação, não alterando as condições de acesso constantes do documento original.

A terceira é a de o prestador respeitar as regras relativas à actualização de informação, evitando assim que a armazenagem temporária conduza a reproduções do documento desactualizadas, que seriam assim fornecidas aos utilizadores, se não houvesse cuidado na sua actualização.

A quarta é a de que o prestador não interfira com a utilização legítima da tecnologia, aproveitando-a para obter dados sobre a utilização das informações.

E finalmente o prestador deve actuar de forma diligente para bloquear o acesso à informação armazenada, sempre que a mesma tenha sido suprimida na fonte, o acesso tenha sido bloqueado, ou esse bloqueio tenha sido ordenado por qualquer autoridade. Esta última condição destina-se a evitar que a armazenagem temporária possa determinar a manutenção na internet de informações que da mesma já não deveriam constar por qualquer motivo.

Da mesma forma do que sucede no simples transporte, o art. 5º, nº 2, DSA determina que a isenção de responsabilidade na armazenagem temporária não afecta a possibilidade de uma autoridade judiciária, de acordo com o sistema jurídico de um Estado-Membro, exigir do prestador que previna ou ponha termo a uma infração.

O regime instituído pelo art. 5º do DSA não difere materialmente do disposto no art. 15º do Decreto-Lei 7/2004, mas a revogação do art. 13º da

[21] Cfr. o acima transcrito considerando (21), do DSA nos termos do qual se admite, no entanto, o manuseamento técnico que tem lugar no decurso do acesso, desde que esse manuseamento não afecte a integridade do documento à qual seja facultado acesso.

Directiva 2000/31/CE, que aquela disposição transpôs, deve levar a considerar que a correspondente disposição interna será igualmente substituída pelo DSA. Devemos dizer que nos parece de lamentar essa substituição, uma vez que a redacção do art. 15º do Decreto-Lei 7/2004 é muito mais perfeita e elegante do que a do art. 5º DSA.

4.4. A isenção de responsabilidade pelo alojamento virtual.

Com um regime algo diferente do que constava do art. 14º da Directiva 2000/31/CE, o art. 6º do DSA regula o alojamento virtual, anteriormente denominado de armazenagem em servidor ou armazenagem principal.

Determina o nº 1 dessa disposição que "em caso de prestação de um serviço da sociedade da informação que consista na armazenagem de informações prestadas por um destinatário do serviço, o prestador do serviço não é responsável pelas informações armazenadas a pedido de um destinatário do serviço, desde que:

a) Não tenha conhecimento efetivo da atividade ou conteúdo ilegal e, no que se refere a uma ação de indemnização por perdas e danos, não tenha conhecimento de factos ou de circunstâncias que evidenciem a ilegalidade da atividade ou do conteúdo; ou
b) A partir do momento em que tenha conhecimento da ilicitude, atue com diligência no sentido de suprimir ou desativar o acesso aos conteúdos ilegais".

Esta disposição não se afasta do que previa o art. 14º da Directiva 2000/31/CE, mantendo-se a irresponsabilidade do prestador que não tenha conhecimento da actividade ou conteúdo ilegal, ou remova de forma diligente o conteúdo, a partir do momento em que adquire esse conhecimento. Salienta-se, no entanto, o facto de o considerando (22) do DSA especificar que "a supressão ou a desativação do acesso deverão ser efetuados respeitando os direitos fundamentais dos destinatários dos serviços, incluindo o direito à liberdade de expressão e à informação".

Uma das situações em que se considera que o prestador de serviços de alojamento virtual tem conhecimento efectivo da ilicitude ou foi alertado ocorre quando o mesmo tenha recebido uma notificação, ao abrigo dos mecanismos de notificação e acção previstos no art. 16º DSA, que "permita a um prestador diligente de alojamento virtual identificar a ilegalidade da atividade ou das informações em causa sem um exame jurídico pormenorizado" (art. 16º, nº 3, DSA).

À semelhança do que já previa o art. 14º da Directiva 2000/31/CE, o art. 6º, nº 2, DSA, estabelece que a isenção de responsabilidade não é aplicável nos casos em que o destinatário do serviço actue sob autoridade ou controlo do prestador. O considerando (23) explica que "por exemplo, se o fornecedor de uma plataforma em linha que permite aos consumidores celebrar contratos à distância com comerciantes puder determinar o preço dos bens ou serviços oferecidos pelos comerciantes, poderá considerar-se que o comerciante atua sob a autoridade ou o controlo dessa plataforma em linha".

No entanto, ao contrário da Directiva 2000/31/CE, o art. 6º, nº 3, DSA, determina que a isenção de responsabilidade não é aplicável, nos termos do direito em matéria de defesa dos consumidores, de plataformas em linha que permitem aos consumidores celebrar contratos à distância com comerciantes, sempre que essas plataformas apresentem o elemento específico de informação ou permitam, de qualquer outra forma, que a transacção específica em causa induza um consumidor médio a acreditar que a informação, o produto ou o serviço objecto da transacção é fornecido pela própria plataforma em linha ou por um destinatário do serviço que actue sob a sua autoridade ou controlo. Há assim que concluir que nesta matéria a isenção de responsabilidade foi consideravelmente atenuada, deixando de existir nos casos em que a plataforma possa induzir um consumidor médio a acreditar que se está perante um produto ou serviço desta. Por esse motivo, para excluir esta responsabilidade, o prestador intermediário de serviços terá que explicar que o produto ou serviço é comercializado por uma entidade exterior à plataforma (cfr. o considerando (24)).

Deve referir-se, aliás, que a responsabilização das plataformas de comercialização à distância híbridas, em que o prestador tanto vende os seus próprios produtos e serviços como produtos e serviços de terceiros, já foi recentemente estabelecida no acórdão do Tribunal de Justiça da União Europeia de 22 de Dezembro de 2022 no caso *Louboutin* (processos apensos C-148/21 e C-184/21). Nesse acórdão, o TJUE declarou que "o operador de um sítio Internet de vendas em linha que integra, para além das suas próprias ofertas de venda, um sítio de comércio eletrónico, é susceptível de ser considerado, ele próprio, utilizador de um sinal idêntico a uma marca da União Europeia de outrem para produtos idênticos àqueles para os quais esta marca está registada quando vendedores terceiros coloquem à venda, nesse sítio de comércio, sem o consentimento do titular da referida marca, esse tipo de produtos que ostentem esse sinal, se um utilizador normalmente informado e razoavelmente atento desse sítio estabelecer um nexo entre os serviços desse operador e o sinal em questão, o que sucede nomeadamente quando, atendendo a todos os elementos que caracterizam a situação em causa, semelhante utilizador possa ter a impressão de que é o referido operador que comercializa, ele próprio, em seu nome e por conta própria, os produtos que ostentam o referido sinal"[22].

À semelhança do que se verifica nos outros casos de isenção de responsabilidade, também no alojamento virtual se prevê que esta isenção de responsabilidade não afecta a possibilidade de uma autoridade judiciária ou administrativa, de acordo com o sistema jurídico de um Estado-Membro, exigir do prestador que previna ou ponha termo a uma infracção (art. 6º, nº 4, DSA).

Ao contrário do que sucedia nos casos anteriores, o regime instituído pelo art. 6º do DSA difere substancialmente do disposto no art. 16º do Decreto-Lei 7/2004, pelo que a aplicação deste ficará naturalmente prejudicada. Na verdade, para além de a regra do art. 6º, nº 3, DSA, não se encontrar prevista no Decreto-Lei 7/2004, a norma do art. 16º, nº 2, do Decreto-Lei 7/2004, parece contrariar o disposto nos arts. 7º e 8º do DSA.

É ainda de questionar se, perante o DSA se pode manter o disposto no art. 17º do Decreto-Lei 7/2004, que estabelece que "os prestadores intermediários de serviços de associação de conteúdos em rede, por meio de instrumentos de busca, hiperconexões ou processos análogos que permitam o acesso a conteúdos ilícitos estão sujeitos a regime de responsabilidade correspondente ao estabelecido no artigo anterior". A nosso ver a resposta é negativa, uma vez que a isenção de responsabilidade corresponde neste caso a uma situação de simples transporte, não podendo ser por isso equiparada a alojamento virtual. Por outro lado, a colocação de hiperconexões apenas pode permitir a isenção de responsabilidade, nos termos do art. 4º, nº 1, *c)* DSA, no caso em que não haja selecção das informações objecto da transmissão, o que normalmente não sucede nas mesmas. Neste âmbito, e conforme parece resultar do considerando (18) do

[22] Cfr. Ac. TJUE 22/12/2022, *Christian Louboutin contra Amazon Europe Core Sàrl* (C-148/2021), *Amazon EU Sàrl* (C-148/2021), *Amazon Services Europe Sàrl* (C-148/2021), *Amazon.com Inc.* (C-184/2021) e *Amazon Services, LLC* (C-184/2021),

DSA, existirá pelo menos responsabilidade editorial por parte do fornecedor das hiperligações.

4.5. A exclusão de obrigações gerais de vigilância ou de apuramento activo dos factos e a sujeição a decisões de actuação contra conteúdos ilegais e de prestação de informações

Numa norma semelhante ao art. 15º, nº 1, da Directiva 2000/31/CE, o art. 8º DSA determina que não será imposta aos prestadores dos serviços intermediários uma obrigação geral de vigilância sobre as informações que estes transmitam ou armazenem, ou uma obrigação geral de procurar activamente factos ou circunstâncias que indiquem ilicitudes. A exclusão desta obrigação geral de vigilância é bastante importante, uma vez que dela resulta claramente o afastamento em relação aos prestadores intermediários de serviços da responsabilidade por facto de outrem, quer a título objectivo, quer mesmo com base na *culpa in vigilando*.

Numa regra que não constava da Directiva, o art. 7º DSA chega mesmo a estabelecer que "os prestadores de serviços intermediários não são considerados inelegíveis para beneficiar das isenções de responsabilidade referidas nos artigos 4º, 5º e 6º apenas por realizarem, de boa-fé e de forma diligente, investigações voluntárias por iniciativa própria ou por tomarem outras medidas destinadas a detetar, identificar e suprimir ou bloquear o acesso a conteúdos ilegais, ou por tomarem as medidas necessárias para cumprir os requisitos do direito da União e nacional, incluindo os requisitos previstos no presente regulamento". A explicação desta solução consta do considerando (22) do DSA, que refere:

> "O prestador pode tomar conhecimento efetivo dos conteúdos em causa, ou ser alertado para a natureza ilegal dos mesmos, através, nomeadamente, de investigações realizadas por iniciativa própria ou de notificações que lhe sejam apresentadas por pessoas ou entidades nos termos do presente regulamento, desde que tais notificações sejam suficientemente precisas e adequadamente fundamentadas para permitir a um operador económico diligente identificar, avaliar e, se for caso disso, adotar medidas, de forma razoável, contra os conteúdos alegadamente ilegais. No entanto, esse conhecimento efetivo ou alerta não pode ser considerado adquirido apenas pelo facto de o prestador ter conhecimento, em sentido geral, do facto de o seu serviço ser igualmente utilizado para armazenar conteúdos ilegais. Além disso, o facto de o prestador

indexar automaticamente informação carregada para o seu serviço, de dispor de uma função de pesquisa ou de recomendar informação com base nos perfis ou nas preferências dos destinatários do serviço não basta para provar que esse prestador tem um conhecimento «específico» das atividades ilícitas realizadas nessa plataforma ou dos conteúdos ilegais nela armazenados".

O objectivo desta disposição é assim o de evitar que os prestadores intermediários de serviços se abstenham de desenvolver investigações voluntárias sobre a existência de conteúdos ilegais pelo facto de a isenção de responsabilidade de que beneficiam se basear na sua passividade e ausência de conhecimento, o que tem sido considerado como "o princípio do Bom Samaritano"[23]. Para além disso, esta regra permite considerar que os sistemas de indexação automática de conteúdos que certas plataformas usam para monitorizar a actuação dos seus utilizadores não constituem motivo para afastar a exclusão da responsabilidade, pelo que os mesmos não poderão ser invocados para prova do conhecimento das actividades ou conteúdos ilícitos por parte do prestador.

A exclusão da obrigação geral de vigilância não isenta os prestadores intermediários de serviços do cumprimento de decisões de actuação contra conteúdos ilegais. Neste âmbito, o art. 15º, nº 2 da Directiva 2000/31/CE já autorizava os Estados-Membros a estabelecer a obrigação, relativamente

[23] Cfr. COLE / ETTELDORF / ULLRICH, *Updating the Rules for Online Content Dissemination*, pp. 107 e 173. JOAN BARATA, "The Digital Services Act and social media power to regulate speech: Obligations, liabilities and safeguards", em MAJA CAPELLO (org.), *Unravelling the Digital Services Act package*, IRIS Special, European Audiovisual Observatory, Strasbourg, 2021, pp. 5-19 (12) refere que esta regra tem origem no Direito Norte-Americano, tendo sido consagrada na *Section* 230(c) do *Communications Act* de 1934, na redacção resultante do *Telecommunications Act* de 1996 (47 U.S.C. § 230), a qual tem desempenhado um papel fundamental na actual configuração da internet, incentivando os prestadores a moderar os conteúdos ilegais. Esta regra foi igualmente adoptada pela COMISSÃO EUROPEIA, na sua *Comunicação ao Parlamento Europeu, ao Comité Económico e Social e ao Comité das Regiões: Combater os conteúdos ilegais em linha. Rumo a uma responsabilidade reforçada das plataformas em linha*, 28.9.2017, COM(2017) 555 final, onde se refere: "As plataformas em linha deverão, tendo em conta o seu papel central e capacidades e as responsabilidades que lhes estão associadas, adotar medidas proativas eficazes para detetar e remover os conteúdos ilegais em linha, não se limitando a reagir às notificações recebidas (...). A Comissão considera que a adoção dessas medidas proativas voluntárias não implica automaticamente para a plataforma em linha a perda do benefício da isenção de responsabilidade prevista no artigo 14º da Diretiva sobre o comércio eletrónico".

aos prestadores de serviços da sociedade de informação, de que informem prontamente as autoridades públicas competentes sobre as actividades empreendidas ou informações ilícitas prestadas pelos autores ou destinatários de serviços por ele prestados, bem como a obrigação de comunicar às autoridades competentes, a pedido destas, informações que permitam a identificação dos destinatários dos serviços com quem possuam acordos de armazenagem. Em consequência, os art. 19-Aº e 19º-B do Decreto-Lei 7/2004, na redacção da Lei 40/2020 já tinham previsto deveres de informação ao Ministério Público e deveres de bloqueio de conteúdos que constituam crime. Consequentemente, no âmbito das obrigações de devida diligência, o DSA impõe aos prestadores de serviços de alojamento virtual a obrigação de informar as autoridades de que está a ocorrer ou é susceptível de ocorrer um crime que envolva uma ameaça à vida ou segurança de uma ou mais pessoas (art. 18º DSA).

O DSA veio prever especificamente no seu art. 9º regras comuns relativas aos deveres de actuação perante conteúdos ilegais, após recepção de uma ordem nesse sentido por parte das autoridades judiciárias ou administrativas nacionais competentes, com base no direito da União aplicável ou no direito nacional aplicável que seja conforme com o direito da União. Nesse caso os prestadores de serviços intermediários devem informar, sem demora injustificada, a autoridade que emitiu a ordem, ou qualquer outra autoridade referida na ordem, do seguimento que lhe foi dado, especificando se e quando a ordem foi executada (art. 9º, nº 1, DSA). O DSA estabelece ainda o conteúdo que deve constar da correspondente ordem (art. 9º, nº 2, DSA) e o procedimento a observar para a transmissão da mesma (art. 9º, nº s 3, 4 e 5, DSA). O art. 9º, nº 6, DSA, explica que este procedimento se aplica sem prejuízo das disposições de direito processual civil e penal nacionais[24].

[24] O considerando (34) explica que "o presente regulamento deverá ser aplicado sem prejuízo do direito da União no domínio da cooperação judiciária em matéria civil ou penal, incluindo o Regulamento (UE) nº 1215/2012 e o regulamento relativo às decisões europeias de entrega ou de conservação de provas eletrónicas em matéria penal, e do direito processual penal ou civil nacional. Por conseguinte, sempre que o referido direito preveja, no contexto de processos penais ou civis, condições adicionais às previstas no presente regulamento, ou incompatíveis com estas, em relação às decisões de atuação contra conteúdos ilegais ou de prestação de informações, as condições previstas no presente regulamento podem não ser aplicáveis ou podem ser adaptadas. Em especial, a obrigação do coordenador dos serviços

O DSA prevê ainda no seu art. 10º em termos semelhantes regras especiais sobre a prestação de informações por parte dos prestadores intermediários de serviços, a requerimento das autoridades judiciárias ou administrativas nacionais competentes.

digitais do Estado-Membro da autoridade emitente de enviar uma cópia das decisões a todos os outros coordenadores de serviços digitais pode não ser aplicável no contexto de um processo penal ou pode ser adaptada, se o direito processual penal nacional aplicável assim o dispuser".

5
As obrigações de devida diligência (*due diligence*)

5.1. Generalidades

Uma importante inovação do DSA é o estabelecimento de obrigações de devida diligência (*due diligence*) por parte dos prestadores intermediários de serviços. A justificação destas obrigações consta do considerando (40) do DSA que salienta:

> "A fim de alcançar os objetivos do presente regulamento e, em particular, de melhorar o funcionamento do mercado interno e assegurar um ambiente em linha seguro e transparente, é necessário estabelecer um conjunto claro, eficaz, previsível e equilibrado de obrigações harmonizadas de devida diligência para os prestadores de serviços intermediários. Essas obrigações deverão visar, em particular, garantir diferentes objetivos de política pública, como a segurança e a confiança dos destinatários do serviço, incluindo consumidores, menores e utilizadores particularmente expostos ao risco de serem alvo de discursos de incitação ao ódio, assédio sexual ou outras ações discriminatórias, assim como proteger os direitos fundamentais em causa consagrados na Carta, assegurar uma responsabilização eficiente desses prestadores e capacitar os destinatários e outras partes afetadas, facilitando simultaneamente a supervisão necessária por parte das autoridades competentes".

Tal explica a introdução no DSA de um número considerável de obrigações de devida diligência, aplicáveis aos prestadores intermediários de serviços. Salienta-se que estas obrigações não são configuradas como um limite à isenção de responsabilidade delitual de que gozam os prestadores intermediários de serviços em certas condições, mas antes como um regime separado que permite a aplicação de sanções e o surgimento da responsabilidade obrigacional dos prestadores intermediários de serviços, em caso de incumprimento dessas obrigações.

O DSA tem, no entanto, nesta sede uma aplicação variável, aumentando as obrigações de devida diligência consoante a categoria dos prestadores de serviços intermediários, distinguindo entre as seguintes categorias:

a) Prestadores de serviços intermediários em geral;
b) Prestadores de serviços de alojamento virtual, incluindo plataformas em linha;
c) Fornecedores de plataformas em linha (excepto micro e pequenas empresas);
d) Fornecedores de plataformas em linha que celebram contratos à distância (excepto micro e pequenas empresas);
e) Fornecedores de plataformas em linha de muito grande dimensão e de motores de busca de muito grande dimensão.

Por esse motivo, o DSA já veio a ser qualificado como uma "boneca russa", atendendo a que os prestadores de serviços intermediários de maior dimensão incluem sempre as obrigações do prestador de serviços de dimensão inferior[25].

O DSA prevê ainda a possibilidade de criação de normas facultativas relativas às obrigações de devida diligência (art. 44º DSA), códigos de conduta (arts. 45º e ss. DSA), bem como de protocolos de crise facultativos (art. 48º DSA).

5.2. As obrigações de devida diligência aplicáveis aos prestadores de serviços intermediários em geral

5.2.1. Generalidades

São aplicáveis a todos os prestadores de serviços intermediários apenas as obrigações de estabelecimento de pontos de contacto para as autoridades (art. 11º DSA) e destinatários de serviços (art. 12º DSA), indicação de representantes legais para prestadores de fora da União Europeia (art. 13º DSA), obrigações de informação (art. 14º DSA) e apresentação de relatórios de transparência (art. 15º DSA). Ao contrário do que sucede em relação a

[25] Cfr. MAJA CAPELLO (org.), *Unravelling the Digital Services Act package*, IRIS Special, European Audiovisual Observatory, Strasbourg, 2021, p. 1.

outras categorias de obrigações de devida diligência, estas obrigações não admitem excepções relativamente a micro e pequenas empresas.

Analisemos sucessivamente estas obrigações.

5.2.2. A obrigação do estabelecimento de um ponto único de contacto para as autoridades

A primeira obrigação de devida diligência dos prestadores intermediários de serviços é designar um ponto único de contacto que lhes permita comunicar directamente com as autoridades dos Estados-Membros, a Comissão e o Comité Europeu dos Serviços Digitais, tendo em vista a aplicação do DSA (art. 11º, nº 1, DSA). No considerando (42) é explicado que o objectivo desta obrigação é o de "facilitar comunicações bidirecionais fluidas e eficientes relacionadas com as matérias abrangidas pelo presente regulamento, inclusive, se for caso disso, acusando a receção dessas comunicações". Esse considerando (42) especifica ainda que "o ponto de contacto eletrónico pode igualmente ser utilizado por sinalizadores de confiança e por entidades profissionais que tenham uma relação específica com o prestador de serviços intermediários. Ao contrário do representante legal, o ponto de contacto eletrónico deverá servir objetivos operacionais, e não deverá ser exigido que o mesmo possua uma localização física. Os prestadores de serviços intermediários podem designar o mesmo ponto único de contacto para efeitos do exigido pelo presente regulamento e para outros fins exigidos por outra legislação da União".

A obrigação de designação de um ponto único de contacto único implica para os prestadores de serviços ainda a obrigação de fornecer as informações necessárias para identificar e comunicar facilmente com os seus pontos únicos de contacto, devendo igualmente aqueles tornar públicas, facilmente acessíveis e manter actualizadas as informações necessárias para comunicar com os pontos únicos de contacto (art. 11º, nº 2, DSA). O DSA regula especificamente a questão das línguas oficiais dos Estados-Membros a utilizar nessas informações, devendo incluir, para além de uma língua amplamente compreendida pelo maior número possível de cidadãos da União, uma das línguas oficiais do Estado-Membro em que o prestador de serviços intermediários tem o seu estabelecimento principal ou em que o seu representante legal reside ou se encontra estabelecido (art. 11º, nº 3, DSA). O considerando (42) refere ainda que "ao especificar as línguas de comunicação, os prestadores de serviços intermediários são incentivados a assegurar-se de que as línguas escolhidas não constituem, elas próprias, um obstáculo à comunicação. Sempre que necessário, deverá ser possível que os prestadores de serviços intermediários e as autoridades dos Estados-Membros cheguem a um acordo separado sobre a língua de comunicação ou procurem meios alternativos para superar a barreira linguística, nomeadamente recorrendo a todos os meios tecnológicos ou recursos humanos internos e externos disponíveis".

5.2.3. A obrigação do estabelecimento de um ponto único de contacto para os destinatários de serviços

Outra obrigação de devida diligência dos prestadores intermediários de serviços é a designação de um ponto único de contacto "que permita aos destinatários do serviço comunicar direta e rapidamente com esses prestadores, por via eletrónica e de forma facilmente compreensível, nomeadamente permitindo que os destinatários do serviço optem por meios de comunicação, que não dependam exclusivamente de instrumentos automatizados" (art. 12º, nº 1, DSA). Apesar de o DSA distinguir o ponto único de contacto para as autoridades do ponto único de contacto para os destinatários de serviços, a verdade é que os mesmos podem coincidir, uma vez que o considerando (42) refere expressamente que "os prestadores de serviços intermediários podem designar o mesmo ponto único de contacto para efeitos do exigido pelo presente regulamento e para outros fins exigidos por outra legislação da União".

O considerando (43) explica que o ponto único de contacto para os destinatários dos serviços deve permitir "uma comunicação rápida, direta e eficiente, especialmente por meios facilmente acessíveis, como número de telefone, endereço de correio eletrónico, formulários de contacto eletrónicos, robôs de conversação ou mensagens instantâneas", devendo "ser explicitamente indicado quando um destinatário do serviço comunica com robôs de conversação". Os prestadores de serviços intermediários deverão ainda permitir a opção dos destinatários dos serviços "por meios de comunicação direta e eficiente que não dependam exclusivamente de ferramentas automatizadas". Para tal "os prestadores de serviços intermediários deverão envidar todos os esforços razoáveis no sentido de assegurar a afetação de recursos humanos e financeiros suficientes para garantir que a comunicação se realize de forma atempada e eficiente".

O art. 12º, nº 2, DSA, mantém, em relação aos prestadores de serviços intermediários as obrigações previstas na Directiva 2000/31/CE, transposta em Portugal pelo Decreto-Lei 7/2004. Efectivamente essa Directiva estabelece no seu art. 5º obrigações de informações gerais pelos prestadores de serviços da sociedade de informação aos destinatários de serviços e nos arts. 6º e seguintes obrigações específicas relativamente a comunicações comerciais. Essas disposições foram transpostas pelos arts. 10º e 21º do Decreto-Lei 7/2004, que estabelecem respectivamente uma obrigação de prestação permanente de elementos completos de informação e de obrigações de identificação e informação nas comunicações publicitárias prestadas à distância, por via electrónica. Estas obrigações mantêm-se assim para os prestadores intermediários de serviços, mesmo após o DSA.

Para além destas obrigações o art. 12º, nº 2, DSA, obriga ainda os prestadores de serviços intermediários a tornar públicas junto dos destinatários do serviço as informações necessárias para identificar e comunicar facilmente com os seus pontos únicos de contacto, devendo essas informações ser facilmente acessíveis, e manter-se atualizadas.

5.2.4. A obrigação de indicação de representantes legais em relação a prestadores de serviços não estabelecidos na União Europeia

O art. 13º, nº 1, DSA inclui entre as obrigações gerais de todos os prestadores intermediários de serviços, que não estejam estabelecidos na União Europeia mas ofereçam serviços na União, a obrigação de designar uma pessoa singular ou colectiva para agir como seu representante legal num dos Estados-Membros em que o prestador ofereça os seus serviços. Recorda-se que a definição de "oferecer serviços na União" é restritiva, uma vez que o art. 3º *d)* DSA apenas considera como tal "permitir a pessoas singulares ou coletivas de um ou mais Estados-Membros a utilização dos serviços de um prestador de serviços intermediários que tenha uma ligação substancial à União". Por sua vez a "ligação substancial à União", no caso de prestadores de serviços não estabelecidos, depende, nos termos do art. 3º *e)* DSA "de critérios factuais específicos, tais como: –um número significativo de destinatários do serviço num ou mais Estados-Membros, em relação à respetiva população, ou –o direcionamento das atividades para um ou mais Estados-Membros". Apenas os prestadores de serviços não estabelecidos que cumpram estes critérios estarão assim sujeitos à obrigação de designar o representante legal.

O considerando (44) especifica "ser possível que um representante legal seja mandatado, nos termos do direito nacional, por mais de um prestador de serviços intermediários", e que "o representante legal deverá poder atuar também como um ponto de contacto, desde que sejam cumpridos os requisitos pertinentes do presente regulamento".

A designação do representante legal processa-se através de notificação pelo prestador intermediário de serviços do respectivo nome, endereço postal, endereço de correio eletrónico e número de telefone ao coordenador dos serviços digitais no Estado-Membro em que o representante legal resida ou se encontre estabelecido, devendo essas informações estar publicamente disponíveis, serem facilmente acessíveis e exactas e mantidas actualizadas (art. 13º, nº 4, DSA). O art. 13º, nº 5, DSA, especifica que essa designação não constitui um estabelecimento da União, pelo que o prestador intermediário de serviços não será considerado como estabelecido apenas em virtude dessa designação.

O art. 13º, nº 2, DSA, determina que os prestadores intermediários de serviços devem mandatar o representante legal para actuar como a pessoa ou entidade a quem as autoridades competentes dos Estados-Membros, a Comissão e o Comité se podem dirigir, para além ou em substituição do prestador, para tratar de todas as questões necessárias à recepção, ao cumprimento e à execução das decisões emitidas no âmbito do DAS. Para esse efeito, os representantes legais devem dispor dos poderes necessários e de recursos suficientes para assegurar a sua eficiente e tempestiva cooperação com todas estas entidades e para dar cumprimento a essas decisões. O considerando (44) explica que "tal poderá ser o caso, por exemplo, se um prestador de serviços intermediários designar uma empresa filial do mesmo grupo que o prestador ou a sua empresa-mãe, se essa empresa filial ou empresa-mãe estiverem estabelecidas na União. No entanto, poderá não ser esse o caso, por exemplo se o representante legal for objeto de um processo de reorganização, de falência ou de insolvência pessoal ou empresarial. Tal obrigação deverá permitir uma supervisão eficaz e, se necessário, a aplicação do presente regulamento em relação a esses prestadores".

Salienta-se que o art. 13º, nº 3, DSA, estabelece que "o representante legal designado pode ser considerado responsável pelo incumprimento das obrigações por força do presente regulamento, sem prejuízo da responsabilidade e das ações judiciais que possam ser intentadas contra o prestador de serviços intermediários". Este preceito não explicita se esta responsabilidade é objectiva ou depende de culpa (efectiva ou presumida) por parte do representante legal. Tendemos a considerar que a responsabilidade do representante legal depende da demonstração da sua culpa no incumprimento, uma vez que nos parece desproporcionado que o mesmo possa responder objectivamente ou mesmo por culpa presumida por obrigações que não são suas, mas antes dos prestadores intermediários de serviços. Em muitos casos, o representante legal não terá sequer condições de controlar a actuação do prestador, ainda mais quando a sua representação abrange todo o território da União. Já o prestador intermediário de serviços responderá naturalmente pelos actos do representante legal como se fossem praticados pelo próprio, nos termos do art. 800º do Código Civil.

5.2.5. A obrigação de prestação de informações

O art. 14º, nº 1, DSA impõe ainda a todos os prestadores de serviços intermediários a obrigação de prestação de informações aos destinatários sobre os termos e condições dos serviços, e ainda relativamente a quaisquer alterações significativas dos mesmos (art. 14º, nº 2, DSA).

Essa informação abrange necessariamente a indicação de quaisquer restrições que coloquem em relação à utilização do seu serviços, nomeadamente "políticas, procedimentos, medidas e instrumentos utilizados para efeitos de moderação de conteúdos, incluindo a tomada de decisões algorítmicas e a análise humana, bem como as regras processuais do respetivo sistema interno de gestão de reclamações" (art. 14º, nº 1, DSA). A aplicação e execução dessas restrições deve ser efectuada de forma diligente, objectiva e proporcionada, "tendo devidamente em conta os direitos e interesses legítimos de todas as partes envolvidas, incluindo os direitos fundamentais dos destinatários do serviço, como a liberdade de expressão, a liberdade e o pluralismo dos meios de comunicação social e outros direitos e liberdades fundamentais, tal como consagrados na Carta" (art. 14º, nº 4, DSA). O considerando (47) acrescenta ainda que "todos os prestadores de serviços intermediários deverão também ter em devida conta as normas internacionais pertinentes em matéria de proteção dos direitos humanos, como os Princípios Orientadores das Nações Unidas sobre Empresas e Direitos Humanos"[26].

[26] Os Princípios Orientadores das Nações Unidas sobre Empresas e Direitos Humanos, aprovados pelo Conselho Direitos Humanos da ONU em Junho de 2011, são também designados por Princípios Ruggie, por terem sido elaborados por John Ruggie (1944-2021),

As informações são obrigatoriamente "apresentadas em linguagem clara, simples, inteligível, facilmente compreensível e inequívoca, e são disponibilizadas ao público num formato facilmente acessível e legível por máquina" (art. 14º, nº 1, DSA). No caso específico de serviços principalmente direccionados a menores ou predominantemente utilizados por estes as condições e restrições à utilização dos serviços devem ser explicadas de forma acessível aos menores (art. 14º, nº 3, DSA).

A obrigação de prestação de informações tem no entanto requisitos adicionais de informação e transparência nos seus termos e condições no caso de plataformas em linha de muito grande dimensão e motores de pesquisa em linha de muito grande dimensão, o que o considerando (48) justifica devido ao seu papel e alcance especiais. Assim, estas entidades estão obrigadas a fornecer aos destinatários de serviços, numa linguagem clara e inequívoca, "uma síntese concisa, facilmente acessível e legível por máquina dos termos e condições, incluindo os mecanismos de ressarcimento e reparação disponíveis" (art. 14º, nº 5, DSA). Para além disso, estas entidades estão obrigadas a publicar os seus termos e condições nas línguas oficiais de todos os Estados-Membros em que oferecem os seus serviços (art. 14º, nº 6, DSA).

5.2.6. A obrigação de apresentação de relatórios de transparência

A última obrigação geral de todos os prestadores intermediários de serviços é a apresentação de relatórios de transparência, relativos à moderação de conteúdos em que tenham participado. Efectivamente, as sucessivas queixas relativas à opacidade das práticas de moderação de conteúdos e à falta de supervisão democrática dessas práticas levaram a que essa questão se tenha tornado central em relação à regulação dos prestadores de serviços da internet. A exigência de relatórios de transparência permite

representante especial do Secretário Geral da ONU para as empresas e os direitos humanos. Os mesmos correspondem a orientações de *soft law*, baseadas em três pilares (proteger, respeitar e reparar): o dever do Estado em proteger os direitos humanos contra abusos de terceiros, incluindo empresas; a responsabilidade empresarial em relação ao respeito pelos direitos humanos; e a garantia de acesso das vítimas a meios de reparação efectivos, tanto judiciais como não judiciais, em caso de violação dos seus direitos humanos. Cfr. UNITED NATIONS, *Guiding Principles on Business and Human Rights. Implementing the United Nations "Protect, Respect and Remedy" Framework*, New York, United Nations, 2011, disponível em https://www.ohchr.org/sites/default/files/documents/publications/guidingprinciplesbusinesshr_en.pdf assim aos reguladores estabelecer uma efectiva responsabilizações dos prestadores neste domínio[27].

Em consequência o art. 15º, nº 1, proémio, DSA, determina que os prestadores intermediários de serviços devem disponibilizar ao público "num formato legível por máquina e de forma facilmente acessível, pelo menos uma vez por ano, relatórios claros, facilmente compreensíveis sobre qualquer atividade de moderação de conteúdos em que tenham participado durante o período pertinente". Trata-se de uma obrigação importante, atendendo às queixas que os destinatários de serviços têm frequentemente realizado sobre a forma como os conteúdos que colocam são moderados, invocando padrões de comunidade, por vezes com evidente falta de transparência e objectividade.

Nos termos do art. 15º, nº 2, DSA, esta obrigação apenas não se aplica aos prestadores de serviços intermediários que sejam micro ou pequenas empresas, tal como definidas na Recomendação 2003/361/CE[28], desde que não constituam plataformas em linha de muito grande dimensão, tal como definidas no art. 33º DSA[29].

O conteúdo dos relatórios de transparência é, porém, variável consoante a categoria de prestadores de serviços intermediários e o tipo de moderação de conteúdos que tenha sido realizada por estes. Para além disso, o art. 15º, nº 3, DSA admite ainda a possibilidade de a Comissão adoptar actos de execução nesta matéria, ao abrigo do procedimento consultivo previsto no art. 88º DSA, para estabelecer modelos relativos ao formato, ao conteúdo e a outros pormenores dos relatórios, incluindo períodos de referência harmonizados.

No caso dos prestadores de serviços intermediários em geral, os relatórios de transparência devem incluir a indicação das decisões tomadas pelas autoridades dos Estados-Membros relativas à publicação de con-

[27] Cfr. COLE / ETTELDORF / ULLRICH, *Updating the Rules for Online Content Dissemination*, p. 187.

[28] Nos termos do art. 2º, nº s 2 e 3 da Recomendação da Comissão 2003/361/CE, de 6 de Maio de 2003, relativa à definição de micro, pequenas e médias empresas, "uma pequena empresa é definida como uma empresa que emprega menos de 50 pessoas e cujo volume de negócios anual ou balanço total anual não excede 10 milhões de euros". Por sua vez, "uma microempresa é definida como uma empresa que emprega menos de 10 pessoas e cujo volume de negócios anual ou balanço anual não excede 2 milhões de euros".

[29] Essa disposição qualifica como de muito grande dimensão as plataformas em linha que tenham um número médio mensal de destinatários do serviço na União igual ou superior a 45 milhões.

teúdos ilegais, nomeadamente as proferidas ao abrigo dos arts. 9º e 10º DSA. Deve ser revelado o número de decisões recebidas, categorizadas por tipo de conteúdo ilegal em causa, o Estado-Membro que emite a ordem e o tempo mediano necessário para informar da sua recepção a autoridade emissora ou qualquer autoridade referida na ordem, e para dar cumprimento à ordem (art. 15º *a)* DSA). Já os prestadores de serviços de alojamento virtual devem ainda indicar nos relatórios de transparência o número de notificações apresentadas nos termos do art. 16º DSA, categorizadas por tipo de conteúdo alegadamente ilegal em causa, o número de notificações enviadas por sinalizadores de confiança, e qualquer medida tomada na sequência das notificações, devendo ser especificado se a medida foi tomada com base na legislação ou nos termos e condições do prestador, e ainda o número de notificações tratadas por meios automatizados e o tempo mediano necessário para a tomada da medida (art. 15º *b)* DSA).

Os relatórios de transparência apresentados pelos prestadores de serviços intermediários devem ainda incluir "informações úteis e compreensíveis sobre a moderação de conteúdos realizada por iniciativa própria dos prestadores, incluindo a utilização de ferramentas automatizadas, as medidas tomadas para prestar formação e assistência às pessoas responsáveis pela moderação de conteúdos, o número e o tipo de medidas tomadas que afetam a disponibilidade, a visibilidade e a acessibilidade das informações fornecidas pelos destinatários do serviço, e a capacidade de os destinatários fornecerem informações através do serviço, bem como outras restrições conexas do serviço". As informações comunicadas são obrigatoriamente "categorizadas por tipo de conteúdo ilegal ou de violação dos termos e condições do prestador do serviço, por método de deteção e por tipo de restrição aplicada" (art. 15º *c)* DSA).

Os prestadores de serviços intermediários são ainda obrigados a incluir nos seus relatórios de transparência "o número de reclamações recebidas através dos sistemas internos de gestão de reclamações de acordo com os termos e condições do prestador". No caso específico dos fornecedores de plataformas em linha, nos termos do artigo 20º DSA, deverá ainda ser indicada "a base para essas reclamações, as decisões tomadas relativamente a essas reclamações, o tempo mediano necessário para tomar essas decisões e o número de casos em que essas decisões foram revertidas" (art. 15º *d)* DSA).

Finalmente, os prestadores de serviços intermediários devem ainda mencionar nos seus relatórios de transparência "qualquer utilização de meios automatizados para fins de moderação de conteúdos, incluindo uma descrição qualitativa, uma especificação dos objetivos exatos, indicadores da precisão e a eventual taxa de erros dos meios automatizados usados no cumprimento desses objetivos e quaisquer garantias aplicadas" (art. 15º *e)* DSA).

5.3. As obrigações adicionais de devida diligência aplicáveis aos prestadores de serviços de alojamento virtual, incluindo plataformas em linha

5.3.1. Generalidades

O DSA estabelece obrigações adicionais de devida diligência para os prestadores de serviços de alojamento virtual, o que o considerando (50) justifica pelo facto de desempenharem "um papel especialmente importante na luta contra os conteúdos ilegais em linha, uma vez que armazenam informações fornecidas pelos destinatários do serviço e a pedido destes e, normalmente, dão a outros destinatários acesso às mesmas, por vezes em grande escala".

Em consequência, para além das obrigações aplicáveis a todos os prestadores de serviços intermediários, os prestadores de serviços de alojamento virtual, incluindo plataformas em linha, estão ainda sujeitos à criação de mecanismos de notificação e acção em caso de conteúdos ilegais (art. 16º DSA), exposição de motivos em caso de restrição ou suspensão de serviços (art. 17º DSA), e notificação às autoridades de suspeitas de crime (art. 18º DSA).

Os prestadores de serviços de alojamento virtual não são igualmente excepcionados destas obrigações no caso de serem qualificados como micro e pequenas empresas.

5.3.2. A obrigação de criação de mecanismos de notificação e acção

Uma das críticas que mais frequentemente era realizada à Directiva 2000/31/CE era o facto de não ter instituído um sistema harmonizado de *Notice and Take Down* em relação à armazenagem em servidor, ao contrário do que tinha feito o *Digital Millennium Copyright Act* americano. Efectivamente, o art. 21º, nº 2, da Directiva remetia a introdução desse sistema para regulação futura, o que levou a uma enorme variação de regras relativas à aplicação desse mecanismo com base em disposições internas, regras sectoriais e até à sua consagração pelas próprias plataformas nos seus termos de serviço[30]. O DSA veio alterar essa situação, harmonizando as regras relativas aos mecanismos de notificação e acção por parte dos prestadores de serviços de alojamento virtual.

Assim, o art. 16º, nº 1, DSA obriga os prestadores de serviços de alojamento virtual a criarem "mecanismos que permitam a qualquer pessoa ou entidade notificá-los da presença, no seu serviço, de elementos específicos de informação que a pessoa ou a entidade considere ser conteúdo ilegal. Esses mecanismos são de fácil acesso e utilização, e permitem a apresentação de notificações exclusivamente por meios eletrónicos". Esta obrigação incide apenas sobre os prestadores de serviços de alojamento virtual, que o considerando (50) exemplifica que se deverá aplicar "a serviços de armazenagem e partilha de ficheiros, a serviços de alojamento na Web, a servidores de publicidade e a sítios Web de armazenamento e partilha de dados (como o «Pastebin»), na medida em que sejam considerados serviços de alojamento virtual abrangidos pelo presente regulamento".

O considerando (50) explicita ainda que esses mecanismos devem facilitar "a notificação de elementos específicos de informação que a parte notificante considere constituírem conteúdos ilegais ao prestador de serviços de alojamento virtual em causa («notificação»), nos termos da qual esse prestador pode decidir se concorda ou não com a avaliação e se pretende suprimir os conteúdos ou bloquear o acesso aos mesmos («ação»). Esses mecanismos deverão ser claramente identificáveis, localizados perto das informações em questão e, pelo menos, ser tão fáceis de encontrar e utilizar como mecanismos de notificação de conteúdos que violem os termos e condições do serviço de alojamento virtual".

O art. 16º, nº 2, DSA determina que os referidos mecanismos deverão "facilitar a apresentação de notificações suficientemente precisas e adequadamente fundamentadas". Para esse efeito, os prestadores de alojamento virtual tomam as medidas necessárias para permitir e facilitar a apresentação de notificações que contenham: *a)* uma explicação suficientemente fundamentada das razões pelas quais a pessoa ou a entidade alega que as informações em questão constituem conteúdos ilegais; *b)* uma indicação clara da localização electrónica exacta dessas informações, incluindo os

[30] Cfr. Cole / Etteldorf / Ullrich, *Updating the Rules for Online Content Dissemination*, pp. 182-183.

endereços URL exactos e, se necessário, informações adicionais que permitam a identificação dos conteúdos ilegais adaptadas ao tipo de conteúdo e ao tipo específico de serviço de alojamento virtual; *c)* o nome e o endereço de correio electrónico da pessoa ou entidade que apresenta a notificação, excepto no caso de informações que se considere implicarem um dos crimes referidos nos artigos 3º a 7º da Diretiva 2011/93/UE[31]; e *d)* uma declaração que confirme a boa-fé da pessoa ou entidade que apresenta a notificação e que as informações e alegações nela contidas são exactas e completas (art. 16º, nº 2, DSA).

O art. 16º, nº 3, DSA estabelece que, no caso de a notificação permitir a um prestador diligente de alojamento virtual identificar a ilegalidade das informações em causa sem um exame jurídico pormenorizado, considera-se que a mesma deu lugar a um conhecimento efectivo ou a um alerta para efeitos do art. 6º DSA. Em consequência nesse caso o prestador de serviços de alojamento virtual fica obrigado a actuar com diligência no sentido de suprimir ou desactivar o acesso a esse conteúdo, sob pena de não lhe ser aplicável a isenção de responsabilidade.

O prestador de serviços de alojamento virtual é obrigado a acusar a recepção da notificação aos seu autor que indique o seu endereço de correio electrónico (art. 16º, nº 4, DSA), bem como a notificá-lo da sua decisão relativamente às informações prestadas e das possibilidades de reparação

[31] Desta disposição parece resultar que os autores das notificações se deverão identificar, a menos que se trate da denúncia de crimes abrangidos pela Directiva 2011/93/UE do Parlamento Europeu e do Conselho, de 13 de Dezembro de 2011, relativa à luta contra o abuso sexual e a exploração sexual de crianças e a pornografia infantil, e que substitui a Decisão-Quadro 2004/68/JAI do Conselho. Os crimes em questão abrangem o abuso sexual de crianças (art. 3º), a exploração sexual de crianças (art. 4º), a pornografia infantil (art. 5º), o aliciamento de crianças para fins sexuais (art. 6º) e a instigação, auxílio, cumplicidade e tentativa desses crimes (art. 7º). Pareceria assim que só nestes casos se admitiriam notificações anónimas. No entanto, o considerando (50) refere que "o mecanismo de notificação deverá permitir, mas não exigir, a identificação da pessoa ou da entidade que apresenta a notificação. Para alguns tipos de informações notificadas, a identificação da pessoa ou da entidade que apresenta a notificação pode ser necessária para determinar se as informações em causa constituem um conteúdo ilegal, como alegado". Mas o considerando (53) volta a referir: "Com exceção da apresentação de notificações relativas às infrações a que se referem os artigos 3º a 7º da Diretiva 2011/93/UE do Parlamento Europeu e do Conselho, esses mecanismos deverão solicitar à pessoa ou à entidade que apresenta a notificação que divulgue a sua identidade, a fim de evitar utilizações abusivas". É assim muito pouco clara a admissibilidade de notificações anónimas fora dos casos específicos dos crimes abrangidos pelos artigos 3º a 7º da Directiva 2011/93/UE.

relativas a essa decisão (art. 16º, nº 5, DSA), incluindo a menção sobre se foram utilizados meios informáticos no tratamento ou tomada da decisão (art. 16º, nº 6, DSA).

O art. 16º, nº 6, DSA, obriga os prestadores de serviços de alojamento virtual a tratar quaisquer notificações recebidas e a tomar as suas decisões relativas às mesmas "de forma atempada, diligente, não arbitrária e objectiva". O considerando (52) refere a este propósito que "as regras relativas a esses mecanismos de notificação e ação deverão ser harmonizadas a nível da União, de modo a prever o tratamento atempado, diligente e não-arbitrário das notificações com base em regras uniformes, transparentes e claras e que prevejam garantias sólidas para proteger os direitos e interesses legítimos de todas as partes afetadas, nomeadamente os seus direitos fundamentais garantidos pela Carta, independentemente do Estado-Membro em que estejam estabelecidas ou residam e do domínio do direito em questão. Esses direitos fundamentais incluem, entre outros: para os destinatários do serviço, o direito à liberdade de expressão e de informação, o direito ao respeito pela vida privada e familiar, o direito à proteção dos dados pessoais, o direito à não discriminação e o direito à ação; para os prestadores de serviços, a liberdade empresarial, incluindo a liberdade contratual; para as partes afetadas por conteúdos ilegais, o direito à dignidade do ser humano, os direitos das crianças, o direito à proteção da propriedade, incluindo a propriedade intelectual, e o direito à não discriminação".

O art. 44º, nº 1, *a)* DSA, prevê ainda que a Comissão consulte o Comité e apoia e promova a elaboração e a aplicação de normas facultativas estabelecidas pelos organismos de normalização europeus e internacionais pertinentes, no que diz respeito à apresentação electrónica de notificações nos termos do art. 16º DSA.

5.3.3. A obrigação de exposição de motivos em caso de restrição ou suspensão de serviços

O art. 4º do Regulamento (UE) 2019/1150 obriga o prestador de serviços de intermediação em linha a avisar previamente os utilizadores profissionais das suas decisões relativas à suspensão, restrição ou cessação dos serviços, com envio da fundamentação da sua decisão, devendo dar-lhe oportunidade de se pronunciar sobre a mesma.

Da mesma forma, o art. 17º, nº 1, DSA obriga os prestadores de serviços de alojamento virtual a apresentarem uma exposição de motivos clara e específica sempre que apliquem alguma das seguintes medidas, com fundamento na ilegalidade do conteúdo ou da sua incompatibilidade com os seus termos e condições:

a) Quaisquer restrições à visibilidade de elementos específicos de informação fornecidos pelo destinatário do serviço, nomeadamente a supressão de conteúdos, a desativação do acesso a conteúdos ou a despromoção de conteúdos;
b) Suspensão, cessação ou outra restrição dos pagamentos monetários;
c) Suspensão ou cessação da prestação do serviço, no todo ou em parte;
d) Suspensão ou encerramento da conta do destinatário do serviço.

Em relação a estas medidas o considerando (55) explicita que "a restrição da visibilidade pode consistir na despromoção nos sistemas de classificação ou de recomendação, bem como na limitação da acessibilidade de um ou mais destinatários do serviço ou no bloqueio do utilizador de uma comunidade em linha sem que o mesmo disso tenha conhecimento («bloqueamento oculto» – *shadow banning*). A monetização, por via das receitas de publicidade, da informação fornecida pelo destinatário do serviço pode ser restringida através da suspensão ou cessação do pagamento monetário ou da receita associados a essa informação".

A obrigação de exposição de motivos deve aplicar-se a partir da data em que a restrição foi imposta, mas a mesma só se aplica se o prestador tiver conhecimento dos dados de contacto electrónico pertinentes, não sendo em qualquer caso aplicável essa obrigação em relação a conteúdos comerciais enganosos de elevado volume (art. 17º, nº 2, DSA). O considerando (55) explica ainda que "a obrigação de indicar uma exposição de motivos não deverá aplicar-se aos conteúdos comerciais enganosos de elevado volume difundidos através da manipulação intencional do serviço, em especial a utilização não autêntica do serviço, como a utilização de robôs digitais ou de contas falsas ou outras utilizações enganosas do serviço".

Nos termos do art. 17º, nº 3, DSA, a exposição de motivos fornecida pelos prestadores de serviços de alojamento virtual deve incluir pelo menos os seguintes elementos:

a) Informações sobre se a decisão implica a supressão, a desativação do acesso às informações, a despromoção ou a restrição da visibilidade das informações, ou a suspensão ou cessação dos pagamentos monetários relativos a essas informações ou impõe outras medidas quanto às informações e, quando pertinente, o âmbito territorial da decisão e a sua duração;

b) Os factos e as circunstâncias em que a decisão se baseou, incluindo, se for caso disso, informações sobre se a decisão foi tomada na sequência de uma notificação apresentada ou com base em investigações voluntárias por iniciativa própria e, se for estritamente necessário, a identidade do notificador[32];

c) Informações sobre a eventual utilização de meios automatizados na tomada da decisão, nomeadamente informações sobre se a decisão incide em conteúdos detectados ou identificados através de meios automatizados;

d) Se a decisão respeitar a conteúdos alegadamente ilegais, uma referência ao fundamento jurídico invocado e explicações sobre a razão pela qual as informações são consideradas conteúdos ilegais com base nesse fundamento;

e) Se a decisão se basear na alegada incompatibilidade das informações com os termos e condições do prestador de serviços de alojamento virtual, uma referência à cláusula contratual invocada e explicações sobre a razão pela qual as informações são consideradas incompatíveis com essa cláusula;

f) Informações claras e facilmente compreensíveis sobre as possibilidades de reparação à disposição do destinatário do serviço relativamente à decisão, em especial, quando aplicável, através de mecanismos internos de gestão de reclamações, resolução extrajudicial de litígios e vias de recurso judicial.

Nos termos do seu nº 4, o art. 17º DSA não se aplica no caso de ser recebida uma decisão de actuação contra conteúdos ilegais emitida pelas autoridades judiciárias ou administrativas competentes, nos termos do art. 9º DSA. Salienta-se, no entanto, que nesse caso continua a ser obrigatório

[32] Em relação à identidade do autor da notificação, o considerando (54) explicita que "se a decisão tiver sido tomada na sequência da receção de uma notificação, o prestador de serviços de alojamento virtual só deverá revelar a identidade da pessoa ou entidade que apresentou a notificação ao destinatário do serviço se essa informação for necessária para identificar a ilegalidade do conteúdo, nomeadamente em casos de violação de direitos de propriedade intelectual".

informar o destinatário do serviço "da decisão recebida e do seguimento que lhe foi dado, sendo que "as informações comunicadas ao destinatário do serviço incluem a exposição dos motivos, as possibilidades de reparação existentes e uma descrição do âmbito territorial da ordem" (art. 9º, nº 5, DSA).

5.3.4. A obrigação de notificação às autoridades em caso de suspeitas de crime

Por último, o art. 18º, nº 1, DSA obriga os prestadores de serviços de alojamento virtual, sempre que tomem conhecimento de qualquer informação que levante suspeitas de que ocorreu, está a ocorrer ou é susceptível de ocorrer um crime que envolva uma ameaça à vida ou à segurança de uma ou várias pessoas, a informarem imediatamente da sua suspeita as autoridades policiais ou judiciárias do ou dos Estados-Membros em causa e a fornecer todas as informações pertinentes disponíveis. Em princípio as autoridades a contactar deverão ser as do Estado-Membro em que ocorra o crime ou as do Estado-Membro da residência ou localização do suspeito ou da vítima. No caso de esse Estado-Membro não poder ser identificado com razoável certeza, a informação deverá ser dirigida ao Estado-Membro em que se encontra estabelecido o prestador de serviços ou o seu representante legal, ou à Europol ou a ambos (art. 18º, nº 2, DSA).

O considerando (56) explicita que que essa obrigação se aplica sempre que ocorra "a suspeita de que esse destinatário possa ter cometido, possa estar a cometer ou seja suscetível de vir a cometer um crime grave que envolva uma ameaça à vida ou à segurança de uma pessoa ou pessoas, como os crimes especificados na Diretiva 2011/36/UE do Parlamento Europeu e do Conselho[33], na Diretiva 2011/93/UE[34] ou na Diretiva (UE) 2017/541 do Parlamento Europeu e do Conselho[35]. Por exemplo, determinados ele-

[33] Directiva 2011/36/UE do Parlamento Europeu e do Conselho, de 5 de Abril de 2011, relativa à prevenção e luta contra o tráfico de seres humanos e à proteção das vítimas, e que substitui a Decisão-Quadro 2002/629/JAI do Conselho. Essa Directiva foi transposta para o ordenamento nacional pela Lei 60/2013, de 23 de Agosto.

[34] Directiva 2011/93/UE do Parlamento Europeu e do Conselho, de 13 de dezembro de 2011, relativa à luta contra o abuso sexual e a exploração sexual de crianças e a pornografia infantil, e que substitui a Decisão-Quadro 2004/68/JAI do Conselho. Esta Directiva foi transposta para o ordenamento nacional pela Lei 40/2020, de 18 de Agosto.

[35] Directiva (UE) 2017/541 do Parlamento Europeu e do Conselho, de 15 de março de 2017, relativa à luta contra o terrorismo e que substitui a Decisão-Quadro 2002/475/JAI do Conselho

mentos de conteúdo poderão dar origem a uma suspeita de ameaça para o público, como o incitamento ao terrorismo na aceção do artigo 21º da Diretiva (UE) 2017/541[36]. Nesses casos, o prestador de serviços de alojamento virtual deverá informar sem demora as autoridades responsáveis pela aplicação da lei dessa suspeita. O prestador de serviços de alojamento virtual deverá fornecer todas as informações pertinentes de que disponha, nomeadamente, quando pertinente, o conteúdo em questão e, se disponível, a data em que o mesmo foi publicado, incluindo o fuso horário designado, uma explicação da sua suspeita e as informações necessárias para localizar e identificar o destinatário do serviço pertinente".

5.4. As obrigações adicionais de devida diligência aplicáveis aos fornecedores de plataformas em linha

5.4.1. Generalidades

Para além das obrigações referidas nos dois pontos anteriores, os fornecedores de plataformas em linha estão também obrigados a instituir um sistema interno de gestão de reclamações (art. 20º DSA), a sujeitar-se à resolução extrajudicial de litígios (art. 21º DSA), a cooperar com sinalizadores de confiança (art. 22º DSA), a adoptar medidas de protecção contra a utilização abusiva (art. 23º DSA) e a apresentar relatórios de transparência com informação suplementar (art. 24º DSA).

Estes fornecedores de plataformas em linha estão ainda sujeitos a regras especiais para protecção dos consumidores, como a proibição de padrões obscuros nos interfaces em linha (art. 25º DSA), regras sobre publicidade

e altera a Decisão 2005/671/JAI do Conselho. Esta Directiva foi transposta para o ordenamento nacional pela Lei 2/2023, de 16 de Janeiro.

[36] O art. 21º, nº 1, desta Directiva obriga os Estados-Membros a tomar as medidas necessárias para assegurar a supressão imediata de conteúdos em linha que constituam incitamento público à prática de infracções terroristas, armazenados em servidos instalado no seu território, e a procurar obter a supressão de conteúdos desta natureza armazenados em servidor situado fora do seu território. No caso de a supressão na origem não ser exequível os Estados-Membros podem tomar medidas para bloquear o acesso dos utilizados da Internet no seu território a esses conteúdos (art. 21º, nº 2, Directiva 2017/541/UE). O incitamento público ao terrorismo é definido no art. 5º da Directiva 2017/541, como a distribuição ou difusão dolosa ao públicom seja por que meio for, em linha ou não, de mensagens destinadas a incitar à prática de infracções terroristas, tais como definidas no art. 3º, nº 1, *a)* a *i)* da Directiva 2017/541/UE, sempre que tal conduta defenda, directa ou indirectamente, por exemplo através da glorificação de atos de terrorismo, a prática de infracções terroristas, gerando desta forma o perigo de poderem ser cometidas uma ou mais dessas infracções.

em linha (art. 26º DSA), obrigações de transparência nos sistemas de recomendação (art. 27º DSA) e protecção de menores (art. 28º DSA).

Salvo quanto à obrigação de comunicar ao coordenador dos serviços digitais e a pedido destes, informações sobre o número médio mensal de destinatários ativos do serviço na União, constante do art. 24º, nº 3, DSA, estas obrigações não se aplicam aos fornecedores de plataformas em linha que sejam micro e pequenas empresas, tal como definidas na Recomendação 2003/361/CE, mantendo-se essa não aplicação durante os doze meses subsequentes à perda desse estatuto (art. 19º, nº 1, DSA)[37]. O regime mantém-se, porém, aplicável aos fornecedores de plataformas em linha de muito grande dimensão, nos termos do art. 33º DSA[38], independentemente de serem ou não considerados como micro ou pequenas empresas (art. 19º, nº 2, DSA).

O considerando (57) explica que a exclusão das micro e pequenas empresas destas obrigações, incluindo durante o período adicional de doze meses após a perda desse estatuto, se justifica "a fim de evitar encargos desproporcionados para as mesmas". O facto de as obrigações se manterem em relação às plataformas em linha de muito grande dimensão, independentemente de serem ou não qualificadas como micro e pequenas empresas, é justificado pelo facto de estas terem "um alcance maior e um maior impacto na influência sobre a forma como os destinatários do serviço obtêm informações e comunicam em linha". Este considerando refere ainda que "as regras de consolidação previstas na Recomendação 2003/361/CE contribuem para assegurar que se evite qualquer possibilidade de contornar essas obrigações adicionais" e que "nenhuma disposição do presente regulamento impede os fornecedores de plataformas em linha abrangidos por essa exclusão de criarem, a título voluntário, um sistema que cumpra uma ou mais dessas obrigações" Admite-se assim que as micro e pequenas empresas decidam cumprir voluntariamente as obrigações adicionais de que são excluídas pelo art. 19º DSA.

5.4.2. A obrigação de instituir um sistema interno de gestão de reclamações

O art. 20º, nº 1, DSA obriga os fornecedores de plataformas em linha a instituir um sistema interno eficaz de gestão de reclamações e a dar acesso a

[37] Sobre a definição de micro e pequenas empresas, cfr. a nota (28).

[38] Sobre a definição de plataformas em linha de muito grande dimensão, cfr. a nota (29).

esse sistema, durante um período de seis meses, aos destinatários de serviços e aos autores das notificações por forma a permitir-lhes reclamar de forma electrónica e gratuita contra as seguintes decisões tomadas com fundamento na ilegalidade do conteúdo ou da sua incompatibilidade com os seus termos e condições:

a) Decisões no sentido de suprimir a informação, bloquear o acesso à mesma ou restringir a sua visibilidade, ou de não o fazer;
b) Decisões no sentido de suspender ou cessar a prestação do serviço, no todo ou em parte, aos destinatários, ou de não o fazer;
c) Decisões no sentido de suspender ou encerrar a conta dos destinatários, ou de não o fazer;
d) Decisões no sentido de suspender, cessar ou de qualquer outra forma restringir a capacidade de monetizar as informações fornecidas pelos destinatários, ou de não o fazer.

Nos termos do art. 30º, nº 4, DSA, o sistema interno de gestão de reclamações pode ser igualmente utilizado pelos comerciantes no caso de os fornecedores de plataformas em linha que lhes permitem celebrar contratos à distância com consumidores se recusarem a autorizá-los a utilizar o seu serviço ou suspendam essa utilização.

O período de seis meses para apresentação da reclamação, é contado desde a data em que o destinatário do serviço é informado da decisão, nos termos do art. 16º, nº 5, e 17º DSA (art. 20º, nº 2, DSA), devendo o sistema interno de gestão ser "de fácil acesso e utilização", em ordem a permitir e facilitar "a apresentação de reclamações suficientemente precisas e adequadamente fundamentadas" (art. 20º, nº 3, DSA). O considerando (58) explica que "esses sistemas deverão permitir que todos os destinatários do serviço apresentem uma reclamação e não deverão estabelecer requisitos formais, como a remissão para disposições jurídicas específicas pertinentes ou explicações jurídicas elaboradas".

Uma vez apresentada a reclamação, a mesma deve ser tratada "de uma forma atempada, não discriminatória, diligente e não arbitrária. Sempre que uma reclamação contiver fundamentos suficientes para o fornecedor da plataforma em linha considerar que a sua decisão de não dar seguimento à notificação é infundada ou que as informações a que a reclamação se refere não são ilegais nem incompatíveis com os seus termos e condições, ou contiver informações que indiquem que o comportamento do autor da reclamação não justifica a medida tomada", o fornecedor da plataforma deve revogar a sua decisão "sem demora injustificada" (art. 20º, nº 4, DSA). As decisões devem ser tomadas "sob a supervisão de colaboradores devidamente qualificados e não exclusivamente com base em meios automatizados" (art. 20º, nº 6, DSA).

Os fornecedores de plataformas em linha devem em seguida "informar os autores das reclamações, sem demora injustificada, da decisão fundamentada relativamente às informações a que se referem as reclamações e da possibilidade de resolução extrajudicial de litígios prevista no artigo 21º e das outras possibilidades de reparação disponíveis" (art. 20º, nº 5, DSA).

5.4.3. A obrigação de se sujeitar à resolução extrajudicial de litígios

Actualmente o art. 34º do Decreto-Lei 7/2004 já permite "o funcionamento em rede de formas de solução extrajudicial de litígios entre prestadores e destinatários de serviços da sociedade da informação, com observância das disposições concernentes à validade e eficácia dos documentos referidas no presente capítulo". O DSA vai, porém, muito mais longe, estabelecendo uma regulamentação muito pormenorizada da resolução extrajudicial de litígios em relação às plataformas em linha.

O considerando (59) explica este regime referindo que "deverá prever-se a possibilidade de recorrer, em boa fé, à resolução extrajudicial desses litígios, nomeadamente dos que não tenham podido ser resolvidos de forma satisfatória através dos sistemas internos de gestão de reclamações, por organismos certificados que possuam a independência, os meios e os conhecimentos necessários para exercer as suas atividades de uma forma justa, rápida e eficaz em termos de custos. A independência dos organismos de resolução extrajudicial de litígios deverá também ser assegurada a nível das pessoas singulares responsáveis pela resolução de litígios, nomeadamente através de regras de conflitos de interesses".

Assim, o art. 21º, nº 1, DSA atribui aos destinatários de serviços, incluindo os autores das notificações, que tenham sido visados pelas decisões tomadas no âmbito do sistema de gestão de reclamações previsto no art. 20º DSA[39] o direito de seleccionar qualquer organismo de resolução extraju-

[39] Entre esses encontram-se os comerciantes, no caso de os fornecedores de plataformas em linha que lhes permitem celebram contratos à distância com consumidores se recusarem a autorizá-los a utilizar o seu serviço ou suspendam essa utilização, nos termos do art. 30º, nº 4, DSA.

dicial de litígios certificado para resolver litígios relativos a essas decisões, incluindo as reclamações que não tenham podido ser resolvidas através do sistema interno de gestão de reclamações. Para esse efeito os fornecedores de plataformas em linha devem colocar facilmente acessíveis na sua interface em linha[40], informações claras e facilmente compreensíveis sobre a possibilidade de os destinatários do serviço terem acesso a uma resolução extrajudicial de litígios.

Tal não prejudica naturalmente o direito de o destinatário do serviço intentar em qualquer momento acções para contestar essas decisões junto de um tribunal nos termos da lei aplicável (art. 21º, nº 1, *in fine*, DSA). É questionável se esta disposição do DSA autoriza a manutenção do regime de solução provisória de litígios prevista no art. 18º do Decreto-Lei 7/2004. A nosso ver, a resposta deve ser negativa, uma vez que o DSA apenas permite o recurso aos tribunais e não a uma entidade de supervisão, em substituição dos organismos certificados.

O art. 21º, nº 2, DSA estabelece que o organismo de resolução extrajudicial de litígios certificado não tem poderes para impor às partes uma resolução do litígio vinculativa. Não obstante, essa disposição obriga ambas as partes a colaborar de boa fé com o organismo de resolução extrajudicial de litígios certificado selecionado, tendo em vista a resolução do litígio. Os fornecedores de plataformas em linha apenas se podem recusar a intervir junto de tal organismo se um litígio já tiver sido resolvido relativamente às mesmas informações e aos mesmos motivos de alegada ilegalidade ou incompatibilidade de conteúdo.

A certificação dos organismos de resolução extrajudicial de litígios é da competência dos coordenadores de serviços digitais dos Estados-Membros em que se encontram estabelecidos, sendo a mesma concedida por cinco anos, renováveis, se o organismo demonstrar o cumprimento de todas as condições referidas no art. 21º, nº 3, DSA. No caso de o organismo de resolução extrajudicial de litígios deixar de cumprir essas condições, a certificação pode ser revogada pelo coordenador dos serviços digitais, após audiência do mesmo (art. 21º, nº 7, DSA). Os coordenadores de serviços digitais devem notificar a Comissão dos organismos de resolução extra-

[40] A interface em linha é definida no art. 3º *m)* DSA como abrangendo " quaisquer programas informáticos, incluindo um sítio Web ou uma parte deste, e aplicações, incluindo aplicações móveis".

judicial de litígios que certificaram, devendo a Comissão publicar uma lista dos mesmos num sítio Web específico facilmente acessível e mantê-la actualizada (art. 21º, nº 8, DSA). O considerando (59) explicita que "caso um organismo de resolução extrajudicial de litígios seja certificado pelo coordenador de serviços digitais competente, essa certificação é válida em todos os Estados-Membros".

Os organismos de resolução extrajudicial de litígios devem apresentar um relatório anual de actividade ao coordenador dos serviços digitais que os certificou, estando estes obrigados a apresentar também de dois em dois anos um relatório sobre o funcionamento dos organismos que certificaram (art. 21º, nº 4, DSA).

Nos termos do art. 21º, nº 4, DSA, "os organismos de resolução extrajudicial de litígios certificados disponibilizam as suas decisões às partes num período de tempo razoável e no prazo máximo de 90 dias de calendário após a receção da reclamação. No caso de litígios altamente complexos, o organismo de resolução extrajudicial de litígios certificado pode, se assim o entender, prorrogar o prazo de 90 dias de calendário por um período adicional que não pode exceder 90 dias, o que se traduz numa duração total máxima de 180 dias". Parecem-nos estes prazos excessivamente longos, sendo que em consequência o efeito útil da decisão pode perder-se, uma vez que uma publicação de um conteúdo suprimido três ou seis meses depois de ter sido colocado raramente terá qualquer utilidade para o destinatário do serviço.

O art. 21º, nº 5, DSA, regula ainda a questão das taxas e despesas do processo, obrigando ao reembolso do destinatário do serviço em caso de ganho de causa. Em caso de decisão desfavorável, o destinatário do serviço não é obrigado a reembolsar taxas ou despesas suportadas pelo fornecedor da plataforma em linha, a menos que tenha agido de má fé. O considerando (59) menciona ainda que "as taxas cobradas pelos organismos de resolução extrajudicial de litígios deverão ser razoáveis, acessíveis, atrativas, pouco dispendiosas para os consumidores e proporcionadas, e deverão ser avaliadas caso a caso".

O art. 21º, nº 6, DSA permite aos Estados-Membros a opção entre criar organismos de resolução extrajudicial de litígios ou apoiar as actividades de alguns ou de todos os organismos de resolução extrajudicial de litígios que tenham certificado, não podendo, porém, afectar a capacidade dos seus coordenadores de serviços digitais para certificar esses organismos.

O art. 21º, nº 8, DSA esclarece por fim que os mecanismos alternativos de resolução de litígios que estabelece não prejudicam a aplicação da Directiva 2013/11/UE do Parlamento Europeu e do Conselho, de 21 de Maio de 2013, sobre a resolução alternativa de litígios de consumo e dos procedimentos e entidades de resolução alternativa de litígios à disposição dos consumidores que essa Directiva estabelece. Tendo essa Directiva sido transposta para o ordenamento nacional pela Lei 144/2015, de 8 de Setembro[41], torna-se claro que é possível aos consumidores utilizar os centros de arbitragem de conflitos de consumo já existentes para dirimir litígios surgidos no quadro do DSA. O considerando (60) explica que "no que se refere a litígios contratuais entre consumidores e empresas relativamente à aquisição de bens ou serviços, a Diretiva 2013/11/UE do Parlamento Europeu e do Conselho assegura que os consumidores e as empresas da União tenham acesso a entidades de resolução alternativa de litígios de qualidade certificada. Neste contexto, importa esclarecer que as regras do presente regulamento relativas à resolução extrajudicial de litígios se aplicam sem prejuízo do disposto nessa diretiva, incluindo o direito, ao abrigo da diretiva, de os consumidores se retirarem do procedimento em qualquer momento se não estiverem satisfeitos com o desempenho ou com o funcionamento do procedimento".

5.4.4. A obrigação de cooperar com sinalizadores de confiança

O art. 22º, nº 1, DSA, obriga os fornecedores de plataformas em linha a tomar "as medidas técnicas e organizativas necessárias para assegurar que as notificações apresentadas por sinalizadores de confiança, agindo dentro do seu domínio de competências designado, através dos mecanismos referidos no artigo 16º, têm prioridade e são tratadas e objeto de uma decisão sem demora indevida".

No considerando (61) é explicada esta prioridade da forma seguinte:

> "É possível tomar medidas contra conteúdos ilegais de forma mais rápida e fiável quando os fornecedores de plataformas em linha tomam as medidas necessárias para assegurar que as notificações apresentadas por sinalizadores de confiança, agindo dentro do seu domínio de competências designado, através dos

[41] Esta Lei foi sucessivamente alterada pelo Decreto-Lei 102/2017, de 23 de Agosto, pela Lei 14/2019, de 12 de Fevereiro, pela Lei 75-B/2020, de 31 de Dezembro, e pelo Decreto-Lei 9/2021, de 19 de Janeiro

mecanismos de notificação e ação exigidos pelo presente regulamento sejam tratadas prioritariamente, sem prejuízo da exigência de proceder ao tratamento de todas as notificações apresentadas ao abrigo desses mecanismos e tomar uma decisão sobre as mesmas de forma atempada, diligente e não arbitrária".

Por sua vez, em relação ao tempo de resposta às notificações dos sinalizadores de confiança, o considerando (62) refere:

> "Uma vez que os sinalizadores de confiança já demonstraram os seus conhecimentos e competências, é de esperar que o tratamento das notificações dos sinalizadores de confiança seja menos oneroso e, por conseguinte, mais rápido do que o tratamento das notificações apresentadas por outros destinatários do serviço. No entanto, o tempo médio de tratamento pode, ainda assim, variar em função de fatores como o tipo de conteúdos ilegais, a qualidade das notificações e os procedimentos técnicos efetivamente utilizados para a apresentação das mesmas. Por exemplo, embora o Código de Conduta para a luta contra os discursos ilegais de incitação ao ódio em linha, de 2016, estabeleça uma referência para as empresas participantes no que diz respeito ao tempo necessário para tratar notificações válidas para a supressão de discursos ilegais de incitação ao ódio, outros tipos de conteúdos ilegais podem ter prazos de tratamento consideravelmente diferentes, dependendo dos factos e circunstâncias específicos e dos tipos de conteúdos ilegais em causa".

Este considerando mantém assim a regra do Código de Conduta para a luta dos conteúdos ilegais em linha de 2016[42], que obriga as plataformas em linha a rever a maioria das notificações válidas para remover o discurso de ódio ilegal em menos de 24 horas, ainda que admita que esse prazo possa ser diferente para outro tipo de conteúdos, o que nos parece prejudicial, uma vez que 24 horas é um prazo já consideravelmente extenso, atendendo à velocidade com que a informação se dissemina na internet.

[42] Este Código de Conduta foi aprovado em Maio de 2016 por um acordo entra a Comissão Europeia e as empresas Facebook, Microsoft, Twitter e YouTube. Em 2018 aderiram ao Código as empresas Instagram, Snapchat e Dailymotion. Em 2019 verificou-se a adesão do Jeuxvideo.com, em 2020 a do TikTok e o LinkedIn em 2021. Em Maio e Junho de 2022 verificou-se a adesão do Rakuten Viber e do Twitch. Cfr. COMISSÃO EUROPEIA, *The EU Code on countering illegal hate speech online*, disponível em https://commission.europa.eu/strategy-and-policy/policies/justice-and-fundamental-rights/combatting-discrimination-0/racism-and-xenophobia/eu-code-conduct-countering-illegal-hate-speech-online_en .

Nos termos do art. 22º, nº 2, DSA, o estatuto de sinalizadores de confiança "é concedido, a pedido de qualquer entidade, pelo coordenador dos serviços digitais do Estado-Membro em que o requerente se encontra estabelecido, a um requerente que tenha demonstrado que cumpre todas as condições seguintes:

a) Possui conhecimentos especializados e competências específicas para efeitos de deteção, identificação e notificação de conteúdos ilegais;
b) É independente de qualquer fornecedor de plataformas em linha;
c) Realiza as suas atividades tendo em vista a apresentação de notificações de forma diligente, precisa e objetiva".

Os requisitos para a concessão do estatuto de sinalizador de confiança são explicitadas no considerando (61) DSA da forma seguinte:

> "O estatuto de sinalizador de confiança deverá ser concedido pelo coordenador dos serviços digitais do Estado-Membro em que o requerente se encontra estabelecido e deverá ser reconhecido por todos os fornecedores de plataformas em linha abrangidos pelo âmbito de aplicação do presente regulamento. Esse estatuto de sinalizador de confiança só deverá ser atribuído a entidades, e não a pessoas, que tenham demonstrado, nomeadamente, que possuem conhecimentos especializados e competências específicas para combater os conteúdos ilegais e que trabalham de uma forma diligente, rigorosa e objetiva. No que se refere a conteúdos terroristas, tais entidades podem ser de natureza pública, como unidades de sinalização de conteúdos na Internet das autoridades nacionais responsáveis pela aplicação da lei ou da Agência da União Europeia para a Cooperação Policial («Europol»), ou organizações não governamentais e organismos privados ou semipúblicos, como as organizações que fazem parte da rede INHOPE de linhas diretas para a denúncia de material pedopornográfico e as organizações empenhadas em notificar manifestações racistas e xenófobas ilegais em linha. A fim de evitar diminuir o valor acrescentado desse mecanismo, o número total de estatutos de sinalizadores de confiança concedidos nos termos do presente regulamento deverá ser limitado. Em especial, as associações industriais que representam os interesses dos seus membros são incentivadas a requerer o estatuto de sinalizadores de confiança, sem prejuízo do direito das entidades privadas ou das pessoas de celebrarem acordos bilaterais com os fornecedores de plataformas em linha".

O art. 22º, nº 3, DSA, obriga os sinalizadores de confiança a publicar, pelo menos uma vez por ano, relatórios facilmente compreensíveis e pormenorizados sobre as notificações que tenham apresentado nesse período ao abrigo do art. 16º DSA. O relatório deve indicar o número de notificações, as quais são classificadas, tanto pela identidade do prestador de serviços de alojamento virtual, como pelo tipo de conteúdo ilegal notificado e ainda pelas medidas tomadas pelo prestador. Os relatórios devem ainda conter uma explicação dos procedimentos utilizados para assegurar a manutenção da independência do sinalizador de confiança. Os relatórios devem ser remetidos ao coordenador dos serviços digitais e disponibilizados ao público, sem que as informações contenham dados pessoais.

O art. 22º, nº 6, DSA admite a possibilidade de o fornecedor de plataformas em linha denunciar ao coordenador de serviços digitais que concedeu o estatuto de sinalizador de confiança o facto de ter recebido um número significativo de notificações insuficientemente precisas, inexactas ou inadequadamente fundamentadas através dos mecanismos a que se refere o artigo 16º DSA, incluindo informações recolhidas no âmbito do tratamento de reclamações através dos sistemas internos de gestão de reclamações a que se refere o artigo 20º, nº 4, DSA. Nesse caso, se o coordenador dos serviços digitais considerar que existem razões legítimas para dar início a uma investigação, a mesma é realizada sem demora indevida, sendo o estatuto de sinalizador de confiança suspenso durante o período da investigação.

Se o resultado de uma investigação demonstrar que o sinalizador de confiança já não preenche os requisitos previstos no art. 22º, nº 2, DSA, o coordenador de serviços digitais que lhe concedeu esse estatuto procede à sua revogação, devendo, no entanto, dar previamente oportunidade ao visado para reagir a essa posição (art. 22º, nº 7, DSA).

A concessão, suspensão ou revogação do estatuto de sinalizador de confiança é comunicada à Comissão e ao Comité, com indicação dos nomes, endereços postais e endereços de correio electrónico dos mesmos (art. 22º, nº 4, DSA). Por sua vez, a Comissão deve publicar essas informações numa base de dados acessível ao público num formato facilmente acessível e legível por máquina, e manter essa base de dados actualizada (art. 22º, nº 5, DSA).

A Comissão, após consulta ao Comité, deve emitir directrizes aos coordenadores de serviços digitais sobre a concessão, suspensão ou revogação do estatuto de sinalizador de confiança (art. 22º, nº 8, DSA). O art. 44º, nº 1, *c)* DSA, prevê ainda que a Comissão consulte o Comité e apoie e promova a elaboração e a aplicação de normas facultativas estabelecidas pelos organismos de normalização europeus e internacionais pertinentes, no que diz respeito à apresentação electrónica de notificações por sinalizadores de confiança nos termos do artigo 22º, incluindo através de interfaces de programação de aplicações.

5.4.5. A obrigação de adoptar medidas de protecção contra a utilização abusiva

Uma outra obrigação dos fornecedores de plataformas em linha é a de adoptar medidas de protecção contra a utilização abusiva. Efectivamente, o considerando (63) DSA refere textualmente:

> "A utilização abusiva das plataformas em linha através do fornecimento frequente de conteúdos manifestamente ilegais ou da apresentação frequente de notificações ou reclamações manifestamente infundadas ao abrigo dos mecanismos e sistemas, respetivamente, estabelecidos ao abrigo do presente regulamento, compromete a confiança e prejudica os direitos e interesses legítimos das partes em causa. Por conseguinte, é necessário estabelecer salvaguardas adequadas, proporcionadas e eficazes contra essa utilização abusiva, que devem respeitar os direitos e interesses legítimos de todas as partes envolvidas, incluindo os direitos e liberdades fundamentais aplicáveis consagrados na Carta, em especial a liberdade de expressão. As informações deverão ser consideradas conteúdos manifestamente ilegais e as notificações ou reclamações deverão ser consideradas manifestamente infundadas sempre que seja evidente para um leigo, sem qualquer análise substantiva, que o conteúdo é ilegal ou que as notificações ou reclamações são infundadas, respetivamente".

Uma dessas medidas de protecção, constante do art. 23º, nº 1, DSA, é a de os fornecedores de plataformas em linha suspenderem, durante um período razoável e após terem emitido um aviso prévio, a prestação dos seus serviços aos destinatários do serviço que forneçam com frequência conteúdos manifestamente ilegais.

Outra dessas medidas de protecção, a que se refere o art. 23º, nº 2, DSA, é a suspensão pelos fornecedores de plataformas em linha, por um período razoável e após terem emitido um aviso prévio, do tratamento de notificações e reclamações apresentadas através dos mecanismos de notificação e ação e dos sistemas internos de gestão de reclamações referidos nos artigos 16º e 20º DSA, por pessoas ou entidades ou por autores de reclamações que apresentem com frequência notificações ou reclamações manifestamente infundadas.

Nos termos do art. 23º, nº 3, DSA, qualquer destas medidas deve ser objecto de uma avaliação numa base casuística e de forma atempada, tendo em conta todos os factos e circunstâncias pertinentes as quais "incluem, pelo menos, os seguintes elementos:

a) O número absoluto de elementos de conteúdo manifestamente ilegal ou de notificações ou reclamações manifestamente infundadas apresentados num determinado período;
b) A sua proporção relativa em relação ao número total de elementos de informação fornecidos ou de notificações apresentadas num determinado período;
c) A gravidade das utilizações abusivas, nomeadamente a natureza dos conteúdos ilegais, e das suas consequências;
d) Quando for possível identificá-la, a intenção do destinatário do serviço, da pessoa, da entidade ou do autor de reclamações".

Os fornecedores de plataformas em linha são ainda obrigados a estabelecer "de forma clara e pormenorizada, nos seus termos e condições, a sua política relativamente à utilização abusiva" e a dar "exemplos dos factos e das circunstâncias que têm em conta ao avaliar se determinado comportamento constitui uma utilização abusiva e a duração da suspensão" (art. 23º, nº 4, DSA). O considerando (64) explica a este propósito:

> "Em determinadas condições, os fornecedores de plataformas em linha deverão suspender temporariamente as suas atividades pertinentes em relação à pessoa envolvida em comportamentos abusivos. Tal não prejudica a liberdade dos fornecedores de plataformas em linha de determinarem os seus termos e condições e estabelecerem medidas mais rigorosas no caso de conteúdos manifestamente ilegais relacionados com crimes graves, como material pedopornográfico. Por razões de transparência, esta possibilidade deverá ser indicada, de forma clara e suficientemente pormenorizada, nos termos e condições das plataformas em linha. As decisões tomadas a este respeito pelos fornecedores de plataformas em linha deverão ser sempre passíveis de recurso e estar sujeitas à supervisão do coordenador dos serviços digitais competente. Os for-

necedores de plataformas em linha deverão emitir um aviso prévio antes de tomarem uma decisão sobre a suspensão, o qual deverá incluir os motivos da eventual suspensão e os meios de recurso contra a decisão dos fornecedores da plataforma em linha. Ao decidirem sobre a suspensão, os fornecedores de plataformas em linha deverão enviar a exposição de motivos de acordo com as regras estabelecidas no presente regulamento. As regras do presente regulamento em matéria de utilização abusiva não deverão impedir os fornecedores de plataformas em linha de tomarem outras medidas para abordar o fornecimento de conteúdos ilegais pelos destinatários dos seus serviços ou outra utilização abusiva dos seus serviços, nomeadamente através da violação dos seus termos e condições, em conformidade com o direito da União e nacional aplicáveis. Essas regras aplicam-se sem prejuízo da possibilidade de responsabilização das pessoas envolvidas na utilização abusiva, nomeadamente por danos, prevista no direito da União ou no direito nacional".

Fica assim aberta a porta à responsabilização daqueles que efectuarem alguma utilização abusiva das plataformas em linha, quer por parte dos fornecedores das plataformas, quer por parte das pessoas visadas pelos conteúdos ilegais ou pelas notificações ou reclamações infundadas.

5.4.6. A obrigação de apresentação de relatórios de transparência com informações suplementares

Os fornecedores de plataformas em linha estão ainda sujeitos a uma obrigação suplementar de informação na apresentação dos relatórios de transparência, para além da obrigação correspondente que o art. 15º DSA impõe a todos os prestadores intermediários de serviços. Assim, para além das informações constantes dessa disposição, o art. 24º, nº 1, DSA impõe aos prestadores intermediários de serviços a obrigação de incluir nos relatórios de transparência "informações sobre os seguintes pontos:

a) O número de litígios submetidos à apreciação dos organismos de resolução extrajudicial de litígios a que se refere o artigo 21º, os resultados da resolução de litígios, o tempo mediano necessário para concluir os procedimentos de resolução de litígios e a percentagem de litígios em que os fornecedores de plataformas em linha aplicou as decisões do organismo;

b) O número de suspensões impostas nos termos do artigo 23º, estabelecendo uma distinção entre as suspensões decretadas devido ao fornecimento de conteúdos manifestamente ilegais, à apresentação de notificações manifestamente infundadas e à apresentação de reclamações manifestamente infundadas".

A Comissão pode ainda adoptar, através do procedimento consultivo a que se refere o artigo 88º DSA, actos de execução para estabelecer modelos relativos ao formato, ao conteúdo e a outros pormenores destes relatórios (art. 24º, nº 6, DSA).

O considerando (65) do DSA explica que "para determinar se as plataformas em linha ou os motores de pesquisa em linha podem ser plataformas em linha de muito grande dimensão ou motores de pesquisa em linha de muito grande dimensão, respetivamente, sujeitos a certas obrigações adicionais por força do presente regulamento, as obrigações de apresentação de relatórios de transparência aplicáveis às plataformas em linha e aos motores de pesquisa em linha deverão incluir certas obrigações relativas à publicação e comunicação de informações sobre o número médio mensal de destinatários ativos do serviço na União". Assim, os fornecedores de plataformas em linha são ainda obrigados a publicar até 17 de Fevereiro de 2023 e, posteriormente, pelo menos uma vez de seis em seis meses, para cada plataforma ou motor de pesquisa em linha, numa secção acessível ao público da sua interface, informações sobre o número médio mensal de destinatários ativos do serviço na União, calculados como média durante o período dos últimos seis meses, de acordo com a metodologia estabelecida nos actos delegados que eventualmente tenham sido adoptados, nos termos do art. 33º, nº 3, DSA (art. 24º, nº 2, DSA). Essas informações actualizadas, sem inclusão de dados pessoais, devem ainda ser enviadas sem demora injustificada ao coordenador de serviços digitais e à Comissão, caso tal venha a ser pedido por estes, os quais podem ainda solicitar informações adicionais no que respeita ao cálculo a que se refere esse número, incluindo explicações e justificações relativas aos dados utilizados (art. 24º, nº 3, DSA). Se as informações demonstrarem que um fornecedor de plataformas em linha ou de motores de pesquisa em linha ultrapassou um número médio mensal de destinatários activos do serviço na União igual ou superior a 45 milhões, o coordenador dos serviços digitais é obrigado a informar a Comissão desse facto (art. 24º, nº 4, DSA).

Os fornecedores de plataformas em linha são também obrigados a apresentar à Comissão, sem demora injustificada, as decisões e as exposições de motivos a que se refere o artigo 17º, nº 1, expurgadas de dados pessoais, para inclusão numa base de dados acessível ao público e legível por máquina, gerida pela Comissão (art. 24º, nº 5, DSA). O considerando (66) explica que essa base de dados se destina a "assegurar a transparência e permitir o controlo das decisões de moderação dos conteúdos dos conteúdos dos fornecedores de plataformas em linha e monitorizar a difusão de conteúdos ilegais em linha". Em ordem a manter a actualização da referida base de dados, "os fornecedores de plataformas em linha deverão apresentar, num formato normalizado, as decisões e a exposição de motivos sem demora injustificada após a tomada de uma decisão, a fim de permitir atualizações em tempo real, sempre que tal seja tecnicamente possível e proporcionado aos meios da plataforma em linha em questão. A base de dados estruturada deverá permitir o acesso às informações pertinentes e a pesquisa de tais informações, em especial no que diz respeito ao tipo de conteúdos alegadamente ilegais em causa".

5.4.7. A proibição de padrões obscuros na concepção e organização da interface em linha

O DSA impõe aos fornecedores de plataformas em linha regras específicas para a protecção dos consumidores. Uma delas é a proibição de padrões obscuros na concepção e organização da interface em linha. A explicação desta proibição encontra-se referida no considerando (67) nos seguintes termos:

> "Os padrões obscuros nas interfaces em linha das plataformas em linha são práticas que distorcem ou prejudicam de forma substancial, intencional ou de facto, a capacidade dos destinatários do serviço de fazerem escolhas ou decisões autónomas e informadas. Estas práticas podem ser utilizadas para persuadir os destinatários do serviço a adotar comportamentos indesejados ou decisões indesejadas que tenham consequências negativas para eles. Por conseguinte, os fornecedores de plataformas em linha deverão ser proibidos de enganar ou incentivar nesse sentido os destinatários do serviço e de distorcer ou prejudicar a autonomia, a tomada de decisões ou a escolha dos destinatários do serviço através da estrutura, conceção ou funcionalidades de uma interface em linha ou de parte dela. Tal inclui, entre outras, opções de conceção exploratória para orientar o destinatário para ações que beneficiem o prestador de plataformas em linha, mas que podem não ser do interesse dos destinatários, apresentando escolhas de forma não neutra, por exemplo

dando mais destaque visual a determinadas opções através de componentes visuais, meios auditivos ou outros componentes, ao solicitar ao destinatário do serviço que tome uma decisão.

Deverá também incluir solicitar repetidamente a um destinatário do serviço que faça uma escolha nos casos em que essa escolha já tenha sido feita, tornando o procedimento de cancelamento de um serviço significativamente mais complicado do que a assinatura, ou tornando certas escolhas mais difíceis ou morosas do que outras, tornando injustificadamente difícil interromper as compras ou encerrar a sessão numa determinada plataforma em linha, permitindo aos consumidores celebrar contratos à distância com comerciantes, e enganando os destinatários do serviço incentivando-os a tomarem decisões sobre transações, ou mediante configurações por defeito muito difíceis de alterar, e, por conseguinte, distorcer injustificadamente a decisão do destinatário do serviço, de uma forma que distorça e prejudique a sua autonomia, tomada de decisões e escolha. No entanto, as normas que se destinam a impedir padrões escuros não deverão ser entendidas no sentido de impedirem os fornecedores de interagirem diretamente com os destinatários do serviço e de lhes oferecerem serviços novos ou adicionais. As práticas legítimas, por exemplo na publicidade, que estejam em conformidade com o direito da União não deverão, em si mesmas, ser consideradas padrões obscuros (...)".

Em consequência, o art. 25º, nº 1, DSA, proíbe os fornecedores de plataformas em linha de "conceber, organizar ou explorar as suas interfaces em linha de forma a enganar ou manipular os destinatários do seu serviço ou de forma a distorcer ou prejudicar substancialmente de outro modo a capacidade dos destinatários do seu serviço de tomarem decisões livres e informadas".

O art. 25º, nº 2, DSA esclarece, no entanto, que esta proibição não se aplica às práticas abrangidas pela Directiva 2005/29/CE[43] ou pelo Regula-

[43] Directiva 2005/29/CE do Parlamento Europeu e do Conselho de 11 de Maio de 2005 relativa às práticas comerciais desleais das empresas face aos consumidores no mercado interno e que altera a Directiva 84/450/CEE do Conselho, as Directivas 97/7/CE, 98/27/CE e 2002/65/CE e o Regulamento (CE) nº 2006/2004 («Directiva relativa às práticas comerciais desleais»). Esta Directiva foi transposta para o ordenamento nacional pelo Decreto-Lei 57/2008, de 26 de Março, sucessivamente alterado, sucessivamente alterado pelo Decreto-Lei 205/2015, de 23 de Setembro, pelo Decreto-Lei 9/2021, de 29 de Janeiro, e plo Decreto-Lei 109-G/2021, de

mento (UE) 2016/679[44]. O considerando (67) refere a este propósito que as "regras sobre padrões obscuros deverão ser interpretadas como abrangendo práticas proibidas abrangidas pelo âmbito de aplicação do presente regulamento, na medida em que essas práticas não estejam já abrangidas pela Diretiva 2005/29/CE ou pelo Regulamento (UE) 2016/679".

Daqui resulta que o DSA não se sobrepõe às regras existentes sobre práticas comerciais desleais ou sobre protecção de dados, as quais continuam plenamente aplicáveis, não sendo alteradas pelo DSA. Efectivamente, resulta do art. 2º, nº 4, *f)* e *g)* DSA que o mesmo se aplica independentemente das regras estabelecidas noutros actos jurídicos da União sobre defesa do consumidor e protecção de dados pessoais.

O art. 25º, nº 3, DSA, refere ainda que a Comissão pode emitir directrizes sobre a aplicação do nº 1 a práticas específicas, nomeadamente: *a)* destacar determinadas opções aquando do pedido de decisão do destinatário do serviço; *b)* solicitar reiteradamente que o mesmo repita uma opção que já tenha feito, nomeadamente através da exibição de janelas instantâneas que interfiram com a sua experiência; *c)* Tornar o procedimento de cancelamento de um serviço mais difícil do que a sua subscrição. Esta norma deixa a dúvida sobre se estas práticas já são proibidas pelo art. 25º, nº 1, DSA, servindo as directrizes apenas para a sua melhor aplicação, ou se a proibição das mesmas está dependente da aprovação das referidas directrizes. A nosso ver, essas práticas prejudicam a capacidade dos destinatários do serviço de tomarem decisões livres e informadas, pelo que já se encontram proibidas pelo art. 25º, nº 1, DSA.

5.4.8. As regras sobre publicidade nas plataformas em linha.

O DSA estabelece várias regras sobre a publicidade nas plataformas em linha, as quais são explicadas desta forma no considerando (68):

10 de Dezembro. Cfr, sobre este diploma Menezes Leitão, "As práticas comerciais desleais nas relações de consumo", na *ROA* 71 (2011), II, pp. 423-445, e em AAVV, *Liber Amicorum Mário Frota: A causa dos direitos dos consumidores*, Coimbra, Almedina, 2012, pp. 369-386.

[44] Regulamento (UE) 2016/679 do Parlamento Europeu e do Conselho, de 27 de Abril de 2016, relativo à proteção das pessoas singulares no que diz respeito ao tratamento de dados pessoais e à livre circulação desses dados e que revoga a Diretiva 95/46/CE (Regulamento Geral sobre a Proteção de Dados, ou RGPD). O RGPD foi objecto de execução em Portugal através da Lei 58/2019, de 8 de Agosto (Lei da Protecção de Dados Pessoais).

"A publicidade em linha desempenha um papel importante no ambiente em linha, nomeadamente em relação à oferta de plataformas em linha, em que a prestação do serviço é, por vezes, total ou parcialmente remunerada, direta ou indiretamente, através de receitas de publicidade. A publicidade em linha pode contribuir para riscos significativos, que vão de anúncios publicitários que constituem, eles próprios, um conteúdo ilegal, à contribuição para incentivos financeiros à publicação ou amplificação de conteúdos e atividades ilegais ou de alguma forma lesivos em linha, ou à exibição discriminatória de anúncios publicitários com impacto na igualdade de tratamento e de oportunidades dos cidadãos. Para além dos requisitos decorrentes do artigo 6º da Diretiva 2000/31/CE, os fornecedores de plataformas em linha deverão, por conseguinte, ser obrigados a assegurar que os destinatários do serviço dispõem de determinadas informações individualizadas necessárias para compreenderem quando e em nome de quem o anúncio publicitário é exibido. Deverão assegurar que tais informações sejam destacadas, nomeadamente através de sinalização visual ou áudio normalizada que seja claramente identificável e inequívoca para o destinatário médio do serviço, e estejam adaptadas à natureza da interface em linha do serviço específico. Além disso, os destinatários do serviço deverão dispor de informações diretamente acessíveis a partir da interface em linha onde o anúncio publicitário é exibido sobre os principais parâmetros utilizados para determinar que um anúncio publicitário específico lhes é exibido, com explicações pertinentes sobre a lógica utilizada para o efeito, nomeadamente quando esta se baseia na definição de perfis.

Tais explicações deverão incluir informações sobre o método utilizado para exibir o anúncio publicitário que indiquem, por exemplo, se se trata de publicidade contextual, comportamental ou de outro tipo e, se for caso disso, sobre os principais critérios de definição de perfis utilizados; deverão ainda informar o destinatário de quaisquer meios à sua disposição para alterar esses critérios. Os requisitos do presente regulamento sobre o fornecimento de informações relativas à publicidade aplicam-se sem prejuízo da aplicação das disposições pertinentes do Regulamento (UE) 2016/679, em particular as relativas ao direito de oposição, às decisões individuais automatizadas, incluindo a definição de perfis e, especificamente, à necessidade de obter o consentimento do titular dos dados antes de se proceder ao tratamento de dados pessoais para efeitos de publicidade direcionada. Do mesmo modo, aplicam-se sem prejuízo das disposições estabelecidas na Diretiva 2002/58/CE, em particular as relativas ao armazenamento de informações em equipamentos terminais e ao acesso às informações neles armazenadas. Por último, o presente regulamento complementa a aplicação da Diretiva 2010/13/UE, que impõe medidas destinadas a permitir que os utilizadores declarem a presença de comunicações comerciais audiovisuais em vídeos gerados pelos utilizadores. O presente regulamento complementa igualmente as obrigações dos comerciantes em matéria de divulgação de comunicações comerciais decorrentes da Diretiva 2005/29/CE".

Resulta assim deste considerando que as regras sobre publicidade em linha, constantes do art. 6º da Directiva 2000/31/CE permanecem aplicáveis, o que é coerente com a regra constante do art. 2º, nº 3, DSA de que este não afecta essa Directiva[45]. Permanecem assim em vigor as regras sobre identificação e informação na publicidade constantes do art. 7º do Decreto-Lei 7/2004.

Da mesma forma permanecem aplicáveis as disposições do RGPD relativas à protecção de dados, em especial as que se referem ao direito de oposição ao tratamento dos dados (art. 21º RGPD), à não sujeição do titular às decisões tomadas exclusivamente com base no tratamento automatizado, incluindo a definição de perfis (art. 22º RGPD) e à necessidade do consentimento do titular para efeitos da publicidade direccionada (art. 5º, nº 1, *a)* e 7º RGPD).

Permanecem igualmente aplicáveis as regras da Directiva 2002/58/CE[46] relativas ao armazenamento de informações nos sistemas terminais e ao

[45] Recorde-se, porém, que o art. 84º DSA procede à revogação dos arts. 12º a 15º da Directiva 2000/31/CE, que são substituídos pelos arts. 4º a 8º DSA.

[46] Directiva 2002/58/CE, do Parlamento Europeu e do Conselho, de 12 de Julho de 2002 relativa ao tratamento de dados pessoais e à protecção da privacidade no sector das comunicações electrónicas (Directiva relativa à privacidade e às comunicações electrónicas). Esta Directiva foi alterada pela Directiva 2006/24/CE, do Parlamento Europeu e do Conselho, de 15 de Março de 2006 relativa à conservação de dados gerados ou tratados no contexto da oferta de serviços de comunicações electrónicas publicamente disponíveis ou de redes públicas de comunicações, e que altera a Directiva 2002/58/CE, e pela Directiva 2009/136/CE, do Parlamento Europeu e do Conselho de 25 de Novembro de 2009 que altera a Directiva 2002/22/CE relativa ao serviço universal e aos direitos dos utilizadores em matéria de redes e serviços de comunicações electrónicas, a Directiva 2002/58/CE relativa ao tratamento de dados pessoais e à protecção da privacidade no sector das comunicações electrónicas e o Regulamento (CE) nº 2006/2004 relativo à cooperação entre as autoridades nacionais responsáveis pela aplicação da legislação de defesa do consumidor.

respectivo acesso, as quais constam dos arts. 5º e ss. da Directiva, tendo os mesmos sido transpostos pelos arts. 4º e ss. da Lei 41/2004, de 18 de Agosto[47]. Mantêm-se assim as regras relativas à utilização de *cookies*[48], à verificação do comportamento dos utilizadores e à publicidade através das comunicações electrónicas.

É ainda referido que o DSA complementa a aplicação da Directiva 2010/13/UE[49], no que se refere às medidas destinadas a permitir que os utilizadores declarem a presença de comunicações comerciais audiovisuais em vídeos gerados pelos utilizadores. Efectivamente, esta Directiva estabelece nos seus arts. 9º e ss. regras sobre comunicações comerciais audiovisuais, as quais se encontram transpostas em Portugal pelos arts. 69º-A e ss. da Lei 27/2007, de 30 de Julho, aditados pela Lei 74/2020, de 19 de Novembro.

Finalmente, este considerando refere que o mesmo complementa as obrigações dos comerciantes em matéria de divulgação das comunicações comerciais, constantes da Directiva 2005/29/CE sobre práticas comerciais desleais. Efectivamente, o art. 7º, nº 1, desta Directiva considera como práticas comerciais desleais as omissões enganosas, em que o comerciante omita uma informação substancial, sendo que o art. 7º, nº 5, considera substanciais os requisitos de informação estabelecidos pela legislação comunitária relativamente às comunicações comerciais, incluindo a publicidade ou o marketing, cuja lista não exaustiva consta do anexo II a esta Directiva. Na sua transposição, o art. 9º, nº 3, do Decreto-Lei 57/2008, de 26 de Março, na redacção do Decreto-Lei 109-G/2021, de 10 de Dezembro, considera substanciais os requisitos de informação exigidos para as comunicações comerciais na legislação nacional decorrentes de regras comunitárias, fazendo o art. 9º, nº 4, referência à legislação nacional aplicável neste âmbito.

[47] Esta Lei foi posteriormente alterada pela Lei 46/2012, de 29 de Agosto e pela Lei 16/2022, de 16 de Agosto

[48] Cfr. sobre os mesmos, MENEZES LEITÃO, "Os testemunhos de conexão (*cookies*)", em ANTÓNIO MENEZES CORDEIRO / LUÍS MENEZES LEITÃO / JANUÁRIO DA COSTA GOMES (org.), Homenagem da Faculdade de Direito de Lisboa ao Professor Doutor Inocêncio Galvão Telles: 90 anos, Coimbra, Almedina, 2007, pp. 719-748.

[49] Directiva 2010/13/UE, do Parlamento Europeu e do Conselho, de 10 de Março de 2010 relativa à coordenação de certas disposições legislativas, regulamentares e administrativas dos Estados-Membros respeitantes à oferta de serviços de comunicação social audiovisual (Directiva «Serviços de Comunicação Social Audiovisual»). Esta Directiva foi alterada pela Directiva (UE) 2018/1808 do Parlamento Europeu e do Conselho, de 14 de Novembro de 2018.

Em relação às regras publicitárias constantes do próprio Regulamento, o art. 26º, nº 1, DSA, determina que os fornecedores de plataformas em linha que exibam anúncios publicitários nas suas interfaces em linha asseguram que, para cada anúncio publicitário específico exibido a cada destinatário individual, os destinatários do serviço possam identificar de forma clara, concisa e inequívoca, e em tempo real, o seguinte: *a)* que as informações constituem um anúncio publicitário; *b)* a identificação do anunciante; *c)* de quem paga o anúncio, caso seja pessoa diferente; e *d)* informações pertinentes, directa e facilmente acessíveis a partir do anúncio publicitário, sobre os principais parâmetros utilizados para determinar o destinatário da exibição do anúncio publicitário e, se for caso disso, a forma de alterar esses parâmetros.

São assim os fornecedores de plataformas em linha obrigados a identificar não só a publicidade como o seu anunciante e financiador, mas ainda a forma de o destinatário ser determinado e os meios de alterar essa determinação.

O DSA regula a publicidade fornecida não apenas pelos fornecedores de plataformas em linha, mas também pelo próprios destinatários do serviços. O art. 26º, nº 2, DSA obriga consequentemente os fornecedores de plataformas em linha a facultar aos destinatários do serviço uma funcionalidade que lhes permita declarar se os conteúdos que fornecem constituem ou contêm comunicações comerciais. No caso de o destinatário do serviço apresentar essa declaração, o fornecedor de plataformas em linha é obrigado a assegurar que os outros destinatários do serviço possam identificar de forma clara e inequívoca, e em tempo real, nomeadamente através de sinalização destacada, que os conteúdos fornecidos pelo destinatário do serviço constituem ou contêm comunicações comerciais, conforme descrito na declaração.

A Comissão pode, após consulta ao Comité, apoiar e promover a elaboração e aplicação de normas facultativas estabelecidas pelos organismos de normalização europeus e internacionais, nos termos do art. 44º DSA, relativamente à visibilidade da sinalização do conteúdo como comunicação comercial, quer quando exibido pelo próprio fornecedor da plataforma em linha (art. 26º, nº 1, *a)* DSA), quer quando exibido pelo destinatário do serviço (art. 26º, nº 2, DSA).

O art. 26º, nº 3, DSA proíbe ainda os fornecedores de exibir anúncios publicitários aos destinatários de serviços baseados na definição de perfis, tal como definida no art. 4º, ponto (4) do RGPD[50] utilizando categorias especiais de dados pessoais referidas no art. 9º, nº 1, RGPD[51]. A explicação para esta proibição é fornecida no considerando (69) nos termos seguintes:

> "Quando são apresentados aos destinatários do serviço anúncios publicitários baseados em técnicas de direcionamento otimizadas para corresponder aos seus interesses e apelar potencialmente às suas vulnerabilidades, tal pode ter efeitos negativos particularmente graves. Em certos casos, as técnicas manipuladoras podem ter um impacto negativo em grupos inteiros e amplificar os danos sociais, por exemplo contribuindo para campanhas de desinformação ou discriminando determinados grupos. As plataformas em linha são ambientes particularmente sensíveis para essas práticas e apresentam um risco social mais elevado. Por conseguinte, os fornecedores de plataformas em linha não poderão exibir anúncios publicitários baseados na definição de perfis tal como definida no artigo 4º, ponto 4, do Regulamento (UE) 2016/679, utilizando categorias especiais de dados pessoais a que se refere o artigo 9º, nº 1, desse regulamento, inclusivamente recorrendo a categorias de definição de perfis baseadas nessas categorias especiais. Esta proibição aplica-se sem prejuízo das obrigações aplicáveis aos fornecedores de plataformas em linha ou a qualquer outro prestador de serviços ou anunciante envolvido na difusão dos anúncios publicitários ao abrigo do direito da União em matéria de proteção de dados pessoais".

5.4.9. As obrigações de transparência nos sistemas de recomendação

O DSA estabelece igualmente em relação aos fornecedores de plataformas em linha obrigações de transparência nos sistemas de recomendação[52]. Essas obrigações são justificadas no considerando (70) nos termos seguintes:

[50] O art. 4º, ponto (4) RGPD considera como definição de perfis "qualquer forma de tratamento automatizado de dados pessoais que consista em utilizar esses dados pessoais para avaliar certos aspetos pessoais de uma pessoa singular, nomeadamente para analisar ou prever aspetos relacionados com o seu desempenho profissional, a sua situação económica, saúde, preferências pessoais, interesses, fiabilidade, comportamento, localização ou deslocações".

[51] O art. 9º, nº 1, RGPD proíbe "o tratamento de dados pessoais que revelem a origem racial ou étnica, as opiniões políticas, as convicções religiosas ou filosóficas, ou a filiação sindical, bem como o tratamento de dados genéticos, dados biométricos para identificar uma pessoa de forma inequívoca, dados relativos à saúde ou dados relativos à vida sexual ou orientação sexual de uma pessoa".

[52] Sobre os sistemas de recomendação e a sua regulação, cfr. detalhadamente JENNIFER COBBE / JATINDER SINGH, "Regulating Recommending: Motivations, Considerations, and

"Uma parte essencial da atividade de uma plataforma em linha prende-se com a forma como a informação é organizada por ordem de prioridade e apresentada na sua interface em linha para facilitar e otimizar o acesso dos destinatários do serviço à informação. Tal é feito, por exemplo, através da sugestão, classificação e organização algorítmica por ordem de prioridade da informação, de uma distinção através de texto ou de outras representações visuais, ou da conservação da informação fornecida pelos destinatários. Esses sistemas de recomendação podem ter um impacto significativo na capacidade de os destinatários recuperarem e interagirem com informações em linha, nomeadamente para facilitar a pesquisa de informações pertinentes para os destinatários do serviço e contribuir para uma melhor experiência dos utilizadores. Desempenham igualmente um papel importante na amplificação de determinadas mensagens, na difusão viral da informação e no estímulo do comportamento em linha. Consequentemente, as plataformas em linha deverão assegurar-se de forma coerente de que os destinatários do seu serviço estão devidamente informados sobre como os sistemas de recomendação podem afetar a forma como a informação é exibida e como podem influenciar a informação que lhes é apresentada. Deverão apresentar claramente os parâmetros dos referidos sistemas de recomendação de uma forma facilmente compreensível para assegurar que os destinatários do serviço entendam a forma como é dada prioridade à informação que lhes é apresentada. Esses parâmetros deverão incluir, pelo menos, os critérios mais importantes para determinar as informações sugeridas ao destinatário do serviço e as razões da sua importância respetiva, nomeadamente se as informações forem consideradas prioritárias com base na definição de perfis e no seu comportamento em linha".

Efectivamente, os sistemas de recomendação assumem um papel central nas plataformas em linha ao determinar quais os conteúdos que são mostrados ao utilizador e quais aqueles que permanem ocultos ou com menor destaque, o que lhes permitem decidir as ideias e as informações disponíveis e consequentemente os tópicos que chegam ao debate público[53].

Principles", em (2019) *European Journal of Law and Technology*, 10(3), disponível em https://ssrn.com/abstract=3371830 ou http://dx.doi.org/10.2139/ssrn.3371830

[53] Cfr. Tarlach Mc Gonagle / Katie Pentney, "From risk to reward? The DSA's risk based approach to disinformation", em Maja Capello (org.), *Unravelling the Digital Services Act package*, IRIS Special, European Audiovisual Observatory, Strasbourg, 2021, pp. 43-59

Embora teoricamente o utilizador possa pesquisar e aceder directamente aos conteúdos, os sistemas de recomendação exercem uma enorme influência na sua escolha, especialmente quando interagem com os seus hábitos, preconceitos e preferências, funcionando assim como promotores de certos conteúdos e limitadores do acesso a outros. Tal pode maximizar a dependência por parte dos utilizadores e influenciar as suas escolhas, com reflexos no discurso que circula na rede e na própria democracia. Por outro lado, têm-se verificado falhas dos sistemas de recomendação na moderação de conteúdos extremistas ou terroristas[54]. Justifica-se assim a imposição de uma maior transparência por parte dos fornecedores de plataformas em linha, em relação aos seus sistemas de recomendação.

Em consequência, o art. 27º, nº 1, DSA, obriga os fornecedores de plataformas em linha que utilizem sistemas de recomendação a estabelecer "nos seus termos e condições, em linguagem clara e inteligível, os principais parâmetros utilizados nos seus sistemas de recomendação, bem como quaisquer opções que permitam aos destinatários do serviço alterar ou influenciar estes parâmetros". O art. 27º, nº 2, determina que esses principais parâmetros devem explicar o motivo da sugestão de determinadas informações ao destinatário e incluir pelo menos: *a)* os critérios mais significativos para determinar essas informações; *b)* os motivos da importância relativa desses parâmetros.

No caso de os fornecedores de plataformas em linha disponibilizarem várias opções nos sistemas de recomendação que determinam a ordem relativa das informações apresentadas aos destinatários do serviço, são igualmente obrigados a disponibilizar uma funcionalidade que permita ao destinatário do serviço seleccionar e alterar a sua opção preferida em qualquer momento. Essa funcionalidade deve estar directa e facilmente acessível, a partir da secção específica da interface em linha em que as informações são priorizadas (art. 27º, nº 3, DSA).

(45). Qualificando este papel como uma forma de censura, cfr. PATRICK LEERSSEN, "Cut Out By The Middle Man: The Free Speech Implications Of Social Network Blocking and Banning In The EU", *JIPITEC* 6, 2015, pp 99-119, disponível em https://www.jipitec.eu/issues/jipitec-6-2-2015/4271

[54] Cfr. JOAN BARATA, em MAJA CAPELLO (org.), *Unravelling the Digital Services Act package*, pp. 6-7.

5.4.10. A obrigação de adoptar medidas para protecção dos menores

Uma obrigação instituída pelo DSA em relação aos fornecedores de plataformas em linha é a adopção de medidas para protecção dos menores, o que o considerando (71) justifica pelo facto de a protecção de menores ser um importante objectivo político da União. Em consequência o art. 28º, nº 1, DSA obriga os fornecedores de plataformas em linha acessíveis a menores[55] a adoptar "medidas adequadas e proporcionadas para assegurar um nível elevado de privacidade, proteção e segurança dos menores no seu serviço". O art. 28º, nº 4, DSA prevê a possibilidade de a Comissão, após consulta ao Comité, vir a emitir directrizes para ajudar os fornecedores de plataformas em linha na aplicação desta disposição.

O tipo de medidas que deve ser adoptado é explicado no considerando (71) pela forma seguinte:

> "Os fornecedores de plataformas em linha utilizadas por menores deverão tomar medidas adequadas e proporcionadas para proteger os menores, por exemplo concebendo as suas interfaces em linha ou partes das mesmas com o mais elevado nível de privacidade, segurança e proteção dos menores por defeito, se for caso disso, ou adotando normas de proteção de menores, ou participando em códigos de conduta para a proteção de menores. Deverão ter em conta as boas práticas e as orientações disponíveis, como as previstas na Comunicação da Comissão intitulada «Uma Década Digital para as crianças e os jovens: a nova Estratégia europeia para uma Internet melhor para as crianças (BIK+)».

Há assim uma remissão deste considerando para a Comunicação da Comissão intitulada *Uma Década Digital para as crianças e os jovens: a nova Estratégia europeia para uma Internet melhor para as crianças (BIK+)*. Esta Comunicação da Comissão delineia a estratégia BIK+ que assenta em três pilares: 1) experiências digitais seguras para proteger as crianças quanto a conteúdos em linha nocivos e ilegais; 2) capacitação digital para que as crianças

[55] A definição de plataformas em linha acessíveis a menores é explicada no considerando (71) nos seguintes termos: "Uma plataforma em linha pode ser considerada acessível a menores quando os seus termos e condições permitem a utilização do serviço por menores, quando o seu serviço é dirigido a menores ou predominantemente utilizado por estes, ou quando o prestador de serviços tem conhecimento de que alguns dos destinatários do seu serviço são menores, por exemplo porque já trata dados pessoais do destinatário do seu serviço que revelam a sua idade para outros fins".

adquiram as aptidões e competências necessárias para fazerem escolhas informadas e se expressarem no ambiente em linha de forma segura e responsável; 3) participação ativa, respeitando as crianças, dando-lhes uma palavra a dizer no ambiente digital, com atividades mais lideradas pelas crianças para promover experiências digitais seguras inovadoras e criativas. Em relação ao primeiro pilar, refere-se que a Comissão facilitará a elaboração de um código de conduta e o desenvolvimento de ferramentas de verificação da idade, defesa da igualdade de género e combate ao ciberassédio. Em relação ao segundo pilar, propõe-se o investimento em competências para aumentar a sensibilização para as diversas necessidades das crianças, combater os estereótipos e assegurar a acessibilidade digital no desenvolvimento de produtos. Finalmente, em relação ao terceiro pilar, recomenda-se a consulta e o envolvimento activo das crianças de forma sistemática no desenvolvimento e implantação dos seus produtos e serviços digitais[56].

O art. 28º, nº 2, DSA proíbe os fornecedores de plataformas em linha de exibir anúncios publicitários na sua interface com base na definição de perfis tal como definida no artigo 4º, ponto 4, do RGPD, utilizando dados pessoais do destinatário do serviço se tiverem conhecimento, com uma certeza razoável, de que o destinatário do serviço é um menor. O art. 28º, nº 3, DSA, refere, no entanto, que tal não obriga os fornecedores de plataformas em linha a efectuar o tratamento de dados pessoais adicionais em ordem a avaliar se o destinatário do serviço é menor. Este regime é igualmente explicado no considerando (71) da forma seguinte:

> "Os fornecedores de plataformas em linha não deverão exibir anúncios publicitários com base na definição de perfis utilizando dados pessoais do destinatário do serviço se tiverem conhecimento, com uma certeza razoável, de que o destinatário do serviço é um menor. Nos termos do Regulamento (UE) 2016/679, nomeadamente do princípio da minimização dos dados previsto no artigo 5º, nº 1, alínea *c)*, do mesmo regulamento, esta proibição não deverá levar o fornecedor da plataforma em linha a manter, adquirir ou tratar mais dados pessoais do que já dispõe para avaliar se o destinatário do serviço

[56] Cfr. COMISSÃO EUROPEIA, *Comunicação da Comissão ao Parlamento Europeu, ao Conselho, ao Comité Económico e Social Europeu e ao Comité das Regiões. Uma Década Digital para as crianças e os jovens: a nova Estratégia europeia para uma Internet melhor para as crianças (BIK+)*, COM/2022/212 final.

é menor. Por conseguinte, esta obrigação não deverá incentivar os fornecedores de plataformas em linha a recolherem a idade do destinatário do serviço antes da sua utilização. Deverá aplicar-se sem prejuízo das obrigações constantes da legislação da União aplicável à proteção dos dados pessoais".

5.5. As obrigações adicionais de devida diligência aplicáveis aos fornecedores de plataformas em linha que permitem aos consumidores celebrar contratos à distância com comerciantes

5.5.1. Generalidades

Para além das obrigações referidas nos três pontos anteriores, os fornecedores de plataformas em linha que permitem aos consumidores celebrar contratos à distância com comerciantes estão ainda obrigados a estabelecer sistemas de rastreabilidade dos comerciantes (art. 30º DSA), a assegurar a conformidade da sua interface para permitir aos comerciantes cumprir as suas obrigações de informação (art. 31º DSA), e a informar os consumidores em caso de aquisição de produtos ilegais (art. 32º DSA).

Estas obrigações não se aplicam, no entanto, em relação àqueles fornecedores de plataformas em linha nestas condições que sejam micro e pequenas empresas, tal como definidas na Recomendação 2003/361/CE, mantendo-se essa não aplicação durante os doze meses subsequentes à perda desse estatuto (art. 29º, nº 1, DSA). As obrigações mantêm-se, porém, em relação aos fornecedores de plataformas em linha de muito grande dimensão que permitem a celebração desses contratos, nos termos do art. 33º DSA, independentemente de serem ou não considerados como micro ou pequenas empresas (art. 29º, nº 3, DSA).

5.5.2. A obrigação de estabelecer sistemas de rastreabilidade dos comerciantes

Uma obrigação específica dos fornecedores de plataformas em linha que celebrem contratos à distância com os comerciantes é o de estabelecerem sistemas de rastreabilidade dos comerciantes, assim se adoptando o reclamado princípio *Know your business costumer (KYBC)*. Efectivamente, apesar de o art. 5º da Directiva 2000/31/CE já estabelecer elementos de informação a fornecer pelos prestadores de serviços de internet, essa obrigação tem sido considerada insuficiente, devido à proliferação de prestadores de serviços anónimos ou com falsas identidades e endereços, que actuam na internet impunemente. Daí o facto de se ter instituído no art. 35º DSA, a regra da rastreabilidade dos comerciantes, ainda que o facto de a mesma ser limitada às plataformas que permitem celebrar contratos à distância, em lugar de ser aplicada a todos os prestadores intermediários tenha sido objecto de crítica[57].

O considerando (72) explica a instituição dessa obrigação nos seguintes termos:

> "A fim de contribuir para um ambiente em linha seguro, fiável e transparente para os consumidores, bem como para outras partes interessadas, como comerciantes concorrentes e titulares de direitos de propriedade intelectual, e para dissuadir os comerciantes de venderem produtos ou serviços em violação das regras aplicáveis, as plataformas em linha que permitem aos consumidores celebrar contratos à distância com comerciantes deverão assegurar que esses comerciantes sejam rastreáveis. Por conseguinte, o comerciante deverá ser obrigado a fornecer determinadas informações essenciais aos fornecedores das plataformas em linha que permitem aos consumidores celebrar contratos à distância com comerciantes, inclusive para efeitos de promoção de mensagens sobre produtos ou sobre a oferta de produtos. Este requisito deverá igualmente ser aplicável aos comerciantes que promovem mensagens sobre produtos ou serviços em nome de marcas com base em acordos subjacentes. Esses fornecedores de plataformas em linha deverão armazenar todas as informações de forma segura ao longo da sua relação contratual com o comerciante e, após o seu término, durante seis meses, a fim de permitir que sejam apresentadas reclamações contra o comerciante ou que sejam cumpridas as decisões relacionadas com o comerciante".

Em consequência, o art. 30º, nº 1, DSA, obriga os fornecedores de plataformas em linha que permitem aos consumidores celebrar contratos à distância com comerciantes, a estabelecer que as plataformas só possam ser utilizadas pelos comerciantes depois de estes fornecerem os seguintes elementos: *a)* nome, endereço postal, telefone e e-mail; *b)* cópia do documento de identificação ou outra identificação electrónica, nos termos do art. 3º do Regulamento (UE) 910/2014; *c)* dados da conta de pagamento; *d)* caso se encontrem inscritos num registo comercial ou noutro registo

[57] Cfr. a exposição enviada à Comissão Europeia em 18 de Fevereiro de 2022 por diversas organizações, a qual se encontra disponível em https://www.kybc.eu/wp-content/uploads/2022/02/KYBC-letter-18-Feb-2022.pdf

público, o número desse registo ou forma de identificação equivalente; e *e)* autocertificação do comerciante, em que este se comprometa a oferecer apenas produtos ou serviços que respeitem as regras aplicáveis do direito da União. No caso de os comerciantes já utilizarem essas plataformas em linha em 17 de Fevereiro de 2024, os fornecedores das plataformas deverão envidar todos os esforços para que os comerciantes forneçam esses elementos no prazo de doze meses, devendo suspender o serviço até ao fornecimento dessas informações (art. 30º, nº 2, segundo parágrafo, DSA).

Os fornecedores de plataformas em linha que permitam a celebração dos contratos entre comerciantes e consumidores deverão, quer através da consulta de bases de dados oficiais, quer através da exigência de documentação, envidar todos os esforços para avaliar a exactidão e a fiabilidade das informações prestadas, sendo os comerciantes responsáveis pelas mesmas (art. 30º, nº 2, segundo parágrafo, DSA). O considerando (73) esclarece o alcance dessa obrigação nos seguintes termos:

> "Para assegurar uma aplicação eficaz e adequada dessa obrigação, sem impor encargos desproporcionados, os fornecedores de plataformas em linha que permitem que os consumidores celebrem contratos à distância com comerciantes deverão envidar todos os esforços para avaliar a fiabilidade das informações fornecidas pelos comerciantes em causa, nomeadamente utilizando bases de dados oficiais em linha e interfaces em linha de livre acesso, como registos comerciais nacionais e o Sistema de Intercâmbio de Informações sobre o IVA, ou solicitar aos comerciantes em causa que forneçam documentos comprovativos fiáveis, como cópias de documentos de identidade, extratos certificados de contas de pagamento, certificados de empresa e certidões de registo comercial. Podem igualmente recorrer a outras fontes, disponíveis para utilização à distância, que proporcionem um grau de fiabilidade semelhante para efeitos de cumprimento desta obrigação. No entanto, os fornecedores de plataformas em linha em causa não deverão ser obrigados a realizar exercícios de apuramento de factos em linha excessivos ou dispendiosos, nem a efetuar verificações desproporcionadas no local. Também não se deverá entender que, tendo envidado todos os esforços exigidos pelo presente regulamento, esses fornecedores garantem a fiabilidade da informação perante o consumidor ou outras partes interessadas".

Se o fornecedor da plataforma obtiver indicações suficientes ou motivos para suspeitar de que qualquer informação fornecida pelo comerciante em causa é inexacta, está incompleta ou desactualizada deve solicitar ao comerciante que corrija a situação, sem demora ou no prazo fixado pelo direito da União e nacional. Se o comerciante não corrigir ou completar essas informações, o fornecedor da plataformas em linha deve suspender rapidamente a prestação do seu serviço a esse comerciante em relação à oferta de produtos ou de serviços aos consumidores localizados na União até que o pedido tenha sido plenamente satisfeito (art. 30º, nº 3, DSA).

Estabelece o art. 30º, nº 4, DSA que, caso o fornecedor da plataforma em linha que permite aos comerciantes celebrar contratos à distância com os seus utilizadores não autorize um comerciante a utilizar a sua plataforma, o mesmo pode apresentar uma reclamação, nos termos do art. 20º DSA, ou desencadear a resolução alternativa de litígios, nos termos do art. 21º DSA. O fornecedor da plataforma deve em qualquer caso cumprir o disposto no art. 4º do Regulamento (UE) 2019/1150, a que já acima fizemos referência.

As informações obtidas dos comerciantes devem ser armazenadas de forma segura pelo fornecedor da plataforma até seis meses depois da cessação da sua relação com o comerciante, sendo depois apagadas (art. 30º, nº 5, DSA). Essas informações só devem ser divulgadas a terceiros caso tal seja exigido nos termos do direito aplicável, designadamente perante uma decisão de prestação de informações específicas sobre um ou mais destinatários individuais específicos do serviço, emitida pelas autoridades judiciárias ou administrativas nacionais competentes, nos termos do art. 10º DSA, ou quaisquer outras decisões emitidas pelas autoridades competentes dos Estados-Membros ou pela Comissão para o desempenho das suas funções (art. 30º, nº 6, DSA).

O art. 30º, nº 7, DSA, obriga ainda o fornecedor da plataforma em linha a disponibilizar, pelo menos na sua interface em linha, de forma clara facilmente acessível e compreensível, o nome, endereço postal, telefone e e-mail do comerciante, o seu número de inscrição no registo comercial ou forma de identificação equivalente, bem como a sua autocertificação.

5.5.3. A obrigação de assegurar a conformidade da interface em ordem a permitir aos comerciantes cumprirem as suas obrigações de informação

Outra obrigação específica dos fornecedores de plataformas em linha que permitam aos comerciantes celebrar contratos à distância com os consumidores é a de assegurarem que a sua interface é concebida e organizada em ordem a permitir aos comerciantes cumprirem as suas obrigações de informação pré-contratual, conformidade e informação sobre a segurança dos produtos nos termos do direito da União aplicável (art. 31º, nº 1, primeira parte, DSA). O considerando (74) esclarece que estão em causa em particular os requisitos estabelecidos nos artigos 6º e 8º da Directiva 2011/83/UE[58], no artigo 7º da Directiva 2005/29/CE, nos artigos 5º e 6º da Directiva 2000/31/CE e no artigo 3º da Directiva 98/6/CE[59]. No âmbito do direito interno português estão assim em causa os requisitos de informação a prestar aos consumidores, constantes dos arts. 4º, 4º-A, 4º-B, e 5º do Decreto-Lei 24/2014 de 14 de Fevereiro[60], dos arts. 9º e 10º do Decreto-Lei 57/2008, de 26 de Março, na redacção do Decreto-Lei 109-G/2021, de 10 de Dezembro, do art. 10º do Decreto-Lei 7/2004, de 7 de Janeiro, e dos arts. 1º e 5º do Decreto-Lei 138/90, de 26 de Abril, na redacção do Decreto-Lei 162/99, de 13 de Maio. Para além disso, o art. 31º, nº 1, segunda parte, DSA, obriga o fornecedor em causa a assegurar que a sua interface em linha permite aos comerciantes prestar informações sobre o nome, endereço postal, número de telefone e endereço de correio electrónico do operador económico, tal como definido no artigo 3º, ponto 13, do Regulamento (UE) 2019/1020[61] e no direito da União.

Em consequência, o art. 31º, nº 2, DSA obriga os fornecedores de plataformas em linha que permitem aos consumidores celebrar contratos à distância com comerciantes a assegurar que a sua interface em linha é concebida e organizada de forma a permitir que os comerciantes forneçam, pelo menos, os seguintes elementos: *a)* informações necessárias para

[58] Directiva 2011/83/UE do Parlamento Europeu e do Conselho de 25 de Outubro de 2011 relativa aos direitos dos consumidores, que altera a Directiva 93/13/CEE do Conselho e a Directiva 1999/44/CE do Parlamento Europeu e do Conselho e que revoga a Directiva 85/577/CEE do Conselho e a Directiva 97/7/CE do Parlamento Europeu e do Conselho.

[59] Directiva 98/6/CE do Parlamento Europeu e do Conselho de 16 de Fevereiro de 1998 relativa à defesa dos consumidores em matéria de indicações dos preços dos produtos oferecidos aos consumidores.

[60] Este diploma foi sucessivamente alterado pela Lei 47/2014, de 28 de Julho, pela Decreto-Lei 78/2018, de 15 de Outubro, pelo Decreto-Lei 9/2021, de 29 de Janeiro, pelo Decreto-Lei 109-G/201, de 10 de Dezembro e pela Lei 16/2022, de 16 de Agosto.

[61] Regulamento (UE) 2019/1020 do Parlamento Europeu e do Conselho, de 20 de junho de 2019, relativo à fiscalização do mercado e à conformidade dos produtos e que altera a Diretiva 2004/42/CE e os Regulamentos (CE) n. º 765/2008 e (UE) n. º 305/2011.

a identificação clara e inequívoca dos produtos ou serviços promovidos ou oferecidos aos consumidores localizados na União através dos serviços dos fornecedores; *b)* qualquer sinal distintivo do comerciante, como a marca comercial, símbolo ou logótipo; *c)* se for o caso, as informações relativas à rotulagem e marcação exigidas pelas normas do direito da União aplicável em matéria de segurança dos produtos e conformidade dos produtos.

Estes fornecedores de plataformas em linha devem ainda envidar todos os esforços para avaliar se os comerciantes forneceram essas informações antes de lhes permitir oferecer os seus produtos ou serviços nessas plataformas. Para além disso, depois de permitirem ao comerciante oferecer os respetivos produtos ou serviços na sua plataforma em linha, os fornecedores devem ainda envidar esforços razoáveis para verificar aleatoriamente se os produtos ou serviços oferecidos foram identificados como ilegais em qualquer base de dados em linha ou interface em linha oficial, de acesso livre e legível por máquina (art. 31º, nº 3, DSA). O conteúdo dessas obrigações é explicitado no considerando (74) da seguinte forma:

> "Para o efeito, os fornecedores de plataformas em linha em causa deverão envidar todos os esforços para avaliar se os comerciantes que utilizam os seus serviços carregaram as informações completas para as suas interfaces em linha, em linha com o direito da União aplicável em causa. Os fornecedores de plataformas em linha deverão assegurar-se de que não são oferecidos produtos ou serviços enquanto essas informações não estiverem completas. Tal não deverá constituir uma obrigação dos fornecedores de plataformas em linha em causa de controlar, de um modo geral, os produtos ou serviços oferecidos pelos comerciantes através dos seus serviços, nem uma obrigação geral de apuramento dos factos, em especial para avaliar a exatidão das informações prestadas pelos comerciantes. As interfaces em linha deverão ser de fácil utilização e facilmente acessíveis para comerciantes e consumidores. Além disso, após permitir a oferta do produto ou serviço pelo comerciante, os fornecedores de plataformas em linha em causa deverão envidar esforços razoáveis para verificar aleatoriamente se os produtos ou serviços oferecidos foram identificados como ilegais em quaisquer bases de dados em linha ou interfaces em linha oficiais, de acesso livre e legíveis por máquina disponíveis num Estado-Membro ou na União. A Comissão deverá também incentivar a rastreabilidade dos produtos através de soluções tecnológicas como códigos de resposta rápida («códigos QR», do inglês *Quick Response*) assinados digitalmente ou *tokens* não fungíveis. A Comissão deverá promover o desenvolvi-

mento de normas e, na ausência destas, de soluções orientadas pelo mercado passíveis de ser consideradas aceitáveis pelas partes interessadas".

5.5.4. A obrigação de informar os consumidores em caso de aquisição de produtos ilegais

Outra obrigação específica dos fornecedores de plataformas em linha que permitem aos comerciantes celebrar contratos à distância com os consumidores é a de informarem os consumidores em caso de aquisição de produtos ilegais. Em consequência, o art. 32º, nº 1, DSA, determina que, caso esses fornecedores tomem conhecimento, independentemente do meio utilizado, de que um produto ou serviço ilegal foi oferecido por um comerciante a consumidores localizados na União através dos seus serviços, esse fornecedor deve, na medida em que disponha dos seus dados de contacto, informar os consumidores que adquiriram esse produto ou serviço ilegal da ilegalidade do mesmo, da identidade do comerciante e de quaisquer meios de reparação aplicáveis. Essa obrigação é, no entanto, limitada às aquisições de produtos ou serviços ilegais efetuadas durante os seis meses que precedem o momento em que o fornecedor tomou conhecimento da ilegalidade.

Se o fornecedor não dispuser dos dados de contacto de todos os consumidores em causa, deverá o mesmo disponibilizar ao público e tornar facilmente acessível na sua interface em linha as informações sobre o produto ou serviço ilegal, a identidade do comerciante e quaisquer meios de reparação aplicáveis (art. 32º, nº 2, DSA).

5.6. As obrigações adicionais de devida diligência aplicáveis aos fornecedores de plataformas em linha de muito grande dimensão e de motores de busca de muito grande dimensão

5.6.1. Generalidades

Uma das principais preocupações do DSA é a regulação das fornecedores de plataformas em linha de muito grande dimensão e motores de pesquisa em linha de muito grande dimensão, o que justifica a imposição de um conjunto muito maior de obrigações de devida diligência.

No considerando (75) as obrigações adicionais dos fornecedores de plataformas em linha de muito grande dimensão e motores de busca de muito grande dimensão são justificadas da seguinte forma:

"Dada a importância das plataformas em linha de muito grande dimensão, devido ao seu alcance, expresso nomeadamente em número de destinatários do serviço, na facilitação do debate público, das transações económicas e da difusão ao público de informações, opiniões e ideias e na influência que podem exercer sobre a forma como os destinatários obtêm e comunicam informações em linha, é necessário impor aos fornecedores dessas plataformas obrigações específicas, para além das obrigações aplicáveis a todas as plataformas em linha. Devido ao seu papel fundamental na localização e na recuperação de informações em linha, é igualmente necessário impor essas obrigações, na medida em que sejam aplicáveis, aos fornecedores de motores de pesquisa em linha de muito grande dimensão. As referidas obrigações adicionais impostas aos fornecedores de plataformas em linha de muito grande dimensão e de motores de pesquisa em linha de muito grande dimensão são necessárias para dar resposta a essas preocupações de política pública, dado que não existem medidas alternativas e menos restritivas que permitam alcançar eficazmente o mesmo resultado".

O considerando (76) apresenta ainda a justificação seguinte:

"As plataformas em linha de muito grande dimensão e os motores de pesquisa em linha de muito grande dimensão podem implicar riscos sociais com um âmbito e impacto diferentes dos causados por plataformas de menor dimensão. Os fornecedores dessas plataformas em linha de muito grande dimensão e desses motores de pesquisa em linha de muito grande dimensão deverão, por conseguinte, suportar os mais elevados níveis de exigência em matéria de obrigações de devida diligência, proporcionados em relação ao seu impacto social. Quando o número de destinatários ativos de uma plataforma em linha ou de destinatários ativos de um motor de pesquisa em linha, calculado como média ao longo de um período de seis meses, atinge uma percentagem significativa da população da União, os riscos sistémicos que essa plataforma em linha ou esse motor de pesquisa em linha implicam podem ter um impacto desproporcionadamente negativo na União. Deverá considerar-se que existe esse alcance significativo quando o número de destinatários ultrapassa um limiar operacional fixado em 45 milhões, ou seja, um número equivalente a 10 % da população da União. Este limiar operacional deverá ser mantido atualizado e, por conseguinte, a Comissão deverá ficar habilitada a completar as disposições do presente regulamento através da adoção de atos delegados, sempre que necessário".

Conforme já referido, a definição de plataformas em linha e de motores de pesquisa em linha encontra-se prevista no art. 3º, *i)* e *j)* DSA. Nos termos do art. 33º, nº 1, DSA, os mesmos são considerados de muito grande dimensão sempre que tenham um número médio mensal de utilizadores na União igual ou superior a 45 milhões, correspondendo sensivelmente a 10% da população da União Europeia, que é de 447,7 milhões. Esse número não é, no entanto, estático, já que o art. 33º, nº 2, DSA, prevê que a Comissão Europeia adopte actos delegados para corrigir esse número sempre que o número da população europeia se altere em pelo menos 5%, por forma a manter a correspondência a 10% dessa população, arredondado aos milhões (art. 33º, nº 2, DSA). A Comissão pode ainda adoptar, após consulta ao Comité, actos delegados em ordem a estabelecer a metodologia de cálculo do número médio mensal de destinatários activos do serviço na União, tendo em conta a evolução do mercado e da tecnologia (art. 33º, nº 3, DSA).

O conceito de destinatários activos do serviço e a forma de ocorrer a sua determinação é explicado no considerando (77) da seguinte forma:

> "A fim de determinar o alcance de uma determinada plataforma em linha ou motor de pesquisa em linha, é necessário estabelecer o número médio de destinatários ativos de cada serviço individualmente. Por conseguinte, o número médio mensal de destinatários ativos de uma plataforma em linha deverá refletir todos os destinatários que efetivamente utilizam o serviço pelo menos uma vez num determinado período de tempo, estando expostos a informação difundida na interface em linha da plataforma, nomeadamente através do visionamento ou audição desses conteúdos ou da prestação de informação, como comerciantes em plataformas em linha que permitem aos consumidores celebrar contratos à distância com comerciantes.
>
> Para efeitos do presente regulamento, a utilização não se limita à interação com a informação através de cliques, comentários, ligações, partilhas, compras ou transações numa plataforma em linha. Por conseguinte, o conceito de destinatário ativo do serviço não coincide necessariamente com o de utilizador registado de um serviço. No que diz respeito aos motores de pesquisa em linha, o conceito de destinatário ativo do serviço deverá abranger os destinatários que veem informação na sua interface em linha, mas não, por exemplo, os proprietários dos sítios Web indexados por um motor de pesquisa em linha, uma vez que não interagem ativamente com o serviço.

O número de destinatários ativos de um serviço deverá incluir todos os destinatários únicos do serviço que utilizam esse serviço específico. Para o efeito, um destinatário do serviço que utilize diferentes interfaces em linha, como sítios Web ou aplicações, inclusive se aceder aos serviços através de diferentes localizadores uniformes de recursos (URL, do inglês *uniform resource locators*) ou nomes de domínio, deverá, sempre que possível, ser contabilizado apenas uma vez. No entanto, o conceito de destinatário ativo do serviço não deverá incluir a utilização acessória do serviço por destinatários de outros prestadores de serviços intermediários que disponibilizam indiretamente, através da ligação ou indexação por um fornecedor de motores de pesquisa em linha, informação alojada pelo fornecedor de plataformas em linha. Além disso, o presente regulamento não exige que os fornecedores de plataformas em linha ou de motores de pesquisa em linha efetuem um rastreio específico das pessoas em linha. Se estiverem em condições de o fazer, os fornecedores podem excluir da contabilização os utilizadores automatizados, como os robôs digitais ou os programas de recolha de material na Internet, sem tratamento posterior de dados pessoais nem rastreio. A determinação do número de destinatários ativos do serviço pode ser afetada pela evolução do mercado e técnica, e por conseguinte, a Comissão deverá ficar habilitada a completar as disposições do presente regulamento através da adoção de atos delegados que estabeleçam a metodologia para determinar os destinatários ativos de uma plataforma em linha ou de um motor de pesquisa em linha, se necessário, refletindo a natureza do serviço e a forma como os destinatários do serviço interagem com o mesmo".

A designação dos fornecedores de plataformas em linha ou de motores de busca em linha como de muito grande dimensão é atribuída pela Comissão, após consulta ao Estado-Membro, depois de receber informação do seu coordenador dos serviços digitais com base nos relatórios de transparência fornecidos nos termos do art. 24º DSA, ou com base noutras informações que possua ou em informações adicionais que solicite[62].

[62] O considerando (78) explica a necessidade de solicitação de informações adicionais pelo facto de a base de utilizadores da plataforma ou do motor de pesquisa em linha poder expandir-se rapidamente e alcançar uma muito grande dimensão, com o respetivo impacto no mercado interno. "Tal pode verificar-se em caso de crescimento exponencial registado em curtos períodos ou de uma grande presença global e de um volume de negócios que permita à plataforma em linha ou ao motor de pesquisa em linha explorar plenamente os

Nestes dois últimos casos, a Comissão deve dar oportunidade ao fornecedor da plataforma ou do motor de pesquisa em linha para se pronunciar no prazo de dez dias úteis sobre a proposta, devendo ter em devida conta os seus pontos de vista. A ausência de resposta por parte do visado não impede a atribuição dessa designação por parte da Comissão (art. 33º, nº 4, DSA). A Comissão deve posteriormente revogar essa designação sempre que o fornecedor da plataforma em linha ou do motor de pesquisa em linha ficar durante o período mínimo de um ano com um número de utilizadores abaixo do limiar estabelecido (art. 33º, nº 5, DSA).

As decisões da Comissão de atribuição ou revogação da designação são objecto de notificação ao visado, ao Comité e ao coordenador dos serviços digitais de estabelecimento[63], iniciando-se ou terminando as obrigações daí decorrentes no prazo de quatro meses após a notificação. A Comissão deve ainda publicar no *Jornal Oficial da União Europeia* a lista das plataformas e dos motores de pesquisa em linha e manter essa lista actualizada (art. 33º, nº 6, DSA).

Em consequência da atribuição deste estatuto, para além das obrigações referidas nos quatro pontos anteriores, os fornecedores de plataformas em linha e os fornecedores de motores de busca em linha que venham a ser qualificados como de muito grande dimensão, nos termos do art. 33º, nº 4, DSA estão sujeitos a obrigações de análise de riscos sistémicos decorrentes da sua utilização (art. 34º DSA), bem como a adoptar medidas de atenuação desses riscos (art. 35º DSA).

efeitos de rede e as economias de escala e de âmbito. Um elevado volume de negócios anual ou uma elevada capitalização do mercado pode, em particular, ser indicador de uma rápida escalabilidade em termos de alcance do utilizador. Nesses casos, o coordenador dos serviços digitais de estabelecimento ou a Comissão deverão poder solicitar, com maior frequência, ao fornecedor da plataforma em linha ou do motor de pesquisa em linha relatórios sobre o número de destinatários ativos do serviço, a fim de serem capazes de identificar atempadamente o momento em que essa plataforma ou esse motor de pesquisa deverão ser respetivamente designados como plataforma em linha de muito grande dimensão ou como motor de pesquisa em linha de muito grande dimensão, para efeitos do presente regulamento".

[63] O coordenador dos serviços digitais de estabelecimento é definido no art. 3º *n)* DSA como "o coordenador dos serviços digitais do Estado-Membro em que o estabelecimento principal de um prestador de um serviço intermediário está localizado ou em que o seu representante legal reside ou está estabelecido". Distingue-se do coordenador dos serviços digitais de destino, definido no art. 3º *o)* DSA como "o coordenador dos serviços digitais de um Estado-Membro em que o serviço intermediário é prestado".

Estes fornecedores estão ainda sujeitos à aplicação de um mecanismo de resposta em caso de crise (art. 36º DSA) e à realização de auditorias independentes a expensas próprias (art. 37º DSA).

Esses fornecedores estão também obrigados a oferecer uma opção para os seus sistemas de recomendação, que não se baseie na definição de perfis (art. 38º DSA) e a regras de transparência acrescida da publicidade em linha (art. 39º DSA).

As plataformas em linha de muito grande dimensão e os motores de busca de muito grande dimensão, estão igualmente obrigados a conceder ao coordenador de serviços digitais de estabelecimento ou à Comissão Europeia, a seu pedido acesso aos dados necessários para controlar e avaliar o cumprimento do Regulamento (art. 40º DSA). Da mesma forma estes fornecedores estão obrigados a criar uma função de verificação da conformidade independente, para controlar a sua conformidade com o Regulamento (art. 41º DSA). Estes fornecedores estão igualmente a uma obrigação reforçada em relação à apresentação de relatórios de transparência (art. 42º DSA). Finalmente estes fornecedores estão obrigados a pagar à Comissão uma taxa de supervisão anual (art. 43º DSA).

Analisemos sucessivamente estas obrigações.

5.6.2. A obrigação de avaliação dos riscos

A primeira obrigação específica dos fornecedores de plataformas e de motores de busca em linha, de muito grande dimensão, é a de identificar, analisar e avaliar diligentemente todos os riscos sistémicos na União decorrentes da concepção ou do funcionamento do seu serviço e dos seus sistemas relacionados, incluindo os sistemas algorítmicos, ou decorrentes da utilização dos seus serviços (art. 34º, nº 1, primeira parte, DSA).

A explicação da introdução desta obrigação de avaliação dos riscos sistémicos consta do considerando (79) nos seguintes termos:

> "As plataformas em linha de muito grande dimensão e os motores de pesquisa em linha de muito grande dimensão podem ser utilizados de uma forma que influencia fortemente a segurança em linha, a formação da opinião pública e o discurso, bem como o comércio em linha. A forma como concebem os seus serviços é geralmente otimizada para beneficiar os seus modelos de negócio frequentemente orientados para a publicidade e pode suscitar preocupações sociais. É necessário garantir uma regulamentação e execução eficazes para identificar e atenuar eficazmente os riscos e os danos sociais e económicos

que podem surgir. Nos termos do presente regulamento, os fornecedores de plataformas em linha de muito grande dimensão e de motores de pesquisa em linha de muito grande dimensão deverão, por conseguinte, avaliar os riscos sistémicos decorrentes da conceção, do funcionamento e da utilização do seu serviço, bem como de potenciais utilizações abusivas por parte dos destinatários do serviço, e deverão tomar medidas de atenuação adequadas, no respeito dos direitos fundamentais. Ao determinarem a importância dos potenciais efeitos e impactos negativos, os fornecedores deverão ter em conta a gravidade do impacto potencial e a probabilidade de ocorrência de todos esses riscos sistémicos. Por exemplo, poderiam avaliar se o potencial impacto negativo pode afetar um grande número de pessoas, a sua eventual irreversibilidade ou a dificuldade de corrigir esse impacto e de restabelecer a situação existente antes da ocorrência do impacto potencial".

Nos termos do art. 34º, nº 1, segunda parte DSA, as avaliações de risco deverão ser efectuadas anualmente ou sempre que se verifique a introdução de novas funcionalidades com impacto crítico nos riscos, devendo incidir especificamente sobre os seus serviços, e ser proporcionada aos riscos sistémicos, tendo em conta a sua gravidade e probabilidade. Deverão em qualquer caso ser sempre incluídos os seguintes riscos:

a) difusão de conteúdos ilegais através dos seus serviços;
b) efeitos negativos reais ou previsíveis no exercício dos direitos fundamentais em particular os relativos à dignidade do ser humano (art. 1º da Carta), ao respeito pela vida privada e familiar (art. 7º da Carta), à protecção dos dados pessoais (art. 8º da Carta), à liberdade de expressão e informação, incluindo a liberdade e pluralismo dos meios de comunicação social (art. 11º da Carta), à não discriminação (art. 21º da Carta), aos direitos das crianças (art. 24º da Carta) e à defesa dos consumidores (art. 38º da Carta);
c) efeitos negativos reais ou previsíveis no discurso cívico e nos processos eleitorais, bem como na segurança pública;
d) efeitos negativos reais ou previsíveis em relação à violência de género, protecção da saúde pública e dos menores, e consequências negativas graves para o bem-estar físico e mental das pessoas.

Os considerandos (80) a (83) explicam a necessidade de avaliação de forma mais aprofundada pelos destes quatro riscos sistémicos.

A primeira categoria de riscos sistémicos é a difusão de conteúdos ilegais. Em relação a esta categoria de riscos, o considerando (80) refere o seguinte:

> "Uma primeira categoria diz respeito aos riscos associados à difusão de conteúdos ilegais, como a difusão de material pedopornográfico ou de discursos ilegais de incitação ao ódio, ou a outros tipos de utilização abusiva dos seus serviços para cometer crimes, e à realização de atividades ilegais, como a venda de produtos ou serviços proibidos pelo direito da União ou pelo direito nacional, incluindo produtos perigosos ou contrafeitos, ou o comércio ilegal de animais. Por exemplo, essa difusão ou essas atividades podem constituir um risco sistémico significativo, na medida em que o acesso a conteúdos ilegais pode propagar-se rápida e amplamente através de contas com um alcance particularmente vasto ou de outros meios de amplificação. Os fornecedores de plataformas em linha de muito grande dimensão e de motores de pesquisa em linha de muito grande dimensão deverão avaliar o risco de difusão de conteúdos ilegais, independentemente de as informações serem ou não incompatíveis com os seus termos e condições. Esta avaliação não prejudica a responsabilidade pessoal do destinatário do serviço de plataformas em linha de muito grande dimensão ou dos proprietários de sítios Web indexados por motores de pesquisa em linha de muito grande dimensão pela eventual ilegalidade da sua atividade ao abrigo do direito aplicável".

A segunda categoria de riscos sistémicos refere-se aos efeitos negativos reais ou previsíveis no exercício dos direitos fundamentais. Em relação a esta categoria de riscos o considerando (81) refere o seguinte:

> "Uma segunda categoria diz respeito ao impacto real ou previsível do serviço no exercício dos direitos fundamentais protegidos pela Carta incluindo, entre outros, o direito à dignidade do ser humano, o direito à liberdade de expressão e de informação, incluindo a liberdade e o pluralismo dos meios de comunicação social, o direito à vida privada, o direito à proteção de dados, o direito à não discriminação, os direitos da criança e a defesa dos consumidores. Esses riscos podem decorrer, por exemplo, da conceção dos sistemas algorítmicos utilizados pela plataforma em linha de muito grande dimensão ou pelo motor de pesquisa em linha de muito grande dimensão ou da utilização abusiva do seu serviço através da apresentação de notificações abusivas ou de outros métodos para silenciar o discurso ou dificultar a concorrência.

Ao avaliarem os riscos para os direitos da criança, os fornecedores de plataformas em linha de muito grande dimensão e de motores de pesquisa em linha de muito grande dimensão deverão ter em conta, por exemplo, a facilidade de compreensão para os menores no que respeita à conceção e ao funcionamento do serviço, bem como a forma como os menores podem ser expostos através do seu serviço a conteúdos suscetíveis de prejudicar a sua saúde e o seu desenvolvimento físico, mental e moral. Tais riscos podem surgir, por exemplo, em relação à conceção de interfaces em linha que, de forma intencional ou involuntária, explorem as vulnerabilidades e a inexperiência dos menores ou que possam causar comportamentos aditivos".

A terceira categoria de riscos diz respeito aos efeitos negativos reais ou previsíveis nos processos democráticos, no discurso cívico e nos processos eleitorais, bem como na segurança pública. O considerando (82) não acrescenta explicações suplementares sobre os mesmos.

Finalmente, a quarta categoria de riscos refere-se aos efeitos negativos reais ou previsíveis em relação à violência de género, protecção da saúde pública e dos menores, e consequências negativas graves para o bem-estar físico e mental das pessoas. Sobre os mesmos refere o considerando (83) o seguinte:

> "Uma quarta categoria de riscos decorre de preocupações semelhantes relacionadas com a conceção, o funcionamento ou a utilização das plataformas em linha de muito grande dimensão e dos motores de pesquisa em linha de muito grande dimensão, nomeadamente através de manipulação, com um efeito negativo real ou previsível na proteção da saúde pública e nos menores e com graves consequências negativas para o bem-estar físico e mental da pessoa ou em matéria de violência com base no género. Tais riscos podem também decorrer de campanhas coordenadas de desinformação relacionadas com a saúde pública ou da conceção de interfaces em linha que possam estimular os comportamentos aditivos dos destinatários do serviço".

Já foi salientado que esta definição de riscos sistémicos suscita especiais problemas em relação à liberdade de expressão, uma vez que podem não estar em causa conteúdos ilícitos, mas apenas com "efeitos negativos", sendo vagos os critérios utilizados para os definir, os quais podem ser sujeitos a diferentes interpretações, consoante as opções políticas e as várias sensibilidades existentes na União Europeia[64].

O art. 34º, nº 2, DSA, obriga os fornecedores de plataformas e de motores de pesquisa a ter em conta na realização das suas avaliações de risco a ter em conta, nomeadamente, se e como os factores seguintes influenciam os riscos sistémicos: *a)* concepção dos seus sistemas de recomendação e de qualquer outro sistema algorítmico pertinente; *b)* sistemas de moderação de conteúdos; *c)* termos e condições aplicáveis e a sua aplicação; *d)* sistemas de selecção e exibição de anúncios publicitários; *e)* práticas do fornecedor relacionadas com os dados. Nos termos dessa disposição, as avaliações devem ainda analisar a possibilidade de os riscos serem influenciados pela manipulação intencional do serviço, incluindo a sua utilização não autêntica, ou a sua exploração automatizada, e ainda a amplificação ou difusão potencialmente rápida e alargada de conteúdos ilegais ou de informação incompatível com os seus termos e condições. A avaliação deve ainda ter em conta os aspectos regionais e linguísticos específicos, incluindo de um Estado-Membro.

A forma de avaliação dos riscos é concretizada no considerando (84) DSA pela forma seguinte:

> "Ao avaliarem esses riscos sistémicos, os fornecedores de plataformas em linha de muito grande dimensão e dos motores de pesquisa em linha de muito grande dimensão deverão centrar-se nos sistemas ou noutros elementos que possam contribuir para os riscos, incluindo todos os sistemas algorítmicos que possam ser relevantes, em especial os seus sistemas de recomendação e os seus sistemas de publicidade, prestando atenção às práticas conexas de recolha e utilização de dados. Deverão também avaliar se os seus termos e condições e a respetiva aplicação são adequados, bem como os seus processos de moderação de conteúdos, ferramentas técnicas e recursos afetados. Ao avaliarem os riscos sistémicos identificados no presente regulamento, esses fornecedores deverão também concentrar-se nas informações que não são ilegais, mas que contribuem para os riscos sistémicos identificados no presente regulamento. Por conseguinte, tais fornecedores deverão prestar especial atenção à forma como os seus serviços são utilizados para difundir ou amplificar conteúdos enganosos ou suscetíveis de induzir em erro, como a desinformação. Sempre que a amplificação algorítmica das informações contribua para os riscos

[64] Cfr. JOAN BARATA, em MAJA CAPELLO (org.), *Unravelling the Digital Services Act package*, p. 17.

sistémicos, os referidos fornecedores deverão ter devidamente em conta este facto nas suas avaliações dos riscos. Se os riscos forem localizados ou existirem diferenças linguísticas, esses fornecedores deverão também ter em conta este facto nas suas avaliações dos riscos. Os fornecedores de plataformas em linha de muito grande dimensão e de motores de pesquisa em linha de muito grande dimensão deverão, em especial, avaliar a forma como a conceção e o funcionamento dos seus serviços, bem como a manipulação e a utilização intencionais e, frequentemente, coordenadas dos seus serviços, ou a violação sistémica das suas condições de serviço, contribuem para esses riscos. Tais riscos podem decorrer, por exemplo, da utilização não autêntica do serviço, como a criação de contas falsas, a utilização de robôs digitais ou a utilização enganosa de um serviço, e de outros comportamentos automatizados ou parcialmente automatizados, o que pode conduzir à rápida e generalizada difusão ao público de informação que seja conteúdo ilegal ou incompatível com os termos e condições de uma plataforma em linha ou de um motor de pesquisa em linha e que contribua para campanhas de desinformação".

Uma vez concluída a avaliação, estes fornecedores são obrigados a conservar os documentos comprovativos da mesma por um período de três anos e a comunicá-los à Comissão e ao coordenador dos serviços digitais, mediante pedido destes (art. 34º, nº 3, DSA). O considerando (85) explica que esta obrigação se destina a permitir que "as avaliações dos riscos subsequentes se baseiem umas nas outras e mostrem a evolução dos riscos identificados, bem como para facilitar as investigações e medidas de execução". A obrigação de conservação deverá por isso abranger "todos os documentos comprovativos relacionados com as avaliações dos riscos que realizaram, tais como as informações relativas à sua preparação, os dados subjacentes e os dados sobre os testes dos seus sistemas algorítmicos".

5.6.3. A obrigação de adoptar medidas de atenuação dos riscos

Uma outra obrigação específica dos fornecedores de plataformas e de motores de busca em linha de muito grande dimensão, referida no art. 35º, DSA, é a de, no caso de a avaliação a que procederam identificar riscos sistémicos específicos, adoptar medidas razoáveis, proporcionadas e eficazes de atenuação desses riscos. O considerando (86) explica os requisitos dessas medidas de atenuação de riscos, e a necessidade de as mesmas respeitarem os direitos fundamentais, designadamente a liberdade de expressão:

"Os fornecedores de plataformas em linha de muito grande dimensão e de motores de pesquisa em linha de muito grande dimensão deverão mobilizar os meios necessários para atenuar diligentemente os riscos sistémicos identificados na avaliação dos riscos, no respeito dos direitos fundamentais. Quaisquer medidas adotadas deverão respeitar os requisitos de devida diligência do presente regulamento e ser razoáveis e eficazes na atenuação dos riscos sistémicos específicos identificados. Deverão ser proporcionadas à luz da capacidade económica do fornecedor da plataforma em linha de muito grande dimensão ou do motor de pesquisa em linha de muito grande dimensão e da necessidade de evitar restrições desnecessárias à utilização do seu serviço, tendo em devida conta os potenciais efeitos negativos nesses direitos fundamentais. Esses fornecedores deverão prestar especial atenção ao impacto na liberdade de expressão".

O art. 35º, nº 1, DSA, indica exemplificativamente onze medidas de atenuação de riscos:

a) Adaptação da concepção, dos elementos ou do funcionamento dos seus serviços, incluindo as suas interfaces em linha;
b) Adaptação dos seus termos e condições e da sua aplicação;
c) Adaptação dos processos de moderação de conteúdos, incluindo a rapidez e a qualidade do tratamento das notificações relativas a tipos específicos de conteúdos ilegais e, se for caso disso, a rápida supressão dos conteúdos notificados ou a rápida desactivação do acesso aos mesmos, em especial no que respeita aos discursos ilegais de incitação ao ódio ou a ciberviolência, bem como a adaptação de todos os processos de tomada de decisão pertinentes e dos recursos consagrados à moderação de conteúdos;
d) Execução de testes e adaptação dos seus sistemas algorítmicos, incluindo dos seus sistemas de recomendação;
e) Adaptação dos seus sistemas de publicidade e adopção de medidas específicas destinadas a limitar ou ajustar a exibição de anúncios publicitários;
f) Reforço dos processos internos, dos recursos, da testagem, da documentação ou da supervisão de qualquer uma das suas atividades, em particular no que diz respeito à detecção de risco sistémico;
g) Início ou ajustamento da cooperação com sinalizadores de confiança e execução das decisões dos organismos de resolução extrajudicial de litígios;

h) Início ou o ajustamento da cooperação com outros fornecedores de plataformas em linha ou de motores de pesquisa em linha através de códigos de conduta e de protocolos de crise;

i) Adopção de medidas de sensibilização e adaptação da interface em linha a fim de dar aos destinatários do serviço mais informação;

j) Adopção de medidas específicas para proteger os direitos das crianças, nomeadamente instrumentos de verificação da idade e de controlo parental, instrumentos destinados a ajudar os menores a sinalizar abusos ou a obter apoio, conforme adequado.

k) Assegurar que um elemento de informação, como uma imagem, de áudio ou de um vídeo gerados ou manipulados que se assemelham sensivelmente a pessoas, objectos, lugares ou a outras entidades ou acontecimentos existentes e que pareçam falsamente a uma pessoa serem autênticos ou verdadeiros, seja distinguível através de marcações visíveis quando é apresentado nas suas interfaces em linha e, além disso, disponibilizar uma funcionalidade de fácil utilização que permita aos destinatários do serviço assinalar tal informação.

O considerando (87) desenvolve os critérios das medidas de atenuação de riscos referidas em *a)*, *b) c)* e *g)*:

"Os fornecedores de plataformas em linha de muito grande dimensão e de motores de pesquisa em linha de muito grande dimensão deverão, ao abrigo dessas medidas de atenuação, ponderar, por exemplo, adaptar qualquer conceção, funcionalidade ou funcionamento necessários do seu serviço, como a conceção da interface em linha. Deverão adaptar e aplicar os seus termos e condições, se necessário, e nos termos das regras do presente regulamento relativas aos termos e condições. Outras medidas adequadas podem incluir a adaptação dos seus sistemas de moderação de conteúdos e processos internos ou a adaptação dos seus processos e recursos de tomada de decisão, nomeadamente no que respeita ao pessoal responsável pela moderação de conteúdos e à sua formação e conhecimentos especializados a nível local. Tal é particularmente importante para garantir a rapidez e a qualidade do tratamento das notificações. A este respeito, por exemplo, o Código de Conduta para a luta contra os discursos ilegais de incitação ao ódio em linha, de 2016, estabelece um critério de referência para o tratamento de notificações válidas com vista à supressão de discursos ilegais de incitação ao ódio em menos de 24 horas.

Os fornecedores de plataformas em linha de muito grande dimensão, em especial as utilizadas principalmente para a difusão ao público de conteúdos pornográficos, deverão cumprir diligentemente todas as obrigações que lhes incumbem por força do presente regulamento no que diz respeito aos conteúdos ilegais que constituam ciberviolência, incluindo os conteúdos pornográficos ilegais, especialmente para garantir que as vítimas possam exercer efetivamente os seus direitos em relação a conteúdos que representem a partilha não consensual de material íntimo ou manipulado através do tratamento rápido de notificações e da supressão desses conteúdos sem demora injustificada. Outros tipos de conteúdos ilegais podem exigir prazos mais longos ou mais curtos para o tratamento das notificações, o que dependerá dos factos, das circunstâncias e dos tipos de conteúdos ilegais em causa. Do mesmo modo, esses fornecedores podem iniciar ou aumentar a cooperação com sinalizadores de confiança e organizar sessões de formação e intercâmbios com organizações de sinalizadores de confiança".

Por sua vez, o considerando (88) concretiza as medidas de atenuação de riscos referidas em *d), e), f), h)* e *i)*.

"Os fornecedores de plataformas em linha de muito grande dimensão e de motores de pesquisa em linha de muito grande dimensão deverão também ser diligentes nas medidas que tomam para testar e, se necessário, adaptar os seus sistemas algorítmicos, nomeadamente os seus sistemas de recomendação. Podem ter de atenuar os efeitos negativos das recomendações personalizadas e corrigir os critérios utilizados nas suas recomendações. Os sistemas de publicidade utilizados pelos fornecedores de plataformas em linha de muito grande dimensão e de motores de pesquisa em linha de muito grande dimensão podem igualmente ser um catalisador de riscos sistémicos. Esses fornecedores deverão ponderar adotar medidas corretivas, como a suspensão das receitas publicitárias de informações específicas, ou outras ações, como a melhoria da visibilidade das fontes de informação fidedignas, ou a adaptação de forma mais estrutural dos seus sistemas de publicidade. Os fornecedores de plataformas em linha de muito grande dimensão e de motores de pesquisa em linha de muito grande dimensão podem ter de reforçar os seus processos internos ou a supervisão de qualquer uma das suas atividades, em particular no que respeita à deteção de riscos sistémicos, e de realizar avaliações dos riscos mais frequentes ou específicas relacionadas com novas funcionalidades.

Em particular, nos casos em que os riscos sejam comuns às diferentes plataformas em linha ou motores de pesquisa em linha, os fornecedores deverão cooperar com outros prestadores de serviços, nomeadamente através da elaboração de códigos de conduta ou da subscrição de códigos de conduta existentes ou da adoção de outras medidas de autorregulação. Deverão também ponderar organizar ações de sensibilização, em especial nos casos em que os riscos estejam relacionados com campanhas de desinformação".

Finalmente, a alínea *j)* é desenvolvida pelo considerando (89) da seguinte forma:

"Os fornecedores de plataformas em linha de muito grande dimensão e de motores de pesquisa em linha de muito grande dimensão deverão ter em conta o interesse superior dos menores aquando da adaptação da conceção do seu serviço e da sua interface em linha, em especial quando os seus serviços se destinarem a menores ou forem predominantemente utilizados por estes. Deverão assegurar que os seus serviços estão organizados de forma a permitir aos menores aceder facilmente aos mecanismos previstos no presente regulamento, se for caso disso, incluindo os mecanismos de notificação e ação e de reclamação. Deverão igualmente tomar medidas para proteger os menores de conteúdos suscetíveis de prejudicar o seu desenvolvimento físico, mental ou moral e disponibilizar ferramentas que permitam o acesso condicional a essas informações. Ao selecionarem as medidas de atenuação adequadas, os fornecedores podem ter em conta, se for caso disso, as boas práticas do sector, nomeadamente as estabelecidas através da cooperação em matéria de autorregulação, como os códigos de conduta e deverão ter em conta as diretrizes da Comissão".

O Comité, em cooperação com a Comissão, deve publicar uma vez por ano relatórios abrangentes que incluem a identificação dos riscos sistémicos mais significativos e recorrentes e as boas práticas relativamente à sua atenuação (art. 35º, nº 2, DSA).

A Comissão, em cooperação com os coordenadores dos serviços digitais, pode, após consultas públicas, emitir directrizes sobre a atenuação de riscos específicos, nomeadamente apresentando boas práticas e recomendando eventuais medidas, tendo em as suas possíveis repercussões nos direitos fundamentais de todas as partes envolvidas consagrados na Carta (art. 35º, nº 3, DSA).

5.6.4. A sujeição à aplicação de um mecanismo de resposta em caso de crise

Outra obrigação específica dos fornecedores de plataformas e de motores de busca em linha de muito grande dimensão é a sujeição, por decisão da Comissão, após recomendação do Comité, à aplicação de um mecanismo de resposta em caso de crise (art. 36º, nº 1, proémio, DSA). O art. 36º, nº 2, DSA explica que, para efeitos desse artigo, "considera-se que ocorreu uma crise se circunstâncias extraordinárias conduziram a uma ameaça grave para a segurança pública ou a saúde pública na União ou em partes significativas do seu território".

Assim, verificada uma situação de crise, o art. 36º, nº 1, DSA determina que a Comissão pode exigir a um ou mais fornecedores de plataformas em linha ou de motores de pesquisa em linha de muito grande dimensão que adoptem uma ou mais das seguintes medidas:

a) Avaliar se e em que medida e por que forma o funcionamento e a utilização dos seus serviços contribuem, ou são susceptíveis de contribuir, para uma ameaça grave;
b) Identificar e aplicar medidas específicas, eficazes e proporcionadas, designadamente as previstas no art. 35º, nº 1, ou no art. 48º, nº 2, DSA, para prevenir, eliminar ou limitar tal contribuição para essa ameaça grave, as quais devem ter em conta a gravidade da ameaça, a urgência das medidas e as implicações reais ou potenciais para os direitos e interesses legítimos de todas as partes em causa, incluindo o facto de que as medidas não respeitem eventualmente os direitos fundamentais consagrados na Carta.
c) Apresentar à Comissão, até uma determinada data ou em intervalos regulares especificados na decisão, um relatório sobre as avaliações realizadas, sobre o conteúdo exacto, a execução e o impacto qualitativo e quantitativo das medidas específicas adoptadas e sobre qualquer outra questão relacionada com tais avaliações ou medidas especificadas na decisão.

O art. 36º, nº 3, DSA, obriga a Comissão, após adoptar uma decisão de resposta a crise, a assegurar cumulativamente que:

a) As acções exigidas pela decisão são estritamente necessárias, justificadas e proporcionadas, tendo em conta, em particular, a gravidade da ameaça, a urgência das medidas e as implicações reais ou potenciais para os direitos e interesses legítimos de todas as partes em causa, incluindo o facto de que as medidas não respeitem eventualmente os direitos fundamentais consagrados na Carta;

b) A decisão fixa um prazo razoável em que as medidas específicas devem ser adoptadas, tendo em conta, em particular, a urgência das mesmas e o tempo necessário para as preparar e aplicar;

c) As acções exigidas pela decisão são limitadas a um período não superior a três meses.

A justificação deste mecanismo de resposta consta do considerando (91), que refere o seguinte:

"Em tempos de crise, os fornecedores de plataformas em linha de muito grande dimensão poderão ter de tomar urgentemente determinadas medidas específicas, para além das medidas que tomariam tendo em conta as obrigações que lhes incumbem por força do presente regulamento. Neste contexto, entende-se por «crise» a ocorrência de circunstâncias extraordinárias passíveis de resultar numa ameaça grave para a segurança pública ou a saúde pública na União ou em grande parte do seu território. Tais crises poderão surgir devido a conflitos armados ou a atos de terrorismo, incluindo conflitos emergentes ou atos de terrorismo, catástrofes naturais como terramotos e furacões, bem como pandemias e outras ameaças transfronteiriças graves para a saúde pública. A Comissão deverá poder exigir, mediante recomendação do Comité Europeu dos Serviços Digitais («Comité»), que os fornecedores de plataformas em linha de muito grande dimensão e de motores de pesquisa em linha de muito grande dimensão iniciem procedimentos de resposta a situações de crise com caráter de urgência. As medidas que esses prestadores de serviços podem identificar e ponderar aplicar podem incluir, por exemplo, a adaptação dos processos de moderação de conteúdos e o aumento dos recursos dedicados à moderação de conteúdos, a adaptação dos termos e condições, dos sistemas algorítmicos e dos sistemas de publicidade pertinentes, a intensificação da cooperação com sinalizadores de confiança, a adoção de medidas de sensibilização e a promoção de informações fiáveis e a adaptação da conceção das suas interfaces em linha. Deverão ser previstos os requisitos necessários para garantir que essas medidas são tomadas num prazo muito curto e que o mecanismo de resposta a situações de crise só é utilizado na medida em que tal seja estritamente necessário e que quaisquer medidas tomadas ao abrigo deste mecanismo são eficazes e proporcionadas, tendo em devida conta os direitos e interesses legítimos de todas as partes em causa. A utilização do mecanismo não deverá prejudicar as outras disposições do presente regulamento, tais como as relativas às avaliações dos riscos e às medidas de atenuação e à sua aplicação, bem como as relativas aos protocolos de crise".

A adopção da decisão de resposta à crise obriga a Comissão a notificar, sem demora injustificada, a mesma aos fornecedores destinatários da decisão, a torná-la disponível ao público e a informar o Comité, convidando-o a apresentar os seus pontos de vista sobre a decisão e mantendo-o informado de qualquer evolução subsequente (art. 36º, nº 4, DSA).

A escolha das medidas específicas a adoptar incumbe aos fornecedores destinatários da decisão da Comissão (art. 36º, nº 5, DSA). A Comissão pode, no entanto, por sua iniciativa ou a pedido do fornecedor, entrar num diálogo com este para determinar se, à luz das suas circunstâncias específicas, as medidas previstas ou aplicadas são eficazes e proporcionadas para atingir os objetivos pretendidos, designadamente se cumprem os requisitos a que se refere o nº 3, alíneas *a)* e *c)* (art. 36º, nº 6, DSA).

A Comissão deve acompanhar a aplicação das medidas específicas adoptadas nos termos da decisão com base nos relatórios fornecidos e em quaisquer outras informações pertinentes, incluindo as informações que pode solicitar nos termos dos arts. 40º e 67º DSA, tendo em conta a evolução da crise. A Comissão apresenta regularmente ao Comité um relatório sobre esse acompanhamento, pelo menos uma vez por mês. Se a Comissão considerar que as medidas específicas previstas ou aplicadas nos termos do nº 1, alínea *b)*, não são eficazes ou proporcionadas, pode, após consulta ao Comité, adotar uma decisão exigindo que o fornecedor reveja a identificação ou a aplicação destas medidas específicas (art. 36º, nº 7, DSA).

Se se justificar, tendo em conta a evolução da crise, a Comissão, agindo com base em recomendação do Comité, pode, tendo em conta a experiência adquirida com a aplicação das medidas, em particular o facto de as mesmas não respeitarem eventualmente os direitos fundamentais consagrados na Carta, revogar a decisão, exigindo, se for caso disso, que os fornecedores cessam a aplicação das medidas ou prorrogar o prazo de aplicação das medidas por período não superior a três meses (art. 36º, nº 8, DSA).

A Comissão deve tomar em máxima conta as recomendações do Comité (art. 36º, nº 10, DSA), devendo ainda, apresentar anualmente ao Parlamento Europeu e ao Conselho, após a adopção das decisões e, em qualquer caso, três meses após o fim da crise um relatório sobre a aplicação das medidas específicas tomadas em cumprimento de tais decisões (art. 36º, nº 11 DSA).

5.6.5. A obrigação de realização de auditorias independentes

Outra obrigação específica dos fornecedores de plataformas e de motores de busca em linha de muito grande dimensão é a de realizar, a expensas próprias e pelo menos uma vez por ano, auditorias independentes para avaliar o cumprimento de todas as obrigações de devida diligência a que estão sujeitas, constantes dos arts. 11º a 48º DSA e ainda de quaisquer compromissos assumidos nos termos dos códigos de conduta referidos nos arts. 45º e 46º DSA e dos protocolos de crise referidos no art. 48º DSA (art. 37º, nº 1, DSA).

As auditorias devem obrigatoriamente ser realizadas por entidades independentes e que não possuam conflitos de interesses com o fornecedor, com experiência comprovada no domínio da gestão de riscos, competências e capacidades técnicas, e que tenham demonstrado objectividade e ética profissional com base, nomeadamente, na adesão a códigos de conduta ou normas adequadas (art. 37º, nº 3, DSA).

Os fornecedores estão obrigados a fornecer aos auditores a cooperação e a assistência necessárias para lhes permitir realizar estas auditorias de modo eficaz, eficiente e atempado, nomeadamente permitindo o seu acesso a todos os dados e instalações pertinentes e respondendo a perguntas orais ou escritas, devendo abster-se de dificultar, influenciar indevidamente ou contrariar a realização da auditoria (art. 37º, nº 2, primeira parte, DSA). O considerando (92) acrescenta que "os auditores deverão igualmente poder recorrer a outras fontes de informação objetiva, incluindo estudos de investigadores habilitados".

As auditorias devem assegurar um nível de confidencialidade adequado e o sigilo profissional das informações recebidas, sem prejuízo das regras relativas à transparência, supervisão e execução (art. 37º, nº 2, segunda parte, DSA). Deve ser elaborado um relatório para cada auditoria, o qual obrigatoriamente contém os elementos referidos no art. 37º, nº 4, DSA, e ainda, no caso de não terem sido auditados alguns elementos, as razões que isso sucedeu (art. 37º, nº 5, DSA). O relatório deve incluir um parecer sobre o cumprimento pelo fornecedor das suas obrigações e compromissos, o qual pode ser «positivo», «positivo com observações» ou «negativo» (art. 37º, nº 4, *g)* DSA). A forma de elaboração desse parecer é concretizada no considerando (93) DSA da seguinte forma:

> "O relatório de auditoria deverá incluir um parecer de auditoria, baseado nas conclusões retiradas das provas de auditoria obtidas. Deverá ser emitido um «parecer positivo» sempre que todas as provas demonstrem que o fornecedor da plataforma em linha de muito grande dimensão ou do motor de pesquisa em linha de muito grande dimensão cumpre as obrigações estabelecidas no presente regulamento ou, quando aplicável, quaisquer compromissos por si assumidos nos termos de um código de conduta ou protocolo de crise, em particular através da identificação, da avaliação e da atenuação dos riscos sistémicos colocados pelo seu sistema e pelos seus serviços. Um «parecer positivo» deverá ser acompanhado de observações sempre que o auditor deseje incluir comentários que não tenham um efeito significativo no resultado da auditoria. Deverá ser emitido um «parecer negativo» sempre que o auditor considerar que o fornecedor da plataforma em linha de muito grande dimensão ou do motor de pesquisa em linha de muito grande dimensão não cumpre o disposto no presente regulamento ou os compromissos por si assumidos. Caso o parecer de auditoria não apresente uma conclusão sobre elementos específicos inseridos no âmbito da auditoria, uma explicação dos motivos que levaram à incapacidade de apresentar essa conclusão deverá ser incluída no parecer de auditoria. Sempre que aplicável, o relatório deverá incluir a descrição dos elementos específicos que não foi possível auditar e a explicação dos motivos dessa impossibilidade".

Se o parecer da auditoria não for positivo, deverão ser apresentadas recomendações operacionais sobre específicas a adoptar e o prazo das mesmas (art. 37º, nº 4, *h)* DSA), devendo os fornecedores adoptar essas recomendações, apresentando no prazo de um mês um relatório de execução da auditoria, referindo a aplicação das medidas ou a razão por que o não foram e quais as medidas alternativas que adoptaram para resolver eventuais casos de incumprimento (art. 37º, nº 6, DSA).

A Comissão pode adoptar actos delegados, nos termos do artigo 87º DSA, a fim de completar o regulamento nesta matéria, estabelecendo as regras necessárias para a realização das auditorias, em particular no que diz respeito às regras necessárias sobre as etapas processuais, as metodologias de auditoria e os modelos de comunicação de informações para as mesmos. Os referidos actos delegados devem ter em conta as normas de auditoria facultativas a que se refere o artigo 44º, nº 1, alínea *e)* DSA (art. 37º, nº 7, DSA).

5.6.6. A obrigação de permitir uma opção nos sistemas de recomendação que não se baseie na definição de perfis

Outra obrigação específica dos fornecedores de plataformas e de motores de busca em linha de muito grande dimensão é a de oferecer uma opção para os seus sistemas de recomendação, que não se baseie na definição de perfis, conforme referido no art. 4º ponto (4) do RGPD (art. 38º DSA). O considerando (94) DSA explica essa obrigação nos termos seguintes:

> "As obrigações em matéria de avaliação e atenuação dos riscos deverão desencadear, numa base casuística, a necessidade de os fornecedores de plataformas em linha de muito grande dimensão e de motores de pesquisa em linha de muito grande dimensão avaliarem e, se necessário, ajustarem a conceção dos seus sistemas de recomendação, por exemplo, tomando medidas para prevenir ou minimizar os enviesamentos que conduzem à discriminação de pessoas em situações vulneráveis, em especial se tal ajustamento estiver em conformidade com a legislação em matéria de proteção de dados e caso as informações sejam personalizadas com base em categorias especiais de dados pessoais referidas no artigo 9º do Regulamento (UE) 2016/679. Além disso, complementando as obrigações de transparência aplicáveis às plataformas em linha no que diz respeito aos seus sistemas de recomendação, os fornecedores de plataformas em linha de muito grande dimensão e de motores de pesquisa em linha de muito grande dimensão deverão assegurar de forma coerente que os destinatários do seu serviço disponham de opções alternativas que não se baseiem na definição de perfis, na aceção do Regulamento (UE) 2016/679, para os parâmetros principais dos seus sistemas de recomendação. Essas escolhas deverão ser diretamente acessíveis a partir da interface em linha em que as recomendações são apresentadas".

5.6.7. A sujeição a regras de transparência acrescida da publicidade em linha

Outra obrigação específica das plataformas e dos motores de pesquisa em linha de muito grande dimensão é a sujeição a regras de transparência acrescida da publicidade em linha. Tal sujeição justifica-se pelo facto de as plataformas estarem a utilizar publicidade e propaganda dirigida, apenas acessível aos específicos indivíduos que visa (*microtargeting*). A propaganda dirigida coloca problemas sérios de transparência ao não permitir às autoridades saber que mensagens estão a ser transmitidas na rede e ao possibilitar a políticos variar a sua campanha eleitoral consoante os indivíduos visados, fazendo diferentes promessas e assumindo prioridades políticas distintas, sem possibilidade de controlo, o que perturba o debate democrático. Mas também a publicidade comercial dirigida tem levantado sérios problemas, com pacientes a receberem publicidade de medicamentos, relativamente a doenças de que padecem, violando assim a sua privacidade[65]. Daí a exigência de regras de transparência acrescida em ordem a criar um registo não só da propaganda, mas também de toda a publicidade feita nas plataformas em linha e nos motores de pesquisa em linha, de muito grande dimensão.

Esta exigência é explicada no considerando (95) DSA da seguinte forma:

> "Os sistemas de publicidade utilizados por plataformas em linha de muito grande dimensão e por motores de pesquisa em linha de muito grande dimensão implicam riscos específicos e exigem uma maior supervisão pública e regulamentar devido à sua escala e capacidade de visar e alcançar os destinatários do serviço com base no respetivo comportamento dentro e fora da interface em linha da plataforma ou do motor de pesquisa. As plataformas em linha de muito grande dimensão ou os motores de pesquisa em linha de muito grande dimensão deverão assegurar o acesso público a repositórios de anúncios publicitários exibidos nas suas interfaces em linha para facilitar a supervisão e a investigação dos riscos emergentes decorrentes da distribuição de publicidade em linha, por exemplo, em relação a anúncios publicitários ilegais ou técnicas manipuladoras e desinformação com um impacto negativo real e previsível na saúde pública, na segurança pública, no discurso civil, na participação política e na igualdade. Os repositórios deverão incluir o conteúdo dos anúncios publicitários, incluindo o nome do produto, do serviço ou da marca e o objeto do anúncio, e dados conexos sobre o anunciante e, se

[65] Cfr. PADDY LEERSSEN, "Platform and archives in Article 30 DSA", disponível em https://dsa-observatory.eu/2021/05/25/platform-ad-archives-in-article-30-dsa/ , que salienta que o *microtargeting* não apenas teve influência decisiva no referendo do Brexit e nas eleições americanas em 2016, mas que também constitui uma tendência crescente nas eleições em diversos países europeus.

for diferente, a pessoa singular ou coletiva que pagou o anúncio, e a exibição do anúncio, em especial no que se refere à publicidade direcionada. Estas informações deverão incluir informações tanto sobre os critérios de direcionamento como sobre os critérios de apresentação, em especial quando os anúncios publicitários são apresentados a pessoas em situações vulneráveis, como os menores".

Em consequência, o art. 39º, nº 1, DSA obriga estes fornecedores, no caso de exibirem anúncios publicitários nas suas interfaces em linha a compilar e a disponibilizar ao público, numa secção específica da sua interface, através de uma ferramenta pesquisável e fiável que permita efetuar consultas multicritério e através de interfaces de programação de aplicações, um repositório com informações relativas à publicidade, durante todo o período em que exibam um anúncio publicitário e até um ano após terem apresentado esse anúncio publicitário pela última vez.

Nos termos do art. 39º, nº 2, DSA, o repositório deve conter, pelo menos, todas as seguintes informações:

a) Conteúdo do anúncio publicitário, incluindo o seu objecto e o nome do produto, do serviço ou da marca publicitadas;
b) Identificação do anunciante;
c) Identificação da pessoa que pagou o anúncio publicitário, caso seja diferente do anunciante;
d) Período durante o qual o anúncio publicitário foi exibido;
e) Indicação sobre se o anúncio publicitário se destinava a ser exibido especificamente a um ou mais grupos específicos de destinatários do serviço e, em caso afirmativo, os principais parâmetros utilizados para o efeito, incluindo, se for caso disso, os principais parâmetros utilizados para excluir um ou mais destes grupos específicos;
f) As comunicações comerciais publicadas nas plataformas em linha de muito grande dimensão e identificadas nos termos do artigo 26º, nº 2;
g) O número total de destinatários do serviço alcançados e, quando aplicável, números agregados discriminados por Estado-Membro relativos ao ou aos grupos de destinatários que o anúncio publicitário visou especificamente.

As informações referidas nas alíneas *a)*, *b)* e *c)* devem ser suprimidas do repositório sempre que o fornecedor tenha suprimido ou bloqueado o acesso a um conteúdo publicitário com base na sua alegada ilegalidade ou incompatibilidade com os seus termos e condições. Nesse caso, essas informações são substituídas pelas informações referidas no artigo 17º, nº 3, alíneas *a)* a *e)*, DSA ou no artigo 9º, nº 2, alínea *a)*, subalínea *i)*, DSA, consoante o caso (art. 39º, nº 3, DSA).

Os fornecedores devem ainda assegurar que o repositório não contenha quaisquer dados pessoais dos destinatários do serviço a quem o anúncio publicitário tenha ou possa ter sido exibido e envidar os esforços razoáveis para assegurar que as informações sejam exactas e completas (art. 39º, nº 1, *in fine*, DSA).

A Comissão pode ainda, após consulta ao Comité, aos investigadores habilitados pertinentes e ao público em geral emitir directrizes sobre a estrutura, a organização e as funcionalidades dos repositórios (art. 39º, nº 3, *in fine*, DSA).

5.6.8. A obrigação de fornecer ao coordenador de serviços digitais de estabelecimento ou à Comissão Europeia os dados necessários para controlar e avaliar o cumprimento do Regulamento

Outra obrigação dos fornecedores de plataformas e de motores de busca em linha de muito grande dimensão é a de conceder ao coordenador de serviços digitais de estabelecimento ou à Comissão Europeia, a seu pedido, acesso aos dados necessários para controlar e avaliar o cumprimento do Regulamento (art. 40º, nº 1, DSA). Em consequência, os fornecedores são obrigados a explicar "a pedido do coordenador dos serviços digitais de estabelecimento ou da Comissão, a conceção, a lógica, o funcionamento e a testagem dos seus sistemas algorítmicos, incluindo os seus sistemas de recomendação" (art. 40º, nº 3, DSA). O acesso aos dados deve ser facilitado e facultado "através de interfaces adequadas especificadas no pedido, nomeadamente bases de dados em linha ou interfaces de programação de aplicações" (art. 40º, nº 7, DSA).

A avaliação dos sistemas algorítmicos tem-se tornado necessária em virtude de os mesmos muitas vezes permitirem discriminações com base na etnia, género ou orientação sexual dos utilizadores. Uma investigação realizada à Google demonstrou que o comentário "*As a Black woman, I agree with the previous comment*" tinha uma probabilidade de 32% de ser considerado como um contributo tóxico para uma discussão na rede, enquanto que em relação ao comentário "*As a French man, I agree with the previous comment*" a probabilidade era apenas de 3%[66]. Daí a necessidade de acesso aos dados por parte do coordenador de serviços digitais e da Comissão para controlar o funcionamento dos sistemas algorítmicos para evitar estas formas de discriminação.

Os coordenadores dos serviços digitais e a Comissão devem utilizar os dados a que acedam "apenas para efeitos de controlo e avaliação" do cumprimento do regulamento e terem "devidamente em conta os direitos e interesses dos fornecedores de plataformas em linha de muito grande dimensão ou de motores de pesquisa em linha de muito grande dimensão e dos destinatários do serviço em causa, nomeadamente a proteção dos dados pessoais, a proteção das informações confidenciais, em especial os segredos comerciais, e a manutenção da segurança do seu serviço" (art. 40º, nº 2, DSA).

A obrigação de conceder acesso aos dados é justificada no considerando (96) pela forma seguinte:

> "A fim de controlar e avaliar adequadamente o cumprimento das obrigações estabelecidas no presente regulamento por parte das plataformas em linha de muito grande dimensão e dos motores de pesquisa em linha de muito grande dimensão, o coordenador dos serviços digitais de estabelecimento ou a Comissão podem exigir o acesso ou a comunicação de dados específicos, como dados sobre os algoritmos. Tal exigência pode incluir, por exemplo, os dados necessários para avaliar os riscos e eventuais danos causados pelos sistemas da plataforma em linha de muito grande dimensão ou do motor de pesquisa em linha de muito grande dimensão, dados sobre a exatidão, o funcionamento e a testagem de sistemas algorítmicos para moderação de conteúdos, sistemas de recomendação ou sistemas de publicidade, incluindo, se aplicável, dados de treino e algoritmos, ou dados sobre os processos e os resultados da moderação de conteúdos ou de sistemas internos de gestão de reclamações, na aceção do presente regulamento. Tais pedidos de acesso aos dados não deverão incluir pedidos de apresentação de informações específicas sobre destinatários individuais do serviço para efeitos de determinar o

[66] Cfr. Nicolas Kayser-Bril, "Automated moderation tool from Google rates people of color and gays as "toxic"", disponível em https://algorithmwatch.org/en/automated-moderation-perspective-bias/ .

cumprimento por esses destinatários de outras normas de direito nacional ou da União aplicáveis. As investigações realizadas por investigadores sobre a evolução e a gravidade dos riscos sistémicos em linha são particularmente importantes para colmatar as assimetrias de informação e estabelecer um sistema resiliente de atenuação dos riscos, bem como para informar os fornecedores de plataformas em linha, os fornecedores de motores de pesquisa em linha, os coordenadores dos serviços digitais, outras autoridades competentes, a Comissão e o público".

Conforme resulta da parte final deste considerando, a obrigação de conceder acesso aos dados pode igualmente ser estendida a investigadores habilitados, no quadro de uma investigação à evolução e gravidade dos riscos sistémicos. Efectivamente, o considerando (97) DSA refere a este propósito o seguinte:

"Por conseguinte, o presente regulamento proporciona um regime para o acesso obrigatório dos investigadores habilitados filiados num organismo de investigação, na aceção do artigo 2º da Diretiva (UE) 2019/790, aos dados de plataformas em linha de muito grande dimensão e de motores de pesquisa em linha de muito grande dimensão, o que pode incluir, para efeitos do presente regulamento, organizações da sociedade civil que realizam investigação científica com o objetivo principal de apoiar a sua missão de interesse público. Todos os pedidos de acesso aos dados ao abrigo desse regime deverão ser proporcionados e proteger adequadamente os direitos e interesses legítimos, incluindo a proteção de dados pessoais, os segredos comerciais e outras informações confidenciais, da plataforma em linha de muito grande dimensão ou do motor de pesquisa em linha de muito grande dimensão e de quaisquer outras partes em causa, incluindo os destinatários do serviço. No entanto, a fim de assegurar que o objetivo do presente regulamento é alcançado, a tomada em consideração dos interesses comerciais dos fornecedores não deverá conduzir à recusa de facultar o acesso aos dados necessários para o objetivo de investigação específico, na sequência de um pedido apresentado ao abrigo do presente regulamento. Neste contexto, e sem prejuízo da Diretiva (UE) 2016/943 do Parlamento Europeu e do Conselho, os fornecedores deverão garantir um acesso adequado aos investigadores, inclusivamente, se necessário, através de proteções técnicas, como, por exemplo, caixas-fortes de dados. Os pedidos de acesso aos dados podem abranger, por exemplo, o número de visualizações ou, quando pertinente, outros tipos de acesso aos conteúdos por parte dos destinatários do serviço antes da sua supressão pelo fornecedor de plataformas em linha de muito grande dimensão ou de motores de pesquisa em linha de muito grande dimensão".

O considerando (98) DSA refere ainda sobre esta obrigação o seguinte:

"Além disso, sempre que os dados sejam acessíveis ao público, os referidos fornecedores não deverão impedir os investigadores que satisfazem um subconjunto adequado de critérios de utilizar esses dados para fins de investigação que contribuam para a deteção, identificação e compreensão dos riscos sistémicos. Deverão facultar o acesso a esses investigadores, inclusive, sempre que tal seja tecnicamente possível, em tempo real, aos dados acessíveis ao público, por exemplo sobre interações agregadas com conteúdos de páginas públicas, grupos públicos ou figuras públicas, incluindo dados sobre a visualização e a interação, tais como o número de reações, partilhas e comentários dos destinatários do serviço. Os fornecedores de plataformas em linha de muito grande dimensão ou de motores de pesquisa em linha de muito grande dimensão deverão ser incentivados a cooperar com os investigadores e a proporcionar um acesso mais vasto aos dados para monitorizar as preocupações da sociedade através de esforços voluntários, nomeadamente através de compromissos e procedimentos acordados ao abrigo de códigos de conduta ou protocolos de crise. Esses fornecedores e os investigadores deverão dedicar especial atenção à proteção de dados pessoais e assegurar que qualquer tratamento de dados pessoais cumpre o disposto no Regulamento (UE) 2016/679. Os fornecedores deverão anonimizar ou pseudonimizar os dados pessoais, exceto nos casos em que tal tornaria impossível a concretização do objetivo da investigação".

Em consequência, o art. 40º, nº 4, DSA, estabelece que, mediante pedido fundamentado do coordenador dos serviços digitais de estabelecimento, os fornecedores de plataformas ou de motores de pesquisa em linha de muito grande dimensão devem facultar, num prazo razoável, especificado no pedido, acesso aos dados a investigadores habilitados, com a finalidade exclusiva de realizar uma investigação que contribua para a deteção, identificação e compreensão dos riscos sistémicos na União, tal como estabelecido nos termos do artigo 34º, nº 1, DSA, e para a avaliação da adequação, eficiência e impacto das medidas de atenuação dos riscos nos termos do artigo 35º DSA. Também neste caso o acesso deverá ser facilitado e facultado "através de interfaces adequadas especificadas no pedido, nomeadamente bases de dados em linha ou interfaces de programação de aplicações" (art. 40º, nº 7, DSA). O acesso aos dados deve ser facultado "sem demora injustificada, incluindo, se que tecnicamente possível, aos dados em tempo real desde que os dados estejam publicamente acessíveis na sua interface em linha" (art. 40º, nº 11, DSA).

Os fornecedores a quem seja dirigido esse pedido podem solicitar ao coordenador dos serviços digitais de estabelecimento que o altere, com fundamento em que não têm acesso aos dados ou que a concessão de acesso aos mesmos resultaria "em vulnerabilidades significativas de segurança do seu serviço ou para a proteção de informações confidenciais, em particular segredos comerciais" (art. 40º, nº 5, DSA). Nesse caso, os fornecedores deverão propor meios alternativos "através dos quais possa ser facultado acesso aos dados solicitados ou a outros dados adequados e suficientes para a finalidade a que se destina o pedido". Nesse caso, o coordenador de serviços digitais deve tomar uma decisão sobre o pedido de alteração no prazo de 15 dias, e caso a mesma seja afirmativa, deverá enviar o pedido alterado e o novo prazo para o satisfazer (art. 40º, nº 6, DSA).

Os investigadores habilitados são apenas aqueles a quem o coordenador de serviços digitais de estabelecimento tenha concedido esses estatuto, a seu pedido, desde que os mesmos cumpram os requisitos estabelecidos no art. 40º, nº 8, DSA. O pedido de concessão desse estatuto pode igualmente ser apresentado pelos investigadores ao coordenador de serviços digitais do Estado-Membro do organismos de investigação em que estão filiados, nos termos do art. 40º, nº 9, DSA. O estatuto pode, porém, ser revogado, após audiência prévia, no caso de o investigador habilitado ter deixado de cumprir os requisitos para a sua concessão (art. 40º, nº 10, DSA). A lista de investigadores habilitados ou a sua alteração deve ser comunicada pelos coordenadores dos serviços digitais dos Estados-Membros ao Comité (art. 40º, nº 11, DSA).

A Comissão, após consulta ao Comité, pode adoptar também nesta matéria actos delegados que completem o regulamento, nos termos do art. 87º DSA, estabelecendo condições técnicas em que os fornecedores devem partilhar dados e as finalidades para as quais os dados podem ser utilizados. Os referidos actos delegados devem estabelecer as condições específicas ao abrigo das quais pode ocorrer a partilha de dados com investigadores, nos termos do RGPD, bem como os indicadores objectivos pertinentes, os procedimentos e, se necessário, os mecanismos consultivos independentes de apoio à partilha de dados, tendo em conta os direitos e interesses dos fornecedores e dos destinatários do serviço, nomeadamente a protecção das informações confidenciais, em especial dos segredos comerciais, e a manutenção da segurança do seu serviço (art. 40º, nº 12, DSA).

5.6.9. A obrigação de criar uma função de verificação da conformidade independente

Uma outra obrigação dos fornecedores de plataformas em linha ou de motores de busca em linha, de muito grande dimensão, é a de criar uma função de verificação da conformidade independente, para controlar a sua conformidade com o Regulamento. Esta exigência é explicada no considerando (99) DSA da forma seguinte:

> "Dada a complexidade do funcionamento dos sistemas implantados e os riscos sistémicos que estes representam para a sociedade, os fornecedores de plataformas em linha de muito grande dimensão e de motores de pesquisa em linha de muito grande dimensão deverão estabelecer uma função de verificação da conformidade, que deverá ser independente das funções operacionais dos fornecedores. O chefe da função de verificação da conformidade deverá prestar contas diretamente à administração do fornecedor, nomeadamente para manifestar preocupações relativas ao incumprimento do presente regulamento. Os responsáveis pela conformidade que fazem parte da função de verificação da conformidade deverão possuir as qualificações, os conhecimentos, a experiência e a capacidade necessários para aplicar medidas e controlar o cumprimento do presente regulamento no âmbito da organização dos fornecedores da plataforma em linha de muito grande dimensão ou do motor de pesquisa em linha de muito grande dimensão. Os fornecedores de plataformas em linha de muito grande dimensão e de motores de pesquisa em linha de muito grande dimensão deverão assegurar que a função de verificação da conformidade seja envolvida, de forma adequada e atempada, em todas as questões relacionadas com o presente regulamento, nomeadamente na estratégia e nas medidas específicas de avaliação e atenuação dos riscos, bem como na avaliação do cumprimento, se for caso disso, dos compromissos assumidos por esses fornecedores ao abrigo dos códigos de conduta e protocolos de crise a que aderiram".

Em consequência, o art. 41º, nº 1, DSA obriga estes fornecedores a instituir "uma função de verificação da conformidade, que seja independente das suas funções operacionais e composta por um ou mais responsáveis pela conformidade, incluindo o chefe da função de verificação da conformidade. Essa função de verificação da conformidade dispõe de autoridade, dimensão e recursos suficientes, bem como de acesso ao órgão de administração do fornecedor da plataforma em linha de muito grande dimensão ou do motor de pesquisa em linha de muito grande dimensão, para controlar a conformidade desse fornecedor com o presente regulamento".

Nos termos do art. 41º, nº 3, DSA, os responsáveis pela conformidade desempenham as seguintes funções:

a) Cooperar com o coordenador dos serviços digitais de estabelecimento e com a Comissão na aplicação do DSA;
b) Assegurar que todos os riscos a que se refere o artigo 34º sejam identificados e devidamente comunicados e que sejam tomadas medidas razoáveis, proporcionadas e eficazes de atenuação dos riscos nos termos do artigo 35º;
c) Organizar e supervisionar as atividades do fornecedor relacionadas com a auditoria independente nos termos do artigo 37º;
d) Informar e aconselhar a direcção e os funcionários do fornecedor sobre as obrigações resultantes do DSA;
e) Controlar o cumprimento, por parte do fornecedor, dessas obrigações;
f) Se for caso disso, controlar o cumprimento, por parte do fornecedor dos compromissos assumidos ao abrigo dos códigos de conduta nos termos dos artigos 45º e 46º ou dos protocolos de crise nos termos do artigo 48º.

Os responsáveis pela conformidade devem possuir qualificações profissionais, experiência, conhecimentos e a capacidade necessária para desempenhar essas funções, cabendo ao órgão de administração do fornecedor assegurar que o chefe da função de verificação da conformidade seja um dirigente superior independente com responsabilidade distinta pela função. O chefe da função de verificação da conformidade não pode ser afastado sem a aprovação prévia do órgão de administração, devendo advertir o mesmo de riscos sistémicos e de situações de incumprimento do regulamento, sem prejuízo das responsabilidades do órgão de administração nas suas funções de supervisão e gestão (art. 41º, nº 2, DSA). O nome e os dados de contacto do chefe da função de verificação da conformidade devem ser comunicados pelo fornecedor ao coordenador dos serviços digitais de estabelecimento e à Comissão (art. 41º, nº 4, DSA).

O órgão de administração é responsável pela criação de mecanismos de governação que assegurem a independência da função de verificação da conformidade, nomeadamente a divisão de responsabilidades no âmbito da organização, a prevenção de conflitos de interesses e a boa gestão de riscos sistémicos (art. 41º, nº 5, DSA). Para esse efeito o órgão de administração deverá aprovar e rever periodicamente, pelo menos uma vez por ano, as estratégias e políticas de assunção, gestão, controlo e atenuação dos riscos (art. 41º, nº 6, DSA) e participar activamente nas decisões de gestão de riscos, a qual deve ser dotada dos recursos adequados (art. 41º, nº 7, DSA).

5.6.10. A obrigação reforçada de apresentação de relatórios de transparência

Para além da obrigação de apresentação de relatórios de transparência, que o art. 15º DSA aplica a todos os prestadores intermediários de serviços, e das informações suplementares exigidas nesses relatórios pelo art. 24º DSA aos fornecedores de plataformas em linha, os fornecedores de plataformas em linha de muito grande dimensão ou de motores de busca em linha de muito grande dimensão estão sujeitos a uma obrigação reforçada em relação à apresentação de relatórios de transparência, constante do art. 42º DSA. Esta obrigação é explicada no considerando (100) DSA pela forma seguinte:

> "Tendo em conta os riscos adicionais relacionados com as suas atividades e as obrigações suplementares que lhes incumbem por força do presente regulamento, deverão aplicar-se requisitos adicionais em matéria de transparência especificamente às plataformas em linha de muito grande dimensão e aos motores de pesquisa em linha de muito grande dimensão, nomeadamente requisitos de comunicação exaustiva das avaliações dos riscos efetuadas e das medidas subsequentes adotadas, conforme previsto no presente regulamento".

Assim, em primeiro lugar, estes fornecedores são obrigados a apresentar os relatórios de transparência referidos no art. 15º DSA, no prazo máximo de dois meses após a publicação no *Jornal Oficial da União Europeia* da sua designação como fornecedores de plataformas em linha de muito grande dimensão ou de motores de busca em linha de muito grande dimensão e posteriormente pelo menos de seis em seis meses (art. 42º, nº 1, DSA).

Para além disso, o art. 42º, nº s 2 e 3, DSA dilatam ainda mais as informações a incluir nos relatórios de transparência por parte destes fornecedores, obrigando-os ainda a especificar:

a) Os recursos humanos utilizados para a moderação de conteúdos no que diz respeito ao serviço oferecido na União, discriminados por cada língua oficial dos Estados-Membros aplicável, incluindo para o cumprimento das obrigações estabelecidas nos artigos 16º e 22º, bem como para o cumprimento das obrigações estabelecidas no artigo 20º;
b) As qualificações e os conhecimentos linguísticos dessas pessoas, bem como a formação e o apoio que lhes são prestados;
c) Os indicadores de precisão e as informações conexas a que se refere o artigo 15º, nº 1, alínea *e)*, discriminados por cada língua oficial dos Estados-Membros;
d) Informações sobre o número médio mensal de destinatários do serviço em cada Estado-Membro.

Por fim, o art. 42º, nº 4, DSA, obriga estes fornecedores a transmitir ao coordenador dos serviços digitais de estabelecimento e à Comissão, "sem demora injustificada após a sua conclusão, e disponibilizam ao público o mais tardar três meses após a receção de cada relatório de auditoria nos termos do artigo 37º, nº 4:

a) Um relatório com os resultados da avaliação dos riscos nos termos do artigo 34º;
b) As medidas de atenuação implementadas nos termos do artigo 35º, nº 1;
c) O relatório de auditoria previsto no artigo 37º, nº 4;
d) O relatório de execução da auditoria previsto no artigo 37º, nº 6;
e) Se for caso disso, informações sobre as consultas realizadas pelo fornecedor para apoiar as avaliações dos riscos e a conceção das medidas de redução dos riscos".

Se, no entanto, o fornecedor concluir que a publicação da informação "pode resultar na divulgação de informação confidencial desse fornecedor ou dos destinatários do serviço, provocar vulnerabilidades significativas para a segurança do seu serviço, comprometer a segurança pública ou prejudicar os destinatários, pode suprimi-la dos relatórios disponibilizados ao público. Nesse caso, o fornecedor transmite os relatórios completos ao coordenador dos serviços digitais de estabelecimento e à Comissão, acompanhados de uma exposição dos motivos da supressão da informação dos relatórios disponibilizados ao público" (art. 42º, nº 5, DSA).

5.6.11. A obrigação de pagar uma taxa de supervisão

A última obrigação específica dos fornecedores de plataformas em linha e de motores de pesquisa em linha, de muito grande dimensão, é a de pagar uma taxa de supervisão à Comissão Europeia, para além das taxas de supervisão que são cobradas pelos Estados-Membros. A justificação dessa taxa de supervisão é referida no considerando (101) DSA nos termos seguintes:

> "A Comissão deverá dispor de todos os recursos necessários em termos de pessoal, competências e meios financeiros para o desempenho das suas funções ao abrigo do presente regulamento. A fim de assegurar a disponibilidade dos recursos necessários para a supervisão adequada a nível da União ao abrigo do presente regulamento, e tendo em conta que os Estados-Membros deverão ter o direito de cobrar aos fornecedores estabelecidos no seu território uma taxa de supervisão no que diz respeito às funções de supervisão e execução exercidas pelas suas autoridades, a Comissão deverá cobrar uma taxa de supervisão, cujo nível deverá ser estabelecido anualmente, às plataformas em linha de muito grande dimensão e aos motores de pesquisa em linha de muito grande dimensão. O montante global da taxa de supervisão anual cobrada deverá ser estabelecido com base no montante global dos custos incorridos pela Comissão no exercício das suas funções de supervisão ao abrigo do presente regulamento, de acordo com uma estimativa prévia razoável. Esse montante deverá incluir os custos associados ao exercício das competências e funções específicas de supervisão, investigação, execução e vigilância no que respeita aos fornecedores de plataformas em linha de muito grande dimensão e de motores de pesquisa em linha de muito grande dimensão, incluindo os custos relacionados com a designação de plataformas em linha de muito grande dimensão e de motores de pesquisa em linha de muito grande dimensão ou com a criação, manutenção e funcionamento das bases de dados previstas no presente regulamento.

Deverá incluir também os custos associados à criação, manutenção e funcionamento da infraestrutura institucional e de informações de base para a cooperação entre os coordenadores dos serviços digitais, o Comité e a Comissão, tendo em conta que, face à sua dimensão e alcance, as plataformas em linha de muito grande dimensão e os motores de pesquisa em linha de muito grande dimensão têm um impacto significativo nos recursos necessários para apoiar essa infraestrutura. A estimativa dos custos globais deverá ter em conta os custos de supervisão incorridos no ano anterior, incluindo, se for caso disso, os custos que excedam a taxa de supervisão anual individual cobrada no ano anterior. As receitas afetadas externas resultantes da taxa de supervisão anual podem ser utilizadas para financiar recursos humanos adicionais, tais como agentes contratuais e peritos nacionais destacados, bem como outras despesas associadas ao cumprimento das funções confiadas à Comissão pelo presente regulamento. A taxa de supervisão anual a cobrar aos fornecedores de plataformas em linha de muito grande dimensão e de motores de pesquisa em linha de muito grande dimensão deverá ser proporcionada à dimensão do serviço, refletida no número de destinatários ativos do serviço na União. Além disso, a taxa de supervisão anual individual não deverá exceder um limite máximo global para cada fornecedor de plataformas em linha de muito grande dimensão ou de motores de pesquisa em linha de muito grande dimensão, tendo em conta a capacidade económica do prestador do serviço ou dos serviços designados".

Assim, o art. 43º, nº 1, DSA determina que a Comissão cobrará aos fornecedores de plataformas em linha de muito grande dimensão e de motores de pesquisa em linha de muito grande dimensão uma taxa de supervisão anual, logo após aqueles terem recebido essa designação, especificando o art. 43º, nº 3, DSA primeiro parágrafo, que será cobrada uma taxa para cada serviço designado.

O art. 43º, nº 2, DSA refere que o montante global das taxas se destina a cobrir "os custos estimados da Comissão com as suas funções de supervisão no âmbito do presente regulamento, em especial os custos relacionados com a designação nos termos do artigo 33º, com a criação, manutenção e o funcionamento da base de dados nos termos do artigo 24º, nº 5, e com o sistema de partilha de informações nos termos do artigo 85º, com as submissões nos termos do artigo 59º, com o apoio ao Comité nos termos do artigo 62º e com as funções de supervisão nos termos do artigo 56º e do capítulo IV, secção 4".

A Comissão deve adoptar, através do procedimento consultivo referido no art. 88º DSA, actos de execução para estabelecer o montante da taxa de supervisão anual aplicável a cada fornecedor (art. 47º, nº 3, segundo parágrafo, DSA). A Comissão deve também adoptar actos delegados, nos termos do art. 87º DSA, para estabelecer os custos estimados, determinar as taxas de supervisão anuais individuais, o seu limite máximo, e as disposições necessárias para efectuar pagamentos (art. 47º, nº 4, DSA). Tanto os actos de execução como os actos delegados deverão: *a)* estimar o montante global da taxa com base nos custos do ano anterior; *b)* estabelecer a taxa proporcionalmente ao número médio mensal de destinatários activos na União de cada plataforma ou motor de busca em linha; *c)* limitar a cobrança da taxa no máximo a 0,05% do resultado líquido anula a nível mundial do fornecedor (art. 47º, nº 5, DSA).

5.7. A criação eventual de obrigações suplementares de devida diligência

5.7.1. Generalidades

O DSA admite ainda a criação eventual de obrigações suplementares de devida diligência, para além das já instituídas pelo próprio Regulamento, como pode suceder através da elaboração de normas facultativas (art. 44º DSA), códigos de conduta (arts. 45º e ss. DSA) ou protocolos de crise facultativos (art. 48º DSA). Trata-se manifestamente de regulações de *soft law*, mas que têm importância para complementar o regime do DSA.

Examinemos sucessivamente essas situações.

5.7.2. A elaboração de normas facultativas

Uma primeira forma de criação de obrigações suplementares de devida diligência é através da elaboração de normas facultativas. O considerando (102) justifica essa elaboração nos seguintes termos:

> "Para facilitar a aplicação eficaz e coerente das obrigações previstas no presente regulamento que possam exigir implementação através de meios tecnológicos, é importante promover normas voluntárias que abranjam determinados procedimentos técnicos, em que a indústria possa ajudar a desenvolver meios normalizados para apoiar os prestadores de serviços intermediários no cumprimento do presente regulamento, como permitir a apresentação de notificações, nomeadamente através de interfaces de programação de aplicações, ou normas relativas aos termos e condições ou normas relativas às audi-

torias, ou normas relacionadas com a interoperabilidade dos repositórios de anúncios publicitários. Além disso, essas normas poderiam incluir normas relativas à publicidade em linha, aos sistemas de recomendação, à acessibilidade e à proteção dos menores em linha".

Em consequência, o art. 44º, nº 1, admite que a Comissão, após consulta ao Comité, apoia e promova "a elaboração e a aplicação de normas facultativas estabelecidas pelos organismos de normalização europeus e internacionais pertinentes, pelo menos no que diz respeito ao seguinte:

a) Apresentação eletrónica de notificações nos termos do artigo 16º;
b) Modelos, conceção e processos para uma comunicação prática com os destinatários do serviço sobre as restrições decorrentes dos termos e condições e das suas alterações;
c) Apresentação eletrónica de notificações por sinalizadores de confiança nos termos do artigo 22º, incluindo através de interfaces de programação de aplicações;
d) Interfaces específicas, incluindo interfaces de programação de aplicações, para facilitar o cumprimento das obrigações estabelecidas nos artigos 39º e 40º;
e) Auditoria de plataformas em linha de muito grande dimensão e de motores de pesquisa em linha de muito grande dimensão nos termos do artigo 37º;
f) Interoperabilidade dos repositórios de anúncios publicitários referidos no artigo 39º, nº 2;
g) Transmissão de dados entre intermediários de publicidade em apoio das obrigações de transparência nos termos do artigo 26º, nº 1, alíneas *b)*, *c)* e *d)*.
h) Medidas técnicas destinadas a permitir cumprir as obrigações em matéria de publicidade previstas no presente regulamento, incluindo as obrigações relativas à sinalização bem visível dos anúncios publicitários e comunicações comerciais referidas no artigo 26º;
i) Interfaces de escolha e apresentação de informações sobre os principais parâmetros dos diferentes tipos de sistemas de recomendação, nos termos dos artigos 27º e 38º;
j) Normas para medidas específicas destinadas a proteger os menores em linha".

A Comissão deve ainda apoiar a actualização das normas à luz da evolução teconológica e do comportamento dos destinatários dos serviços, mantendo publicamente disponíveis e facilmente acessíveis as informações relativbas a essa actualização (art. 44º, nº 2, DSA).

O considerando (102) DSA esclarece ainda que "os prestadores de serviços intermediários são livres de adotar tais normas, mas essa adoção não pressupõe a conformidade com o presente regulamento. Simultaneamente, ao divulgarem boas práticas, tais normas poderão ser úteis, nomeadamente, para prestadores relativamente pequenos de serviços intermediários. As normas poderão fazer uma distinção entre diferentes tipos de conteúdos ilegais ou diferentes tipos de serviços intermediários, conforme adequado".

5.7.3. A elaboração de códigos de conduta

O art. 45º, nº 1, DSA, estabelece que a Comissão e o Comité devem incentivar a elaboração de códigos de conduta facultativos a nível da União, para contribuir para a correcta aplicação do DSA, tendo em conta os diferentes tipos de conteúdos ilegais e riscos sistémicos, nomeadamente em matéria de concorrência e de protecção de dados pessoais. Sempre que surjam riscos sistémicos significativos, a Comissão e o Comité devem convidar os diversos interessados a participar na elaboração dos códigos de conduta, assumindo compromissos para tomar medidas específicas de atenuação de riscos, bem como estabelecer uma comunicação regular de informações sobre as medidas tomadas e os seus resultados (art. 45º, nº 2, DSA).

O considerando (103) DSA explicita a este propósito:

> "Embora a aplicação de códigos de conduta deva ser mensurável e sujeita a supervisão pública, tal não deverá comprometer o caráter voluntário desses códigos e a liberdade das partes interessadas para decidirem se pretendem ou não subscrevê-los. Em determinadas circunstâncias, é importante que as plataformas em linha de muito grande dimensão cooperem na elaboração e adiram a códigos de conduta específicos. Nenhuma disposição do presente regulamento impede outros prestadores de serviços de aderirem às mesmas normas de devida diligência, adotarem boas práticas e beneficiarem das diretrizes emitidas pela Comissão e pelo Comité, ao subscreverem os mesmos códigos de conduta".

É assim proclamado enfaticamente o carácter voluntário da adesão a estes códigos, embora em relação às plataformas de linha de muito grande dimensão se procure incentivar essa adesão. O considerando (104) reforça essa indicação, ao referir consequências desfavoráveis na hipótese de não adesão, quando estejam em causa riscos sistémicos:

> "É conveniente que o presente regulamento identifique determinados domínios a ter em consideração no que se refere a esses códigos de conduta. Em particular, deverão ser exploradas medidas de atenuação dos riscos relativas a tipos específicos de conteúdos ilegais através de acordos de autorregulação e de corregulação. Outro domínio a ter em consideração é o eventual impacto negativo dos riscos sistémicos na sociedade e na democracia, nomeadamente da desinformação ou das atividades manipuladoras e abusivas, assim como quaisquer efeitos adversos para os menores. Este inclui operações coordenadas destinadas a amplificar a informação, incluindo a desinformação, como a utilização de robôs digitais ou contas falsas para a criação de informações intencionalmente inexatas ou enganosas, por vezes com o objetivo de obter ganhos económicos, que são particularmente prejudiciais para os destinatários vulneráveis do serviço, como os menores. Relativamente a esses domínios, a adesão a um determinado código de conduta, e o cumprimento do mesmo, por uma plataforma em linha de muito grande dimensão ou um motor de pesquisa em linha de muito grande dimensão podem ser considerados uma medida adequada de atenuação dos riscos. A recusa, sem as devidas explicações, por parte de um fornecedor de uma plataforma em linha ou de um motor de pesquisa em linha, do convite da Comissão para participar na aplicação de um código de conduta poderá ser tida em conta, quando pertinente, ao determinar se a plataforma em linha ou o motor de pesquisa em linha violou as obrigações estabelecidas no presente regulamento. A simples participação num determinado código de conduta e o cumprimento do mesmo não deverão, por si só, pressupor a conformidade com o presente regulamento".

A Comissão e o Comité devem avaliar se os códigos de conduta definem os seus objectivos específicos, contém indicadores-chave de desempenho e tomam devidamente em conta as necessidades e interesses de todas as partes interessadas (art. 45º, nº 3, DSA). A Comissão e o Comité devem incentivar e facilitar a revisão e adaptação regular dos códigos de conduta. Em caso de não cumprimento sistemático dos mesmos, a Comissão e o Comité podem convidar os seus signatários a adoptar as medidas necessárias (art. 45º, nº 4, DSA).

O DSA obriga ainda a Comissão a incentivar e facilitar a adopção de códigos específicos em relação à publicidade em linha (art. 45º DSA), assim como em relação à acessibilidade a pessoas com deficiência (art. 46º DSA), devendo os mesmos ser elaborados até 18 de Fevereiro de 2025 para serem aplicados até 18 de Agosto de 2025.

5.7.4. A elaboração de protocolos de crise

Para além do obrigatório mecanismo de resposta em caso de crise (art. 36º DSA), o art. 48º, nº 1, DSA, prevê a possibilidade de o Comité recomendar à Comissão que dê início à elaboração de protocolos facultativos para enfrentar situações de crise, as quais se limitam a circunstâncias extraordinárias que afectem a segurança pública ou a saúde pública. O considerando (108) refere "ser o caso, por exemplo, em situações em que as plataformas em linha sejam utilizadas de forma abusiva para a rápida difusão de conteúdos ilegais ou de desinformação, ou situações em que surja a necessidade de difundir rapidamente informação fiável".

A Comissão deve incentivar e facilitar a participação dos fornecedores de plataformas ou de motores de pesquisa em linha, de muito grande dimensão, na elaboração, testagem e aplicação desses protocolos, em ordem a assegurar que os mesmos incluam pelo menos uma das seguintes medidas: *a)* apresentar informações sobre a situação de crise, fornecidas pelas autoridades ou por outros organismos fidedignos; *b)* assegurar que o prestador de serviços intermediários designe um ponto de contacto específico para gestão de crises; *c)* a eventual adaptação dos recursos consagrados ao cumprimento das obrigações previstas nas arts. 16º, 20º, 22º, 23º, e 35º às necessidades resultantes da situação de crise (art. 48º, nº 2, DSA). A Comissão pode envolver na elaboração destes protocolos as autoridades dos Estados-Membros, os órgãos e organismos da União e até organizações da sociedade civil ou outras pertinentes (art. 48º, nº 3, DSA).

O art. 48º, nº 4, DSA atribui competência à Comissão para assegurar "que os protocolos de crise estabeleçam claramente todos os seguintes elementos:

a) Os parâmetros específicos para determinar o que constitui a circunstância extraordinária específica que o protocolo de crise procura resolver e os objetivos que prossegue;

b) O papel de cada participante e as medidas que devem ser postas em prática na elaboração do protocolo de crise e assim que tenha sido ativado;

c) Um procedimento claro para determinar quando deve o protocolo de crise ser ativado;

d) Um procedimento claro para determinar o período durante o qual as medidas previstas em caso de ativação do protocolo de crise devem ser tomadas, que está limitado ao estritamente necessário para dar resposta às circunstâncias extraordinárias específicas em causa;

e) Garantias para fazer face a efeitos negativos no exercício dos direitos fundamentais consagrados na Carta, em particular do direito à liberdade de expressão e de informação e do direito à não discriminação;

f) Um processo para divulgar publicamente quaisquer medidas tomadas, a sua duração e os seus resultados, após o término da situação de crise".

O considerando (108) refere ainda que os "protocolos deverão ser ativados apenas por um período limitado e as medidas adotadas deverão ser limitadas ao estritamente necessário para enfrentar a circunstância extraordinária. Essas medidas deverão ser coerentes com o presente regulamento e não deverão constituir uma obrigação geral, para os fornecedores de plataformas em linha de muito grande dimensão e de motores de pesquisa em linha de muito grande dimensão participantes, de controlar as informações que transmitem ou armazenam, nem de procurar ativamente factos ou circunstâncias que indiciem a presença de conteúdos ilegais".

O art. 48º, nº 5, DSA prevê ainda a possibilidade de a Comissão solicitar aos participantes que revejam o protocolo de crise, nomeadamente através da adopção de medidas adicionais, sempre que considere que o mesmo não consegue resolver eficazmente a situação de crise ou garantir o respeito pelos direitos fundamentais.

6
As regras sobre a aplicação e execução do Regulamento

6.1. Generalidades

O DSA preocupou-se especialmente com a sua aplicação e execução uniforme em todo o território europeu, na definição de autoridades competentes, e no estabelecimento de regras específicas de cooperação e coordenação entre as mesmas, a que é dedicado o capítulo IV (arts. 49º a 88º) do Regulamento[67]. Examinemos sucessivamente estas situações.

6.2. A definição das autoridades competentes

6.2.1. Generalidades

O art. 49º, nº 1, DSA atribui em primeiro lugar aos Estados-Membros a competência para a supervisão dos prestadores de serviços intermediários e a execução do DSA. Estes ficam assim obrigados a designar uma ou várias autoridades competentes como responsáveis pela supervisão dos prestadores de serviços intermediários e pela execução do DSA. O considerando (109) admite que seja designada uma autoridade já existente, sendo a sua forma jurídica regulada pelo Direito nacional, e até que sejam designadas várias autoridades "por exemplo para sectores específicos em que se possa confiar tais funções e competências às autoridades existentes, como reguladores de comunicações eletrónicas, reguladores dos meios de comuni-

[67] Encontram-se ainda disposições relevantes sobre a aplicação e execução do DSA noutra sede, como se verifica com as regras relativas à designação de pontos de contacto com as autoridades dos Estados-Membros, a Comissão e o Comité (art. 11º DSA), à designação de representantes legais (art. 13º DSA), e à designação dos responsáveis pela função de verificação da conformidade (art. 41º DSA), às quais já nos referimos acima.

cação social ou autoridades de defesa dos consumidores, refletindo a sua estrutura constitucional, organizativa e administrativa interna".

Em princípio a competência para supervisionar e executar o Regulamento é atribuída ao Estado-Membro em que se encontra o estabelecimento principal do prestador de serviços intermediários (art. 56º, nº 1, DSA). A Comissão Europeia tem, no entanto, competência exclusiva para supervisionar e executar o Regulamento quanto às obrigações adicionais dos fornecedores de plataformas em linha de muito grande dimensão e de motores de pesquisa de muito grande dimensão relativas a riscos sistémicos, referidas nos arts. 33º e ss. do Regulamento (art. 56º, nº 2, DSA). Para além disso, a Comissão ainda tem competência para supervisionar e executar o Regulamento quanto às restantes obrigações dos fornecedores de plataformas em linha de muito grande dimensão e de motores de pesquisa de muito grande dimensão (art. 56º, nº 3, DSA), cabendo igualmente essa competência ao Estado onde se encontra se situado o estabelecimento principal no caso de a Comissão não ter dado início a qualquer processo (art. 56º, nº 4, DSA). Os Estados-Membros devem cooperar estreitamente na supervisão e execução do Regulamento (art. 56º, nº 5, DSA).

Relativamente a prestadores intermediários de serviços estabelecidos fora da União, a competência para a supervisão e execução do Regulamento é atribuída tanto ao Estado-Membro em que se encontre o seu representante legal como à Comissão (art. 56º, nº 6, DSA). No caso de o prestador de serviços intermediários não ter nomeado um representante legal todos os Estados-Membros e, no caso de um prestador de uma plataforma em linha de muito grande dimensão ou de um motor de pesquisa em linha de muito grande dimensão, a Comissão têm competência para supervisionar e executar o Regulamento (art. 56º, nº 7, DSA).

A aplicação do DSA pode ser igualmente efectuada por entidades representativas dos destinatários dos serviços intermediários, para exercerem os respectivos direitos (art. 86º DSA). Neste âmbito, o considerando (129) explica que "esses direitos podem incluir os direitos relacionados com a apresentação de notificações, a contestação das decisões tomadas pelos prestadores de serviços intermediários e a apresentação de reclamações contra os prestadores por infrações ao presente regulamento. Determinados organismos, organizações e associações têm conhecimentos especializados e competências especiais para detetar e sinalizar decisões de moderação de conteúdos erróneas ou injustificadas, e as suas reclamações em nome dos destinatários do serviço podem ter um impacto positivo na liberdade de expressão e de informação em geral, pelo que os fornecedores de plataformas em linha deverão tratar essas reclamações sem demora injustificada".

6.2.2. O coordenador dos serviços digitais.

O art. 49º, nº 2, DSA obriga a que seja designada uma das autoridades do Estado-Membro para assumir a função de coordenador dos serviços digitais, admitindo dois modelos de funções deste coordenador. Efectivamente, o coordenador dos serviços digitais pode ser a única autoridade de serviços digitais do Estado-Membro, ficando responsável exclusivo pela supervisão e execução do DSA, ou exercer apenas a função de coordenação das diversas autoridades desse Estado-Membro. Neste último caso, deverá ser assegurado que as funções dessas autoridades e do coordenador dos serviços digitais sejam claramente definidas e que os mesmos cooperem de forma estreita e eficaz. Os coordenadores de serviços digitais devem, em qualquer caso, contribuir para uma supervisão e execução eficazes do DSA em toda a União. Para esse efeito, devem cooperar entre si, com outras autoridades nacionais competentes, com o Comité e com a Comissão, sem prejuízo da possibilidade de os Estados-Membros preverem mecanismos de cooperação e trocas regulares de pontos de vista entre o coordenador dos serviços digitais e outras autoridades nacionais.

Nos termos do art. 50º DSA, o coordenador dos serviços digitais constitui uma autoridade independente, cabendo aos Estados-Membros assegurar que o mesmo dispõe dos recursos técnicos, financeiros e humanos suficientes para supervisionar adequadamente os prestadores de serviços intermediários abrangidos no âmbito da sua competência. O considerando (112) DSA esclarece, no entanto, que essa independência não deverá afectar a sua sujeição a mecanismos de prestação de contas no que respeita à sua actividade ou à apresentação de relatórios aos parlamentos nacionais. O requisito de independência também não deverá impedir o exercício do controlo jurisdicional nem a possibilidade de consultas a outras autoridades nacionais.

Para esse efeito, o art. 51º, nº 1, DSA atribui ao coordenador dos serviços digitais em primeiro lugar poderes de investigação para: *a)* solicitar informações aos prestadores ou aos seus parceiros negociais, que possam ter conhecimento de infracções; *b)* executar ou solicitar às autoridades inspecções a fim de examinar, apreender, fazer ou obter cópias de informações relativas a uma presumível infracção, independentemente do suporte de armazenamento; e *c)* solicitar aos membros do seu pessoal explicações sobre essas informações e registar as suas respostas.

Em segundo lugar, os coordenadores dos serviços digitais gozam de poderes de execução, que passam por: *a)* aceitar compromissos dos prestadores de serviços e torná-los vinculativos; *b)* ordenar a cessação das infracções e propor medidas de correcção ou ordenar à autoridade judiciária que o faça; *c)* impor coimas ou solicitar a uma autoridade judiciária que o faça; *d)* impor sanções pecuniárias compulsórias ou solicitar a uma autoridade judiciária que o faça; e *e)* adoptar medidas provisórias para evitar o risco de um prejuízo grave ou solicitar à autoridade judiciária que o faça (art. 51º, nº 2, DSA).

Em último caso, na hipótese de terem sido esgotados todos os outros poderes e a infração persista e cause prejuízos graves que não possam ser evitados através do exercício de outros poderes disponíveis ao abrigo do direito da União ou do direito nacional, o art. 51º, nº 3, DSA atribui ainda competência aos coordenadores dos serviços digitais para solicitar ao órgão de direcção do prestador, que sem demora injustificada, que analise a situação, adopte um plano de ação com as medidas necessárias para pôr termo à infracção, garanta que o prestador tome essas medidas e apresente um relatório sobre as medidas tomadas. No caso de o prestador não acatar essa determinação, e a infracção continuar a causar prejuízos graves e implicar um crime que envolve uma ameaça à vida ou à segurança das pessoas, o coordenador dos serviços digitais deve solicitar à autoridade judiciária competente do seu Estado-Membro que ordene a restrição temporária do acesso dos destinatários do serviço a que respeita a infração ou, apenas quando tal não seja tecnicamente viável, solicitá-lo à interface em linha do prestador de serviços intermediários em que a infracção ocorre.

O art. 51º, nº , 6, DSA, determina que os poderes dos coordenadores dos serviços digitais são limitados pelo direito nacional aplicável, em conformidade com a Carta e com os princípios gerais do Direito da União, referindo especificamente que as medidas só possam ser tomadas em conformidade com o direito ao respeito pela vida privada e os direitos de defesa, incluindo o direito de ser ouvido e de acesso ao processo, sem prejuízo do direito à acção judicial de todas as partes afectadas. Nesse âmbito, o art. 53º DSA permite aos destinatário dos serviços e às organizações e associações mandatadas para exercer os respectivos direitos a apresentação de reclamação ao coordenador de serviços digitais local, que a transmite ao coordenador dos serviços digitais de estabelecimento.

O coordenador de serviços digitais de estabelecimento pode ainda lançar e conduzir investigações conjuntas com outros coordenadores de serviços digitais para averiguar situações de incumprimento em vários Estados-Membros, por sua própria iniciativa ou por recomendação do Comité, a pedido de três coordenadores de serviços digitais (art. 60º DSA).

6.2.3. A Comissão Europeia

A Comissão Europeia dispõe de amplas competências em relação à aplicação e execução do DSA. Assim, e conforme refere o considerando (124) do DSA, a Comissão "deverá ter competências exclusivas de supervisão e execução das obrigações adicionais de gestão dos riscos sistémicos impostas aos fornecedores de plataformas em linha de muito grande dimensão e de motores de pesquisa em linha de muito grande dimensão nos termos do presente regulamento". Em consequência, o DSA atribui à Comissão competência exclusiva para fiscalizar as obrigações adicionais dos fornecedores de plataformas em linha e de motores de busca em linha, de muito grande dimensão (art. 56º, nº 2, DSA).

Para além disso, embora partilhe as competências de supervisão e execução das restantes obrigações de devida diligência com os Estados-Membros, o DSA considera a Comissão em "melhor posição para fazer face às infrações sistémicas cometidas por esses prestadores, tais como as que afetam vários Estados-Membros ou as infrações graves repetidas ou que dizem respeito à não criação de mecanismos eficazes exigidos pelo presente regulamento". Nesses casos, "deverá caber à Comissão avaliar se considera adequado exercer essas competências partilhadas num determinado caso e, uma vez iniciado um processo, os Estados-Membros deverão deixar de ter capacidade para o fazer" (considerando (125) do DSA). O DSA atribui por isso à Comissão competência para fiscalizar as outras obrigações dos fornecedores de plataformas em linha e de motores de busca em linha, de muito grande dimensão (art. 56º, nº 3, DSA).

A Comissão tem ainda competência para iniciar investigações sobre eventuais infracções transfronteriças ao DSA, caso em que não se aplica a cooperação transfronteiriça entre coordenadores de serviços digitais (art. 58º DSA).

Para além disso, o Comité pode submeter à Comissão as situações de ausência de comunicação ou de desacordo com o coordenador de serviços digitais, fornecendo todas as informações pertinentes (art. 59º, nº 1, DSA), devendo a Comissão avaliar a questão no prazo de dois meses após essa submissão, após consulta ao comité de serviços digitais de estabelecimento (art. 59º, nº 2, DSA). Se, a Comissão considerar que a avaliação ou as medidas de investigação são insuficientes, comunica os seus pontos de vista ao coordenador dos serviços digitais de estabelecimento e ao Comité e solicita ao coordenador dos serviços digitais de estabelecimento que proceda a uma análise da questão. Nesse caso, o coordenador dos serviços digitais de estabelecimento deve tomar as medidas de investigação ou de execução necessárias, tendo na máxima conta os pontos de vista e o pedido de análise pela Comissão, igualmente no prazo de dois meses (art. 59º, nº 3, DSA)[68].

O mesmo regime é aplicável no caso de investigações conjuntas, podendo a questão ser submetida pelo Comité à Comissão, no caso de o coordenador dos serviços digitais de estabelecimento não ter comunicado a sua posição preliminar no prazo de três meses, o Comité discordar substancialmente da mesma, ou não ter sido dado prontamente início à investigação conjunta na sequência da recomendação do Comité (art. 60º, nº 3, DSA).

As principais competências da Comissão respeitam, porém, à supervisão, investigação, execução e vigilância no que se refere aos fornecedores de plataformas em linha e de motores de pesquisa em linha, de muito grande dimensão (art. 64º e ss. DSA), aos quais nos referiremos *infra*. É

[68] Salientam Cole / Etteldorf / Ullrich, *Updating the Rules for Online Content Dissemination*, p. 221, não haver indicação do carácter vinculativo neste caso da posição da Comissão para o coordenador de serviços digitais, ao contrário do que sucede em relação aos fornecedores de plataformas e motores de pesquisa em linha de muito grande dimensão, em que a Comissão não apenas pode iniciar o processo de investigação, o qual retira as competências ao coordenador de serviços digitais (art. 66º DSA), mas também adoptar as decisões previstas nos arts. 73º e 74º. Esta diferença é assumida no considerando (129) que, se não estiverem em causa aqueles fornecedores, limita os poderes da Comissão a "manifestar as suas sérias dúvidas e solicitar ao coordenador dos serviços digitais competente que reavalie a questão e tome as medidas necessárias para assegurar o cumprimento do presente regulamento num prazo definido". Esse mesmo considerando não deixa, no entanto, de recordar "o dever geral da Comissão de supervisionar a aplicação do direito da União e, quando necessário, executá-lo, sob o controlo do Tribunal de Justiça da União Europeia, nos termos dos Tratados".

de salientar que nesse âmbito, a Comissão tem competência para praticar actos de execução nos casos previstos no art. 83º DSA.

A Comissão deve também, após consulta ao Comité, apoiar e promover a elaboração e a aplicação de normas facultativas estabelecidas pelos organismos de normalização europeus e internacionais pertinentes (art. 44º DSA). A Comissão deve igualmente, juntamente com o Comité, promover a elaboração de códigos de conduta facultativos (art. 45º DSA), competindo-lhe especificamente incentivar e facilitar a elaboração de códigos de conduta específicos para a publicidade em linha (art. 46º DSA) e para a acessibilidade por parte de pessoas com deficiência (art. 47º DSA). A Comissão tem ainda competência para incentivar e facilitar a participação de fornecedores de plataformas e de motores de pesquisa em linha na elaboração de protocolos de crise, eventualmente após recomendação do Comité (art. 48º DSA).

Finalmente, o art. 87º DSA atribui à Comissão competência, durante o prazo de cinco anos a contar de 16 de Novembro de 2022, para adoptar actos delegados, em relação às matérias previstas nos arts. 24º, 33º, 37º, 40º e 43º DSA[69], devendo apresentar um relatório relativo a essa delegação de poderes nove meses antes do fim desse prazo. A delegação é tacitamente prorrogada por períodos de igual duração, salvo se o Parlamento Europeu ou o Conselho a isso se opuserem, até três meses antes do final de cada prazo. A delegação pode, no entanto, ser revogada a todo o tempo pelo Parlamento Europeu ou pelo Conselho, com eficácia imediata, embora sem prejudicar os actos delegados já em vigor.

6.2.4. O Comité Europeu dos Serviços Digitais

É igualmente prevista no Regulamento a criação de um grupo consultivo independente de coordenadores dos serviços digitais para a supervisão dos prestadores de serviços intermediários, denominado «Comité Europeu dos Serviços Digitais», com funções de apoio e aconselhamento (art. 61º DSA).

O Comité é composto pelos coordenadores de serviços digitais dos Estados-Membros, podendo ainda participar no mesmo outras autorida-

[69] Abrange as matérias relativas aos relatórios de transparência a apresentar pelas plataformas em linha, montante de utilizadores necessário para se atingir o estatuto de plataforma ou motor de pesquisa em linha de muito grande dimensão, auditorias independentes a realizar por esses fornecedores, acessos aos dados dos mesmos, e montante das taxas de supervisão a pagar por estes.

des competentes com responsabilidades operacionais específicas e outras autoridades serem convidadas para as reuniões em assuntos a elas pertinentes. O Comité é presidido pela Comissão, que organiza as reuniões e lhe presta apoio administrativo e analítico, embora não tenha direito de voto. O Comité não pode, no entanto, aprovar o seu regulamento sem o acordo da Comissão (art. 62º DSA).

O Comité constitui o forum adequado para a cooperação entre os coordenadores dos serviços digitais nacionais e a Comissão. Neste âmbito, compete em particular ao Comité, nos termos do art. 63º, nº 1, DSA:

a) Apoiar a coordenação de investigações conjuntas;
b) Apoiar as autoridades competentes na análise de relatórios e auditorias das plataformas e de motores de pesquisa em linha de muito grande dimensão;
c) Emitir pareceres, conselhos ou recomendações aos coordenadores de serviços digitais, especialmente em relação à liberdade de prestação de serviços;
d) Aconselhar a Comissão sobre as medidas previstas no art. 66º DSA e adoptar pareceres relativos às plataformas e aos motores de pesquisa em linha de muito grande dimensão;
e) Apoiar e promover a elaboração e a aplicação de normas europeias, diretrizes, relatórios, modelos e códigos de conduta, nomeadamente através da emissão de pareceres ou recomendações sobre as questões relacionadas com o artigo 44º, bem como a identificação de questões emergentes no âmbito do DSA.

Um competência específica do Comité, referida no art. 59º DSA, é a de submeter à decisão da Comissão as questões transfronteiriças, em caso de falta ou de discordância da resposta por parte do coordenador dos serviços digitais de estabelecimento em relação aos pedidos e recomendações que lhe tenham sido enviados.

Outra competência específica do Comité, referida no art. 60º, nº 1, *b)* DSA, é a de, mediante pedido de três coordenadores de serviços digitais, que invoquem uma suspeita razoável de uma infracção que afecte os destinatários de serviços dos seus países, recomendar ao coordenador dos serviços digitais de estabelecimento que proceda a uma investigação. No caso de este discordar ou não acatar a recomendação, o Comité pode submeter a questão à Comissão (arts. 60º, nº 3, e 59º DSA).

O Comité tem ainda competências específicas em caso de crise, podendo recomendar à Comissão a adopção de um mecanismo de resposta por parte das plataformas e dos motores de busca em linha de muito grande dimensão (art. 36º, nº 1, DSA), ou que proceda à sua alteração (art. 36º, nº 8, DSA), devendo nestes casos a Comissão ter na máxima conta as recomendações do Comité (art. 36º, nº 10, DSA).

6.3. As regras relativas à coordenação e cooperação entre as diversas autoridades

O Regulamento prevê ainda regras relativas à cooperação e coordenação entre as diversas autoridades.

Assim, em primeiro lugar, deve ocorrer a prestação de assistência mútua entre os coordenadores dos serviços digitais e a Comissão, a qual passa pelo intercâmbio de informações e do dever de aviso pelo coordenador dos serviços digitais de estabelecimento aos coordenadores dos serviços digitais de destino e à Comissão da abertura de uma investigação e da sua intenção de tomar uma decisão final (art. 57º DSA). Face à importância da troca de informações, o art. 85º DSA obriga a Comissão a criar e manter um sistema fiável e seguro de partilha de informações entre os coordenadores de serviços digitais, a Comissão e o Comité.

Outra regra de coordenação é a possibilidade de cooperação transfronteiriça entre coordenadores dos serviços digitais, a qual, no entanto, cede perante uma investigação por parte da Comissão relativamente à alegada infracção (art. 58º DSA).

Outra regra de coordenação é a já referida possibilidade de submissão das questões transfronteiriças à Comissão, sempre que o coordenador dos serviços digitais de estabelecimento não comunique ao coordenador de serviços digitais de destino a sua avaliação relativamente a um pedido de investigação que este tenha efectuado, ou caso o Comité esteja em desacordo com a avaliação ou com as medidas tomadas (art. 59º DSA).

Outra regra de coordenação passa pela realização de investigações conjuntas pelos diversos coordenadores dos serviços digitais, com a possibilidade de o Comité as submeter à Comissão (art. 60º DSA).

É ainda prevista a possibilidade de cooperação com os tribunais nacionais, nos termos do art. 82º DSA.

6.4. A fixação de sanções pela violação do Regulamento

Os Estados-Membros devem ainda fixar as sanções aplicáveis em caso de violação do DSA, as quais devem ser efectivas, proporcionais e dissuasivas (art. 52º, nº 2, DSA), sendo que o montante máximo das coimas que podem ser impostas em caso de incumprimento das obrigações nele prevista corresponde a 6% do volume de negócios anual a nível mundial do prestador de serviços intermediários em causa no exercício anterior. Esse montante é no entanto reduzido a um 1% do referido volume de negócios se estiver em causa o fornecimento de informações incorrectas, incompletas ou enganosas, a ausência de resposta ou a não rectificação dessas informações e a recusa de sujeição a uma inspecção (art. 52º, nº 3, DSA). Deve ainda ser prevista pelos Estados-Membros uma sanção pecuniária compulsória corresponda a 5% do volume de negócios médio diário a nível mundial ou do rendimento médio diário do prestador de serviços intermediários em causa no exercício anterior por dia, calculado a partir da data especificada na decisão em causa (art. 52º, nº 4 DSA).

Para além disso, "nos termos do direito da União e nacional, os destinatários do serviço têm o direito de pedir uma indemnização aos prestadores de serviços intermediários no que diz respeito a quaisquer perdas ou danos sofridos devido a uma violação, por parte desses prestadores, das obrigações que lhes incumbem por força do presente regulamento" (art. 54º DSA).

6.5. O regime especial das plataformas em linha de muito grande dimensão e dos motores de pesquisa em linha de muito grande dimensão

Finalmente, o DSA estabelece competências especiais de supervisão, investigação, execução e vigilância no que respeita aos fornecedores de plataformas em linha de muito grande dimensão e de motores de pesquisa em linha de muito grande dimensão (arts. 64º e ss. DSA). Essas regras passam pelo desenvolvimento de conhecimentos especializados e de capacidades (art. 64º DSA) e pela realização de investigações específicas (art. 65º DSA), que incluem pedidos de informação (art. 67º DSA), realização de entrevistas e registo de declarações (art. 68º DSA), e realização de inspecções (art. 69º DSA).

No âmbito de processos de incumprimento, em caso de urgência devido ao risco de prejuízos graves para os destinatários dos serviços, a Comissão pode determinar a aplicação de medidas provisórias (art. 70º DSA).

A Comissão pode ainda tornar vinculativos os compromissos assumidos durante o processo pelo fornecedor, caso em que encerra o processo (art. 71º, nº 1, DSA), podendo, porém, o mesmo ser reaberto em caso de: *a)* alteração substancial dos factos em que a decisão se baseou; *b)* incumprimento por parte do fornecedor; *c)* prestação de informação incompleta, incorrecta ou enganosa (art. 71º, nº 2, DSA). A Comissão pode igualmente estabelecer medidas de acompanhamento (art. 72º DSA).

Em caso de incumprimento, a Comissão adopta uma decisão nesse sentido (art. 73º DSA), podendo em consequência aplicar coimas até 6% do volume de negócios anual a nível mundial (art. 74º, nº 1, DSA), ou de 1% desse volume de negócios em caso de infracções menores (art. 74º, nº 2, DSA). A Comissão pode igualmente estabelecer uma supervisão reforçada em caso de incumprimento das regras relativas a riscos sistémicos (art. 75º DSA) e determinar a aplicação de sanções pecuniárias compulsórias até 5 % do rendimento médio diário ou do volume de negócios anual mundial médio diário do exercício anterior por dia (art. 76º DSA).

O DSA estabelece um prazo de prescrição de cinco anos, quer para a imposição (art. 77º DSA), quer para a execução de sanções (art. 78º DSA). Para garantia processual dos visados, o art. 79º DSA reconhece os direitos de ser ouvido e de ter acesso ao processo antes de qualquer decisão, bem como a exercer todos os direitos de defesa, sendo ainda previsto a fiscalização das decisões da Comissão por parte do TJUE (art. 81º DSA). A Comissão deve ainda publicar as suas decisões com respeito dos interesses legítimos relativos à protecção de informações confidenciais (art. 80º DSA).

7
Conclusão

Em 8 de Fevereiro de 1996, John Perry Barlow, antigo compositor do grupo americano *Grateful Dead* publicou a sua *Declaração de Independência do Ciberespaço*, protestando contra o *Telecommunications Act* americano, que considerou contrário à Constituição dos Estados Unidos e contra outras medidas semelhantes, que estavam a surgir na China, Alemanha, França, Rússia, Singapura e Itália. A seu ver, essas medidas, que pretendiam a colocar postos de fronteira no ciberespaço, não teriam sucesso perante o fluxo de informação na rede e as identidades virtuais deveriam declarar a sua não sujeição à soberania dos Estados, expandindo-se pelo planeta de forma a ninguém controlar o pensamento. Assim se iria criar uma civilização do Espírito, mais humana e justa do que a que até então os Estados tinham criado[70].

É questionável se alguma vez o ciberespaço foi efectivamente independente, ou se a sua independência não passou de uma miragem, mas não há dúvida de que, a ter esta alguma vez existido, a mesma terminou com o DSA[71]. Na verdade, à medida que se verificou uma cada vez maior importância da internet para os cidadãos e as empresas, naturalmente que a mesma nunca poderia ficar à margem de uma regulação jurídica, sendo óbvio que esta se iria tornar progressivamente cada vez mais abrangente e efectiva. Não há territórios independentes do império do Direito.

[70] Cfr. John Perry Barlow, "A declaration of independence of cyberspace", em *Cyber-Rihts Electronic List*, 8 de Fevereiro 1996 e em https://www.eff.org/cyberspace-independence

[71] Referindo que o DSA marca o fim da independência do ciberespaço, Alexandre de Streel / Michèle Ledger, "Regulating the moderation of illegal online content", em Maja Capello (org.), *Unravelling the Digital Services Act package*, IRIS Special, European Audiovisual Observatory, Strasbourg, 2021, pp. 23-42 (34).

BIBLIOGRAFIA

BARLOW, JOHN PERRY, "A declaration of independence of cyberspace", em *Cyber--Rihts Electronic List*, 8 de Fevereiro 1996 e em https://www.eff.org/cyberspace--independence

BARATA, JOAN, *The Digital Services Act and its impact on the right to freedom of expression: special focus on risk mitigation obligations*, Plataforma por la Libertad de Información, 2021, disponível em https://libertadinformacion.cc/wp-content/uploads/2021/06/DSA-AND-ITS-IMPACT-ON-FREEDOM-OF-EXPRESSION-JOAN--BARATA-PDLI.pdf

— "The Digital Services Act and social media power to regulate speech: Obligations, liabilities and safeguards", em MAJA CAPELLO (org.), *Unravelling the Digital Services Act package*, IRIS Special, European Audiovisual Observatory, Strasbourg, 2021, pp. 5-19

BURI, ILARIA / VAN HOBOKEM, JORIS, "The Digital Services Act (DSA) proposal: a critical overview", Institute for Information Law (IViR), University of Amsterdam, 2021, disponível em https://dsa-observatory.eu/wp-content/uploads/2021/11/Buri-Van-Hoboken-DSA--discussion-paper-Version-28_10_21.pdf

CAPELLO, MAJA (org.), *Unravelling the Digital Services Act package*, IRIS Special, European Audiovisual Observatory, Strasbourg, 2021

COBBE, JENNIFER / SINGH, JATINDER, "Regulating Recommending: Motivations, Considerations, and Principles", em (2019) *European Journal of Law and Technology*, 10(3), disponível em https://ssrn.com/abstract=3371830 ou http://dx.doi.org/10.2139/ssrn.3371830

COLE, MARK D. / ETTELDORF, CHRISTINA / ULLRICH, CARSTEN, *Updating the Rules for Online Content Dissemination. Legislative Options of the European Union and the Digital Services Act Proposal*, Baden-Baden, Nomos, 2021

COMISSÃO EUROPEIA, *Comunicação ao Parlamento Europeu, ao Comité Económico e Social e ao Comité das Regiões: Combater os conteúdos ilegais em linha. Rumo a uma responsabilidade reforçada das plataformas em linha*, 28.9.2017, COM(2017) 555 final

— *The EU Code on countering illegal hate speech online*, disponível em https://commission.europa.eu/strategy-and-policy/policies/justice-and-fundamental-rights/combatting-discrimination-0/racism--and-xenophobia/eu-code-conduct-countering-illegal-hate-speech-online_en

— *Proposta de Regulamento do Parlamento Europeu e do Conselho relativo a um mercado único de serviços digitais (Regulamento Serviços Digitais) e que altera a Diretiva 2000/31/CE*, COM/2020/825 final.

—*Proposta de Regulamento do Parlamento Europeu e do Conselho relativo à disputa-*

bilidade e equidade dos mercados no setor digital (Regulamento Mercados Digitais), COM/2020/842 final.

— *The Digital Services Act Package*, disponível em https://digital-strategy.ec.europa.eu/en/policies/digital-services-act-package

— *Comunicação da Comissão ao Parlamento Europeu, ao Conselho, ao Comité Económico e Social Europeu e ao Comité das Regiões. Uma Década Digital para as crianças e os jovens: a nova Estratégia europeia para uma Internet melhor para as crianças (BIK+)*, COM/2022/212 final

De Streel, Alexandre / Ledger, Michèle, "Regulating the moderation of illegal online content", em Maja Capello (org.), *Unravelling the Digital Services Act package*, IRIS Special, European Audiovisual Observatory, Strasbourg, 2021, pp. 23-42

Kayser-Bril, Nicolas, "Automated moderation tool from Google rates people of color and gays as "toxic"", disponível em https://algorithmwatch.org/en/automated-moderation-perspective-bias/

Leerssen, Patrick (Paddy), — "Cut Out By The Middle Man: The Free Speech Implications Of Social Network Blocking and Banning In The EU", *JIPITEC* 6, 2015, pp 99-119, disponível em https://www.jipitec.eu/issues/jipitec-6-2-2015/4271

— "Platform and archives in Article 30 DSA", disponível em https://dsa-observatory.eu/2021/05/25/platform-ad-archives-in-article-30-dsa/

Leitão, Luís Menezes, "A responsabilidade civil na internet", na *ROA* 61 (2001), I, pp. 171-192, também publicado em FACULDADE DE DIREITO DA UNIVERSIDADE DE LISBOA / ASSOCIAÇÂO PORTUGUESA DE DIREITO INTELECTUAL (org.), *Direito da Sociedade da Informação*, III, Coimbra, Coimbra Editora, 2002, pp. 147-167

— "Os testemunhos de conexão (*cookies*)", em António Menezes Cordeiro / Luís Menezes Leitão / Januário Da Costa Gomes (org.), Homenagem da Faculdade de Direito de Lisboa ao Professor Doutor Inocêncio Galvão Telles: 90 anos, Coimbra, Almedina, 2007, pp. 719-748

— "As práticas comerciais desleais nas relações de consumo", na *ROA* 71 (2011), II, pp. 423-445, e em AAVV, *Liber Amicorum Mário Frota: A causa dos direitos dos consumidores*, Coimbra, Almedina, 2012, pp. 369-386.

— "A transposição da Directiva (UE) 2019/790 do Parlamento Europeu e do Conselho, de 17 de Abril de 2019, relativa dos Direitos de Autor e Direitos Conexos no Mercado Único Digital", na *ROA* 81 (2021), III-IV, p. 473-492.

Mc Gonagle, Tarlach / Pentney, Katie, "From risk to reward? The DSA's risk based approach to disinformation", em MAJA CAPELLO (org.), *Unravelling the Digital Services Act package*, IRIS Special, European Audiovisual Observatory, Strasbourg, 2021, pp. 43-59

Rosati, Eleonora, "The Digital Services Act and copyright enforcement: The Case of Article 17 of DSM Directive", em Maja Capello (org.), *Unravelling the Digital Services Act package*, IRIS Special, European Audiovisual Observatory, Strasbourg, 2021

UNITED NATIONS, *Guiding Principles on Business and Human Rights. Implementing the United Nations "Protect, Respect and Remedy" Framework*, New York, United Nations, 2011, disponível em https://www.ohchr.org/sites/default/files/documents/publications/guidingprinciplesbusinesshr_en.pdf

ANEXO

Regulamento (*UE)* 2022/2065 do Parlamento Europeu e do Conselho, de 19 de outubro de 2022, relativo a um mercado único para os serviços digitais e que altera a Diretiva 2000/31/CE (Regulamento dos Serviços Digitai*s)*

O PARLAMENTO EUROPEU E O CONSELHO DA UNIÃO EUROPEIA,

Tendo em conta o Tratado sobre o Funcionamento da União Europeia, nomeadamente o artigo 114º,

Tendo em conta a proposta da Comissão Europeia,

Após transmissão do projeto de ato legislativo aos parlamentos nacionais,

Tendo em conta o parecer do Comité Económico e Social Europeu[1],

Tendo em conta o parecer do Comité das Regiões[2],

Deliberando de acordo com o processo legislativo ordinário[3],

Considerando o seguinte:

(1) Os serviços da sociedade da informação e, especialmente, os serviços intermediários tornaram-se uma parte importante da economia da União e da vida quotidiana dos seus cidadãos. Vinte anos após a adoção do regime jurídico existente aplicável a esses serviços, estabelecido na Diretiva 2000/31/CE

[1] JO C 286 de 16.7.2021, p. 70.

[2] JO C 440 de 29.10.2021, p. 67.

[3] Posição do Parlamento Europeu de 5 de julho de 2022 (ainda não publicada no Jornal Oficial) e decisão do Conselho de 4 de outubro de 2022.

do Parlamento Europeu e do Conselho[4], serviços e modelos de negócio novos e inovadores, como as redes sociais em linha e as plataformas em linha que permitem aos consumidores celebrar contratos à distância com comerciantes, possibilitaram aos utilizadores profissionais e aos consumidores transmitir e aceder a informações e efetuar transações de formas inéditas. Atualmente, a maioria dos cidadãos da União utiliza esses serviços diariamente. No entanto, a transformação digital e a utilização crescente desses serviços resultaram igualmente em novos riscos e desafios, tanto para os destinatários individuais do serviço pertinente, para as empresas e para a sociedade em geral.

(2) Os Estados-Membros estão, cada vez mais, a introduzir, ou a ponderar introduzir, legislação nacional sobre as matérias abrangidas pelo presente regulamento, impondo, nomeadamente, requisitos de diligência aos prestadores de serviços intermediários no que se refere ao modo como deverão fazer face aos conteúdos ilegais, à desinformação em linha ou a outros riscos sociais. Essas legislações nacionais divergentes afetam negativamente o mercado interno, que, nos termos do artigo 26º do Tratado sobre o Funcionamento da União Europeia (TFUE), compreende um espaço sem fronteiras internas no qual a livre circulação de mercadorias e serviços e a liberdade de estabelecimento são asseguradas, tendo em conta a natureza intrinsecamente transfronteiriça da Internet, que é geralmente utilizada para a prestação desses serviços. As condições para a prestação de serviços intermediários em todo o mercado interno deverão ser harmonizadas, de modo a proporcionar às empresas acesso a novos mercados e oportunidades de exploração dos benefícios do mercado interno, permitindo simultaneamente aos consumidores e a outros destinatários dos serviços dispor de uma maior possibilidade de escolha. Utilizadores profissionais, consumidores e outros utilizadores são considerados «destinatários do serviço» para efeitos do presente regulamento.

(3) O comportamento responsável e diligente dos prestadores de serviços intermediários é essencial para um ambiente em linha seguro, previsível e fiável e para permitir aos cidadãos da União e a outras pessoas o exercício dos seus direitos fundamentais garantidos pela Carta dos Direitos Fundamentais da União Europeia («Carta»), em particular a liberdade de expressão e de informação, a liberdade de empresa, o direito à não-discriminação e a concretização de um elevado grau de defesa do consumidor.

[4] Diretiva 2000/31/CE do Parlamento Europeu e do Conselho, de 8 de junho de 2000, relativa a certos aspetos legais dos serviços da sociedade de informação, em especial do comércio eletrónico, no mercado interno («Diretiva sobre o comércio eletrónico») (JO L 178 de 17.7.2000, p. 1).

(4) Por conseguinte, a fim de salvaguardar e melhorar o funcionamento do mercado interno, deverá ser estabelecido, a nível da União, um conjunto orientado de regras obrigatórias uniformes, eficazes e proporcionadas. O presente regulamento prevê as condições para o aparecimento de serviços digitais inovadores e para a sua expansão no mercado interno. A aproximação das medidas regulamentares nacionais a nível da União relativamente aos requisitos aplicáveis aos prestadores de serviços intermediários é necessária para evitar e pôr termo à fragmentação do mercado interno e para assegurar segurança jurídica, reduzindo assim a insegurança para os criadores e promovendo a interoperabilidade. Ao utilizar requisitos que são tecnologicamente neutros, a inovação não deverá ser dificultada, devendo pelo contrário ser estimulada.

(5) O presente regulamento deverá aplicar-se aos prestadores de determinados serviços da sociedade da informação, tal como definidos na Diretiva (UE) 2015/1535 do Parlamento Europeu e do Conselho[5], isto é, qualquer serviço prestado normalmente mediante remuneração, à distância, por via eletrónica e mediante pedido individual de um destinatário. Especificamente, o presente regulamento deverá aplicar-se aos prestadores de serviços intermediários e, em particular, aos serviços intermediários que consistem em serviços ditos de «simples transporte», de «armazenagem temporária» e de «alojamento virtual», uma vez que o crescimento exponencial da utilização desses serviços, principalmente para fins legítimos e socialmente benéficos de todos os tipos, também aumentou o seu papel na intermediação e propagação de informações e atividades ilícitas ou de alguma forma lesivas.

(6) Na prática, certos prestadores de serviços intermediários intermedeiam serviços que podem ou não ser prestados por via eletrónica, como serviços informáticos remotos, de transporte, de alojamento ou de entrega. O presente regulamento deverá aplicar-se apenas aos serviços intermediários e não afetar os requisitos estabelecidos no direito da União ou no direito nacional relativos a produtos ou serviços intermediados através de serviços intermediários, incluindo em situações em que o serviço intermediário constitua parte integrante de outro serviço que não seja um serviço intermediário, tal como reconhecido na jurisprudência do Tribunal de Justiça da União Europeia.

(7) A fim de assegurar a eficácia das regras estabelecidas no presente regulamento e condições de concorrência equitativas no mercado interno, essas

[5] Diretiva (UE) 2015/1535 do Parlamento Europeu e do Conselho, de 9 de setembro de 2015, relativa a um procedimento de informação no domínio das regulamentações técnicas e das regras relativas aos serviços da sociedade da informação (JO L 241 de 17.9.2015, p. 1).

regras deverão aplicar-se aos prestadores de serviços intermediários, independentemente do seu local de estabelecimento ou da sua localização, desde que ofereçam serviços na União, tal como comprovado por uma ligação substancial à União.

(8) Deverá considerar-se que existe uma ligação substancial à União quando o prestador de serviços tem um estabelecimento na União ou, na ausência de um tal estabelecimento, quando o número de destinatários do serviço num ou mais Estados-Membros é significativo em relação à respetiva população, ou com base no direcionamento das atividades para um ou mais Estados-Membros. O direcionamento das atividades para um ou mais Estados-Membros pode ser determinado com base em todas as circunstâncias pertinentes, nomeadamente fatores como a utilização de uma língua ou de uma moeda habitualmente utilizadas num Estado-Membro, a possibilidade de encomendar produtos ou serviços ou a utilização de um domínio de topo pertinente. O direcionamento das atividades para um Estado-Membro pode também resultar da disponibilidade de uma aplicação na loja de aplicações nacional em causa, da divulgação de publicidade local ou de publicidade numa língua utilizada nesse Estado-Membro, ou da gestão das relações com o cliente, por exemplo prestar um serviço de apoio ao cliente numa língua geralmente utilizada nesse Estado-Membro. Deverá também pressupor-se que existe uma ligação substancial quando um prestador de serviços dirige as suas atividades para um ou mais Estados-Membros, na aceção do artigo 17º, nº 1, alínea *c)*, do Regulamento (UE) nº 1215/2012 do Parlamento Europeu e do Conselho[6]. Por outro lado, não se pode considerar que a mera acessibilidade técnica a um sítio Web a partir da União estabeleça, unicamente por esse motivo, uma ligação substancial à União.

(9) O presente regulamento harmoniza plenamente as regras aplicáveis aos serviços intermediários no mercado interno com o objetivo de assegurar um ambiente em linha seguro, previsível e fiável, combatendo a difusão de conteúdos ilegais em linha e os riscos sociais que a difusão de desinformação ou de outros conteúdos pode gerar, e no qual os direitos fundamentais consagrados na Carta sejam eficazmente protegidos e a inovação seja facilitada. Por conseguinte, os Estados-Membros não deverão adotar ou manter requisitos nacionais adicionais no que diz respeito às matérias abrangidas pelo âmbito de aplicação

[6] Regulamento (UE) nº 1215/2012 do Parlamento Europeu e do Conselho, de 12 de dezembro de 2012, relativo à competência judiciária, ao reconhecimento e à execução de decisões em matéria civil e comercial (JO L 351 de 20.12.2012, p. 1).

do presente regulamento, salvo se explicitamente previsto no presente regulamento, uma vez que tal afetaria a aplicação direta e uniforme das regras plenamente harmonizadas aplicáveis aos prestadores de serviços intermediários em conformidade com os objetivos do presente regulamento. Tal não deverá excluir a possibilidade de aplicar outra legislação nacional aplicável aos prestadores de serviços intermediários, que seja conforme com o direito da União, incluindo a Diretiva 2000/31/CE, nomeadamente o artigo 3º, sempre que as disposições do direito nacional visem alcançar objetivos legítimos de interesse público distintos dos visados pelo presente regulamento.

(10) O presente regulamento deverá aplicar-se sem prejuízo de outros atos do direito da União que regulamentem a prestação de serviços da sociedade da informação em geral, que regulamentem outros aspetos da prestação de serviços intermediários no mercado interno ou que especifiquem e complementem as regras harmonizadas estabelecidas no presente regulamento, como a Diretiva 2010/13/UE do Parlamento Europeu e do Conselho[7], incluindo as respetivas disposições no que respeita às plataformas de partilha de vídeos, os Regulamentos (UE) 2019/1148[8], (UE) 2019/1150[9], (UE) 2021/784[10] e (UE) 2021/1232[11] do Parlamento Europeu e do Conselho e a Diretiva 2002/58/CE do Parlamento Europeu e do Conselho[12], e disposições do direito da União estabelecidas num

[7] Diretiva 2010/13/UE do Parlamento Europeu e do Conselho, de 10 de março de 2010, relativa à coordenação de certas disposições legislativas, regulamentares e administrativas dos Estados-Membros respeitantes à oferta de serviços de comunicação social audiovisual (Diretiva Serviços de Comunicação Social Audiovisual) (JO L 95 de 15.4.2010, p. 1).

[8] Regulamento (UE) 2019/1148 do Parlamento Europeu e do Conselho, de 20 de junho de 2019, sobre a comercialização e utilização de precursores de explosivos, que altera o Regulamento (CE) nº 1907/2006 e revoga o Regulamento (UE) nº 98/2013 (JO L 186 de 11.7.2019, p. 1).

[9] Regulamento (UE) 2019/1150 do Parlamento Europeu e do Conselho, de 20 de junho de 2019, relativo à promoção da equidade e da transparência para os utilizadores profissionais de serviços de intermediação em linha (JO L 186 de 11.7.2019, p. 57).

[10] Regulamento (UE) 2021/784 do Parlamento Europeu e do Conselho, de 29 de abril de 2021, relativo ao combate à difusão de conteúdos terroristas em linha (JO L 172 de 17.5.2021, p. 79).

[11] Regulamento (UE) 2021/1232 do Parlamento Europeu e do Conselho, de 14 de julho de 2021, relativo a uma derrogação temporária de determinadas disposições da Diretiva 2002/58/CE no que respeita à utilização de tecnologias por prestadores de serviços de comunicações interpessoais independentes do número para o tratamento de dados pessoais e outros para efeitos de combate ao abuso sexual de crianças em linha (JO L 274 de 30.7.2021, p. 41).

[12] Diretiva 2002/58/CE do Parlamento Europeu e do Conselho, de 12 de julho de 2002, relativa ao tratamento de dados pessoais e à proteção da privacidade no sector das comunicações

regulamento relativo às decisões europeias de entrega ou de conservação de provas eletrónicas em matéria penal e numa diretiva que estabelece normas harmonizadas aplicáveis à designação de representantes legais para efeitos de recolha de provas em processo penal.

Do mesmo modo, por razões de clareza, o presente regulamento deverá aplicar-se sem prejuízo do direito da União em matéria de defesa dos consumidores, nomeadamente os Regulamentos (UE) 2017/2394[13] e (UE) 2019/1020[14] do Parlamento Europeu e do Conselho, as Diretivas 2001/95/CE[15], 2005/29/CE[16], 2011/83/UE[17], e 2013/11/UE[18] do Parlamento Europeu e do Conselho, e a Diretiva 93/13/CEE do Conselho[19], e, em matéria de proteção de dados pessoais, em particular o Regulamento (UE) 2016/679 do Parlamento Europeu e do Conselho[20].

eletrónicas (Diretiva relativa à privacidade e às comunicações eletrónicas) (JO L 201 de 31.7.2002, p. 37).

[13] Regulamento (UE) 2017/2394 do Parlamento Europeu e do Conselho, de 12 de dezembro de 2017, relativo à cooperação entre as autoridades nacionais responsáveis pela aplicação da legislação de proteção dos consumidores e que revoga o Regulamento (CE) nº 2006/2004 (JO L 345 de 27.12.2017, p. 1).

[14] Regulamento (UE) 2019/1020 do Parlamento Europeu e do Conselho, de 20 de junho de 2019, relativo à fiscalização do mercado e à conformidade dos produtos e que altera a Diretiva 2004/42/CE e os Regulamentos (CE) nº 765/2008 e (UE) nº 305/2011 (JO L 169 de 25.6.2019, p. 1).

[15] Diretiva 2001/95/CE do Parlamento Europeu e do Conselho, de 3 de dezembro de 2001, relativa à segurança geral dos produtos (JO L 11 de 15.1.2002, p. 4).

[16] Diretiva 2005/29/CE do Parlamento Europeu e do Conselho, de 11 de maio de 2005, relativa às práticas comerciais desleais das empresas face aos consumidores no mercado interno e que altera a Diretiva 84/450/CEE do Conselho, as Diretivas 97/7/CE, 98/27/CE e 2002/65/CE e o Regulamento (CE) nº 2006/2004 (Diretiva relativa às práticas comerciais desleais) (JO L 149 de 11.6.2005, p. 22).

[17] Diretiva 2011/83/UE do Parlamento Europeu e do Conselho, de 25 de outubro de 2011, relativa aos direitos dos consumidores, que altera a Diretiva 93/13/CEE do Conselho e a Diretiva 1999/44/CE do Parlamento Europeu e do Conselho e que revoga a Diretiva 85/577/CEE do Conselho e a Diretiva 97/7/CE do Parlamento Europeu e do Conselho (JO L 304 de 22.11.2011, p. 64).

[18] Diretiva 2013/11/UE do Parlamento Europeu e do Conselho, de 21 de maio de 2013, sobre a resolução alternativa de litígios de consumo, que altera o Regulamento (CE) nº 2006/2004 e a Diretiva 2009/22/CE (JO L 165 de 18.6.2013, p. 63).

[19] Diretiva 93/13/CEE do Conselho, de 5 de abril de 1993, relativa às cláusulas abusivas nos contratos celebrados com os consumidores (JO L 95 de 21.4.1993, p. 29).

[20] Regulamento (UE) 2016/679 do Parlamento Europeu e do Conselho, de 27 de abril de 2016, relativo à proteção das pessoas singulares no que diz respeito ao tratamento de dados pessoais e à livre circulação desses dados e que revoga a Diretiva 95/46/CE (Regulamento Geral sobre a Proteção de Dados) (JO L 119 de 4.5.2016, p. 1).

O presente regulamento deverá ainda aplicar-se sem prejuízo das regras da União em matéria de direito internacional privado, em particular no que se refere à competência judiciária e ao reconhecimento e à execução de decisões em matéria civil e comercial, como o Regulamento (UE) nº 1215/2012, e das regras relativas ao direito aplicável às obrigações contratuais e extracontratuais. A proteção das pessoas no que diz respeito ao tratamento de dados pessoais é exclusivamente regida pelas regras do direito da União nessa matéria, nomeadamente pelo Regulamento (UE) 2016/679 e pela Diretiva 2002/58/CE. O presente regulamento deverá também aplicar-se sem prejuízo do direito da União em matéria de condições de trabalho e do direito da União no domínio da cooperação judiciária em matéria civil e penal. No entanto, na medida em que esses atos jurídicos da União visem os mesmos objetivos que as regras estabelecidas no presente regulamento, as regras previstas no presente regulamento deverão aplicar-se a questões que não são abordadas, ou que não são integralmente abordadas, nesses outros atos jurídicos, bem como a questões relativamente às quais esses outros atos jurídicos prevejam a possibilidade de os Estados-Membros adotarem determinadas medidas a nível nacional.

(11) Importa esclarecer que o presente regulamento se aplica sem prejuízo do direito da União em matéria de direitos de autor e direitos conexos, incluindo as Diretivas 2001/29/CE[21], 2004/48/CE[22] e (UE) 2019/790[23] do Parlamento Europeu e do Conselho, que estabelecem regras e procedimentos específicos que não deverão ser afetados.

(12) A fim de alcançar o objetivo de assegurar um ambiente em linha seguro, previsível e fiável para efeitos do presente regulamento, o conceito de «conteúdos ilegais» deverá refletir em sentido lato as normas existentes no ambiente fora de linha. Em particular, o conceito de «conteúdos ilegais» deverá ser definido em sentido lato para abranger as informações relativas a conteúdos, produtos, serviços e atividades ilegais. Em especial, esse conceito deverá ser entendido como referindo-se a informações que, independentemente da forma que assumam, nos

[21] Diretiva 2001/29/CE do Parlamento Europeu e do Conselho, de 22 de maio de 2001, relativa à harmonização de certos aspetos do direito de autor e dos direitos conexos na sociedade da informação (JO L 167 de 22.6.2001, p. 10).

[22] Diretiva 2004/48/CE do Parlamento Europeu e do Conselho, de 29 de abril de 2004, relativa ao respeito dos direitos de propriedade intelectual (JO L 157 de 30.4.2004, p. 45).

[23] Diretiva (UE) 2019/790 do Parlamento Europeu e do Conselho, de 17 de abril de 2019, relativa aos direitos de autor e direitos conexos no mercado único digital e que altera as Diretivas 96/9/CE e 2001/29/CE (JO L 130 de 17.5.2019, p. 92).

termos da lei aplicável, são ilegais, como os discursos ilegais de incitação ao ódio ou os conteúdos terroristas e os conteúdos discriminatórios ilícitos, ou que as regras aplicáveis tornam ilegais, tendo em conta o facto de estarem relacionadas com atividades ilegais. São exemplos ilustrativos dessas atividades a partilha de imagens pedopornográficas, a partilha não consensual ilícita de imagens privadas, a perseguição em linha, a venda de produtos não conformes ou contrafeitos, a venda de produtos ou a prestação de serviços em violação do direito em matéria de defesa dos consumidores, a utilização não autorizada de material protegido por direitos de autor, a oferta ilegal de serviços de alojamento ou a venda ilegal de animais vivos. Em contrapartida, um vídeo de uma testemunha ocular de um potencial crime não deverá ser considerado um conteúdo ilegal pelo simples facto de representar um ato ilegal, quando a gravação ou a difusão desse vídeo ao público não for ilegal nos termos do direito nacional ou da União. Neste contexto, é irrelevante se a ilegalidade da informação ou da atividade resulta do direito da União ou do direito nacional que seja conforme com o direito da União e qual a natureza precisa ou o objeto do direito em questão.

(13) Atendendo às características específicas dos serviços em causa e à correspondente necessidade de submeter os seus prestadores a determinadas obrigações específicas, é necessário distinguir, no âmbito da categoria mais vasta de prestadores de serviços de alojamento virtual, tal como definidos no presente regulamento, a subcategoria de plataformas em linha. As plataformas em linha, como as redes sociais ou as plataformas em linha que permitem aos consumidores celebrar contratos à distância com comerciantes, deverão ser definidas como prestadores de serviços de alojamento virtual que não só armazenam informações fornecidas pelos destinatários do serviço a pedido dos mesmos, mas também difundem essas informações ao público a pedido dos destinatários do serviço. No entanto, a fim de evitar impor obrigações demasiado amplas, os prestadores de serviços de alojamento virtual não deverão ser considerados plataformas em linha quando a difusão ao público seja apenas um elemento menor ou meramente acessório intrinsecamente associado a outro serviço, ou uma funcionalidade menor do serviço principal, e esses elementos ou funcionalidades não possam, por razões técnicas objetivas, ser utilizados sem esse serviço principal, e quando a integração desse elemento ou funcionalidade não constitua uma forma de contornar a aplicabilidade das regras do presente regulamento às plataformas em linha. Por exemplo, a secção de comentários de um jornal em linha poderá constituir um elemento deste tipo, caso seja evidente que a secção em causa é acessória do serviço principal, representado pela publicação de notícias sob a responsabilidade editorial do editor. Em contrapartida, o alojamento de comentários numa rede social deverá ser considerado um serviço de plataforma em linha, uma vez que é evidente que não constitui uma funcionalidade menor do serviço oferecido, ainda que esta atividade seja acessória em relação às publicações feitas pelos destinatários do serviço. Para efeitos do presente regulamento, os serviços de computação em nuvem ou de alojamento na Web não deverão ser considerados plataformas em linha caso a difusão ao público de informação específica constitua uma característica menor e acessória ou uma funcionalidade menor desses serviços.

Além disso, os serviços de computação em nuvem e de alojamento na Web que funcionem como infraestrutura, como por exemplo uma infraestrutura subjacente a serviços de armazenamento e computação para uma aplicação, sítio Web ou plataforma em linha baseada na Internet, não deverão, por si só, ser considerados como difundindo ao público informações armazenadas ou tratadas a pedido de um destinatário de uma aplicação, sítio Web ou plataforma em linha que possam alojar.

(14) O conceito de «difusão ao público», na aceção do presente regulamento, deverá implicar a disponibilização de informação a um número potencialmente ilimitado de pessoas, ou seja, tornar a informação facilmente acessível aos destinatários do serviço em geral, sem que seja necessária qualquer outra ação por parte do destinatário do serviço que presta a informação, independentemente de essas pessoas acederem efetivamente à informação em questão. Do mesmo modo, sempre que o acesso à informação exigir o registo ou a admissão num grupo de destinatários do serviço, a informação em causa só deverá ser considerada difundida ao público quando os destinatários do serviço que procuram aceder a ela são automaticamente registados ou admitidos, sem intervenção humana para decidir ou selecionar as pessoas às quais se concede o acesso. Os serviços de comunicações interpessoais, tal como definidos na Diretiva (UE) 2018/1972 do Parlamento Europeu e do Conselho[24], como o correio eletrónico ou os serviços de mensagens privadas, estão excluídos do âmbito da definição de plataformas em linha, uma vez que são utilizados para a comunicação interpessoal entre um número finito de pessoas, determinado pelo remetente da comunicação. No entanto, as obrigações estabelecidas no presente regulamento para os fornecedores de plataformas em linha podem aplicar-se a serviços que permitam a

[24] Diretiva (UE) 2018/1972 do Parlamento Europeu e do Conselho, de 11 de dezembro de 2018, que estabelece o Código Europeu das Comunicações Eletrónicas (JO L 321 de 17.12.2018, p. 36).

disponibilização de informações a um número potencialmente ilimitado de destinatários, não determinado pelo remetente da comunicação, tais como grupos públicos ou canais abertos. Só se considera que as informações são difundidas ao público, na aceção do presente regulamento, se tal difusão ocorrer mediante pedido direto do destinatário do serviço que as forneceu.

(15) Sempre que alguns dos serviços prestados por um prestador forem abrangidos pelo presente regulamento e outros não o forem, ou que os serviços prestados por um prestador forem abrangidos por diferentes secções do presente regulamento, as disposições pertinentes do presente regulamento deverão aplicar-se apenas aos serviços que se enquadrem no seu âmbito de aplicação.

(16) A segurança jurídica proporcionada pelo quadro horizontal de isenções condicionais de responsabilidade aplicáveis aos prestadores de serviços intermediários, estabelecido na Diretiva 2000/31/CE, permitiu o aparecimento de muitos serviços novos e a sua expansão em todo o mercado interno. Por conseguinte, esse quadro deverá ser preservado. No entanto, tendo em conta as divergências aquando da transposição e aplicação das regras pertinentes a nível nacional, e por razões de clareza e coerência, esse quadro deverá ser incorporado no presente regulamento. É igualmente necessário clarificar certos elementos desse quadro, tendo em conta a jurisprudência do Tribunal de Justiça da União Europeia.

(17) As regras em matéria de responsabilidade dos prestadores de serviços intermediários previstas no presente regulamento só deverão determinar quando o prestador de serviços intermediários em causa não pode ser responsabilizado por conteúdos ilegais fornecidos pelos destinatários do serviço. Não se poderá entender que essas regras constituem uma base positiva para determinar quando um prestador pode ser responsabilizado, determinação essa que deve decorrer das regras aplicáveis da União ou do direito nacional. Além disso, as isenções de responsabilidade estabelecidas no presente regulamento deverão aplicar-se a qualquer tipo de responsabilidade por qualquer tipo de conteúdo ilegal, independentemente da natureza ou do objeto preciso dessas leis.

(18) As isenções de responsabilidade estabelecidas no presente regulamento não serão aplicáveis nos casos em que, em vez de se limitar a prestar os serviços de forma neutra, através de um tratamento meramente técnico e automático das informações prestadas pelo destinatário do serviço, o prestador de serviços intermediários desempenhe um papel ativo que lhe permita ter conhecimento ou controlo dessas informações. Por conseguinte, essas isenções não estarão disponíveis no que respeita à responsabilidade relativa às informações fornecidas não pelo destinatário do serviço, mas pelo próprio prestador do serviço intermediário, inclusive quando as informações tenham sido elaboradas sob a responsabilidade editorial desse prestador.

(19) Tendo em conta a natureza distinta das atividades de «simples transporte», de «armazenagem temporária» e de «alojamento virtual» e as diferentes posições e capacidades dos prestadores dos serviços em questão, é necessário distinguir as regras aplicáveis a essas atividades, na medida em que, nos termos do presente regulamento, estão sujeitas a requisitos e condições diferentes e também o seu âmbito de aplicação difere, de acordo com a interpretação do Tribunal de Justiça da União Europeia.

(20) Sempre que um prestador de serviços intermediários colaborar deliberadamente com um destinatário dos serviços a fim de exercer atividades ilegais, considera-se que o serviço não foi prestado de forma neutra, pelo que o prestador não deverá poder beneficiar das isenções de responsabilidade previstas no presente regulamento. É o que deverá acontecer, nomeadamente, quando o prestador oferece os seus serviços com o principal objetivo de facilitar atividades ilegais, por exemplo tornando explícitos o seu objetivo de facilitar atividades criminosas ou a adequação dos seus serviços para esse fim. O simples facto de um serviço oferecer transmissões encriptadas ou qualquer outro sistema que impossibilite a identificação do utilizador não deverá, por si só, ser considerado como facilitação de atividades ilegais.

(21) Um prestador deverá poder beneficiar das isenções de responsabilidade pela prestação de serviços de «simples transporte» ou de «armazenagem temporária» quando é inteiramente alheio à informação transmitida ou consultada. Tal exige, designadamente, que o prestador não altere a informação que transmite ou cujo acesso faculta. No entanto, esta exigência não deverá ser entendida como abrangendo o manuseamento técnico que tem lugar no decurso da transmissão ou do acesso, desde que esses manuseamentos não afetem a integridade da informação transmitida ou à qual seja facultado acesso.

(22) A fim de beneficiar da isenção de responsabilidade pelos serviços de alojamento virtual, o prestador deverá, a partir do momento em que tome conhecimento efetivo de atividades ilegais ou conteúdos ilegais, ou tenha sido alertado para os mesmos, proceder com diligência no sentido de suprimir os conteúdos em causa ou bloquear o acesso aos mesmos. A supressão ou a desativação do acesso deverão ser efetuados respeitando os direitos fundamentais dos destinatários do serviço, incluindo o direito à liberdade de expressão e à informação. O prestador pode tomar conhecimento efetivo dos conteúdos em causa, ou ser alertado para a natureza ilegal dos mesmos, através, nomeadamente, de investigações realizadas por iniciativa própria ou de notificações que lhe sejam apresentadas por pessoas ou entidades nos termos do presente regulamento, desde que tais notificações sejam suficientemente precisas e adequadamente fundamentadas para permitir a um operador económico diligente identificar, avaliar e, se for caso disso, adotar medidas, de forma razoável, contra os conteúdos alegadamente ilegais. No entanto, esse conhecimento efetivo ou alerta não pode ser considerado adquirido apenas pelo facto de o prestador ter conhecimento, em sentido geral, do facto de o seu serviço ser igualmente utilizado para armazenar conteúdos ilegais. Além disso, o facto de o prestador indexar automaticamente informação carregada para o seu serviço, de dispor de uma função de pesquisa ou de recomendar informação com base nos perfis ou nas preferências dos destinatários do serviço não basta para provar que esse prestador tem um conhecimento «específico» das atividades ilícitas realizadas nessa plataforma ou dos conteúdos ilegais nela armazenados.

(23) A isenção de responsabilidade não será aplicável nos casos em que o destinatário do serviço atue sob autoridade ou controlo do prestador de um serviço de alojamento virtual. Por exemplo, se o fornecedor de uma plataforma em linha que permite aos consumidores celebrar contratos à distância com comerciantes puder determinar o preço dos bens ou serviços oferecidos pelos comerciantes, poderá considerar-se que o comerciante atua sob a autoridade ou o controlo dessa plataforma em linha.

(24) A fim de assegurar a proteção efetiva dos consumidores quando efetuam transações comerciais em linha que sejam objeto de intermediação, certos prestadores de serviços de alojamento virtual, nomeadamente plataformas em linha que permitam aos consumidores celebrar contratos à distância com comerciantes, não deverão poder beneficiar da isenção de responsabilidade aplicável aos prestadores de serviços de alojamento virtual previstos no presente regulamento, na medida em que essas plataformas em linha apresentem as informações pertinentes relacionadas com as transações em causa de uma forma que induza os consumidores a acreditarem que essas informações foram fornecidas por essas mesmas plataformas em linha ou por comerciantes que atuem sob a sua autoridade ou controlo, e que portanto essas plataformas em linha conhecem ou controlam as informações, mesmo que, na realidade, tal não seja o caso. São exemplos desse comportamento uma plataforma em linha não apresentar claramente a identidade do comerciante, tal como o exige o presente regulamento, uma plataforma em linha recusar divulgar a identidade ou dados de contacto do comerciante até após a celebração do contrato celebrado entre o comerciante e o consumidor, ou uma plataforma em linha comercializar o produto ou serviço em seu próprio nome, em vez de utilizar o nome do comerciante que irá fornecer esse produto ou serviço. Neste contexto, deverá determinar-se, de forma objetiva, com base em todas as circunstâncias pertinentes, se a apresentação é passível de induzir um consumidor médio a acreditar que a informação em causa foi prestada pela própria plataforma em linha ou por comerciantes que atuem sob a sua autoridade ou controlo.

(25) As isenções de responsabilidade estabelecidas no presente regulamento não afetarão a possibilidade de medidas inibitórias de diversa natureza contra prestadores de serviços intermediários, mesmo quando estes satisfaçam as condições estabelecidas no âmbito dessas isenções. Tais medidas poderão consistir, designadamente, em decisões judiciais ou administrativas, emitidas em conformidade com o direito da União, que exijam cessação ou a prevenção de infrações, incluindo a supressão de conteúdos ilegais especificados nessas decisões, ou a desativação do acesso aos mesmos.

(26) A fim de criar segurança jurídica e de não desencorajar atividades que visam detetar, identificar e atuar contra conteúdos ilegais que os prestadores de todas as categorias de serviços intermediários exerçam voluntariamente, deverá esclarecer-se que o simples facto de os prestadores exercerem tais atividades não torna inaplicáveis as isenções de responsabilidade previstas no presente regulamento, desde que essas atividades sejam realizadas de boa-fé e de forma diligente. A condição de agir de boa-fé e de forma diligente deverá incluir uma atuação objetiva, não discriminatória e proporcionada, tendo devidamente em conta os direitos e interesses legítimos de todas as partes envolvidas, e a prestação das salvaguardas necessárias contra a supressão injustificada de conteúdos jurídicos, em conformidade com o objetivo e os requisitos do presente regulamento. Para o efeito, os prestadores em causa deverão, por exemplo, tomar medidas razoáveis para assegurar que, caso sejam utilizados instrumentos automatizados para realizar tais atividades, a tecnologia relevante seja suficientemente fiável para limitar ao máximo a taxa de erros. Além disso, convém esclarecer que o simples facto de esses prestadores tomarem medidas, de boa-fé, para cumprir os requisitos do direito da União, incluindo os estabelecidos no presente regulamento no que respeita à aplicação dos seus termos e condições, não deverá tornar inaplicáveis as isenções de responsabilidade previstas no presente regulamento. Por conseguinte, quaisquer atividades e medidas desse tipo que um dado prestador possa ter tomado não deverão ser tidas em conta ao determinar se pode beneficiar de uma isenção de responsabilidade, em particular no que diz respeito à questão de se saber se presta o seu serviço de forma neutra e pode, por conseguinte, ser abrangido pelo âmbito de aplicação da disposição pertinente, não implicando esta regra, porém, que o prestador possa necessariamente beneficiar da referida isenção. A tomada de medidas voluntárias não deverá ser utilizada para contornar as obrigações de todos os prestadores de serviços intermediários ao abrigo do presente regulamento.

(27) Embora as regras em matéria de responsabilidade dos prestadores de serviços intermediários previstas no presente regulamento se centrem na isenção de responsabilidade dos prestadores de serviços intermediários, é importante recordar que, apesar do papel geralmente importante desempenhado por tais prestadores, a abordagem do problema dos conteúdos e atividades ilegais em linha não deverá incidir exclusivamente na sua responsabilização e nas suas responsabilidades. Sempre que possível, os terceiros afetados por conteúdos ilegais transmitidos ou armazenados em linha deverão tentar resolver os litígios relacionados com esses conteúdos sem envolver os prestadores de serviços intermediários em questão. Os destinatários do serviço deverão ser responsabilizados pelos conteúdos ilegais que fornecem e que podem difundir ao público através de serviços intermediários, sempre que as regras aplicáveis do direito da União e nacional assim o prevejam. Quando adequado, outros intervenientes, como moderadores de grupos em ambientes fechados em linha, em particular no caso de grupos de grande dimensão, deverão igualmente ajudar a evitar a difusão de conteúdos ilegais em linha, em conformidade com a lei aplicável. Além disso, quando for necessário envolver prestadores de serviços da sociedade da informação, incluindo prestadores de serviços intermediários, quaisquer pedidos ou decisões no sentido desse envolvimento deverão, regra geral, ser dirigidos ao fornecedor específico que disponha de capacidade técnica e operacional para tomar medidas contra elementos específicos de conteúdo ilegal, de modo a evitar e minimizar eventuais efeitos negativos para a disponibilidade e acessibilidade de informação cujo conteúdo não seja ilegal.

(28) Desde 2000 surgiram novas tecnologias que melhoram a disponibilidade, eficiência, velocidade, fiabilidade, capacidade e segurança dos sistemas de transmissão, «facilidade de localização» e armazenagem de dados em linha, conduzindo a um ecossistema em linha cada vez mais complexo. Neste contexto, convém recordar que os prestadores de serviços que estabelecem e facilitam a arquitetura lógica subjacente e o bom funcionamento da Internet, incluindo funções técnicas auxiliares, podem igualmente beneficiar das isenções de responsabilidade previstas no presente regulamento, na medida em que os seus serviços se qualifiquem como serviços de «simples transporte», de «armazenagem temporária» ou de «alojamento virtual». Tais serviços incluem redes de área local sem fios, serviços de sistema de nomes de domínio (DNS, do inglês domain name system), registos de nomes de domínio de topo, agentes de registo, autoridades de certificação que emitem certificados digitais, redes privadas virtuais, motores de pesquisa em linha, serviços de infraestruturas para a computação em nuvem ou redes de distribuição de conteúdos que permitem localizar ou melhoram as funções de outros prestadores de serviços intermediários. Do mesmo modo, os serviços utilizados para fins de comunicação, e os meios técnicos da sua transmissão, também evoluíram consideravelmente, dando origem a serviços em linha como voz sobre IP, serviços de mensagens e serviços de correio eletrónico baseados na Web, em que a comunicação é assegurada através de um serviço de acesso à Internet. Esses serviços podem igualmente beneficiar das isenções de responsabilidade, se se qualificarem como serviços de «simples transporte», de «armazenagem temporária» ou de «alojamento virtual».

(29) Os serviços intermediários abrangem uma vasta gama de atividades económicas que se realizam em linha e que evoluem continuamente para providenciar a transmissão rápida, segura e protegida de informações e garantir a comodidade de todos os participantes no ecossistema em linha. Por exemplo, os serviços intermediários de «simples transporte» incluem categorias genéricas de serviços tais como pontos de troca de tráfego, pontos de acesso sem fios, redes privadas virtuais, serviços e resolvedores de DNS, registos de nomes de domínio de topo, agentes de registo, autoridades de certificação que emitem certificados digitais, voz sobre IP e outros serviços de comunicação interpessoal, ao passo que os exemplos genéricos de serviços intermediários de «armazenagem temporária» incluem a disponibilização exclusiva de redes de distribuição de conteúdos, de servidores «proxies» inversos ou de servidores «proxies» de adaptação de conteúdos. Tais serviços são cruciais para assegurar a transmissão harmoniosa e eficiente das informações fornecidas na Internet. Os «serviços de alojamento virtual» incluem categorias de serviços como a computação em nuvem, o alojamento na Web, os serviços de referenciação paga ou os serviços que permitem a partilha de informações e conteúdos em linha, incluindo a armazenagem e partilha de ficheiros. Os serviços intermediários podem ser prestados isoladamente, como parte de outro tipo de serviços intermediários, ou em simultâneo com outros serviços intermediários. Os fatores que definem um serviço específico como um serviço de «simples transporte», de «armazenagem temporária» ou de «alojamento virtual» dependem exclusivamente das suas funcionalidades técnicas, as quais podem evoluir ao longo do tempo, e deverão ser avaliados caso a caso.

(30) Os prestadores de serviços intermediários não deverão estar sujeitos a uma obrigação, nem de jure nem de facto, de vigilância no que diz respeito a obrigações de natureza geral. Tal não diz respeito a obrigações de vigilância num caso específico e, em especial, não afeta decisões provenientes de autoridades nacionais de acordo com a legislação nacional que seja conforme com o direito da União tal como interpretado pelo Tribunal de Justiça da União Europeia, e de acordo com as condições estabelecidas no presente regulamento. Nenhuma disposição do presente regulamento deverá ser interpretada como uma imposição de uma obrigação geral de vigilância ou de uma obrigação geral de apuramento ativo dos factos, ou como uma obrigação geral de os prestadores tomarem medidas pró-ativas relativamente a conteúdos ilegais.

(31) Dependendo do sistema jurídico de cada Estado-Membro e do domínio do direito em questão, as autoridades judiciárias ou administrativas nacionais, nomeadamente as autoridades responsáveis pela aplicação da lei, podem ordenar aos prestadores de serviços intermediários que adotem medidas contra um ou mais elementos específicos de conteúdo ilegal ou que forneçam determinadas informações específicas. As legislações nacionais com base nas quais tais decisões são emitidas diferem consideravelmente, sendo as decisões cada vez mais abordadas em situações transfronteiriças. A fim de assegurar que essas decisões possam ser cumpridas de forma eficaz e eficiente, em particular num contexto transfronteiriço, para que as autoridades públicas competentes possam desempenhar as suas funções e os prestadores não estejam sujeitos a encargos desproporcionados, sem afetar indevidamente os direitos e os interesses legítimos de terceiros, é necessário estabelecer determinadas condições que essas decisões deverão satisfazer e determinados requisitos complementares relacionados com o tratamento dessas decisões. Por conseguinte, o presente regulamento deverá harmonizar apenas determinadas condições mínimas específicas que essas decisões deverão cumprir para dar origem à obrigação de os prestadores de serviços intermediários informarem as autoridades competentes sobre o efeito dado a essas decisões. Por conseguinte, o presente regulamento não proporciona uma base jurídica para a emissão de tais decisões, nem para o seu âmbito de aplicação territorial ou a sua execução transfronteiriça.

(32) O direito da União ou nacional aplicáveis com base nos quais essas decisões são emitidas poderá exigir condições adicionais, e deverá também servir de base para a execução das decisões emitidas ao seu abrigo. Em caso de incumprimento de tais decisões, o Estado-Membro de emissão deverá poder executá-las nos termos do seu direito nacional. O direito nacional aplicável deverá ser conforme com o direito da União, nomeadamente a Carta e as disposições do TFUE relativas à liberdade de estabelecimento e à livre prestação de serviços na União, em especial no que diz respeito aos serviços de jogo e de apostas em linha. De igual modo, o direito nacional para execução das ordens emitidas ao seu abrigo, aplica-se sem prejuízo dos atos jurídicos da União aplicáveis ou dos acordos internacionais celebrados pela União ou pelos Estados-Membros relativos ao reconhecimento, à execução e à aplicação transfronteiriços dessas decisões, em especial em matéria civil e penal. Por outro lado, a execução da obrigação de informar as autoridades competentes sobre o efeito conferido a essas decisões, por contraposição à execução das decisões em si mesmas, deverá estar sujeita às regras estabelecidas no presente regulamento.

(33) O prestador de serviços intermediários deverá informar, sem demora injustificada, a autoridade emitente de qualquer seguimento dado às referidas decisões, em conformidade com os prazos estabelecidos no direito da União ou nacional aplicáveis.

(34) As autoridades nacionais competentes deverão poder emitir as referidas decisões contra conteúdos considerados ilegais ou decisões de prestação de informações com base no direito da União, ou no seu direito nacional que seja conforme com o direito da União, e designadamente com a Carta, e dirigi-las aos prestadores de serviços intermediários, incluindo os estabelecidos noutro Estado-Membro. No entanto, o presente regulamento deverá ser aplicado sem prejuízo do direito da União no domínio da cooperação judiciária em matéria civil ou penal, incluindo o Regulamento (UE) nº 1215/2012 e o regulamento relativo às decisões europeias de entrega ou de conservação de provas eletrónicas em matéria penal, e do direito processual penal ou civil nacional. Por conseguinte, sempre que o referido direito preveja, no contexto de processos penais ou civis, condições adicionais às previstas no presente regulamento, ou incompatíveis com estas, em relação às decisões de atuação contra conteúdos ilegais ou de prestação de informações, as condições previstas no presente regulamento podem não ser aplicáveis ou podem ser adaptadas. Em especial, a obrigação do coordenador dos serviços digitais do Estado-Membro da autoridade emitente de enviar uma cópia das decisões a todos os outros coordenadores de serviços digitais pode não ser aplicável no contexto de um processo penal ou pode ser adaptada, se o direito processual penal nacional aplicável assim o dispuser.

Além disso, a obrigação de as decisões incluírem uma exposição dos motivos pelos quais a informação é considerada conteúdo ilegal deverá ser adaptada, se necessário, nos termos do direito processual penal nacional aplicável em matéria de prevenção, investigação, deteção e repressão de crimes. Por último, a obrigação de os prestadores de serviços intermediários informarem o destinatário do serviço poderá ser adiada nos termos do direito da União ou nacional aplicável, nomeadamente no contexto de um processo penal, civil ou administrativo. Além disso, as decisões deverão ser emitidas nos termos do Regulamento (UE) 2016/679 e a proibição, estabelecida no presente regulamento, de impor obrigações gerais de vigilância das informações ou de procurar ativamente factos ou circunstâncias que indiciem ilicitudes. As condições e os requisitos estabelecidos no presente regulamento aplicáveis às decisões de atuação contra conteúdos ilegais aplicam-se sem prejuízo de outros atos da União que prevejam sistemas semelhantes de atuação contra tipos específicos de conteúdos ilegais, como o Regulamento (UE) 2021/784, o Regulamento (UE) 2019/1020, ou o Regulamento (UE) 2017/2394, que confere às autoridades dos Estados-Membros responsáveis pela aplicação da legislação de defesa dos consumidores poderes específicos para ordenar a prestação de informações, enquanto as condições e os requisitos aplicáveis às decisões de prestação de informações se aplicam sem prejuízo de outros atos da União que prevejam regras semelhantes aplicáveis a sectores específicos. Essas condições e requisitos deverão aplicar-se sem prejuízo das regras de conservação e preservação ao abrigo da legislação nacional aplicável que seja conforme com o direito da União e os pedidos de confidencialidade das autoridades responsáveis pela aplicação da lei relacionados com a não divulgação de informações. Tais condições e requisitos aplicam-se sem prejuízo da possibilidade de os Estados-Membros exigirem que um prestador de serviços intermediários impeça uma infração, em conformidade com o direito da União incluindo o presente regulamento, e, em especial, com a proibição de obrigações gerais de vigilância.

(35) As condições e os requisitos estabelecidos no presente regulamento deverão ser cumpridos, o mais tardar, aquando da transmissão da decisão ao prestador em causa. Por conseguinte, a decisão pode ser emitida numa das línguas oficiais do Estado-Membro da autoridade emitente em causa. Contudo, se essa língua for diferente da língua declarada pelo prestador de serviços intermediários ou de outra língua oficial dos Estados-Membros acordada entre a autoridade que emite a decisão e o prestador de serviços intermediários, a transmissão da decisão deverá ser acompanhada de uma tradução, pelo menos, dos elementos da decisão indicados no presente regulamento. Caso um prestador de serviços intermediários tenha acordado com as autoridades de um Estado-Membro a utilização de uma determinada língua, deverá ser incentivado a aceitar decisões redigidas nessa mesma língua emitidas por autoridades de outros Estados-Membros. As ordens deverão incluir elementos que permitam ao destinatário identificar a autoridade emitente, incluindo os dados de contacto de um ponto de contacto nessa autoridade, se for caso disso, e verificar a autenticidade da ordem.

(36) O âmbito de aplicação territorial de tais decisões de atuação contra conteúdos ilegais deverá ser claramente definido com base no direito da União ou no direito nacional aplicáveis que permitam a emissão da decisão e poderá exceder o estritamente necessário para alcançar os seus objetivos. Nesse contexto, a autoridade judiciária ou administrativa nacional, que poderá ser a autoridade responsável pela aplicação da lei, que emite a decisão deverá assegurar o equilíbrio entre o objetivo que a decisão procura alcançar, em conformidade com a base jurídica que permite a sua emissão, e os direitos e interesses legítimos de todos os terceiros passíveis de ser afetados pela ordem, em particular os seus direitos fundamentais consagrados pela Carta. Em particular, num contexto transfronteiriço, o efeito da decisão deverá limitar-se em princípio ao território do Estado-Membro de emissão, a menos que a ilegalidade do conteúdo decorra diretamente do direito da União ou que a autoridade emitente considere que os direitos em causa requerem um âmbito de aplicação territorial mais vasto, em conformidade com o direito da União e o direito internacional, e tomando em consideração os interesses da comunidade internacional.

(37) As decisões de prestação de informações reguladas pelo presente regulamento dizem respeito à produção de informações específicas sobre os destinatários individuais do serviço intermediário em causa, que são identificados nessas decisões para efeitos de determinação do respetivo cumprimento das regras da União ou nacionais aplicáveis. Essas decisões deverão solicitar informações com o objetivo de permitir a identificação dos destinatários do serviço em causa. Por conseguinte, as decisões que dizem respeito a prestação de informações sobre um grupo de destinatários do serviço que não estejam especificamente identificados, incluindo as decisões de prestação de informações agregadas necessárias para fins estatísticos ou para a elaboração de políticas baseadas em dados concretos, não são afetadas pelos requisitos do presente regulamento relativos à prestação de informações.

(38) As decisões de atuação contra conteúdos ilegais e de prestação de informações estão sujeitas às regras que salvaguardam a competência do Estado-Membro no qual o prestador de serviços visado está estabelecido e às regras que determinam possíveis derrogações a essa competência aplicáveis em certos casos, previstos no artigo 3º da Diretiva 2000/31/CE e apenas se satisfeitas as condições do referido artigo. Uma vez que as decisões em questão dizem respeito a elementos específicos de conteúdos ilegais e de informação, respetivamente, quando se dirigem a prestadores de serviços intermediários estabelecidos noutro Estado-Membro, não restringem, em princípio, a liberdade de esses prestadores prestarem os seus serviços além-fronteiras. Por conseguinte, as regras estabelecidas no artigo 3º da Diretiva 2000/31/CE, incluindo as regras relativas à necessidade de justificar medidas que derrogam a competência do Estado-Membro no qual o prestador de serviços está estabelecido por determinados motivos especificados e à notificação dessas medidas, não se aplicam no que respeita a essas decisões.

(39) Os requisitos para a prestação de informações sobre os mecanismos de reparação à disposição do prestador do serviço intermediário e do destinatário do serviço que forneceu os conteúdos incluem a obrigação de prestar informações sobre os mecanismos administrativos de gestão de reclamações e as vias de recurso judicial, incluindo os recursos de decisões emitidas por autoridades judiciárias. Além disso, os coordenadores dos serviços digitais podem desenvolver ferramentas e orientações nacionais no que diz respeito aos mecanismos de reclamação e de reparação aplicáveis no respetivo território, a fim de facilitar o acesso dos destinatários do serviço a esses mecanismos. Por último, ao aplicarem o presente regulamento, os Estados-Membros deverão respeitar o direito fundamental à ação judicial e a um tribunal imparcial, tal como previsto no artigo 47º da Carta. Por conseguinte, o presente regulamento não deverá impedir as autoridades judiciárias ou administrativas nacionais competentes de emitir, com base no direito da União ou nacional aplicável, uma decisão de reposição de conteúdos sempre que esses conteúdos estiverem em conformidade com os termos e condições do prestador do serviço intermediário, mas tenham sido erradamente considerados ilegais por esse prestador e tenham sido suprimidos.

(40) A fim de alcançar os objetivos do presente regulamento e, em particular, de melhorar o funcionamento do mercado interno e assegurar um ambiente em linha seguro e transparente, é necessário estabelecer um conjunto claro, eficaz, previsível e equilibrado de obrigações harmonizadas de devida diligência para os prestadores de serviços intermediários. Essas obrigações deverão visar, em particular, garantir diferentes objetivos de política pública, como a segurança e a confiança dos destinatários do serviço, incluindo consumidores, menores e utilizadores particularmente expostos ao risco de serem alvo de discursos de incitação ao ódio, assédio sexual ou outras ações discriminatórias, assim como proteger os direitos fundamentais em causa consagrados na Carta, assegurar uma responsabilização eficiente desses prestadores e capacitar os destinatários e outras partes afetadas, facilitando simultaneamente a supervisão necessária por parte das autoridades competentes.

(41) Neste contexto, é importante que as obrigações de devida diligência sejam adaptadas ao tipo, à dimensão e à natureza do serviço intermediário em causa. Por conseguinte, o presente regulamento estabelece obrigações de base aplicáveis a todos os prestadores de serviços intermediários, bem como obrigações adicionais para os prestadores de serviços de alojamento virtual e, mais especificamente, os fornecedores de plataformas em linha de muito grande dimensão e de motores de pesquisa em linha de muito grande dimensão. Na medida em que os prestadores de serviços intermediários se enquadrem numa série de diferentes categorias, atendendo à natureza dos seus serviços e à sua dimensão, deverão cumprir todas as obrigações correspondentes do presente regulamento em relação a esses serviços. Essas obrigações harmonizadas de devida diligência, que deverão ser razoáveis e não arbitrárias, são necessárias para dar resposta às preocupações de política pública identificadas, como a salvaguarda dos interesses legítimos dos destinatários do serviço, a luta contra as práticas ilegais e a proteção dos direitos fundamentais em linha consagrados na Carta. As obrigações de devida diligência são independentes da questão da responsabilidade dos prestadores de serviços intermediários, pelo que essa questão deverá ser apreciada separadamente.

(42) A fim de facilitar comunicações bidirecionais fluidas e eficientes relacionadas com as matérias abrangidas pelo presente regulamento, inclusive, se for caso disso, acusando a receção dessas comunicações, os prestadores de serviços intermediários deverão ser obrigados a designar um ponto de contacto eletrónico único e a publicar e atualizar informações pertinentes relacionadas com esse ponto de contacto, incluindo as línguas a utilizar nas comunicações. O ponto de contacto eletrónico pode igualmente ser utilizado por sinalizadores de confiança e por entidades profissionais que tenham uma relação específica com o prestador de serviços intermediários. Ao contrário do representante legal, o ponto de contacto eletrónico deverá servir objetivos operacionais, e não deverá ser exigido que o mesmo possua uma localização física. Os prestadores de serviços intermediários podem designar o mesmo ponto único de contacto para efeitos do exigido pelo presente regulamento e para outros fins exigidos por outra legislação da União. Ao especificar as línguas de comunicação, os prestadores de serviços intermediários são incentivados a assegurar-se de que as línguas escolhidas não constituem, elas próprias, um obstáculo à comunicação. Sempre que necessário, deverá ser possível que os prestadores de serviços intermediários e as autoridades dos Estados-Membros cheguem a um acordo separado sobre a língua de comunicação ou procurem meios alternativos para superar a barreira linguística, nomeadamente recorrendo a todos os meios tecnológicos ou recursos humanos internos e externos disponíveis.

(43) Os prestadores de serviços intermediários deverão também ser obrigados a designar um ponto único de contacto para os destinatários dos serviços, que permita uma comunicação rápida, direta e eficiente, especialmente por meios facilmente acessíveis, como número de telefone, endereço de correio eletrónico, formulários de contacto eletrónicos, robôs de conversação ou mensagens instantâneas. Deverá ser explicitamente indicado quando um destinatário do serviço comunica com robôs de conversação. Os prestadores de serviços intermediários deverão permitir que os destinatários dos serviços optem por meios de comunicação direta e eficiente que não dependam exclusivamente de ferramentas automatizadas. Os prestadores de serviços intermediários deverão envidar todos os esforços razoáveis no sentido de assegurar a afetação de recursos humanos e financeiros suficientes para garantir que a comunicação se realize de forma atempada e eficiente.

(44) Os prestadores de serviços intermediários estabelecidos num país terceiro e que ofereçam serviços na União deverão designar um representante legal suficientemente mandatado na União e fornecer informações relativas aos respetivos representantes legais às autoridades competentes, disponibilizando-as ao público. A fim de cumprir essa obrigação, tais prestadores de serviços intermediários deverão assegurar que o representante legal designado dispõe dos poderes e recursos necessários para cooperar com as autoridades competentes. Tal poderá ser o caso, por exemplo, se um prestador de serviços intermediários designar uma empresa filial do mesmo grupo que o prestador ou a sua empresa-mãe, se essa empresa filial ou empresa-mãe estiverem estabelecidas na União. No entanto, poderá não ser esse o caso, por exemplo se o representante legal for objeto de um processo de reorganização, de falência ou de insolvência pessoal ou empresarial. Tal obrigação deverá permitir uma supervisão eficaz e, se necessário, a aplicação do presente regulamento em relação a esses prestadores. Deverá ser possível que um representante legal seja mandatado, nos termos do direito nacional, por mais de um prestador de serviços intermediários. O representante legal deverá poder atuar também como um ponto de contacto, desde que sejam cumpridos os requisitos pertinentes do presente regulamento.

(45) Embora a liberdade contratual dos prestadores de serviços intermediários deva, em princípio, ser respeitada, é conveniente estabelecer determinadas regras sobre o conteúdo, a aplicação e a execução dos termos e condições desses prestadores no interesse da transparência, da proteção dos destinatários do serviço e da prevenção de resultados injustos ou arbitrários. Os prestadores de serviços intermediários deverão indicar de forma clara e manter atualizadas, nos seus termos e condições, as informações com base nas quais podem restringir a prestação dos seus serviços. Designadamente, deverão incluir informações sobre quaisquer políticas, procedimentos, medidas e instrumentos utilizados para efeitos de moderação de conteúdos, incluindo a tomada de decisões algorítmicas e a análise humana, bem como as regras processuais do respetivo sistema interno de gestão de reclamações. Os prestadores de serviços intermediários deverão também incluir informações sobre o direito a rescindir a utilização do serviço. Os prestadores de serviços intermediários podem utilizar nas condições do serviço elementos gráficos, como ícones ou imagens, para ilustrar os principais elementos dos requisitos de informação previstos no presente regulamento. Os prestadores deverão informar os destinatários do seu serviço, através dos meios adequados, das alterações significativas introduzidas nos termos e condições, por exemplo quando alteram as regras em matéria de informações permitidas no seu serviço, ou outras alterações desse tipo que possam afetar diretamente a capacidade dos destinatários de utilizarem o serviço.

(46) Os prestadores de serviços intermediários que se destinem principalmente a menores, por exemplo através da conceção ou comercialização do serviço, ou que sejam predominantemente utilizados por menores, deverão envidar esforços especiais para tornar a explicação dos seus termos e condições facilmente compreensíveis por menores.

(47) Na conceção, aplicação e cumprimento dessas restrições, os prestadores de serviços intermediários deverão agir de forma não arbitrária e não discriminatória e ter em conta os direitos e interesses legítimos dos destinatários do serviço, incluindo os direitos fundamentais consagrados na Carta. Por exemplo, os fornecedores de plataformas em linha de muito grande dimensão deverão, em especial, ter devidamente em conta a liberdade de expressão e de informação, nomeadamente a liberdade e o pluralismo dos meios de comunicação social. Todos os prestadores de serviços intermediários deverão também ter em devida conta as normas internacionais pertinentes em matéria de proteção dos direitos humanos, como os Princípios Orientadores das Nações Unidas sobre Empresas e Direitos Humanos.

(48) Tendo em conta o seu papel e alcance especiais, é adequado impor às plataformas em linha de muito grande dimensão e aos motores de pesquisa em linha de muito grande dimensão requisitos adicionais em matéria de informação e transparência nos seus termos e condições. Por conseguinte, os fornecedores de plataformas em linha de muito grande dimensão e de motores de pesquisa em linha de muito grande dimensão deverão fornecer os seus termos e condições nas línguas oficiais de todos os Estados-Membros em que oferecem os seus serviços e deverão também fornecer aos destinatários dos serviços um resumo conciso e facilmente legível dos principais elementos dos termos e condições. Tais sínteses deverão identificar os elementos principais dos requisitos de informação, incluindo a possibilidade de se autoexcluírem facilmente de cláusulas facultativas.

(49) Para assegurar um nível adequado de transparência e de responsabilização, os prestadores de serviços intermediários deverão divulgar, anualmente e de forma pública, em conformidade com os requisitos harmonizados previstos no presente regulamento, um relatório em formato legível por máquina sobre a moderação de conteúdos por eles realizada, incluindo as medidas tomadas em resultado da aplicação e execução dos seus termos e condições. No entanto, a fim de evitar encargos desproporcionados, essas obrigações de apresentação de relatórios de transparência não deverão aplicar-se aos prestadores que sejam micro ou pequenas empresas, tal como definidas na Recomendação 2003/361/CE da Comissão[25], e que não sejam plataformas em linha de muito grande dimensão na aceção do presente regulamento.

(50) Os prestadores de serviços de alojamento virtual desempenham um papel especialmente importante na luta contra os conteúdos ilegais em linha, uma vez que armazenam informações fornecidas pelos destinatários do serviço e a pedido destes e, normalmente, dão a outros destinatários acesso às mesmas, por vezes em grande escala. É importante que todos os prestadores de serviços de alojamento virtual, independentemente da sua dimensão, criem mecanismos de notificação e ação facilmente acessíveis e de utilização simples, que facilitem a notificação de elementos específicos de informação que a parte notificante considere constituírem conteúdos ilegais ao prestador de serviços de alojamento virtual em causa («notificação»), nos termos da qual esse prestador pode decidir se concorda ou não com a avaliação e se pretende suprimir os conteúdos ou bloquear o acesso aos mesmos («ação»). Esses mecanismos deverão ser claramente identificáveis, localizados perto das informações em questão e, pelo menos, ser tão fáceis de encontrar e utilizar como mecanismos de notificação de conteúdos que violem os termos e condições do serviço de alojamento virtual. Desde que sejam cumpri-

[25] Recomendação 2003/361/CE da Comissão, de 6 de maio de 2003, relativa à definição de micro, pequenas e médias empresas (JO L 124 de 20.5.2003, p. 36).

dos os requisitos sobre as notificações, deverá ser possível às pessoas ou entidades notificar múltiplos elementos específicos de conteúdos alegadamente ilegais através de uma única notificação, a fim de assegurar o funcionamento eficaz dos mecanismos de notificação e ação. O mecanismo de notificação deverá permitir, mas não exigir, a identificação da pessoa ou da entidade que apresenta a notificação. Para alguns tipos de informações notificadas, a identificação da pessoa ou da entidade que apresenta a notificação pode ser necessária para determinar se as informações em causa constituem um conteúdo ilegal, como alegado. A obrigação de criar mecanismos de notificação e ação deverão aplicar-se, por exemplo, a serviços de armazenagem e partilha de ficheiros, a serviços de alojamento na Web, a servidores de publicidade e a sítios Web de armazenamento e partilha de dados (como o «Pastebin»), na medida em que sejam considerados serviços de alojamento virtual abrangidos pelo presente regulamento.

(51) Tendo em conta a necessidade de ter devidamente em conta os direitos fundamentais garantidos pela Carta de todas as partes interessadas, qualquer medida tomada por um prestador de serviços de alojamento virtual na sequência da receção de uma notificação deverá ser estritamente direcionada, no sentido de que deverá servir para suprimir ou bloquear o acesso a elementos específicos de informação considerados conteúdos ilegais, sem afetar indevidamente a liberdade de expressão e de informação dos destinatários do serviço. Por conseguinte, as notificações deverão, regra geral, ser dirigidas aos prestadores de serviços de alojamento virtual de que se possa razoavelmente esperar que tenham capacidade técnica e operacional para agir contra esses elementos específicos. Os prestadores de serviços de alojamento virtual que recebam uma notificação relativamente à qual não possam, por razões técnicas ou operacionais, suprimir o elemento específico de informação deverão informar a pessoa ou entidade que apresentou a notificação.

(52) As regras relativas a esses mecanismos de notificação e ação deverão ser harmonizadas a nível da União, de modo a prever o tratamento atempado, diligente e não-arbitrário das notificações com base em regras uniformes, transparentes e claras e que prevejam garantias sólidas para proteger os direitos e interesses legítimos de todas as partes afetadas, nomeadamente os seus direitos fundamentais garantidos pela Carta, independentemente do Estado-Membro em que estejam estabelecidas ou residam e do domínio do direito em questão. Esses direitos fundamentais incluem, entre outros: para os destinatários do serviço, o direito à liberdade de expressão e de informação, o direito ao respeito pela vida privada e familiar, o direito à proteção dos dados pessoais, o direito à não discriminação e o direito à ação; para os prestadores de serviços, a liberdade empresarial, incluindo a liberdade contratual; para as partes afetadas por conteúdos ilegais, o direito à dignidade do ser humano, os direitos das crianças, o direito à proteção da propriedade, incluindo a propriedade intelectual, e o direito à não discriminação. Os prestadores de serviços de alojamento virtual deverão dar seguimento às notificações em tempo útil, tendo especialmente em conta o tipo de conteúdos ilegais visados pelas notificações e a urgência da tomada de medidas. Por exemplo, é expectável que os referidos prestadores atuem sem demora aquando da notificação de conteúdos alegadamente ilegais que envolvam uma ameaça iminente para a vida ou a segurança das pessoas. Após decidir se dá ou não seguimento à notificação, o prestador de serviços de alojamento virtual deverá informar, sem demora injustificada, a pessoa ou entidade que notificou os conteúdos específicos.

(53) Os mecanismos de notificação e ação deverão permitir a apresentação de notificações que sejam suficientemente precisas e devidamente fundamentadas para permitir que o prestador de serviços de alojamento virtual em causa tome uma decisão informada e diligente, compatível com a liberdade de expressão e de informação, relativamente aos conteúdos a que se refere a notificação, em especial se esses conteúdos devem ser ou não considerados ilegais e devem ser suprimidos ou o acesso aos mesmos deve ser bloqueado. Esses mecanismos deverão facilitar a apresentação de notificações com uma explicação das razões pelas quais a pessoa ou a entidade que apresenta a notificação considera que o conteúdo é ilegal e uma indicação clara da localização desse conteúdo. Sempre que uma notificação contenha informações suficientes para permitir a um prestador diligente de serviços de alojamento virtual identificar, sem um exame jurídico pormenorizado, que é evidente que o conteúdo é ilegal, deverá considerar-se que a notificação dá origem ao conhecimento efetivo ou ao conhecimento da ilegalidade. Com exceção da apresentação de notificações relativas às infrações a que se referem os artigos 3º a 7º da Diretiva 2011/93/UE do Parlamento Europeu e do Conselho[26], esses mecanismos deverão solicitar à pessoa ou à entidade que apresenta a notificação que divulgue a sua identidade, a fim de evitar utilizações abusivas.

(54) Sempre que um prestador de serviços de alojamento virtual, baseando--se no facto de que as informações fornecidas pelos destinatários constituem

[26] Diretiva 2011/93/UE do Parlamento Europeu e do Conselho, de 13 de dezembro de 2011, relativa à luta contra o abuso sexual e a exploração sexual de crianças e a pornografia infantil, e que substitui a Decisão-Quadro 2004/68/JAI do Conselho (JO L 335 de 17.12.2011, p. 1).

um conteúdo ilegal ou são incompatíveis com os termos ou condições, decidir suprimir ou bloquear o acesso às informações fornecidas por um destinatário do serviço, ou restringir de outra forma a sua visibilidade ou monetização, por exemplo na sequência da receção de uma notificação ou atuando por iniciativa própria, nomeadamente e exclusivamente através de meios automatizados, deverá informar de forma clara e facilmente compreensível o destinatário da sua decisão, dos motivos que a justificam e das possibilidades de reparação disponíveis para contestar a decisão, tendo em conta as consequências negativas que essas decisões podem ter para o destinatário, nomeadamente no que respeita ao exercício do seu direito fundamental à liberdade de expressão. Essa obrigação deverá aplicar-se independentemente dos motivos da decisão, em particular se a ação tiver sido tomada devido ao facto de a informação notificada ter sido considerada conteúdo ilegal ou incompatível com os termos e condições aplicáveis. Se a decisão tiver sido tomada na sequência da receção de uma notificação, o prestador de serviços de alojamento virtual só deverá revelar a identidade da pessoa ou entidade que apresentou a notificação ao destinatário do serviço se essa informação for necessária para identificar a ilegalidade do conteúdo, nomeadamente em casos de violação de direitos de propriedade intelectual.

(55) A restrição da visibilidade pode consistir na despromoção nos sistemas de classificação ou de recomendação, bem como na limitação da acessibilidade de um ou mais destinatários do serviço ou no bloqueio do utilizador de uma comunidade em linha sem que o mesmo disso tenha conhecimento («bloqueamento oculto» – shadow banning). A monetização, por via das receitas de publicidade, da informação fornecida pelo destinatário do serviço pode ser restringida através da suspensão ou cessação do pagamento monetário ou da receita associados a essa informação. No entanto, a obrigação de indicar uma exposição de motivos não deverá aplicar-se aos conteúdos comerciais enganosos de elevado volume difundidos através da manipulação intencional do serviço, em especial a utilização não autêntica do serviço, como a utilização de robôs digitais ou de contas falsas ou outras utilizações enganosas do serviço. Independentemente de outras possibilidades para contestar a decisão do prestador de serviços de alojamento virtual, o destinatário do serviço deverá ter sempre o direito a vias efetivas de recurso judicial nos termos do direito nacional.

(56) Um prestador de serviços de alojamento virtual pode, em alguns casos, tomar conhecimento, por exemplo através de uma notificação por uma parte notificante ou das suas próprias medidas voluntárias, de informações relativas a determinadas atividades de um destinatário do serviço, como o fornecimento de determinados tipos de conteúdos ilegais, que justifiquem razoavelmente, tendo em conta todas as circunstâncias pertinentes de que o prestador de serviços de alojamento virtual tenha conhecimento, a suspeita de que esse destinatário possa ter cometido, possa estar a cometer ou seja suscetível de vir a cometer um crime grave que envolva uma ameaça à vida ou à segurança de uma pessoa ou pessoas, como os crimes especificados na Diretiva 2011/36/UE do Parlamento Europeu e do Conselho[27], na Diretiva 2011/93/UE ou na Diretiva (UE) 2017/541 do Parlamento Europeu e do Conselho[28]. Por exemplo, determinados elementos de conteúdo poderão dar origem a uma suspeita de ameaça para o público, como o incitamento ao terrorismo na aceção do artigo 21º da Diretiva (UE) 2017/541. Nesses casos, o prestador de serviços de alojamento virtual deverá informar sem demora as autoridades responsáveis pela aplicação da lei dessa suspeita. O prestador de serviços de alojamento virtual deverá fornecer todas as informações pertinentes de que disponha, nomeadamente, quando pertinente, o conteúdo em questão e, se disponível, a data em que o mesmo foi publicado, incluindo o fuso horário designado, uma explicação da sua suspeita e as informações necessárias para localizar e identificar o destinatário do serviço pertinente. O presente regulamento não constitui a base jurídica para a definição dos perfis dos destinatários dos serviços com vista à eventual identificação de crimes por prestadores de serviços de alojamento virtual. Os prestadores de serviços de alojamento virtual deverão igualmente respeitar outras regras do direito da União ou do direito nacional aplicáveis à proteção dos direitos e liberdades das pessoas quando informam as autoridades responsáveis pela aplicação da lei.

(57) A fim de evitar encargos desproporcionados, as obrigações adicionais impostas, ao abrigo do presente regulamento, aos fornecedores de plataformas em linha, incluindo as plataformas que permitem aos consumidores celebrar contratos à distância com comerciantes, não deverão aplicar-se aos prestadores que sejam considerados micro ou pequenas empresas tal como definidas na Recomendação 2003/361/CE. Pela mesma razão, essas obrigações adicionais também não deverão aplicar-se aos fornecedores de plataformas em linha previamente qualificados como micro ou pequenas empresas durante um período de 12 meses

[27] Diretiva 2011/36/UE do Parlamento Europeu e do Conselho, de 5 de abril de 2011, relativa à prevenção e luta contra o tráfico de seres humanos e à proteção das vítimas, e que substitui a Decisão-Quadro 2002/629/JAI do Conselho (JO L 101 de 15.4.2011, p. 1).

[28] Diretiva (UE) 2017/541 do Parlamento Europeu e do Conselho, de 15 de março de 2017, relativa à luta contra o terrorismo e que substitui a Decisão-Quadro 2002/475/JAI do Conselho e altera a Decisão 2005/671/JAI do Conselho (JO L 88 de 31.3.2017, p. 6).

após terem perdido esse estatuto. Esses prestadores não deverão ser excluídos da obrigação de fornecer informações sobre a média mensal dos destinatários ativos do serviço a pedido do coordenador dos serviços digitais do estabelecimento ou da Comissão. No entanto, tendo em conta que as plataformas em linha de muito grande dimensão ou os motores de pesquisa em linha de muito grande dimensão têm um alcance maior e um maior impacto na influência sobre a forma como os destinatários do serviço obtêm informações e comunicam em linha, esses prestadores não deverão beneficiar dessa exclusão, independentemente de serem qualificados, recentemente ou não, como micro ou pequenas empresas. As regras de consolidação previstas na Recomendação 2003/361/CE contribuem para assegurar que se evite qualquer possibilidade de contornar essas obrigações adicionais. Nenhuma disposição do presente regulamento impede os fornecedores de plataformas em linha abrangidos por essa exclusão de criarem, a título voluntário, um sistema que cumpra uma ou mais dessas obrigações.

(58) Os destinatários do serviço deverão poder contestar, fácil e eficazmente, determinadas decisões dos fornecedores de plataformas em linha sobre a ilegalidade dos conteúdos ou a sua incompatibilidade com os termos e condições que os afetem negativamente. Por conseguinte, os fornecedores de plataformas em linha deverão ser obrigados a prever sistemas internos de gestão de reclamações que satisfaçam determinadas condições destinadas a assegurar que os sistemas sejam facilmente acessíveis e conduzam a resultados rápidos, não discriminatórios, não arbitrários e justos, ficando sujeitos a uma análise humana caso sejam usados meios automatizados. Esses sistemas deverão permitir que todos os destinatários do serviço apresentem uma reclamação e não deverão estabelecer requisitos formais, como a remissão para disposições jurídicas específicas pertinentes ou explicações jurídicas elaboradas. Os destinatários do serviço que tenham apresentado uma notificação através do mecanismo de notificação e ação previsto no presente regulamento, ou através do mecanismo de notificação de conteúdos que violem os termos e condições do fornecedor de plataformas em linha, deverão ter o direito de utilizar o mecanismo de reclamação para contestar a decisão do fornecedor de plataformas em linha sobre as suas notificações, inclusive quando considerem que as medidas tomadas pelo prestador não foram adequadas. A possibilidade de apresentar uma reclamação com vista à revogação das decisões contestadas deverá estar disponível durante um período mínimo de seis meses, a contar da data em que o destinatário do serviço é informado da decisão pelo fornecedor de plataformas em linha.

(59) Além disso, deverá prever-se a possibilidade de recorrer, em boa fé, à resolução extrajudicial desses litígios, nomeadamente dos que não tenham podido ser resolvidos de forma satisfatória através dos sistemas internos de gestão de reclamações, por organismos certificados que possuam a independência, os meios e os conhecimentos necessários para exercer as suas atividades de uma forma justa, rápida e eficaz em termos de custos. A independência dos organismos de resolução extrajudicial de litígios deverá também ser assegurada a nível das pessoas singulares responsáveis pela resolução de litígios, nomeadamente através de regras de conflitos de interesses. As taxas cobradas pelos organismos de resolução extrajudicial de litígios deverão ser razoáveis, acessíveis, atrativas, pouco dispendiosas para os consumidores e proporcionadas, e deverão ser avaliadas caso a caso. Caso um organismo de resolução extrajudicial de litígios seja certificado pelo coordenador de serviços digitais competente, essa certificação é válida em todos os Estados-Membros. Os fornecedores de plataformas em linha deverão poder recusar-se a participar em procedimentos extrajudiciais de resolução de litígios ao abrigo do presente regulamento quando o mesmo litígio, em especial no que diz respeito às informações em causa e aos motivos para tomar a decisão contestada, aos efeitos da decisão e aos motivos invocados para contestar a decisão, já tiver sido resolvido ou já estiver sujeito a um processo em curso no tribunal competente ou junto de outro organismo de resolução extrajudicial de litígios competente. Os destinatários do serviço deverão poder escolher entre o mecanismo interno de reclamação, a resolução extrajudicial de litígios e a possibilidade de intentar, em qualquer fase, processos judiciais. Uma vez que o resultado do procedimento extrajudicial de resolução de litígios não é vinculativo, as partes não deverão ser impedidas de intentar uma ação judicial em relação ao mesmo litígio. As possibilidades de contestar as decisões dos fornecedores das plataformas em linha assim criadas não deverão afetar, seja de que forma for, a possibilidade de interpor recurso judicial nos termos da legislação do Estado-Membro em causa e, por conseguinte, de exercer o direito à ação judicial nos termos do artigo 47º da Carta. As disposições do presente regulamento relativas à resolução extrajudicial de litígios não deverão exigir que os Estados-Membros criem esses organismos de resolução extrajudicial.

(60) No que se refere a litígios contratuais entre consumidores e empresas relativamente à aquisição de bens ou serviços, a Diretiva 2013/11/UE do Parlamento Europeu e do Conselho assegura que os consumidores e as empresas da União tenham acesso a entidades de resolução alternativa de litígios de qualidade certificada. Neste contexto, importa esclarecer que as regras do presente regulamento relativas à resolução extrajudicial de litígios se aplicam sem prejuízo do disposto nessa diretiva, incluindo o direito, ao abrigo da diretiva, de os consumidores se retirarem do procedimento em qualquer momento se não estiverem satisfeitos com o desempenho ou com o funcionamento do procedimento.

(61) É possível tomar medidas contra conteúdos ilegais de forma mais rápida e fiável quando os fornecedores de plataformas em linha tomam as medidas necessárias para assegurar que as notificações apresentadas por sinalizadores de confiança, agindo dentro do seu domínio de competências designado, através dos mecanismos de notificação e ação exigidos pelo presente regulamento sejam tratadas prioritariamente, sem prejuízo da exigência de proceder ao tratamento de todas as notificações apresentadas ao abrigo desses mecanismos e tomar uma decisão sobre as mesmas de forma atempada, diligente e não arbitrária. O estatuto de sinalizador de confiança deverá ser concedido pelo coordenador dos serviços digitais do Estado-Membro em que o requerente se encontra estabelecido e deverá ser reconhecido por todos os fornecedores de plataformas em linha abrangidos pelo âmbito de aplicação do presente regulamento. Esse estatuto de sinalizador de confiança só deverá ser atribuído a entidades, e não a pessoas, que tenham demonstrado, nomeadamente, que possuem conhecimentos especializados e competências específicas para combater os conteúdos ilegais e que trabalham de uma forma diligente, rigorosa e objetiva. No que se refere a conteúdos terroristas, tais entidades podem ser de natureza pública, como unidades de sinalização de conteúdos na Internet das autoridades nacionais responsáveis pela aplicação da lei ou da Agência da União Europeia para a Cooperação Policial («Europol»), ou organizações não governamentais e organismos privados ou semipúblicos, como as organizações que fazem parte da rede INHOPE de linhas diretas para a denúncia de material pedopornográfico e as organizações empenhadas em notificar manifestações racistas e xenófobas ilegais em linha. A fim de evitar diminuir o valor acrescentado desse mecanismo, o número total de estatutos de sinalizadores de confiança concedidos nos termos do presente regulamento deverá ser limitado. Em especial, as associações industriais que representam os interesses dos seus membros são incentivadas a requerer o estatuto de sinalizadores de confiança, sem prejuízo do direito das entidades privadas ou das pessoas de celebrarem acordos bilaterais com os fornecedores de plataformas em linha.

(62) Os sinalizadores de confiança deverão publicar relatórios facilmente compreensíveis e pormenorizados sobre as notificações apresentadas nos termos do presente regulamento. Esses relatórios deverão incluir informações, tais como o número de notificações dividido por prestadores de serviços de alojamento virtual, o tipo de conteúdo notificado e as medidas tomadas pelo prestador do serviço. Uma vez que os sinalizadores de confiança já demonstraram os seus conhecimentos e competências, é de esperar que o tratamento das notificações dos sinalizadores de confiança seja menos oneroso e, por conseguinte, mais rápido do que o tratamento das notificações apresentadas por outros destinatários do serviço. No entanto, o tempo médio de tratamento pode, ainda assim, variar em função de fatores como o tipo de conteúdos ilegais, a qualidade das notificações e os procedimentos técnicos efetivamente utilizados para a apresentação das mesmas.

Por exemplo, embora o Código de Conduta para a luta contra os discursos ilegais de incitação ao ódio em linha, de 2016, estabeleça uma referência para as empresas participantes no que diz respeito ao tempo necessário para tratar notificações válidas para a supressão de discursos ilegais de incitação ao ódio, outros tipos de conteúdos ilegais podem ter prazos de tratamento consideravelmente diferentes, dependendo dos factos e circunstâncias específicos e dos tipos de conteúdos ilegais em causa. A fim de evitar abusos do estatuto de sinalizador de confiança, deverá ser possível suspender esse estatuto quando um coordenador de serviços digitais de estabelecimento abrir uma investigação com base em motivos legítimos. As regras do presente regulamento sobre sinalizadores de confiança não deverão ser interpretadas no sentido de impedir os fornecedores de plataformas em linha de dar um tratamento semelhante às notificações apresentadas por entidades ou pessoas às quais não tenha sido atribuído o estatuto de sinalizador de confiança ao abrigo do presente regulamento nem de cooperar, de qualquer outra forma, com outras entidades, nos termos do direito aplicável, incluindo o presente regulamento e o Regulamento (UE) 2016/794 do Parlamento Europeu e do Conselho[29]. As regras do presente regulamento não deverão impedir os fornecedores de plataformas em linha de utilizarem esses sinalizadores de confiança ou mecanismos semelhantes para tomar medidas rápidas e fiáveis contra conteúdos incompatíveis com os seus termos e condições, em especial contra conteúdos prejudiciais para os destinatários do serviço que sejam vulneráveis, como os menores.

(63) A utilização abusiva das plataformas em linha através do fornecimento frequente de conteúdos manifestamente ilegais ou da apresentação frequente de notificações ou reclamações manifestamente infundadas ao abrigo dos mecanismos e sistemas, respetivamente, estabelecidos ao abrigo do presente regula-

[29] Regulamento (UE) 2016/794 do Parlamento Europeu e do Conselho, de 11 de maio de 2016, que cria a Agência da União Europeia para a Cooperação Policial (Europol) e que substitui e revoga as Decisões 2009/371/JAI, 2009/934/JAI, 2009/935/JAI, 2009/936/JAI e 2009/968/JAI do Conselho (JO L 135 de 24.5.2016, p. 53).

mento, compromete a confiança e prejudica os direitos e interesses legítimos das partes em causa. Por conseguinte, é necessário estabelecer salvaguardas adequadas, proporcionadas e eficazes contra essa utilização abusiva, que devem respeitar os direitos e interesses legítimos de todas as partes envolvidas, incluindo os direitos e liberdades fundamentais aplicáveis consagrados na Carta, em especial a liberdade de expressão. As informações deverão ser consideradas conteúdos manifestamente ilegais e as notificações ou reclamações deverão ser consideradas manifestamente infundadas sempre que seja evidente para um leigo, sem qualquer análise substantiva, que o conteúdo é ilegal ou que as notificações ou reclamações são infundadas, respetivamente.

(64) Em determinadas condições, os fornecedores de plataformas em linha deverão suspender temporariamente as suas atividades pertinentes em relação à pessoa envolvida em comportamentos abusivos. Tal não prejudica a liberdade dos fornecedores de plataformas em linha de determinarem os seus termos e condições e estabelecerem medidas mais rigorosas no caso de conteúdos manifestamente ilegais relacionados com crimes graves, como material pedopornográfico. Por razões de transparência, esta possibilidade deverá ser indicada, de forma clara e suficientemente pormenorizada, nos termos e condições das plataformas em linha. As decisões tomadas a este respeito pelos fornecedores de plataformas em linha deverão ser sempre passíveis de recurso e estar sujeitas à supervisão do coordenador dos serviços digitais competente. Os fornecedores de plataformas em linha deverão emitir um aviso prévio antes de tomarem uma decisão sobre a suspensão, o qual deverá incluir os motivos da eventual suspensão e os meios de recurso contra a decisão dos fornecedores da plataforma em linha. Ao decidirem sobre a suspensão, os fornecedores de plataformas em linha deverão enviar a exposição de motivos de acordo com as regras estabelecidas no presente regulamento. As regras do presente regulamento em matéria de utilização abusiva não deverão impedir os fornecedores de plataformas em linha de tomarem outras medidas para abordar o fornecimento de conteúdos ilegais pelos destinatários dos seus serviços ou outra utilização abusiva dos seus serviços, nomeadamente através da violação dos seus termos e condições, em conformidade com o direito da União e nacional aplicáveis. Essas regras aplicam-se sem prejuízo da possibilidade de responsabilização das pessoas envolvidas na utilização abusiva, nomeadamente por danos, prevista no direito da União ou no direito nacional.

(65) Tendo em conta as responsabilidades e obrigações específicas dos fornecedores de plataformas em linha, estas deverão estar sujeitas a obrigações de apresentação de relatórios de transparência, que são aplicáveis para além das obrigações de apresentação de relatórios de transparência que incumbem a todos os prestadores de serviços intermediários ao abrigo do presente regulamento. Para determinar se as plataformas em linha ou os motores de pesquisa em linha podem ser plataformas em linha de muito grande dimensão ou motores de pesquisa em linha de muito grande dimensão, respetivamente, sujeitos a certas obrigações adicionais por força do presente regulamento, as obrigações de apresentação de relatórios de transparência aplicáveis às plataformas em linha e aos motores de pesquisa em linha deverão incluir certas obrigações relativas à publicação e comunicação de informações sobre o número médio mensal de destinatários ativos do serviço na União.

(66) A fim de assegurar a transparência e permitir o controlo das decisões de moderação dos conteúdos dos fornecedores de plataformas em linha e monitorizar a difusão de conteúdos ilegais em linha, a Comissão deverá manter e atualizar uma base de dados que contenha as decisões e as exposições de motivos dos fornecedores de plataformas em linha quando suprimem informações ou de alguma outra forma restringem a sua disponibilidade e o acesso às mesmas. A fim de manter a base de dados permanentemente atualizada, os fornecedores de plataformas em linha deverão apresentar, num formato normalizado, as decisões e a exposição de motivos sem demora injustificada após a tomada de uma decisão, a fim de permitir atualizações em tempo real, sempre que tal seja tecnicamente possível e proporcionado aos meios da plataforma em linha em questão. A base de dados estruturada deverá permitir o acesso às informações pertinentes e a pesquisa de tais informações, em especial no que diz respeito ao tipo de conteúdos alegadamente ilegais em causa.

(67) Os padrões obscuros nas interfaces em linha das plataformas em linha são práticas que distorcem ou prejudicam de forma substancial, intencional ou de facto, a capacidade dos destinatários do serviço de fazerem escolhas ou decisões autónomas e informadas. Estas práticas podem ser utilizadas para persuadir os destinatários do serviço a adotar comportamentos indesejados ou decisões indesejadas que tenham consequências negativas para eles. Por conseguinte, os fornecedores de plataformas em linha deverão ser proibidos de enganar ou incentivar nesse sentido os destinatários do serviço e de distorcer ou prejudicar a autonomia, a tomada de decisões ou a escolha dos destinatários do serviço através da estrutura, conceção ou funcionalidades de uma interface em linha ou de parte dela. Tal inclui, entre outras, opções de conceção exploratória para orientar o destinatário para ações que beneficiem o prestador de plataformas em linha, mas que podem não ser do interesse dos destinatários, apresentando escolhas de forma não neutra, por exemplo dando mais destaque visual a determinadas opções através de componentes visuais, meios auditivos ou outros componentes, ao solicitar ao destinatário do serviço que tome uma decisão.

Deverá também incluir solicitar repetidamente a um destinatário do serviço que faça uma escolha nos casos em que essa escolha já tenha sido feita, tornando o procedimento de cancelamento de um serviço significativamente mais complicado do que a assinatura, ou tornando certas escolhas mais difíceis ou morosas do que outras, tornando injustificadamente difícil interromper as compras ou encerrar a sessão numa determinada plataforma em linha, permitindo aos consumidores celebrar contratos à distância com comerciantes, e enganando os destinatários do serviço incentivando-os a tomarem decisões sobre transações, ou mediante configurações por defeito muito difíceis de alterar, e, por conseguinte, distorcer injustificadamente a decisão do destinatário do serviço, de uma forma que distorça e prejudique a sua autonomia, tomada de decisões e escolha. No entanto, as normas que se destinam a impedir padrões escuros não deverão ser entendidas no sentido de impedirem os fornecedores de interagirem diretamente com os destinatários do serviço e de lhes oferecerem serviços novos ou adicionais. As práticas legítimas, por exemplo na publicidade, que estejam em conformidade com o direito da União não deverão, em si mesmas, ser consideradas padrões obscuros. Tais regras sobre padrões obscuros deverão ser interpretadas como abrangendo práticas proibidas abrangidas pelo âmbito de aplicação do presente regulamento, na medida em que essas práticas não estejam já abrangidas pela Diretiva 2005/29/CE ou pelo Regulamento (UE) 2016/679.

(68) A publicidade em linha desempenha um papel importante no ambiente em linha, nomeadamente em relação à oferta de plataformas em linha, em que a prestação do serviço é, por vezes, total ou parcialmente remunerada, direta ou indiretamente, através de receitas de publicidade. A publicidade em linha pode contribuir para riscos significativos, que vão de anúncios publicitários que constituem, eles próprios, um conteúdo ilegal, à contribuição para incentivos financeiros à publicação ou amplificação de conteúdos e atividades ilegais ou de alguma forma lesivos em linha, ou à exibição discriminatória de anúncios publicitários com impacto na igualdade de tratamento e de oportunidades dos cidadãos. Para além dos requisitos decorrentes do artigo 6º da Diretiva 2000/31/CE, os fornecedores de plataformas em linha deverão, por conseguinte, ser obrigados a assegurar que os destinatários do serviço dispõem de determinadas informações individualizadas necessárias para compreenderem quando e em nome de quem o anúncio publicitário é exibido. Deverão assegurar que tais informações sejam destacadas, nomeadamente através de sinalização visual ou áudio normalizada que seja claramente identificável e inequívoca para o destinatário médio do serviço, e estejam adaptadas à natureza da interface em linha do serviço específico. Além disso, os destinatários do serviço deverão dispor de informações diretamente acessíveis a partir da interface em linha onde o anúncio publicitário é exibido sobre os principais parâmetros utilizados para determinar que um anúncio publicitário específico lhes é exibido, com explicações pertinentes sobre a lógica utilizada para o efeito, nomeadamente quando esta se baseia na definição de perfis.

Tais explicações deverão incluir informações sobre o método utilizado para exibir o anúncio publicitário que indiquem, por exemplo, se se trata de publicidade contextual, comportamental ou de outro tipo e, se for caso disso, sobre os principais critérios de definição de perfis utilizados; deverão ainda informar o destinatário de quaisquer meios à sua disposição para alterar esses critérios. Os requisitos do presente regulamento sobre o fornecimento de informações relativas à publicidade aplicam-se sem prejuízo da aplicação das disposições pertinentes do Regulamento (UE) 2016/679, em particular as relativas ao direito de oposição, às decisões individuais automatizadas, incluindo a definição de perfis e, especificamente, à necessidade de obter o consentimento do titular dos dados antes de se proceder ao tratamento de dados pessoais para efeitos de publicidade direcionada. Do mesmo modo, aplicam-se sem prejuízo das disposições estabelecidas na Diretiva 2002/58/CE, em particular as relativas ao armazenamento de informações em equipamentos terminais e ao acesso às informações neles armazenadas. Por último, o presente regulamento complementa a aplicação da Diretiva 2010/13/UE, que impõe medidas destinadas a permitir que os utilizadores declarem a presença de comunicações comerciais audiovisuais em vídeos gerados pelos utilizadores. O presente regulamento complementa igualmente as obrigações dos comerciantes em matéria de divulgação de comunicações comerciais decorrentes da Diretiva 2005/29/CE.

(69) Quando são apresentados aos destinatários do serviço anúncios publicitários baseados em técnicas de direcionamento otimizadas para corresponder aos seus interesses e apelar potencialmente às suas vulnerabilidades, tal pode ter efeitos negativos particularmente graves. Em certos casos, as técnicas manipuladoras podem ter um impacto negativo em grupos inteiros e amplificar os danos sociais, por exemplo contribuindo para campanhas de desinformação ou discriminando determinados grupos. As plataformas em linha são ambientes particularmente sensíveis para essas práticas e apresentam um risco social mais elevado. Por conseguinte, os fornecedores de plataformas em linha não poderão exibir anúncios publicitários baseados na definição de perfis tal como definida no artigo 4º, ponto 4, do Regulamento (UE) 2016/679, utilizando categorias especiais de dados pessoais a que se refere o artigo 9º, nº 1, desse regulamento, inclusivamente recorrendo a categorias de definição de perfis baseadas nessas categorias especiais. Esta proibição aplica-se sem prejuízo das obrigações aplicáveis aos fornecedores de plataformas em linha ou a qualquer outro prestador de serviços ou anunciante envolvido na difusão dos anúncios publicitários ao abrigo do direito da União em matéria de proteção de dados pessoais.

(70) Uma parte essencial da atividade de uma plataforma em linha prende-se com a forma como a informação é organizada por ordem de prioridade e apresentada na sua interface em linha para facilitar e otimizar o acesso dos destinatários do serviço à informação. Tal é feito, por exemplo, através da sugestão, classificação e organização algorítmica por ordem de prioridade da informação, de uma distinção através de texto ou de outras representações visuais, ou da conservação da informação fornecida pelos destinatários. Esses sistemas de recomendação podem ter um impacto significativo na capacidade de os destinatários recuperarem e interagirem com informações em linha, nomeadamente para facilitar a pesquisa de informações pertinentes para os destinatários do serviço e contribuir para uma melhor experiência dos utilizadores. Desempenham igualmente um papel importante na amplificação de determinadas mensagens, na difusão viral da informação e no estímulo do comportamento em linha. Consequentemente, as plataformas em linha deverão assegurar-se de forma coerente de que os destinatários do seu serviço estão devidamente informados sobre como os sistemas de recomendação podem afetar a forma como a informação é exibida e como podem influenciar a informação que lhes é apresentada. Deverão apresentar claramente os parâmetros dos referidos sistemas de recomendação de uma forma facilmente compreensível para assegurar que os destinatários do serviço entendam a forma como é dada prioridade à informação que lhes é apresentada. Esses parâmetros deverão incluir, pelo menos, os critérios mais importantes para determinar as informações sugeridas ao destinatário do serviço e as razões da sua importância respetiva, nomeadamente se as informações forem consideradas prioritárias com base na definição de perfis e no seu comportamento em linha.

(71) A proteção dos menores é um importante objetivo político da União. Uma plataforma em linha pode ser considerada acessível a menores quando os seus termos e condições permitem a utilização do serviço por menores, quando o seu serviço é dirigido a menores ou predominantemente utilizado por estes, ou quando o prestador de serviços tem conhecimento de que alguns dos destinatários do seu serviço são menores, por exemplo porque já trata dados pessoais do destinatário do seu serviço que revelam a sua idade para outros fins. Os fornecedores de plataformas em linha utilizadas por menores deverão tomar medidas adequadas e proporcionadas para proteger os menores, por exemplo concebendo as suas interfaces em linha ou partes das mesmas com o mais elevado nível de privacidade, segurança e proteção dos menores por defeito, se for caso disso, ou adotando normas de proteção de menores, ou participando em códigos de conduta para a proteção de menores. Deverão ter em conta as boas práticas e as orientações disponíveis, como as previstas na Comunicação da Comissão intitulada «Uma Década Digital para as crianças e os jovens: a nova Estratégia europeia para uma Internet melhor para as crianças (BIK+)». Os fornecedores de plataformas em linha não deverão exibir anúncios publicitários com base na definição de perfis utilizando dados pessoais do destinatário do serviço se tiverem conhecimento, com uma certeza razoável, de que o destinatário do serviço é um menor. Nos termos do Regulamento (UE) 2016/679, nomeadamente do princípio da minimização dos dados previsto no artigo 5º, nº 1, alínea *c)*, do mesmo regulamento, esta proibição não deverá levar o fornecedor da plataforma em linha a manter, adquirir ou tratar mais dados pessoais do que já dispõe para avaliar se o destinatário do serviço é menor. Por conseguinte, esta obrigação não deverá incentivar os fornecedores de plataformas em linha a recolherem a idade do destinatário do serviço antes da sua utilização. Deverá aplicar-se sem prejuízo das obrigações constantes da legislação da União aplicável à proteção dos dados pessoais.

(72) A fim de contribuir para um ambiente em linha seguro, fiável e transparente para os consumidores, bem como para outras partes interessadas, como comerciantes concorrentes e titulares de direitos de propriedade intelectual, e para dissuadir os comerciantes de venderem produtos ou serviços em violação das regras aplicáveis, as plataformas em linha que permitem aos consumidores celebrar contratos à distância com comerciantes deverão assegurar que esses comerciantes sejam rastreáveis. Por conseguinte, o comerciante deverá ser obrigado a fornecer determinadas informações essenciais aos fornecedores das plataformas em linha que permitem aos consumidores celebrar contratos à distância com comerciantes, inclusive para efeitos de promoção de mensagens sobre produtos ou sobre a oferta de produtos. Este requisito deverá igualmente ser aplicável aos comerciantes que promovem mensagens sobre produtos ou serviços em nome de marcas com base em acordos subjacentes. Esses fornecedores de plataformas em linha deverão armazenar todas as informações de forma segura ao longo da sua relação contratual com o comerciante e, após o seu término, durante seis meses, a fim de permitir que sejam apresentadas reclamações contra o comerciante ou que sejam cumpridas as decisões relacionadas com o comerciante.

Esta obrigação é necessária e proporcionada para que as informações possam ser acedidas, nos termos da legislação aplicável, nomeadamente em matéria de proteção de dados pessoais, por autoridades públicas e entidades privadas com um interesse legítimo, incluindo através das decisões de prestação de informações referidas no presente regulamento. Esta obrigação não afeta eventuais obrigações de conservar determinados conteúdos durante períodos de tempo mais longos previstas no direito da União ou direito nacional que seja conforme com direito da União. Sem prejuízo da definição estabelecida no presente regulamento, qualquer comerciante, independentemente de ser uma pessoa singular ou coletiva, identificado como tal com base no artigo 6º-A, nº 1, alínea *b)*, da Diretiva 2011/83/UE e no artigo 7º, nº 4, alínea *f)*, da Diretiva 2005/29/CE, deverá ser rastreável quando oferece um produto ou serviço através de uma plataforma em linha. A Diretiva 2000/31/CE obriga todos os prestadores de serviços da sociedade da informação a facultarem aos destinatários do serviço e às autoridades competentes um acesso fácil, direto e permanente a determinadas informações que permitam a identificação de todos os prestadores. Os requisitos de rastreabilidade aplicáveis aos fornecedores de plataformas em linha que permitem aos consumidores celebrar contratos à distância com comerciantes estabelecidos no presente regulamento não afetam a aplicação da Diretiva (UE) 2021/514 do Conselho[30], que prossegue outros objetivos legítimos de interesse público.

(73) Para assegurar uma aplicação eficaz e adequada dessa obrigação, sem impor encargos desproporcionados, os fornecedores de plataformas em linha que permitem que os consumidores celebrem contratos à distância com comerciantes deverão envidar todos os esforços para avaliar a fiabilidade das informações fornecidas pelos comerciantes em causa, nomeadamente utilizando bases de dados oficiais em linha e interfaces em linha de livre acesso, como registos comerciais nacionais e o Sistema de Intercâmbio de Informações sobre o IVA, ou solicitar aos comerciantes em causa que forneçam documentos comprovativos fiáveis, como cópias de documentos de identidade, extratos certificados de contas de pagamento, certificados de empresa e certidões de registo comercial. Podem igualmente recorrer a outras fontes, disponíveis para utilização à distância, que proporcionem um grau de fiabilidade semelhante para efeitos de cum-

[30] Diretiva (UE) 2021/514 do Conselho, de 22 de março de 2021, que altera a Diretiva 2011/16/UE relativa à cooperação administrativa no domínio da fiscalidade (JO L 104 de 25.3.2021, p. 1).

primento desta obrigação. No entanto, os fornecedores de plataformas em linha em causa não deverão ser obrigados a realizar exercícios de apuramento de factos em linha excessivos ou dispendiosos, nem a efetuar verificações desproporcionadas no local. Também não se deverá entender que, tendo envidado todos os esforços exigidos pelo presente regulamento, esses fornecedores garantem a fiabilidade da informação perante o consumidor ou outras partes interessadas.

(74) Os fornecedores de plataformas em linha que permitem que os consumidores celebrem contratos à distância com comerciantes deverão conceber e organizar a sua interface em linha de modo a permitir aos comerciantes cumprir as obrigações que lhes incumbem por força do direito aplicável da União, em particular os requisitos estabelecidos nos artigos 6º e 8º da Diretiva 2011/83/UE, no artigo 7º da Diretiva 2005/29/CE, nos artigos 5º e 6º da Diretiva 2000/31/CE e no artigo 3º da Diretiva 98/6/CE do Parlamento Europeu e do Conselho[31]. Para o efeito, os fornecedores de plataformas em linha em causa deverão envidar todos os esforços para avaliar se os comerciantes que utilizam os seus serviços carregaram as informações completas para as suas interfaces em linha, em linha com o direito da União aplicável em causa. Os fornecedores de plataformas em linha deverão assegurar-se de que não são oferecidos produtos ou serviços enquanto essas informações não estiverem completas. Tal não deverá constituir uma obrigação dos fornecedores de plataformas em linha em causa de controlar, de um modo geral, os produtos ou serviços oferecidos pelos comerciantes através dos seus serviços, nem uma obrigação geral de apuramento dos factos, em especial para avaliar a exatidão das informações prestadas pelos comerciantes. As interfaces em linha deverão ser de fácil utilização e facilmente acessíveis para comerciantes e consumidores. Além disso, após permitir a oferta do produto ou serviço pelo comerciante, os fornecedores de plataformas em linha em causa deverão envidar esforços razoáveis para verificar aleatoriamente se os produtos ou serviços oferecidos foram identificados como ilegais em quaisquer bases de dados em linha ou interfaces em linha oficiais, de acesso livre e legíveis por máquina disponíveis num Estado-Membro ou na União. A Comissão deverá também incentivar a rastreabilidade dos produtos através de soluções tecnológicas como códigos de resposta rápida («códigos QR», do inglês *Quick Response*) assinados digitalmente ou *tokens* não fungíveis. A Comissão deverá promover o

[31] Diretiva 98/6/CE do Parlamento Europeu e do Conselho, de 16 de fevereiro de 1998, relativa à defesa dos consumidores em matéria de indicações dos preços dos produtos oferecidos aos consumidores (JO L 80 de 18.3.1998, p. 27).

desenvolvimento de normas e, na ausência destas, de soluções orientadas pelo mercado passíveis de ser consideradas aceitáveis pelas partes interessadas.

(75) Dada a importância das plataformas em linha de muito grande dimensão, devido ao seu alcance, expresso nomeadamente em número de destinatários do serviço, na facilitação do debate público, das transações económicas e da difusão ao público de informações, opiniões e ideias e na influência que podem exercer sobre a forma como os destinatários obtêm e comunicam informações em linha, é necessário impor aos fornecedores dessas plataformas obrigações específicas, para além das obrigações aplicáveis a todas as plataformas em linha. Devido ao seu papel fundamental na localização e na recuperação de informações em linha, é igualmente necessário impor essas obrigações, na medida em que sejam aplicáveis, aos fornecedores de motores de pesquisa em linha de muito grande dimensão. As referidas obrigações adicionais impostas aos fornecedores de plataformas em linha de muito grande dimensão e de motores de pesquisa em linha de muito grande dimensão são necessárias para dar resposta a essas preocupações de política pública, dado que não existem medidas alternativas e menos restritivas que permitam alcançar eficazmente o mesmo resultado.

(76) As plataformas em linha de muito grande dimensão e os motores de pesquisa em linha de muito grande dimensão podem implicar riscos sociais com um âmbito e impacto diferentes dos causados por plataformas de menor dimensão. Os fornecedores dessas plataformas em linha de muito grande dimensão e desses motores de pesquisa em linha de muito grande dimensão deverão, por conseguinte, suportar os mais elevados níveis de exigência em matéria de obrigações de devida diligência, proporcionados em relação ao seu impacto social. Quando o número de destinatários ativos de uma plataforma em linha ou de destinatários ativos de um motor de pesquisa em linha, calculado como média ao longo de um período de seis meses, atinge uma percentagem significativa da população da União, os riscos sistémicos que essa plataforma em linha ou esse motor de pesquisa em linha implicam podem ter um impacto desproporcionadamente negativo na União. Deverá considerar-se que existe esse alcance significativo quando o número de destinatários ultrapassa um limiar operacional fixado em 45 milhões, ou seja, um número equivalente a 10% da população da União. Este limiar operacional deverá ser mantido atualizado e, por conseguinte, a Comissão deverá ficar habilitada a completar as disposições do presente regulamento através da adoção de atos delegados, sempre que necessário.

(77) A fim de determinar o alcance de uma determinada plataforma em linha ou motor de pesquisa em linha, é necessário estabelecer o número médio de destinatários ativos de cada serviço individualmente. Por conseguinte, o número médio mensal de destinatários ativos de uma plataforma em linha deverá refletir todos os destinatários que efetivamente utilizam o serviço pelo menos uma vez num determinado período de tempo, estando expostos a informação difundida na interface em linha da plataforma, nomeadamente através do visionamento ou audição desses conteúdos ou da prestação de informação, como comerciantes em plataformas em linha que permitem aos consumidores celebrar contratos à distância com comerciantes.

Para efeitos do presente regulamento, a utilização não se limita à interação com a informação através de cliques, comentários, ligações, partilhas, compras ou transações numa plataforma em linha. Por conseguinte, o conceito de destinatário ativo do serviço não coincide necessariamente com o de utilizador registado de um serviço. No que diz respeito aos motores de pesquisa em linha, o conceito de destinatário ativo do serviço deverá abranger os destinatários que veem informação na sua interface em linha, mas não, por exemplo, os proprietários dos sítios Web indexados por um motor de pesquisa em linha, uma vez que não interagem ativamente com o serviço. O número de destinatários ativos de um serviço deverá incluir todos os destinatários únicos do serviço que utilizam esse serviço específico. Para o efeito, um destinatário do serviço que utilize diferentes interfaces em linha, como sítios Web ou aplicações, inclusive se aceder aos serviços através de diferentes localizadores uniformes de recursos (URL, do inglês *uniform resource locators*) ou nomes de domínio, deverá, sempre que possível, ser contabilizado apenas uma vez. No entanto, o conceito de destinatário ativo do serviço não deverá incluir a utilização acessória do serviço por destinatários de outros prestadores de serviços intermediários que disponibilizam indiretamente, através da ligação ou indexação por um fornecedor de motores de pesquisa em linha, informação alojada pelo fornecedor de plataformas em linha. Além disso, o presente regulamento não exige que os fornecedores de plataformas em linha ou de motores de pesquisa em linha efetuem um rastreio específico das pessoas em linha. Se estiverem em condições de o fazer, os fornecedores podem excluir da contabilização os utilizadores automatizados, como os robôs digitais ou os programas de recolha de material na Internet, sem tratamento posterior de dados pessoais nem rastreio. A determinação do número de destinatários ativos do serviço pode ser afetada pela evolução do mercado e técnica, e por conseguinte, a Comissão deverá ficar habilitada a completar as disposições do presente regulamento através da adoção de atos delegados que estabeleçam a metodologia para determinar os destinatários ativos de uma plataforma em linha ou de um motor de pesquisa em linha, se necessário, refletindo a natureza do serviço e a forma como os destinatários do serviço interagem com o mesmo.

(78) Tendo em conta os efeitos de rede que caracterizam a economia das plataformas, a base de utilizadores de uma plataforma em linha ou de um motor de pesquisa em linha pode expandir-se rapidamente e alcançar a escala de uma plataforma em linha de muito grande dimensão ou de um motor de pesquisa em linha de muito grande dimensão, com o respetivo impacto no mercado interno. Tal pode verificar-se em caso de crescimento exponencial registado em curtos períodos ou de uma grande presença global e de um volume de negócios que permita à plataforma em linha ou ao motor de pesquisa em linha explorar plenamente os efeitos de rede e as economias de escala e de âmbito. Um elevado volume de negócios anual ou uma elevada capitalização do mercado pode, em particular, ser indicador de uma rápida escalabilidade em termos de alcance do utilizador. Nesses casos, o coordenador dos serviços digitais de estabelecimento ou a Comissão deverão poder solicitar, com maior frequência, ao fornecedor da plataforma em linha ou do motor de pesquisa em linha relatórios sobre o número de destinatários ativos do serviço, a fim de serem capazes de identificar atempadamente o momento em que essa plataforma ou esse motor de pesquisa deverão ser respetivamente designados como plataforma em linha de muito grande dimensão ou como motor de pesquisa em linha de muito grande dimensão, para efeitos do presente regulamento.

(79) As plataformas em linha de muito grande dimensão e os motores de pesquisa em linha de muito grande dimensão podem ser utilizados de uma forma que influencia fortemente a segurança em linha, a formação da opinião pública e o discurso, bem como o comércio em linha. A forma como concebem os seus serviços é geralmente otimizada para beneficiar os seus modelos de negócio frequentemente orientados para a publicidade e pode suscitar preocupações sociais. É necessário garantir uma regulamentação e execução eficazes para identificar e atenuar eficazmente os riscos e os danos sociais e económicos que podem surgir. Nos termos do presente regulamento, os fornecedores de plataformas em linha de muito grande dimensão e de motores de pesquisa em linha de muito grande dimensão deverão, por conseguinte, avaliar os riscos sistémicos decorrentes da conceção, do funcionamento e da utilização do seu serviço, bem como de potenciais utilizações abusivas por parte dos destinatários do serviço, e deverão tomar medidas de atenuação adequadas, no respeito dos direitos fundamentais. Ao determinarem a importância dos potenciais efeitos e impactos negativos, os fornecedores deverão ter em conta a gravidade do impacto potencial e a probabilidade de ocorrência de todos esses riscos sistémicos. Por exemplo, poderiam avaliar se o potencial impacto negativo pode afetar um grande número de pessoas, a sua eventual irreversibilidade ou a dificuldade de corrigir esse impacto e de restabelecer a situação existente antes da ocorrência do impacto potencial.

(80) Quatro categorias de riscos sistémicos deverão ser avaliadas de forma mais aprofundada pelos fornecedores de plataformas em linha de muito grande dimensão e de motores de pesquisa em linha de muito grande dimensão. Uma primeira categoria diz respeito aos riscos associados à difusão de conteúdos ilegais, como a difusão de material pedopornográfico ou de discursos ilegais de incitação ao ódio, ou a outros tipos de utilização abusiva dos seus serviços para cometer crimes, e à realização de atividades ilegais, como a venda de produtos ou serviços proibidos pelo direito da União ou pelo direito nacional, incluindo produtos perigosos ou contrafeitos, ou o comércio ilegal de animais. Por exemplo, essa difusão ou essas atividades podem constituir um risco sistémico significativo, na medida em que o acesso a conteúdos ilegais pode propagar-se rápida e amplamente através de contas com um alcance particularmente vasto ou de outros meios de amplificação. Os fornecedores de plataformas em linha de muito grande dimensão e de motores de pesquisa em linha de muito grande dimensão deverão avaliar o risco de difusão de conteúdos ilegais, independentemente de as informações serem ou não incompatíveis com os seus termos e condições. Esta avaliação não prejudica a responsabilidade pessoal do destinatário do serviço de plataformas em linha de muito grande dimensão ou dos proprietários de sítios Web indexados por motores de pesquisa em linha de muito grande dimensão pela eventual ilegalidade da sua atividade ao abrigo do direito aplicável.

(81) Uma segunda categoria diz respeito ao impacto real ou previsível do serviço no exercício dos direitos fundamentais protegidos pela Carta incluindo, entre outros, o direito à dignidade do ser humano, o direito à liberdade de expressão e de informação, incluindo a liberdade e o pluralismo dos meios de comunicação social, o direito à vida privada, o direito à proteção de dados, o direito à não discriminação, os direitos da criança e a defesa dos consumidores. Esses riscos podem decorrer, por exemplo, da conceção dos sistemas algorítmicos utilizados pela plataforma em linha de muito grande dimensão ou pelo motor de pesquisa em linha de muito grande dimensão ou da utilização abusiva do seu serviço através da apresentação de notificações abusivas ou de outros métodos para silenciar o discurso ou dificultar a concorrência. Ao avaliarem os riscos para os direitos da criança, os fornecedores de plataformas em linha de muito grande dimensão e de motores de pesquisa em linha de muito grande dimensão deverão ter em conta, por exemplo, a facilidade de compreensão para os menores no que respeita à conceção e ao funcionamento do serviço, bem como a forma como os menores podem ser expostos através do seu serviço a conteúdos suscetíveis de prejudicar a sua saúde e o seu desenvolvimento físico, mental e moral. Tais riscos podem surgir, por exemplo, em relação à conceção de interfaces em linha que, de forma intencional ou involuntária, explorem as vulnerabilidades e a inexperiência dos menores ou que possam causar comportamentos aditivos.

(82) Uma terceira categoria de riscos diz respeito aos efeitos negativos reais ou previsíveis nos processos democráticos, no discurso cívico e nos processos eleitorais, bem como na segurança pública.

(83) Uma quarta categoria de riscos decorre de preocupações semelhantes relacionadas com a conceção, o funcionamento ou a utilização das plataformas em linha de muito grande dimensão e dos motores de pesquisa em linha de muito grande dimensão, nomeadamente através de manipulação, com um efeito negativo real ou previsível na proteção da saúde pública e nos menores e com graves consequências negativas para o bem-estar físico e mental da pessoa ou em matéria de violência com base no género. Tais riscos podem também decorrer de campanhas coordenadas de desinformação relacionadas com a saúde pública ou da conceção de interfaces em linha que possam estimular os comportamentos aditivos dos destinatários do serviço.

(84) Ao avaliarem esses riscos sistémicos, os fornecedores de plataformas em linha de muito grande dimensão e dos motores de pesquisa em linha de muito grande dimensão deverão centrar-se nos sistemas ou noutros elementos que possam contribuir para os riscos, incluindo todos os sistemas algorítmicos que possam ser relevantes, em especial os seus sistemas de recomendação e os seus sistemas de publicidade, prestando atenção às práticas conexas de recolha e utilização de dados. Deverão também avaliar se os seus termos e condições e a respetiva aplicação são adequados, bem como os seus processos de moderação de conteúdos, ferramentas técnicas e recursos afetados. Ao avaliarem os riscos sistémicos identificados no presente regulamento, esses fornecedores deverão também concentrar-se nas informações que não são ilegais, mas que contribuem para os riscos sistémicos identificados no presente regulamento. Por conseguinte, tais fornecedores deverão prestar especial atenção à forma como os seus serviços são utilizados para difundir ou amplificar conteúdos enganosos ou suscetíveis de induzir em erro, como a desinformação. Sempre que a amplificação algorítmica das informações contribua para os riscos sistémicos, os referidos fornecedores deverão ter devidamente em conta este facto nas suas avaliações dos riscos.

Se os riscos forem localizados ou existirem diferenças linguísticas, esses fornecedores deverão também ter em conta este facto nas suas avaliações dos riscos. Os fornecedores de plataformas em linha de muito grande dimensão e de motores de pesquisa em linha de muito grande dimensão deverão, em especial, avaliar a forma como a conceção e o funcionamento dos seus serviços, bem como a manipulação e a utilização intencionais e, frequentemente, coordenadas dos seus serviços, ou a violação sistémica das suas condições de serviço, contribuem para esses riscos. Tais riscos podem decorrer, por exemplo, da utilização não autêntica do serviço, como a criação de contas falsas, a utilização de robôs digitais ou a utilização enganosa de um serviço, e de outros comportamentos automatizados ou parcialmente automatizados, o que pode conduzir à rápida e generalizada difusão ao público de informação que seja conteúdo ilegal ou incompatível com os termos e condições de uma plataforma em linha ou de um motor de pesquisa em linha e que contribua para campanhas de desinformação.

(85) De modo a permitir que as avaliações dos riscos subsequentes se baseiem umas nas outras e mostrem a evolução dos riscos identificados, bem como para facilitar as investigações e as medidas de execução, os fornecedores de plataformas em linha de muito grande dimensão e de motores de pesquisa em linha de muito grande dimensão deverão conservar todos os documentos comprovativos relacionados com as avaliações dos riscos que realizaram, tais como as informações relativas à sua preparação, os dados subjacentes e os dados sobre os testes dos seus sistemas algorítmicos.

(86) Os fornecedores de plataformas em linha de muito grande dimensão e de motores de pesquisa em linha de muito grande dimensão deverão mobilizar os meios necessários para atenuar diligentemente os riscos sistémicos identificados na avaliação dos riscos, no respeito dos direitos fundamentais. Quaisquer medidas adotadas deverão respeitar os requisitos de devida diligência do presente regulamento e ser razoáveis e eficazes na atenuação dos riscos sistémicos específicos identificados. Deverão ser proporcionadas à luz da capacidade económica do fornecedor da plataforma em linha de muito grande dimensão ou do motor de pesquisa em linha de muito grande dimensão e da necessidade de evitar restrições desnecessárias à utilização do seu serviço, tendo em devida conta os potenciais efeitos negativos nesses direitos fundamentais. Esses fornecedores deverão prestar especial atenção ao impacto na liberdade de expressão.

(87) Os fornecedores de plataformas em linha de muito grande dimensão e de motores de pesquisa em linha de muito grande dimensão deverão, ao abrigo dessas medidas de atenuação, ponderar, por exemplo, adaptar qualquer conceção, funcionalidade ou funcionamento necessários do seu serviço, como a conceção da interface em linha. Deverão adaptar e aplicar os seus termos e condições, se necessário, e nos termos das regras do presente regulamento relativas aos termos e condições. Outras medidas adequadas podem incluir a adaptação dos seus sistemas de moderação de conteúdos e processos internos ou a adaptação dos seus processos e recursos de tomada de decisão, nomeadamente no que respeita ao pessoal responsável pela moderação de conteúdos e à sua formação e conhecimentos especializados a nível local. Tal é particularmente importante para garantir a rapidez e a qualidade do tratamento das notificações. A este respeito, por exemplo, o Código de Conduta para a luta contra os discursos ilegais de incitação ao ódio em linha, de 2016, estabelece um critério de referência para o tratamento de notificações válidas com vista à supressão de discursos ilegais de incitação ao ódio em menos de 24 horas. Os fornecedores de plataformas em linha de muito grande dimensão, em especial as utilizadas principalmente para a difusão ao público de conteúdos pornográficos, deverão cumprir diligentemente todas as obrigações que lhes incumbem por força do presente regulamento no que diz respeito aos conteúdos ilegais que constituam ciberviolência, incluindo os conteúdos pornográficos ilegais, especialmente para garantir que as vítimas possam exercer efetivamente os seus direitos em relação a conteúdos que representem a partilha não consensual de material íntimo ou manipulado através do tratamento rápido de notificações e da supressão desses conteúdos sem demora injustificada. Outros tipos de conteúdos ilegais podem exigir prazos mais longos ou mais curtos para o tratamento das notificações, o que dependerá dos factos, das circunstâncias e dos tipos de conteúdos ilegais em causa. Do mesmo modo, esses fornecedores podem iniciar ou aumentar a cooperação com sinalizadores de confiança e organizar sessões de formação e intercâmbios com organizações de sinalizadores de confiança.

(88) Os fornecedores de plataformas em linha de muito grande dimensão e de motores de pesquisa em linha de muito grande dimensão deverão também ser diligentes nas medidas que tomam para testar e, se necessário, adaptar os seus sistemas algorítmicos, nomeadamente os seus sistemas de recomendação. Podem ter de atenuar os efeitos negativos das recomendações personalizadas e corrigir os critérios utilizados nas suas recomendações. Os sistemas de publicidade utilizados pelos fornecedores de plataformas em linha de muito grande dimensão e de motores de pesquisa em linha de muito grande dimensão podem igualmente ser um catalisador de riscos sistémicos. Esses fornecedores deverão ponderar adotar medidas corretivas, como a suspensão das receitas publicitárias de informações específicas, ou outras ações, como a melhoria da visibilidade das fontes de informação fidedignas, ou a adaptação de forma mais estrutural dos seus sistemas de publicidade. Os fornecedores de plataformas em linha de muito grande dimensão e de motores de pesquisa em linha de muito grande dimensão podem ter de reforçar os seus processos internos ou a supervisão de qualquer uma das suas atividades, em particular no que respeita à deteção de riscos sistémicos, e de realizar avaliações dos riscos mais frequentes ou específicas relacionadas com novas funcionalidades. Em particular, nos casos em que os riscos sejam comuns às diferentes plataformas em linha ou motores de pesquisa em linha, os fornecedores deverão cooperar com outros prestadores de serviços, nomeadamente através da elaboração de códigos de conduta ou da subscrição de códigos de conduta existentes ou da adoção de outras medidas de autorregulação. Deverão também ponderar organizar ações de sensibilização, em especial nos casos em que os riscos estejam relacionados com campanhas de desinformação.

(89) Os fornecedores de plataformas em linha de muito grande dimensão e de motores de pesquisa em linha de muito grande dimensão deverão ter em conta o interesse superior dos menores aquando da adaptação da conceção do seu serviço e da sua interface em linha, em especial quando os seus serviços se destinarem a menores ou forem predominantemente utilizados por estes. Deverão assegurar que os seus serviços estão organizados de forma a permitir aos menores aceder facilmente aos mecanismos previstos no presente regulamento, se for caso disso, incluindo os mecanismos de notificação e ação e de reclamação. Deverão igualmente tomar medidas para proteger os menores de conteúdos suscetíveis de prejudicar o seu desenvolvimento físico, mental ou moral e disponibilizar ferramentas que permitam o acesso condicional a essas informações. Ao selecionarem as medidas de atenuação adequadas, os fornecedores podem ter em conta, se for caso disso, as boas práticas do sector, nomeadamente as estabelecidas através da cooperação em matéria de autorregulação, como os códigos de conduta e deverão ter em conta as diretrizes da Comissão.

(90) Os fornecedores de plataformas em linha de muito grande dimensão e de motores de pesquisa em linha de muito grande dimensão deverão assegurar-se de que a sua abordagem em matéria de avaliação e atenuação dos riscos se baseia nas melhores informações e conhecimentos científicos disponíveis e de que testam os seus pressupostos com os grupos mais afetados pelos riscos e pelas medidas que tomam. Para o efeito, deverão, quando adequado, contar com a participação de representantes dos destinatários do serviço, representantes de grupos potencialmente afetados pelos seus serviços, peritos independentes e organizações da sociedade civil na realização das suas avaliações dos riscos e na conceção das suas medidas de atenuação dos riscos. Deverão procurar integrar essas consultas nas suas metodologias de avaliação dos riscos e de conceção de medidas de atenuação, incluindo, conforme adequado, inquéritos, grupos-alvo, mesas-redondas e outros métodos de consulta e conceção. Ao avaliar se uma medida é razoável, proporcionada e eficaz, há que prestar especial atenção ao direito à liberdade de expressão.

(91) Em tempos de crise, os fornecedores de plataformas em linha de muito grande dimensão poderão ter de tomar urgentemente determinadas medidas específicas, para além das medidas que tomariam tendo em conta as obrigações que lhes incumbem por força do presente regulamento. Neste contexto, entende-se por «crise» a ocorrência de circunstâncias extraordinárias passíveis de resultar numa ameaça grave para a segurança pública ou a saúde pública na União ou em grande parte do seu território. Tais crises poderão surgir devido a conflitos armados ou a atos de terrorismo, incluindo conflitos emergentes ou atos de terrorismo, catástrofes naturais como terramotos e furacões, bem como pandemias e outras ameaças transfronteiriças graves para a saúde pública. A Comissão deverá poder exigir, mediante recomendação do Comité Europeu dos Serviços Digitais («Comité»), que os fornecedores de plataformas em linha de muito grande dimensão e de motores de pesquisa em linha de muito grande dimensão iniciem procedimentos de resposta a situações de crise com caráter de urgência. As medidas que esses prestadores de serviços podem identificar e ponderar aplicar podem incluir, por exemplo, a adaptação dos processos de moderação de conteúdos e o aumento dos recursos dedicados à moderação de conteúdos, a adaptação dos termos e condições, dos sistemas algorítmicos e dos sistemas de publicidade pertinentes, a intensificação da cooperação com sinalizadores de confiança, a adoção de medidas de sensibilização e a promoção de informações fiáveis e a adaptação da conceção das suas interfaces em linha. Deverão ser previstos os requisitos necessários para garantir que essas medidas são tomadas num prazo muito curto e que o mecanismo de resposta a situações de crise só é utilizado na medida em que tal seja estritamente necessário e que quaisquer medidas tomadas ao abrigo deste mecanismo são eficazes e proporcionadas, tendo em devida conta os direitos e interesses legítimos de todas as partes em causa. A utilização do mecanismo não deverá prejudicar as outras disposições do presente regulamento, tais como as relativas às avaliações dos riscos e às medidas de atenuação e à sua aplicação, bem como as relativas aos protocolos de crise.

(92) Dada a necessidade de assegurar a verificação por peritos independentes, os fornecedores de plataformas em linha de muito grande dimensão e de motores de pesquisa em linha de muito grande dimensão deverão ser responsabilizados, através de auditorias independentes, pelo cumprimento das obrigações que lhes incumbem por força do presente regulamento e, quando pertinente, de quaisquer compromissos complementares assumidos nos termos de códigos de conduta e protocolos de crise. De modo a garantir que as auditorias são realizadas de forma eficaz, eficiente e atempada, os fornecedores de plataformas em linha de muito grande dimensão e de motores de pesquisa em linha de muito grande dimensão deverão cooperar e prestar a assistência necessária às organizações que realizam as auditorias, nomeadamente facultando ao auditor acesso a todos os dados e instalações pertinentes necessários para a realização adequada da auditoria, incluindo, quando adequado, os dados relacionados com os sistemas algorítmicos, e respondendo a perguntas orais ou escritas. Os auditores deverão igualmente poder recorrer a outras fontes de informação objetiva, incluindo estudos de investigadores habilitados. Os fornecedores de plataformas em linha de muito grande dimensão e de motores de pesquisa em linha de muito grande dimensão não deverão prejudicar a realização da auditoria. As auditorias deverão ser realizadas de acordo com as melhores práticas do sector e com um elevado nível de ética profissional e objetividade, tendo devidamente em conta, se for caso disso, as normas de auditoria e os códigos de conduta. Os auditores deverão garantir a confidencialidade, a segurança e a integridade das informações, como segredos comerciais, que obtenham no desempenho das suas funções. Esta garantia não deverá constituir uma forma de contornar a aplicabilidade das obrigações de auditoria previstas no presente regulamento. Os auditores deverão possuir os conhecimentos especializados necessários no domínio da gestão de riscos e a competência técnica necessária para auditar algoritmos. Os auditores deverão ser independentes, a fim de poderem desempenhar as suas funções de forma adequada e fiável. Deverão cumprir os requisitos de independência essenciais relativos à proibição de prestação de serviços distintos da auditoria, à rotatividade das empresas e aos honorários não contingentes. Se os auditores não puderem oferecer todas as garantias de independência e de competência técnica, deverão renunciar ou abster-se do trabalho de auditoria.

(93) O relatório de auditoria deverá ser fundamentado, a fim de descrever eficazmente as atividades empreendidas e as conclusões alcançadas. Deverá servir de base e, quando adequado, apresentar sugestões para melhorar as medidas tomadas pelos fornecedores da plataforma em linha de muito grande dimensão ou do motor de pesquisa em linha de muito grande dimensão para cumprir as obrigações que lhes incumbem por força do presente regulamento. O relatório de auditoria deverá ser transmitido, imediatamente após a sua receção, ao coordenador dos serviços digitais de estabelecimento, à Comissão e ao Comité. O fornecedor deverá também transmitir após a sua conclusão, sem demora injustificada, cada um dos relatórios sobre a avaliação dos riscos e as medidas de atenuação, bem como o relatório de execução da auditoria do fornecedor da plataforma em linha de muito grande dimensão ou do motor de pesquisa em linha de muito grande dimensão, mostrando de que forma deu seguimento às recomendações da auditoria. O relatório de auditoria deverá incluir um parecer de auditoria, baseado nas conclusões retiradas das provas de auditoria obtidas. Deverá ser emitido um «parecer positivo» sempre que todas as provas demonstrem que o fornecedor da plataforma em linha de muito grande dimensão ou do motor de pesquisa em linha de muito grande dimensão cumpre as obrigações estabelecidas no presente regulamento ou, quando aplicável, quaisquer compromissos por si assumidos nos termos de um código de conduta ou protocolo de crise, em particular através da identificação, da avaliação e da atenuação dos riscos sistémicos colocados pelo seu sistema e pelos seus serviços. Um «parecer positivo» deverá ser acompanhado de observações sempre que o auditor deseje incluir comentários que não tenham um efeito significativo no resultado da auditoria. Deverá ser emitido um «parecer negativo» sempre que o auditor considerar que o fornecedor da plataforma em linha de muito grande dimensão ou do motor de pesquisa em linha de muito grande dimensão não cumpre o disposto no presente regulamento ou os compromissos por si assumidos. Caso o parecer de auditoria não apresente uma conclusão sobre elementos específicos inseridos no âmbito da auditoria, uma explicação dos motivos que levaram à incapacidade de apresentar essa conclusão deverá ser incluída no parecer de auditoria. Sempre que aplicável, o relatório deverá incluir a descrição dos elementos específicos que não foi possível auditar e a explicação dos motivos dessa impossibilidade.

(94) As obrigações em matéria de avaliação e atenuação dos riscos deverão desencadear, numa base casuística, a necessidade de os fornecedores de plataformas em linha de muito grande dimensão e de motores de pesquisa em linha de muito grande dimensão avaliarem e, se necessário, ajustarem a conceção dos seus sistemas de recomendação, por exemplo, tomando medidas para prevenir ou minimizar os enviesamentos que conduzem à discriminação de pessoas em situações vulneráveis, em especial se tal ajustamento estiver em conformidade com a legislação em matéria de proteção de dados e caso as informações sejam personalizadas com base em categorias especiais de dados pessoais referidas no artigo 9º do Regulamento (UE) 2016/679. Além disso, complementando as obrigações de transparência aplicáveis às plataformas em linha no que diz respeito aos seus sistemas de recomendação, os fornecedores de plataformas em linha de muito grande dimensão e de motores de pesquisa em linha de muito grande dimensão deverão assegurar de forma coerente que os destinatários do seu serviço disponham de opções alternativas que não se baseiem na definição de perfis, na aceção do Regulamento (UE) 2016/679, para os parâmetros principais dos seus sistemas de recomendação. Essas escolhas deverão ser diretamente acessíveis a partir da interface em linha em que as recomendações são apresentadas.

(95) Os sistemas de publicidade utilizados por plataformas em linha de muito grande dimensão e por motores de pesquisa em linha de muito grande dimensão implicam riscos específicos e exigem uma maior supervisão pública e regulamentar devido à sua escala e capacidade de visar e alcançar os destinatários do serviço com base no respetivo comportamento dentro e fora da interface em linha da plataforma ou do motor de pesquisa. As plataformas em linha de muito grande dimensão ou os motores de pesquisa em linha de muito grande dimensão deverão assegurar o acesso público a repositórios de anúncios publicitários exibidos nas suas interfaces em linha para facilitar a supervisão e a investigação dos riscos emergentes decorrentes da distribuição de publicidade em linha, por exemplo, em relação a anúncios publicitários ilegais ou técnicas manipuladoras e desinformação com um impacto negativo real e previsível na saúde pública, na segurança pública, no discurso civil, na participação política e na igualdade. Os repositórios deverão incluir o conteúdo dos anúncios publicitários, incluindo o nome do produto, do serviço ou da marca e o objeto do anúncio, e dados conexos sobre o anunciante e, se for diferente, a pessoa singular ou coletiva que pagou o anúncio, e a exibição do anúncio, em especial no que se refere à publicidade direcionada. Estas informações deverão incluir informações tanto sobre os critérios de direcionamento como sobre os critérios de apresentação, em especial quando os anúncios publicitários são apresentados a pessoas em situações vulneráveis, como os menores.

(96) A fim de controlar e avaliar adequadamente o cumprimento das obrigações estabelecidas no presente regulamento por parte das plataformas em linha de muito grande dimensão e dos motores de pesquisa em linha de muito grande dimensão, o coordenador dos serviços digitais de estabelecimento ou a Comissão podem exigir o acesso ou a comunicação de dados específicos, como dados sobre os algoritmos. Tal exigência pode incluir, por exemplo, os dados necessários para avaliar os riscos e eventuais danos causados pelos sistemas da plataforma em linha de muito grande dimensão ou do motor de pesquisa em linha de muito grande dimensão, dados sobre a exatidão, o funcionamento e a testagem de sistemas algorítmicos para moderação de conteúdos, sistemas de recomendação ou sistemas de publicidade, incluindo, se aplicável, dados de treino e algoritmos, ou dados sobre os processos e os resultados da moderação de conteúdos ou de sistemas internos de gestão de reclamações, na aceção do presente regulamento. Tais pedidos de acesso aos dados não deverão incluir pedidos de apresentação de informações específicas sobre destinatários individuais do serviço para efeitos de determinar o cumprimento por esses destinatários de outras normas de direito nacional ou da União aplicáveis. As investigações realizadas por investigadores sobre a evolução e a gravidade dos riscos sistémicos em linha são particularmente importantes para colmatar as assimetrias de informação e estabelecer um sistema resiliente de atenuação dos riscos, bem como para informar os fornecedores de plataformas em linha, os fornecedores de motores de pesquisa em linha, os coordenadores dos serviços digitais, outras autoridades competentes, a Comissão e o público.

(97) Por conseguinte, o presente regulamento proporciona um regime para o acesso obrigatório dos investigadores habilitados filiados num organismo de investigação, na aceção do artigo 2º da Diretiva (UE) 2019/790, aos dados de plataformas em linha de muito grande dimensão e de motores de pesquisa em linha de muito grande dimensão, o que pode incluir, para efeitos do presente regulamento, organizações da sociedade civil que realizam investigação científica com o objetivo principal de apoiar a sua missão de interesse público. Todos os pedidos de acesso aos dados ao abrigo desse regime deverão ser proporcionados e proteger adequadamente os direitos e interesses legítimos, incluindo a proteção de dados pessoais, os segredos comerciais e outras informações confidenciais, da plataforma em linha de muito grande dimensão ou do motor de pesquisa em linha de muito grande dimensão e de quaisquer outras partes em causa, incluindo os destinatários do serviço. No entanto, a fim de assegurar que o objetivo do presente regulamento é alcançado, a tomada em consideração dos interesses comerciais dos fornecedores não deverá conduzir à recusa de facultar o acesso aos dados necessários para o objetivo de investigação específico, na sequência de um pedido apresentado ao abrigo do presente regulamento. Neste contexto, e sem prejuízo da Diretiva (UE) 2016/943 do Parlamento Europeu e do Conselho[32],

[32] Diretiva (UE) 2016/943 do Parlamento Europeu e do Conselho, de 8 de junho de 2016, relativa à proteção de know-how e de informações comerciais confidenciais (segredos comerciais) contra a sua aquisição, utilização e divulgação ilegais (JO L 157 de 15.6.2016, p. 1).

os fornecedores deverão garantir um acesso adequado aos investigadores, inclusivamente, se necessário, através de proteções técnicas, como, por exemplo, caixas-fortes de dados. Os pedidos de acesso aos dados podem abranger, por exemplo, o número de visualizações ou, quando pertinente, outros tipos de acesso aos conteúdos por parte dos destinatários do serviço antes da sua supressão pelo fornecedor de plataformas em linha de muito grande dimensão ou de motores de pesquisa em linha de muito grande dimensão.

(98) Além disso, sempre que os dados sejam acessíveis ao público, os referidos fornecedores não deverão impedir os investigadores que satisfazem um subconjunto adequado de critérios de utilizar esses dados para fins de investigação que contribuam para a deteção, identificação e compreensão dos riscos sistémicos. Deverão facultar o acesso a esses investigadores, inclusive, sempre que tal seja tecnicamente possível, em tempo real, aos dados acessíveis ao público, por exemplo sobre interações agregadas com conteúdos de páginas públicas, grupos públicos ou figuras públicas, incluindo dados sobre a visualização e a interação, tais como o número de reações, partilhas e comentários dos destinatários do serviço. Os fornecedores de plataformas em linha de muito grande dimensão ou de motores de pesquisa em linha de muito grande dimensão deverão ser incentivados a cooperar com os investigadores e a proporcionar um acesso mais vasto aos dados para monitorizar as preocupações da sociedade através de esforços voluntários, nomeadamente através de compromissos e procedimentos acordados ao abrigo de códigos de conduta ou protocolos de crise. Esses fornecedores e os investigadores deverão dedicar especial atenção à proteção de dados pessoais e assegurar que qualquer tratamento de dados pessoais cumpre o disposto no Regulamento (UE) 2016/679. Os fornecedores deverão anonimizar ou pseudonimizar os dados pessoais, exceto nos casos em que tal tornaria impossível a concretização do objetivo da investigação.

(99) Dada a complexidade do funcionamento dos sistemas implantados e os riscos sistémicos que estes representam para a sociedade, os fornecedores de plataformas em linha de muito grande dimensão e de motores de pesquisa em linha de muito grande dimensão deverão estabelecer uma função de verificação da conformidade, que deverá ser independente das funções operacionais dos fornecedores. O chefe da função de verificação da conformidade deverá prestar contas diretamente à administração do fornecedor, nomeadamente para manifestar preocupações relativas ao incumprimento do presente regulamento. Os responsáveis pela conformidade que fazem parte da função de verificação da conformidade deverão possuir as qualificações, os conhecimentos, a experiência e a capacidade necessários para aplicar medidas e controlar o cumprimento do presente regulamento no âmbito da organização dos fornecedores da plataforma em linha de muito grande dimensão ou do motor de pesquisa em linha de muito grande dimensão. Os fornecedores de plataformas em linha de muito grande dimensão e de motores de pesquisa em linha de muito grande dimensão deverão assegurar que a função de verificação da conformidade seja envolvida, de forma adequada e atempada, em todas as questões relacionadas com o presente regulamento, nomeadamente na estratégia e nas medidas específicas de avaliação e atenuação dos riscos, bem como na avaliação do cumprimento, se for caso disso, dos compromissos assumidos por esses fornecedores ao abrigo dos códigos de conduta e protocolos de crise a que aderiram.

(100) Tendo em conta os riscos adicionais relacionados com as suas atividades e as obrigações suplementares que lhes incumbem por força do presente regulamento, deverão aplicar-se requisitos adicionais em matéria de transparência especificamente às plataformas em linha de muito grande dimensão e aos motores de pesquisa em linha de muito grande dimensão, nomeadamente requisitos de comunicação exaustiva das avaliações dos riscos efetuadas e das medidas subsequentes adotadas, conforme previsto no presente regulamento.

(101) A Comissão deverá dispor de todos os recursos necessários em termos de pessoal, competências e meios financeiros para o desempenho das suas funções ao abrigo do presente regulamento. A fim de assegurar a disponibilidade dos recursos necessários para a supervisão adequada a nível da União ao abrigo do presente regulamento, e tendo em conta que os Estados-Membros deverão ter o direito de cobrar aos fornecedores estabelecidos no seu território uma taxa de supervisão no que diz respeito às funções de supervisão e execução exercidas pelas suas autoridades, a Comissão deverá cobrar uma taxa de supervisão, cujo nível deverá ser estabelecido anualmente, às plataformas em linha de muito grande dimensão e aos motores de pesquisa em linha de muito grande dimensão. O montante global da taxa de supervisão anual cobrada deverá ser estabelecido com base no montante global dos custos incorridos pela Comissão no exercício das suas funções de supervisão ao abrigo do presente regulamento, de acordo com uma estimativa prévia razoável. Esse montante deverá incluir os custos associados ao exercício das competências e funções específicas de supervisão, investigação, execução e vigilância no que respeita aos fornecedores de plataformas em linha de muito grande dimensão e de motores de pesquisa em linha de muito grande dimensão, incluindo os custos relacionados com a designação de plataformas em linha de muito grande dimensão e de motores de pesquisa em linha de muito grande dimensão ou com a criação, manutenção e funcionamento das bases de dados previstas no presente regulamento.

Deverá incluir também os custos associados à criação, manutenção e funcionamento da infraestrutura institucional e de informações de base para a cooperação entre os coordenadores dos serviços digitais, o Comité e a Comissão, tendo em conta que, face à sua dimensão e alcance, as plataformas em linha de muito grande dimensão e os motores de pesquisa em linha de muito grande dimensão têm um impacto significativo nos recursos necessários para apoiar essa infraestrutura. A estimativa dos custos globais deverá ter em conta os custos de supervisão incorridos no ano anterior, incluindo, se for caso disso, os custos que excedam a taxa de supervisão anual individual cobrada no ano anterior. As receitas afetadas externas resultantes da taxa de supervisão anual podem ser utilizadas para financiar recursos humanos adicionais, tais como agentes contratuais e peritos nacionais destacados, bem como outras despesas associadas ao cumprimento das funções confiadas à Comissão pelo presente regulamento. A taxa de supervisão anual a cobrar aos fornecedores de plataformas em linha de muito grande dimensão e de motores de pesquisa em linha de muito grande dimensão deverá ser proporcionada à dimensão do serviço, refletida no número de destinatários ativos do serviço na União. Além disso, a taxa de supervisão anual individual não deverá exceder um limite máximo global para cada fornecedor de plataformas em linha de muito grande dimensão ou de motores de pesquisa em linha de muito grande dimensão, tendo em conta a capacidade económica do prestador do serviço ou dos serviços designados.

(102) Para facilitar a aplicação eficaz e coerente das obrigações previstas no presente regulamento que possam exigir implementação através de meios tecnológicos, é importante promover normas voluntárias que abranjam determinados procedimentos técnicos, em que a indústria possa ajudar a desenvolver meios normalizados para apoiar os prestadores de serviços intermediários no cumprimento do presente regulamento, como permitir a apresentação de notificações, nomeadamente através de interfaces de programação de aplicações, ou normas relativas aos termos e condições ou normas relativas às auditorias, ou normas relacionadas com a interoperabilidade dos repositórios de anúncios publicitários. Além disso, essas normas poderiam incluir normas relativas à publicidade em linha, aos sistemas de recomendação, à acessibilidade e à proteção dos menores em linha. Os prestadores de serviços intermediários são livres de adotar tais normas, mas essa adoção não pressupõe a conformidade com o presente regulamento. Simultaneamente, ao divulgarem boas práticas, tais normas poderão ser úteis, nomeadamente, para prestadores relativamente pequenos de serviços intermediários. As normas poderão fazer uma distinção entre diferentes tipos de conteúdos ilegais ou diferentes tipos de serviços intermediários, conforme adequado.

(103) A Comissão e o Comité deverão incentivar a elaboração de códigos de conduta voluntários, bem como o cumprimento das disposições desses códigos, de modo a contribuir para a aplicação do presente regulamento. A Comissão e o Comité deverão procurar garantir que os códigos de conduta definam claramente a natureza dos objetivos de interesse público visados, contenham mecanismos para uma avaliação independente da consecução desses objetivos e que o papel das autoridades competentes seja claramente definido. Deverá ser dada especial atenção à prevenção de efeitos negativos sobre a segurança e a proteção da privacidade e dos dados pessoais, bem como à proibição de impor obrigações gerais de vigilância. Embora a aplicação de códigos de conduta deva ser mensurável e sujeita a supervisão pública, tal não deverá comprometer o caráter voluntário desses códigos e a liberdade das partes interessadas para decidirem se pretendem ou não subscrevê-los. Em determinadas circunstâncias, é importante que as plataformas em linha de muito grande dimensão cooperem na elaboração e adiram a códigos de conduta específicos. Nenhuma disposição do presente regulamento impede outros prestadores de serviços de aderirem às mesmas normas de devida diligência, adotarem boas práticas e beneficiarem das diretrizes emitidas pela Comissão e pelo Comité, ao subscreverem os mesmos códigos de conduta.

(104) É conveniente que o presente regulamento identifique determinados domínios a ter em consideração no que se refere a esses códigos de conduta. Em particular, deverão ser exploradas medidas de atenuação dos riscos relativas a tipos específicos de conteúdos ilegais através de acordos de autorregulação e de corregulação. Outro domínio a ter em consideração é o eventual impacto negativo dos riscos sistémicos na sociedade e na democracia, nomeadamente da desinformação ou das atividades manipuladoras e abusivas, assim como quaisquer efeitos adversos para os menores. Este inclui operações coordenadas destinadas a amplificar a informação, incluindo a desinformação, como a utilização de robôs digitais ou contas falsas para a criação de informações intencionalmente inexatas ou enganosas, por vezes com o objetivo de obter ganhos económicos, que são particularmente prejudiciais para os destinatários vulneráveis do serviço, como os menores. Relativamente a esses domínios, a adesão a um determinado código de conduta, e o cumprimento do mesmo, por uma plataforma em linha de muito grande dimensão ou um motor de pesquisa em linha de muito grande dimensão podem ser considerados uma medida adequada de atenuação dos riscos. A recusa, sem as devidas explicações, por parte de um fornecedor de uma plataforma em linha ou de um motor de pesquisa em linha, do convite da Comissão para participar na aplicação de um código de conduta poderá ser tida em conta, quando pertinente, ao determinar se a plataforma em linha ou o motor de pesquisa em linha violou as obrigações estabelecidas no presente regulamento. A simples participação num determinado código de conduta e o cumprimento do mesmo não deverão, por si só, pressupor a conformidade com o presente regulamento.

(105) Os códigos de conduta deverão facilitar a acessibilidade das plataformas em linha de muito grande dimensão e dos motores de pesquisa em linha de muito grande dimensão, em conformidade com o direito da União e o direito nacional, a fim de facilitar a sua utilização previsível pelas pessoas com deficiência. Em especial, os códigos de conduta poderão assegurar que as informações são apresentadas de forma percetível, operacional, compreensível e sólida e que as medidas e os formulários previstos nos termos do presente regulamento são disponibilizados de forma a serem fáceis de encontrar e acessíveis para as pessoas com deficiência.

(106) As regras relativas aos códigos de conduta previstas no presente regulamento poderão servir de base para os esforços de autorregulação já envidados a nível da União, incluindo o Compromisso de segurança dos produtos, o Memorando de Entendimento sobre a venda de mercadorias de contrafação na Internet, o Código de Conduta para a luta contra os discursos ilegais de incitação ao ódio em linha, bem como o Código de Conduta sobre desinformação. Para este último, em particular, no seguimento das orientações da Comissão, o Código de Conduta sobre desinformação foi reforçado conforme anunciado no Plano de Ação para a Democracia Europeia.

(107) Geralmente, o fornecimento de publicidade em linha envolve vários intervenientes, incluindo serviços intermediários que asseguram a ligação entre os editores de anúncios publicitários e os anunciantes. Os códigos de conduta deverão apoiar e complementar as obrigações em matéria de transparência relativas à publicidade aplicáveis aos fornecedores de plataformas em linha, de plataformas em linha de muito grande dimensão e de motores de pesquisa em linha de muito grande dimensão estabelecidas no presente regulamento, a fim de prever mecanismos flexíveis e eficazes que facilitem e reforcem o cumprimento dessas obrigações, nomeadamente no que diz respeito às modalidades de transmissão da informação pertinente. Tal deverá incluir a facilitação da transmissão das informações sobre o anunciante que paga o anúncio publicitário quando este é diferente da pessoa singular ou coletiva em cujo nome o anúncio é apresentado na interface em linha de uma plataforma em linha. Os códigos de conduta deverão também incluir medidas para assegurar que as informações pertinentes sobre a monetização dos dados são adequadamente partilhadas ao longo da cadeia de valor. O envolvimento de um vasto leque de partes interessadas deverá assegurar que esses códigos de conduta sejam amplamente apoiados, tecnicamente sólidos, eficazes e proporcionem os mais elevados níveis de facilidade de utilização, a fim de assegurar que as obrigações em matéria de transparência alcancem os seus objetivos. A fim de assegurar a eficácia dos códigos de conduta, a Comissão deverá incluir mecanismos de avaliação na elaboração dos códigos de conduta. Se for caso disso, a Comissão pode convidar a Agência dos Direitos Fundamentais ou a Autoridade Europeia para a Proteção de Dados a pronunciarem-se sobre o respetivo código de conduta.

(108) Além do mecanismo de resposta a situações de crise para plataformas em linha de muito grande dimensão e motores de pesquisa em linha de muito grande dimensão, a Comissão pode dar início à elaboração de protocolos de crise voluntários para coordenar uma resposta rápida, coletiva e transfronteiriça no ambiente em linha. Tal pode ser o caso, por exemplo, em situações em que as plataformas em linha sejam utilizadas de forma abusiva para a rápida difusão de conteúdos ilegais ou de desinformação, ou situações em que surja a necessidade de difundir rapidamente informação fiável. Tendo em conta o importante papel das plataformas em linha de muito grande dimensão na difusão de informação nas nossas sociedades e além-fronteiras, os fornecedores dessas plataformas deverão ser incentivados a elaborar e aplicar protocolos de crise específicos. Esses protocolos deverão ser ativados apenas por um período limitado e as medidas adotadas deverão ser limitadas ao estritamente necessário para enfrentar a circunstância extraordinária. Essas medidas deverão ser coerentes com o presente regulamento e não deverão constituir uma obrigação geral, para os fornecedores de plataformas em linha de muito grande dimensão e de motores de pesquisa em linha de muito grande dimensão participantes, de controlar as informações que transmitem ou armazenam, nem de procurar ativamente factos ou circunstâncias que indiciem a presença de conteúdos ilegais.

(109) A fim de assegurar uma supervisão e execução adequadas das obrigações estabelecidas no presente regulamento, os Estados-Membros deverão designar pelo menos uma autoridade, que ficará encarregada de supervisionar a aplicação e executar o presente regulamento, sem prejuízo da possibilidade de designar uma autoridade existente e da sua forma jurídica, nos termos do direito nacional. No entanto, os Estados-Membros deverão poder confiar a mais do que uma autoridade competente funções e competências específicas em matéria de supervisão ou de execução relativas à aplicação do presente regulamento, por exemplo para sectores específicos em que se possa confiar tais funções e competências às autoridades existentes, como reguladores de comunicações eletrónicas, reguladores dos meios de comunicação social ou autoridades de defesa dos consumidores, refletindo a sua estrutura constitucional, organizativa e administrativa interna. No exercício das suas funções, todas as autoridades competentes deverão contribuir para a prossecução dos objetivos do presente regulamento, a saber, para o bom funcionamento do mercado interno dos serviços intermediários, de modo a que as regras harmonizadas para um ambiente em linha seguro, previsível e fiável que seja favorável à inovação, e em especial as obrigações de devida diligência aplicáveis às diferentes categorias de prestadores de serviços intermediários, sejam efetivamente supervisionadas e cumpridas, com vista a assegurar que os direitos fundamentais, tal como consagrados na Carta, sejam efetivamente protegidos. O presente regulamento não obriga os Estados-Membros a atribuir às autoridades competentes a função de se pronunciarem sobre a legalidade de elementos específicos de conteúdo.

(110) Dada a natureza transfronteiriça dos serviços em causa e a série horizontal de obrigações introduzidas pelo presente regulamento, uma autoridade nomeada e incumbida da função de supervisionar a aplicação e, quando necessário, de executar o presente regulamento em cada Estado-Membro, deverá ser identificada como coordenador dos serviços digitais. Se, num Estado-Membro, for nomeada mais do que uma autoridade competente para supervisionar a aplicação e executar o presente regulamento, apenas uma autoridade nesse Estado-Membro deverá ser designada como coordenador dos serviços digitais. O coordenador dos serviços digitais deverá atuar como ponto único de contacto com a Comissão, o Comité, os coordenadores dos serviços digitais de outros Estados-Membros, bem como com outras autoridades competentes do Estado-Membro em causa, relativamente a todas as matérias relacionadas com a aplicação do presente regulamento. Em particular, sempre que várias autoridades competentes sejam encarregadas de funções ao abrigo do presente regulamento num determinado Estado-Membro, o coordenador dos serviços digitais deverá coordenar e cooperar com essas autoridades em conformidade com a legislação nacional que define as respetivas funções, sem prejuízo da avaliação independente das outras autoridades competentes. O coordenador dos serviços digitais deverá assegurar a participação efetiva de todas as autoridades competentes pertinentes e comunicar atempadamente a sua avaliação no contexto da cooperação em matéria de supervisão e execução a nível da União, sem que tal implique qualquer superioridade hierárquica em relação a outras autoridades competentes no exercício das suas funções. Além disso, para além dos mecanismos específicos previstos no presente regulamento no que respeita à cooperação a nível da União, os Estados-Membros deverão igualmente assegurar a cooperação entre o coordenador dos serviços digitais e outras autoridades competentes designadas a nível nacional, se for caso disso, através de instrumentos adequados, tais como a partilha de recursos, grupos de trabalho conjuntos, investigações conjuntas e mecanismos de assistência mútua.

(111) O coordenador dos serviços digitais, bem como outras autoridades competentes designadas nos termos do presente regulamento, desempenham um papel crucial para assegurar a eficácia dos direitos e das obrigações estabelecidos no presente regulamento e a realização dos seus objetivos. Consequentemente, é necessário assegurar que essas autoridades disponham dos meios necessários, incluindo recursos financeiros e humanos, para supervisionar todos os prestadores de serviços intermediários abrangidos pela sua competência, no interesse de todos os cidadãos da União. Tendo em conta a variedade de prestadores de serviços intermediários e a sua utilização de tecnologias avançadas na prestação dos seus serviços, é igualmente essencial que o coordenador dos serviços digitais e as autoridades competentes pertinentes disponham do número necessário de funcionários e peritos com competências especializadas e de meios técnicos avançados, e giram autonomamente os recursos financeiros para o desempenho das suas funções. Além disso, o nível de recursos deverá ter em conta a dimensão, a complexidade e o potencial impacto social dos prestadores de serviços intermediários abrangidos pela sua competência, bem como o alcance dos serviços desses prestadores em toda a União. O presente regulamento aplica-se sem prejuízo da possibilidade de os Estados-Membros estabelecerem mecanismos de financiamento baseados numa taxa de supervisão cobrada aos prestadores de serviços intermediários ao abrigo do direito nacional que seja conforme com o direito da União, na medida em que seja cobradas aos prestadores de serviços intermediários que tenham o seu estabelecimento principal no Estado-Membro em causa, que se limite ao estritamente necessário e proporcionado para cobrir os custos do desempenho das funções conferidas às autoridades competentes nos termos do presente regulamento, com exceção das funções conferidas à Comissão, e que seja assegurada uma transparência adequada no que respeita à cobrança e utilização dessa taxa de supervisão.

(112) As autoridades competentes designadas ao abrigo do presente regulamento deverão também atuar com total independência em relação a organismos privados e públicos, sem a obrigação ou a possibilidade de procurar ou receber instruções, inclusive do governo, e sem prejuízo dos deveres específicos de cooperação com outras autoridades competentes, os coordenadores dos serviços digitais, o Comité e a Comissão. Por outro lado, a independência dessas autoridades não deverá significar que não possam estar sujeitas, em conformidade com as constituições nacionais e sem comprometer a realização dos objetivos do presente regulamento, a mecanismos de prestação de contas de forma proporcionada no que respeita às atividades gerais dos coordenadores dos serviços digitais, tais como as suas despesas financeiras ou a apresentação de relatórios aos parlamentos nacionais. O requisito de independência também não deverá impedir o exercício do controlo jurisdicional nem a possibilidade de consultar ou trocar regularmente pontos de vista com outras autoridades nacionais, incluindo autoridades responsáveis pela aplicação da lei, autoridades responsáveis pela gestão de crises ou autoridades de defesa dos consumidores, quando adequado, nomeadamente tendo em vista a prestação mútua de informações sobre investigações em curso, sem que tal afete o exercício das respetivas competências.

(113) Os Estados-Membros podem designar uma autoridade nacional existente e incumbi-la da função de coordenador dos serviços digitais, ou de funções específicas para supervisionar a aplicação e assegurar o cumprimento do presente regulamento, desde que essa autoridade designada cumpra os requisitos estabelecidos no presente regulamento, nomeadamente no que respeita à sua independência. Além disso, os Estados-Membros não estão, em princípio, impedidos de fundir funções no seio de uma autoridade existente, em conformidade com o direito da União. As medidas adotadas para o efeito podem incluir, nomeadamente, a impossibilidade de exonerar o presidente ou um membro do conselho de administração de um órgão colegial de uma autoridade existente antes do termo do seu mandato, pelo simples facto de ter ocorrido uma reforma institucional que tenha envolvido a fusão de diferentes funções no seio de uma mesma autoridade, na ausência de quaisquer regras que garantam que tais exonerações não comprometem a independência e a imparcialidade desses membros.

(114) Os Estados-Membros deverão dotar o coordenador dos serviços digitais e qualquer outra autoridade competente designada nos termos do presente regulamento de poderes e meios suficientes para assegurar uma investigação e execução eficazes, em conformidade com as funções que lhes sejam atribuídas. Tal inclui o poder das autoridades competentes de adotar medidas provisórias nos termos do direito nacional, em caso de risco de prejuízos graves. Essas medidas provisórias, que podem incluir decisões para pôr termo a uma alegada infração ou corrigi-la, não deverão exceder o necessário para assegurar que os prejuízos graves sejam evitados na pendência da decisão final. Os coordenadores dos serviços digitais deverão, nomeadamente, poder procurar e obter informações que se encontrem no seu território, inclusive no contexto de investigações conjuntas, tendo devidamente em conta o facto de que as medidas de supervisão e execução relativas a um prestador sob a jurisdição de outro Estado-Membro ou da Comissão deverão ser adotadas pelo coordenador dos serviços digitais desse outro Estado-Membro, se for caso disso, em conformidade com os procedimentos relativos à cooperação transfronteiriça ou, quando aplicável, pela Comissão.

(115) Os Estados-Membros deverão estabelecer no seu direito nacional, nos termos do direito da União e, em particular, do presente regulamento e da Carta, as condições e os limites pormenorizados para o exercício dos poderes de investigação e de execução dos seus coordenadores dos serviços digitais, bem como de outras autoridades competentes, se for caso disso, nos termos do presente regulamento.

(116) No exercício desses poderes, as autoridades competentes deverão cumprir as regras nacionais aplicáveis em matéria de procedimentos e questões como a necessidade de uma autorização judicial prévia para entrar em determinadas instalações e o sigilo profissional dos advogados. Essas disposições deverão, em particular, assegurar o respeito pelos direitos fundamentais à ação e a um tribunal imparcial, incluindo os direitos de defesa e o direito ao respeito da vida privada. Neste contexto, as garantias previstas em relação aos procedimentos da Comissão nos termos do presente regulamento poderão servir como ponto de referência adequado. Deverá ser garantido um procedimento prévio, justo e imparcial antes de se tomar qualquer decisão final, incluindo o direito de as pessoas em causa serem ouvidas e o direito de acesso ao processo, respeitando simultaneamente a confidencialidade e o sigilo profissional e de empresa, bem como a obrigação de fundamentar devidamente as decisões. Tal não deverá, contudo, impedir a tomada de medidas em casos urgentes devidamente fundamentados e sujeitos a condições e disposições processuais adequadas. O exercício de poderes deverá igualmente ser proporcionado, nomeadamente, à natureza e ao dano global efetivo ou eventual causado pela infração ou suspeita de infração. As autoridades competentes deverão ter em conta todos os factos e circunstâncias pertinentes do processo, incluindo as informações recolhidas pelas autoridades competentes de outros Estados-Membros.

(117) Os Estados-Membros deverão assegurar que as violações das obrigações estabelecidas no presente regulamento possam ser sancionadas de forma efetiva, proporcionada e dissuasiva, tendo em conta a natureza, a gravidade, a recorrência e a duração da violação, dado o interesse público visado, o âmbito e o tipo de atividades realizadas, bem como a capacidade económica do infrator. Em particular, as sanções deverão ter em conta se o prestador de serviços intermediários em causa não cumpre sistemática ou recorrentemente as obrigações que lhe incumbem por força do presente regulamento, bem como, se for caso disso, o número de destinatários do serviço afetados, o carácter intencional ou negligente da infração e se exerce a sua atividade em vários Estados-Membros. Sempre que o presente regulamento preveja um montante máximo das coimas ou das sanções pecuniárias compulsórias, esse montante máximo deverá aplicar-se para cada infração ao presente regulamento e sem prejuízo da modulação das coimas ou sanções pecuniárias compulsórias aplicáveis a infrações específicas. Os Estados-Membros deverão assegurar que a imposição de coimas ou de sanções pecuniárias compulsórias relativamente a infrações seja efetiva, proporcionada e dissuasiva, em cada caso individual, estabelecendo regras e procedimentos nacionais nos termos do presente regulamento, tendo em conta todos os critérios relativos às condições gerais de imposição das coimas ou sanções pecuniárias compulsórias.

(118) A fim de assegurar a execução efetiva das obrigações estabelecidas no presente regulamento, as pessoas ou as organizações representativas deverão poder apresentar qualquer reclamação relacionada com o cumprimento dessas obrigações ao coordenador dos serviços digitais no território onde lhes foi prestado o serviço, sem prejuízo das regras em matéria de atribuição de competências do presente regulamento e das regras aplicáveis à gestão das reclamações em conformidade com os princípios nacionais da boa administração. As reclamações poderão fornecer uma visão global fiel das preocupações relacionadas com o cumprimento por parte de um determinado prestador de serviços intermediários e podem igualmente informar o coordenador dos serviços digitais de quaisquer outras questões transversais. O coordenador dos serviços digitais deverá envolver outras autoridades nacionais competentes, bem como o coordenador dos serviços digitais de outro Estado-Membro e, em particular, do Estado-Membro em que o prestador de serviços intermediários em causa está estabelecido, se a questão exigir uma cooperação transfronteiriça.

(119) Os Estados-Membros deverão assegurar que os coordenadores dos serviços digitais possam tomar medidas eficazes e proporcionadas para corrigir determinadas infrações ao presente regulamento que sejam particularmente graves e persistentes. Especialmente quando essas medidas possam afetar os direitos e interesses de terceiros, como pode nomeadamente suceder quando o acesso às interfaces em linha é restrito, é adequado exigir que as medidas estejam sujeitas a garantias adicionais. Em particular, deverá ser dada a terceiros potencialmente afetados a oportunidade de serem ouvidos e essas decisões só deverão ser emitidas quando não for razoavelmente possível recorrer a medidas previstas noutros atos do direito da União ou do direito nacional, por exemplo para proteger os interesses coletivos dos consumidores, para assegurar a supressão imediata de páginas Web que contenham ou difundam pornografia infantil ou para bloquear o acesso a serviços que estejam a ser utilizados por terceiros para violar um direito de propriedade intelectual.

(120) Essa decisão para restringir o acesso não deverá exceder o necessário para alcançar o seu objetivo. Para o efeito, deverá ser temporária e dirigir-se, em princípio, a um prestador de serviços intermediários, como o prestador de serviços de alojamento virtual, o prestador de serviços de Internet ou o registo ou agente de registo de domínio pertinente, que se encontre numa posição razoável para alcançar esse objetivo sem restringir indevidamente o acesso a informações lícitas.

(121) Sem prejuízo das disposições relativas à isenção de responsabilidade previstas no presente regulamento no que respeita às informações transmitidas ou armazenadas a pedido de um destinatário do serviço, os prestadores de serviços intermediários deverão ser responsáveis pelos danos causados aos destinatários do serviço devido a uma violação das obrigações estabelecidas no presente regulamento para esses prestadores. A indemnização desses danos deverá estar em conformidade com as regras e os procedimentos estabelecidos na legislação nacional aplicável e sem prejuízo de outras possibilidades de reparação disponíveis ao abrigo das regras de defesa dos consumidores.

(122) O coordenador dos serviços digitais deverá publicar regularmente, nomeadamente no seu sítio Web, um relatório sobre as atividades realizadas ao abrigo do presente regulamento. Em especial, o relatório deverá ser publicado em formato legível por máquina e incluir uma síntese das reclamações recebidas e do seguimento que lhes foi dado, nomeadamente o número total de reclamações recebidas e o número de reclamações que conduziram à abertura de uma investigação formal ou à transmissão a outros coordenadores dos serviços digitais, sem referir quaisquer dados pessoais. Dado que o coordenador dos serviços digitais é igualmente informado das decisões de atuação contra conteúdos ilegais ou de prestação de informações reguladas pelo presente regulamento através do sistema de partilha de informações, o coordenador dos serviços digitais deverá incluir no seu relatório anual o número e as categorias de tais decisões dirigidas aos prestadores de serviços intermediários emitidas pelas autoridades judiciárias e administrativas do seu Estado-Membro.

(123) No interesse da clareza, simplicidade e eficácia, as competências para supervisionar e executar as obrigações por força do presente regulamento deverão ser conferidas às autoridades competentes do Estado-Membro em que se encontra situado o estabelecimento principal do prestador de serviços intermediários, ou seja, onde tem os serviços centrais ou a sede social onde são exercidas as principais funções financeiras e o controlo operacional. Em relação aos prestadores que não estão estabelecidos na União, mas que oferecem serviços na União e que, por conseguinte, são abrangidos pelo âmbito de aplicação do presente regulamento, o Estado-Membro em que esses prestadores nomearam o seu representante legal deverá ter competência, atendendo à função dos representantes legais nos termos do presente regulamento. No interesse da aplicação efetiva do presente regulamento, todos os Estados-Membros ou a Comissão, se for caso disso, deverão, contudo, ter competência em relação aos prestadores que não tenham designado um representante legal. Essa competência pode ser exercida por qualquer das autoridades competentes ou pela Comissão, desde que o prestador não seja objeto de um processo de execução pelos mesmos factos por outra autoridade competente ou pela Comissão. A fim de assegurar o respeito do princípio ne bis in idem e, em especial, de evitar que a mesma infração às obrigações estabelecidas no presente regulamento seja sancionada mais do que uma vez, cada Estado-Membro que pretenda exercer a sua competência em relação a esses prestadores deverá, sem demora injustificada, informar todas as outras autoridades, incluindo a Comissão, através do sistema de partilha de informações estabelecido para efeitos do presente regulamento.

(124) Tendo em conta o seu potencial impacto e os desafios envolvidos na sua supervisão eficaz, são necessárias regras especiais em matéria de supervisão e execução no que diz respeito aos fornecedores de plataformas em linha de muito grande dimensão e de motores de pesquisa em linha de muito grande dimensão. A Comissão deverá ser responsável, com o apoio das autoridades nacionais competentes, se for caso disso, pela supervisão e execução pública de questões sistémicas, tais como questões com um impacto significativo nos interesses coletivos dos destinatários do serviço. Por conseguinte, a Comissão deverá ter competências exclusivas de supervisão e execução das obrigações adicionais de gestão dos riscos sistémicos impostas aos fornecedores de plataformas em linha de muito grande dimensão e de motores de pesquisa em linha de muito grande dimensão nos termos do presente regulamento. As competências exclusivas da Comissão deverão aplicar-se sem prejuízo de determinadas funções administrativas atribuídas pelo presente regulamento às autoridades competentes do Estado-Membro de estabelecimento, tais como a habilitação dos investigadores.

(125) As competências de supervisão e execução das obrigações de devida diligência, que não sejam as obrigações adicionais de gestão dos riscos sistémicos impostas aos fornecedores de plataformas em linha de muito grande dimensão e de motores de pesquisa em linha de muito grande dimensão pelo presente regulamento, deverão ser partilhadas pela Comissão e pelas autoridades nacionais competentes. Por um lado, a Comissão poderá, em muitos casos, estar em melhor posição para fazer face às infrações sistémicas cometidas por esses prestadores, tais como as que afetam vários Estados-Membros ou as infrações graves repetidas ou que dizem respeito à não criação de mecanismos eficazes exigidos pelo presente regulamento. Por outro lado, as autoridades competentes do Estado-Membro em que se encontra situado o estabelecimento principal de um fornecedor de uma plataforma em linha de muito grande dimensão ou de um motor de pesquisa em linha de muito grande dimensão podem estar em melhor posição para fazer face a infrações individuais cometidas por esses prestadores, que não levantem quaisquer questões sistémicas ou transfronteiriças. No interesse da eficiência, a fim de evitar duplicações e de assegurar a conformidade com o princípio *ne bis in idem*, deverá caber à Comissão avaliar se considera adequado exercer essas competências partilhadas num determinado caso e, uma vez iniciado um processo, os Estados-Membros deverão deixar de ter capacidade para o fazer. Os Estados-Membros deverão cooperar estreitamente entre si e com a Comissão, e a Comissão deverá cooperar estreitamente com os Estados-Membros, a fim de assegurar o bom funcionamento e a eficácia do sistema de supervisão e execução estabelecido pelo presente regulamento.

(126) As regras do presente regulamento em matéria de atribuição de competências aplicam-se sem prejuízo das disposições do direito da União e das normas nacionais de direito internacional privado relativas à jurisdição e à lei aplicável em matéria civil e comercial, tais como as ações intentadas pelos consumidores nos tribunais do respetivo Estado-Membro de residência, em conformidade com as disposições pertinentes do direito da União. No que diz respeito às obrigações impostas pelo presente regulamento aos prestadores de serviços intermediários de informar a autoridade emitente do efeito dado às decisões de atuação contra conteúdos ilegais e de prestação de informações, as regras em matéria de atribuição de competências deverão aplicar-se apenas à supervisão da execução dessas obrigações, mas não a outras questões relacionadas com a ordem, como a competência para emitir a ordem.

(127) Dada a importância transfronteiriça e transectorial dos serviços intermediários, é necessário um elevado nível de cooperação a fim de assegurar a aplicação coerente do presente regulamento e a disponibilidade, através do sistema de partilha de informações, das informações pertinentes para o exercício das funções em matéria de execução. A cooperação pode assumir diferentes formas consoante as questões em causa, sem prejuízo de exercícios específicos de investigação conjunta. Em todo o caso, é necessário que o coordenador dos serviços digitais de estabelecimento de um prestador de serviços intermediários informe os outros coordenadores dos serviços digitais sobre questões, investigações e medidas a tomar relativas a esse prestador. Além disso, caso uma autoridade competente de um Estado-Membro detenha informações pertinentes para uma investigação realizada pelas autoridades competentes do Estado-Membro de estabelecimento, ou possa obter essas informações localizadas no seu território e às quais as autoridades competentes do Estado-Membro de estabelecimento não tenham acesso, o coordenador dos serviços digitais de destino deverá prestar assistência ao coordenador dos serviços digitais de estabelecimento em tempo útil, nomeadamente através do exercício dos seus poderes de investigação nos termos dos procedimentos nacionais aplicáveis e da Carta. O destinatário dessas medidas de investigação deverá cumpri-las e ser responsabilizado em caso de incumprimento, e as autoridades competentes do Estado-Membro de estabelecimento deverão poder recorrer às informações obtidas através da assistência mútua, a fim de assegurar o cumprimento do presente regulamento.

(128) O coordenador dos serviços digitais de destino deverá poder solicitar, em especial com base nas reclamações recebidas ou no contributo de outras autoridades nacionais competentes, se for caso disso, ou do Comité no caso de questões que envolvam pelo menos três Estados-Membros, ao coordenador dos sistemas digitais de estabelecimento que tome medidas de investigação ou de execução relativamente a um prestador da sua competência. Esses pedidos de tomada de medidas deverão basear-se em elementos de prova bem fundamentados, que demonstrem a existência de uma alegada infração com impacto negativo nos interesses coletivos dos destinatários do serviço no seu Estado-Membro ou com um impacto social negativo. O coordenador dos serviços digitais de estabelecimento deverá poder contar com a assistência mútua ou convidar o coordenador dos serviços digitais requerente a participar numa investigação conjunta, caso sejam necessárias informações adicionais para a tomada de uma decisão, sem prejuízo da possibilidade de solicitar à Comissão que avalie a questão, se tiver motivos para suspeitar da ocorrência de uma infração sistémica cometida por uma plataforma em linha de muito grande dimensão ou por um motor de pesquisa em linha de muito grande dimensão.

(129) O Comité deverá poder remeter a questão à apreciação da Comissão em caso de desacordo quanto às avaliações ou às medidas tomadas ou propostas, ou em caso de não adoção de quaisquer medidas nos termos do presente regulamento, na sequência de um pedido de cooperação transfronteiriça ou de uma investigação conjunta. Se, com base nas informações disponibilizadas pelas autoridades em causa, a Comissão considerar que as medidas propostas, incluindo o nível proposto das coimas, não podem assegurar o cumprimento efetivo das obrigações estabelecidas no presente regulamento, deverá, por conseguinte, poder manifestar as suas sérias dúvidas e solicitar ao coordenador dos serviços digitais competente que reavalie a questão e tome as medidas necessárias para assegurar o cumprimento do presente regulamento num prazo definido. Esta possibilidade não prejudica o dever geral da Comissão de supervisionar a aplicação do direito da União e, quando necessário, executá-lo, sob o controlo do Tribunal de Justiça da União Europeia, nos termos dos Tratados.

(130) A fim de facilitar a supervisão transfronteiriça e as investigações das obrigações estabelecidas no presente regulamento que envolvam vários Estados-Membros, os coordenadores dos serviços digitais de estabelecimento deverão poder propor, através do sistema de partilha de informações, a outros coordenadores dos serviços digitais a realização de uma investigação conjunta relativa a uma alegada infração ao presente regulamento. Outros coordenadores dos serviços digitais, e outras autoridades competentes, se for caso disso, deverão poder participar na investigação proposta pelo coordenador dos serviços digitais de estabelecimento, a menos que este considere que um número excessivo de autoridades participantes pode afetar a eficácia da investigação, tendo em conta as características da alegada infração e a ausência de efeitos diretos sobre os destinatários do serviço nesses Estados-Membros. As atividades de uma investigação conjunta podem incluir uma série de ações a coordenar pelo coordenador dos serviços digitais de estabelecimento, em função da disponibilidade das autoridades participantes, tais como exercícios coordenados de recolha de dados, partilha de recursos, grupos de trabalho, pedidos coordenados de informação ou inspeções comuns de instalações. Por conseguinte, todas as autoridades competentes que participem na investigação conjunta deverão cooperar com o coordenador dos serviços digitais de estabelecimento, nomeadamente exercendo os seus poderes de investigação no seu território, nos termos dos procedimentos nacionais aplicáveis. A investigação conjunta deverá ser concluída dentro de um determinado prazo e ser objeto de um relatório final que tenha em conta o contributo de todas as autoridades competentes participantes. O Comité pode também recomendar a um coordenador de serviços digitais de estabelecimento que inicie uma investigação conjunta e dê indicações para a sua organização, se tal for solicitado por, pelo menos, três coordenadores dos serviços digitais de destino. A fim de evitar impasses, o Comité deverá poder remeter a questão à apreciação da Comissão em casos específicos, nomeadamente se o coordenador dos serviços digitais de estabelecimento se recusar a iniciar a investigação e o Comité não concordar com a justificação apresentada.

(131) A fim de assegurar uma aplicação coerente do presente regulamento, é necessário criar um grupo consultivo independente a nível da União, um Comité Europeu dos Serviços Digitais, que apoie a Comissão e ajude a coordenar as ações dos coordenadores dos serviços digitais. O Comité deverá ser constituído pelos coordenadores dos serviços digitais, sempre que tais coordenadores sejam nomeados, sem prejuízo da possibilidade de estes convidarem para as suas reuniões ou nomearem delegados ad hoc de outras autoridades competentes encarregadas de funções específicas nos termos do presente regulamento, sempre que tal seja necessário em virtude da sua atribuição nacional de funções e competências. Em caso de múltiplos participantes de um Estado-Membro, o direito de voto deverá permanecer limitado a um representante por Estado-Membro.

(132) O Comité deverá contribuir para alcançar uma perspetiva comum da União sobre a aplicação coerente do presente regulamento e para a cooperação entre as autoridades competentes, nomeadamente aconselhando a Comissão e os coordenadores dos serviços digitais sobre medidas adequadas de investigação e de execução, em particular em relação aos fornecedores de plataformas em linha de muito grande dimensão ou de motores de pesquisa em linha de muito grande dimensão e tendo em conta, nomeadamente, a liberdade dos prestadores de serviços intermediários para prestar serviços em toda a União. O Comité deverá igualmente contribuir para a elaboração de códigos de conduta e modelos pertinentes e para a análise das tendências gerais emergentes no desenvolvimento dos serviços digitais na União, designadamente emitindo pareceres ou recomendações sobre questões relacionadas com as normas.

(133) Para o efeito, o Comité deverá poder adotar pareceres, pedidos e recomendações dirigidos aos coordenadores dos serviços digitais ou a outras autoridades nacionais competentes. Embora não sejam juridicamente vinculativos, a decisão de se afastar dos mesmos deverá ser devidamente explicada e poderá ser tida em conta pela Comissão na avaliação da conformidade do Estado-Membro em causa com o presente regulamento.

(134) O Comité deverá reunir os representantes dos coordenadores dos serviços digitais e, eventualmente, outras autoridades competentes sob a presidência da Comissão, com vista a assegurar uma avaliação dos assuntos que lhe são apresentados para apreciação numa dimensão plenamente europeia. Tendo em vista possíveis elementos transversais que possam ser pertinentes para outros quadros regulamentares a nível da União, o Comité deverá ser autorizado a cooperar com outros órgãos, organismos e grupos consultivos da União com responsabilidades em domínios como a igualdade, incluindo a igualdade de género e a não discriminação, a proteção de dados, as comunicações eletrónicas, os serviços audiovisuais, a deteção e investigação de fraudes lesivas do orçamento da União no que diz respeito a direitos aduaneiros, a defesa dos consumidores ou o direito da concorrência, conforme necessário para o desempenho das suas funções.

(135) A Comissão, através do seu presidente, deverá participar no Comité sem direito de voto. Através do seu presidente, a Comissão deverá assegurar que a ordem de trabalhos das reuniões seja fixada em conformidade com os pedidos dos membros do Comité, tal como estabelecido no regulamento interno e em conformidade com os deveres do Comité estabelecidos no presente regulamento.

(136) Tendo em conta a necessidade de garantir o apoio às atividades do Comité, esta deverá poder contar com os conhecimentos especializados e os recursos humanos da Comissão e das autoridades nacionais competentes. As disposições operacionais específicas para o funcionamento interno do Comité deverão ser especificadas de forma mais pormenorizada no regulamento interno do Comité.

(137) Dada a importância das plataformas em linha de muito grande dimensão ou dos motores de pesquisa em linha de muito grande dimensão, tendo em conta o seu alcance e impacto, o incumprimento, pelos mesmos, das obrigações específicas que lhes são aplicáveis pode afetar um número considerável de destinatários dos serviços em diferentes Estados-Membros e causar grandes danos à sociedade, embora a identificação e correção de tal incumprimento possam também ser particularmente complexas. Por este motivo, a Comissão, em cooperação com os coordenadores dos serviços digitais e o Comité, deverá desenvolver os conhecimentos especializados e as capacidades da União no que diz respeito à supervisão das plataformas em linha de muito grande dimensão ou dos motores de pesquisa em linha de muito grande dimensão. Por conseguinte, a Comissão deverá poder coordenar e contar com os conhecimentos especializados e os recursos dessas autoridades, por exemplo, através da análise, a título permanente ou temporário, das tendências ou questões específicas emergentes relacionadas com uma ou mais plataformas em linha de muito grande dimensão ou motores de pesquisa em linha de muito grande dimensão. Os Estados-Membros deverão cooperar com a Comissão no desenvolvimento dessas capacidades, nomeadamente através do destacamento de pessoal, quando adequado, e contribuir para a criação de uma capacidade comum de supervisão da União. A fim de desenvolver os conhecimentos especializados e as capacidades da União, a Comissão pode também recorrer aos conhecimentos especializados e às capacidades do Observatório da Economia das Plataformas em Linha, criado pela Decisão da Comissão de 26 de abril de 2018 que institui um grupo de peritos do Observatório da Economia das Plataformas em Linha, dos organismos especializados pertinentes, bem como dos centros de excelência. A Comissão pode convidar peritos com conhecimentos especializados específicos, incluindo, em especial, investigadores habilitados, representantes de órgãos e organismos da União, representantes da indústria, associações que representem os utilizadores ou a sociedade civil, organizações internacionais, peritos do setor privado, bem como outras partes interessadas.

(138) A Comissão deverá poder investigar infrações por sua própria iniciativa, em conformidade com as competências previstas no presente regulamento, nomeadamente solicitando o acesso a dados, solicitando informações ou realizando inspeções, bem como recorrendo ao apoio dos coordenadores dos serviços digitais. Sempre que a supervisão pelas autoridades nacionais competentes de alegadas infrações individuais cometidas por fornecedores de plataformas em linha de muito grande dimensão ou de motores de pesquisa em linha de muito grande dimensão apontar para questões sistémicas, tais como questões com um impacto significativo nos interesses coletivos dos destinatários do serviço, os coordenadores dos serviços digitais deverão poder, com base num pedido devidamente fundamentado, remeter essas questões à apreciação da Comissão. Esse pedido deverá conter, pelo menos, todos os factos e circunstâncias necessários para fundamentar a alegada infração e a sua natureza sistémica. Em função do resultado da sua própria avaliação, a Comissão deverá poder tomar as medidas de investigação e de execução necessárias nos termos do presente regulamento, incluindo, se for caso disso, o lançamento de uma investigação ou a adoção de medidas provisórias.

(139) A fim de desempenhar eficazmente as suas funções, a Comissão deverá manter uma margem discricionária quanto à decisão de dar início a processos contra os fornecedores de plataformas em linha de muito grande dimensão ou de motores de pesquisa em linha de muito grande dimensão. Uma vez iniciado o processo pela Comissão, os coordenadores dos serviços digitais de estabelecimento em causa deverão ser impedidos de exercer os seus poderes de investigação e de execução no que respeita à conduta em causa do fornecedor da plataforma em linha de muito grande dimensão ou do motor de pesquisa em linha de muito grande dimensão, de modo a evitar duplicações, incoerências e riscos do ponto de vista do princípio ne bis in idem. No entanto, a Comissão deverá poder solicitar aos coordenadores dos serviços digitais que contribuam, individual ou conjuntamente, para a investigação. Em conformidade com o dever de cooperação leal, o coordenador dos serviços digitais deverá envidar todos os esforços para satisfazer os pedidos justificados e proporcionados da Comissão no contexto de uma investigação. Além disso, o coordenador dos serviços digitais de estabelecimento, bem como o Comité e quaisquer outros coordenadores dos serviços digitais, quando pertinente, deverão prestar à Comissão todas as informações e assistência necessárias para que esta possa desempenhar eficazmente as suas funções, nomeadamente informações recolhidas no contexto de exercícios de recolha de dados ou de acesso aos dados, na medida em que tal não seja impedido pela base jurídica de acordo com a qual as informações foram recolhidas. Por sua vez, a Comissão deverá manter o coordenador dos serviços digitais de estabelecimento e o Comité informados sobre o exercício dos seus poderes, em especial quando tenciona dar início a um processo e exercer os seus poderes de investigação. Além disso, quando a Comissão comunicar as suas conclusões preliminares, incluindo quaisquer assuntos relativamente aos quais tenha objeções, aos fornecedores de plataformas em linha de muito grande dimensão ou de motores de pesquisa em linha de muito grande dimensão em causa, deverá também comunicá-las ao Comité. O Comité deverá apresentar os seus pontos de vista sobre as objeções e a avaliação da Comissão, que, por seu lado, deverá ter esse parecer em conta na fundamentação subjacente à sua decisão final.

(140) Tendo em conta tanto os desafios específicos que podem surgir ao procurar assegurar o cumprimento por parte dos fornecedores de plataformas em linha de muito grande dimensão ou de motores de pesquisa em linha de muito grande dimensão como a importância de o fazer de forma eficaz, atendendo à sua dimensão e ao impacto e aos danos que podem causar, a Comissão deverá dispor de poderes de investigação e de execução sólidos que lhe permitam investigar, executar e acompanhar a conformidade com as regras estabelecidas no presente regulamento, no pleno respeito do direito fundamental de ser ouvido e de ter acesso ao processo no âmbito de um procedimento de execução, do princípio da proporcionalidade e dos direitos e interesses das partes em causa.

(141) A Comissão deverá poder solicitar as informações necessárias com vista a assegurar a aplicação e o cumprimento efetivos, em toda a União, das obrigações previstas no presente regulamento. Mais particularmente, a Comissão deverá ter acesso a todos os documentos, dados e informações pertinentes que se afigurem necessários para a abertura e realização de investigações e para o controlo do cumprimento das obrigações pertinentes previstas no presente regulamento, independentemente de quem se encontra na posse dos documentos, dados ou informações em questão e sem olhar à sua forma ou formato, ao seu suporte de armazenamento ou ao local exato onde se encontrem armazenados. A Comissão deverá poder exigir diretamente, através de um pedido de informações devidamente fundamentado, ao fornecedor da plataforma em linha de muito grande dimensão ou do motor de pesquisa em linha de muito grande dimensão em causa, bem como a quaisquer outras pessoas singulares ou coletivas que atuem com fins que se incluam no âmbito da sua atividade comercial, industrial, artesanal ou profissional que possam razoavelmente ter conhecimento de informações relacionadas com a presumível infração ou infração, conforme aplicável, que forneçam quaisquer elementos de prova, dados e informações pertinentes. Além disso, a Comissão deverá poder solicitar informações pertinentes a qualquer autoridade pública, organismo ou agência do Estado-Membro em causa, para efeitos do presente regulamento. A Comissão deverá poder exigir, através do exercício dos seus poderes de investigação, como pedidos de informação ou entrevistas, acesso a documentos, dados, informações, bases de dados e algoritmos de pessoas pertinentes, e explicações relativas aos mesmos, bem como entrevistar, com o seu consentimento, quaisquer pessoas singulares ou coletivas que possam estar na posse de informações úteis, e registar as declarações prestadas através de quaisquer meios técnicos. A Comissão deverá igualmente dispor de poderes para efetuar as inspeções necessárias para efeitos de execução das disposições pertinentes do presente regulamento. Esses poderes de investigação visam complementar a possibilidade de a Comissão solicitar assistência aos coordenadores dos serviços digitais e às autoridades de outros Estados-Membros, por exemplo, através da prestação de informações ou no exercício desses poderes.

(142) As medidas provisórias podem ser um instrumento importante para garantir que, enquanto decorre uma investigação, a infração objeto de investigação não acarrete o risco de prejuízos graves para os destinatários do serviço. Este instrumento é importante para evitar desenvolvimentos que muito dificilmente poderão ser anulados por decisão tomada pela Comissão no final do processo. Por conseguinte, a Comissão deverá ter competência para adotar decisões que imponham medidas provisórias no âmbito de um procedimento aberto com vista à eventual adoção de uma decisão de incumprimento. Esta competência deverá ser exercida nos casos em que a Comissão tenha constatado prima facie uma violação das obrigações por força do presente regulamento pelo fornecedor de uma plataforma em linha de muito grande dimensão ou de um motor de pesquisa em linha de muito grande dimensão. A decisão que imponha medidas provisórias só deverá ser válida durante um período determinado: quer por um período que corra até ao termo do processo instaurado pela Comissão, quer por um período fixo que, se necessário e adequado, poderá ser renovado.

(143) A Comissão deverá poder tomar as medidas necessárias para acompanhar a aplicação e o cumprimento efetivos das obrigações previstas no presente regulamento. Essas medidas deverão incluir a possibilidade de nomear peritos externos independentes e auditores encarregados de assistir a Comissão neste processo, incluindo, se for caso disso, peritos e auditores das autoridades competentes dos Estados-Membros, tais como autoridades de proteção de dados ou de defesa dos consumidores. Aquando da nomeação dos auditores, a Comissão deverá assegurar uma rotatividade suficiente.

(144) O cumprimento das obrigações pertinentes impostas nos termos do presente regulamento deverá ser garantido através de coimas e sanções pecuniárias compulsórias. Para o efeito, deverão igualmente ser fixados montantes adequados para as coimas e sanções pecuniárias compulsórias em caso de não cumprimento das obrigações e violação das regras processuais, sujeitos a prazos de prescrição adequados, em conformidade com o princípio da proporcionalidade e o princípio ne bis in idem. A Comissão e as autoridades nacionais competentes deverão coordenar os seus esforços de execução, a fim de assegurar que esses princípios sejam respeitados. Em particular, a Comissão deverá ter em conta quaisquer coimas e sanções pecuniárias compulsórias impostas à mesma pessoa singular, relativamente aos mesmos factos, por uma decisão final no âmbito de um procedimento relacionado com uma infração de outras regras nacionais ou da União, de modo a assegurar que as coimas e sanções pecuniárias compulsórias impostas são proporcionadas e correspondem à gravidade das infrações cometidas. Todas as decisões tomadas pela Comissão ao abrigo do presente regulamento estão sujeitas a fiscalização pelo Tribunal de Justiça da União Europeia nos termos do TFUE. O Tribunal de Justiça da União Europeia deverá ter plena jurisdição no que diz respeito às coimas e às sanções pecuniárias compulsórias, nos termos do artigo 261º do TFUE.

(145) Tendo em conta os potenciais efeitos sociais significativos do incumprimento das obrigações adicionais de gestão de riscos sistémicos que se aplicam exclusivamente às plataformas em linha de muito grande dimensão e aos motores de pesquisa em linha de muito grande dimensão, e a fim de dar resposta a essas preocupações de política pública, é necessário prever um sistema de supervisão reforçada de todas as medidas tomadas para pôr termo e corrigir eficazmente as infrações ao presente regulamento. Por conseguinte, uma vez determinada e, se necessário, sancionada uma infração a uma das disposições do presente regulamento que se aplicam exclusivamente a plataformas em linha de muito grande dimensão ou a motores de pesquisa em linha de muito grande dimensão, a Comissão deverá solicitar ao fornecedor dessa plataforma ou desse motor de pesquisa que elabore um plano de ação pormenorizado para corrigir qualquer efeito da infração no futuro e que comunique esse plano de ação dentro de um prazo fixado pela Comissão aos coordenadores dos serviços digitais, à Comissão e ao Comité. A Comissão, tendo em conta o parecer do Comité, deverá determinar se as medidas incluídas no plano de ação são suficientes para dar resposta à infração, tendo igualmente em conta se a adesão ao código de conduta pertinente figura entre as medidas propostas. A Comissão deverá igualmente acompanhar qualquer medida subsequente tomada pelo fornecedor de uma plataforma em linha de muito grande dimensão ou de um motor de pesquisa em linha de muito grande dimensão em causa, tal como estabelecido no seu plano de ação, tendo também em conta uma auditoria independente do fornecedor. Se, na sequência da execução do plano de ação, a Comissão continuar a considerar que o incumprimento não foi totalmente sanado, ou se o plano de ação não tiver sido comunicado ou não for considerado adequado, a Comissão deverá poder utilizar quaisquer poderes de investigação ou de execução nos termos do presente regulamento, incluindo o poder de impor sanções pecuniárias compulsórias e de dar início ao procedimento para bloquear o acesso ao serviço infrator.

(146) O fornecedor da plataforma em linha de muito grande dimensão ou do motor de pesquisa em linha de muito grande dimensão em causa e outras pessoas sujeitas ao exercício dos poderes da Comissão cujos interesses possam ser afetados por uma decisão deverão poder apresentar observações prévias, devendo as decisões tomadas ser amplamente publicitadas. Embora assegurando os direitos de defesa das partes em causa, nomeadamente o direito de acesso ao processo, é indispensável proteger as informações confidenciais. Além do mais, sem prejuízo da confidencialidade das informações, a Comissão deverá assegurar que todas as informações utilizadas para efeitos da sua decisão sejam divulgadas numa medida que permita ao destinatário da decisão compreender os factos e as considerações que conduziram à mesma.

(147) A fim de salvaguardar a aplicação e execução harmonizadas do presente regulamento, importa garantir que as autoridades nacionais, incluindo os tribunais nacionais, disponham de todas as informações necessárias para assegurar que as suas decisões não sejam contrárias a uma decisão adotada pela Comissão ao abrigo do presente regulamento. Tal não prejudica o disposto no artigo 267º do TFUE.

(148) A execução e o acompanhamento efetivos do presente regulamento exigem uma troca contínua e em tempo real de informações entre os coordenadores dos serviços digitais, o Comité e a Comissão, com base nos fluxos de informação e nos procedimentos estabelecidos no presente regulamento. Tal pode igualmente justificar o acesso a este sistema por parte de outras autoridades competentes, se for caso disso. Ao mesmo tempo, uma vez que as informações trocadas podem ser confidenciais ou envolver dados pessoais, deverão permanecer protegidas contra o acesso não autorizado, em conformidade com as finalidades para as quais as informações foram recolhidas. Por este motivo, todas as comunicações entre essas autoridades deverão ser efetuadas com base num sistema fiável e seguro de partilha de informações, cujas modalidades deverão ser estabelecidas num ato de execução. O sistema de partilha de informações pode basear-se nos instrumentos existentes do mercado interno, na medida em que estes possam cumprir os objetivos do presente regulamento de uma forma eficaz em termos de custos.

(149) Sem prejuízo do direito dos destinatários dos serviços de recorrerem a um representante nos termos da Diretiva (UE) 2020/1828 do Parlamento Europeu e do Conselho[33], ou a qualquer outro tipo de representação ao abrigo do direito nacional, os destinatários dos serviços deverão também ter o direito de mandatar uma pessoa coletiva ou um organismo público para exercer os direitos que lhes são conferidos pelo presente regulamento. Esses direitos podem incluir os direitos relacionados com a apresentação de notificações, a contestação das

[33] Diretiva (UE) 2020/1828 do Parlamento Europeu e do Conselho, de 25 de novembro de 2020, relativa a ações coletivas para proteção dos interesses coletivos dos consumidores e que revoga a Diretiva 2009/22/CE (JO L 409 de 4.12.2020, p. 1).

decisões tomadas pelos prestadores de serviços intermediários e a apresentação de reclamações contra os prestadores por infrações ao presente regulamento. Determinados organismos, organizações e associações têm conhecimentos especializados e competências especiais para detetar e sinalizar decisões de moderação de conteúdos erróneas ou injustificadas, e as suas reclamações em nome dos destinatários do serviço podem ter um impacto positivo na liberdade de expressão e de informação em geral, pelo que os fornecedores de plataformas em linha deverão tratar essas reclamações sem demora injustificada.

(150) No interesse da eficácia e da eficiência, a Comissão deverá levar a cabo uma avaliação geral do presente regulamento. Em especial, essa avaliação geral deverá abordar, nomeadamente, o âmbito dos serviços abrangidos pelo presente regulamento, a interação com outros atos jurídicos, o impacto do presente regulamento no funcionamento do mercado interno, em especial no que diz respeito aos serviços digitais, a execução dos códigos de conduta, a obrigação de designar um representante legal estabelecido na União, o efeito das obrigações nas micro e pequenas empresas, a eficácia do mecanismo de supervisão e execução e o impacto no direito à liberdade de expressão e de informação. Além disso, a fim de evitar encargos desproporcionados e assegurar a eficácia contínua do presente regulamento, a Comissão deverá realizar uma avaliação do impacto das obrigações estabelecidas no presente regulamento nas pequenas e médias empresas no prazo de três anos a contar do início da sua aplicação e uma avaliação do âmbito dos serviços abrangidos pelo presente regulamento, em especial no caso das plataformas em linha de muito grande dimensão e dos motores de pesquisa em linha de muito grande dimensão, e a interação com outros atos jurídicos no prazo de três anos a contar da sua entrada em vigor.

(151) A fim de assegurar condições uniformes para a execução do presente regulamento, deverão ser atribuídas competências de execução à Comissão para estabelecer modelos relativos ao formato, ao conteúdo e a outros pormenores dos relatórios sobre moderação de conteúdos, para estabelecer o montante da taxa de supervisão anual cobrada aos fornecedores de plataformas em linha de muito grande dimensão e de motores de pesquisa em linha de muito grande dimensão, para estabelecer as modalidades práticas do processo, das audições e da divulgação negociada de informações efetuados no contexto da supervisão, investigação, execução e vigilância no que respeita aos fornecedores de plataformas em linha de muito grande dimensão e de motores de pesquisa em linha de muito grande dimensão, bem como para estabelecer as disposições práticas e operacionais relativas ao funcionamento do sistema de partilha de informações e à sua interoperabilidade com outros sistemas pertinentes. Essas competências deverão ser exercidas nos termos do Regulamento (UE) nº 182/2011 do Parlamento Europeu e do Conselho[34].

(152) A fim de cumprir os objetivos do presente regulamento, o poder de adotar atos nos termos do artigo 290º do TFUE deverá ser delegado na Comissão para completar o presente regulamento, no que diz respeito aos critérios para a identificação de plataformas em linha de muito grande dimensão e de motores de pesquisa em linha de muito grande dimensão, às etapas processuais, metodologias de auditoria e modelos de comunicação de informações para as auditorias, às especificações técnicas dos pedidos de acesso e às metodologias e procedimentos pormenorizados para definir a taxa de supervisão. É particularmente importante que a Comissão proceda às consultas adequadas e que essas consultas sejam realizadas de acordo com os princípios estabelecidos no Acordo Interinstitucional, de 13 de abril de 2016, sobre legislar melhor[35]. Em particular, a fim de assegurar a igualdade de participação na preparação dos atos delegados, o Parlamento Europeu e o Conselho recebem todos os documentos ao mesmo tempo que os peritos dos Estados-Membros, e os respetivos peritos têm sistematicamente acesso às reuniões dos grupos de peritos da Comissão que tratem da preparação dos atos delegados.

(153) O presente regulamento respeita os direitos fundamentais reconhecidos pela Carta e os direitos fundamentais que constituem os princípios gerais do direito da União. Assim sendo, o presente regulamento deverá ser interpretado e aplicado em conformidade com esses direitos fundamentais, incluindo o direito à liberdade de expressão e de informação, bem como a liberdade e o pluralismo dos meios de comunicação social. No exercício dos poderes estabelecidos no presente regulamento, todas as autoridades públicas envolvidas deverão alcançar, em situações em que se verifique um conflito entre os direitos fundamentais pertinentes, um equilíbrio justo entre os direitos em causa, em conformidade com o princípio da proporcionalidade.

(154) Considerando o âmbito e impacto dos riscos sociais que podem ser causados pelas plataformas em linha de muito grande dimensão e pelos motores de pesquisa em linha de muito grande dimensão, a necessidade de atender

[34] Regulamento (UE) nº 182/2011 do Parlamento Europeu e do Conselho, de 16 de fevereiro de 2011, que estabelece as regras e os princípios gerais relativos aos mecanismos de controlo pelos Estados-Membros do exercício das competências de execução pela Comissão (JO L 55 de 28.2.2011, p. 13).

[35] JO L 123 de 12.5.2016, p. 1.

prioritariamente a esses riscos e a capacidade de tomar as medidas necessárias, é justificado limitar o período após o qual o presente regulamento começa a ser aplicável aos prestadores desses serviços.

(155) Atendendo a que os objetivos do presente regulamento, a saber, contribuir para o bom funcionamento do mercado interno e garantir um ambiente em linha seguro, previsível e fiável, no qual os direitos fundamentais consagrados na Carta sejam devidamente protegidos, não podem ser suficientemente alcançados pelos Estados-Membros pelo facto de estes, isoladamente, não poderem assegurar a harmonização e a cooperação necessárias, mas pode, em razão do âmbito territorial e pessoal, ser mais bem alcançado ao nível da União, a União pode tomar medidas, em conformidade com o princípio da subsidiariedade consagrado no artigo 5º do Tratado da União Europeia. Em conformidade com o princípio da proporcionalidade consagrado no mesmo artigo, o presente regulamento não excede o necessário para alcançar esse objetivo.

(156) A Autoridade Europeia para a Proteção de Dados foi consultada nos termos do artigo 42º, nº 1, do Regulamento (UE) 2018/1725 do Parlamento Europeu e do Conselho[36] e emitiu um parecer em 10 de fevereiro de 2021[37],

ADOTARAM O PRESENTE REGULAMENTO:

CAPÍTULO I – DISPOSIÇÕES GERAIS

Artigo 1º *Objeto*

1. O presente regulamento tem por objetivo contribuir para o bom funcionamento do mercado interno para serviços intermediários, mediante o estabelecimento de regras harmonizadas para um ambiente em linha seguro, previsível e fiável, que facilite a inovação e no qual os direitos fundamentais consagrados na Carta, incluindo o princípio da defesa dos consumidores, sejam efetivamente protegidos.

2. O presente regulamento estabelece regras harmonizadas sobre a prestação de serviços intermediários no mercado interno. Estabelece, em particular:

[36] Regulamento (UE) 2018/1725 do Parlamento Europeu e do Conselho, de 23 de outubro de 2018, relativo à proteção das pessoas singulares no que diz respeito ao tratamento de dados pessoais pelas instituições e pelos órgãos e organismos da União e à livre circulação desses dados, e que revoga o Regulamento (CE) nº 45/2001 e a Decisão nº 1247/2002/CE (JO L 295 de 21.11.2018, p. 39).

[37] JO C 149 de 27.4.2021, p. 3.

a) Um regime para a isenção condicional de responsabilidade dos prestadores de serviços intermediários;

b) Regras sobre as obrigações específicas de devida diligência, adaptadas a determinadas categorias específicas de prestadores de serviços intermediários;

c) Regras sobre a aplicação e execução do presente regulamento, incluindo no que diz respeito à cooperação e coordenação entre as autoridades competentes.

Artigo 2º *Âmbito de aplicação*

1. O presente regulamento é aplicável aos serviços intermediários oferecidos aos destinatários do serviço cujo local de estabelecimento seja na União ou que nela estejam localizados, independentemente de onde os prestadores desses serviços têm o seu local de estabelecimento.

2. O presente regulamento não é aplicável a serviços que não sejam serviços intermediários ou a requisitos impostos a esses serviços, independentemente de serem prestados com recurso a serviços intermediários.

3. O presente regulamento não afeta a aplicação da Diretiva 2000/31/CE.

4. O presente regulamento aplica-se sem prejuízo das regras estabelecidas noutros atos jurídicos da União que regulam outros aspetos da prestação de serviços intermediários no mercado interno ou que especificam e complementam o presente regulamento, nomeadamente os seguintes:

a) Diretiva 2010/13/UE;

b) Direito da União em matéria de direitos de autor e direitos conexos;

c) Regulamento (UE) 2021/784;

d) Regulamento (UE) 2019/1148;

e) Regulamento (UE) 2019/1150;

f) Direito da União em matéria de defesa dos consumidores e segurança dos produtos, incluindo os Regulamentos (UE) 2017/2394 e (UE) 2019/1020 e as Diretivas 2001/95/CE e 2013/11/UE;

g) Direito da União em matéria de proteção de dados pessoais, em particular o Regulamento (UE) 2016/679 e a Diretiva 2002/58/CE;

h) Direito da União no domínio da cooperação judiciária em matéria civil, em especial o Regulamento (UE) nº 1215/2012, ou qualquer ato jurídico da União que estabelece disposições relativas à lei aplicável às obrigações contratuais e extracontratuais;

i) Direito da União no domínio da cooperação judiciária em matéria penal, em especial um regulamento relativo às decisões europeias de entrega ou de conservação de provas eletrónicas em matéria penal;

j) Uma diretiva que estabelece normas harmonizadas aplicáveis à designação de representantes legais para efeitos de recolha de provas em processo penal.

Artigo 3º *Definições*

Para efeitos do presente regulamento, entende-se por:

a) «Serviço da sociedade da informação», um «serviço» tal como definido no artigo 1º, nº 1, alínea *b)*, da Diretiva (UE) 2015/1535;

b) «Destinatário do serviço», qualquer pessoa, singular ou coletiva que utilize um serviço intermediário, em especial para procurar informação ou para torná-la acessível;

c) «Consumidor», qualquer pessoa singular que atue para fins que não se incluam na sua atividade comercial, empresarial, artesanal ou profissional;

d) «Oferecer serviços na União», permitir a pessoas singulares ou coletivas de um ou mais Estados-Membros a utilização dos serviços de um prestador de serviços intermediários que tenha uma ligação substancial à União;

e) «Ligação substancial à União», a ligação de um prestador de serviços intermediários com a União em resultado do seu estabelecimento na União ou de critérios factuais específicos, tais como:

– um número significativo de destinatários do serviço num ou mais Estados-Membros, em relação à respetiva população, ou

– o direcionamento das atividades para um ou mais Estados-Membros;

f) «Comerciante», qualquer pessoa singular ou coletiva, independentemente de ser pública ou privada, que atue, incluindo através de outra pessoa que atue em seu nome ou por sua conta, para fins relacionados com a sua atividade comercial, industrial, artesanal ou profissional;

g) «Serviço intermediário», um dos seguintes serviços da sociedade da informação:

i) um serviço de «simples transporte», que consiste na transmissão, através de uma rede de comunicações, de informações prestadas por um destinatário do serviço ou na concessão de acesso a uma rede de comunicações,

ii) um serviço de «armazenagem temporária» que consiste na transmissão, através de uma rede de comunicações, de informações prestadas por um destinatário do serviço, que envolve a armazenagem automática, intermédia e temporária dessas informações efetuada apenas com o objetivo de tornar mais eficaz a transmissão posterior das informações a outros destinatários, a pedido destes,

iii) um serviço de «alojamento virtual» que consiste na armazenagem de informações prestadas por um destinatário do serviço e a pedido do mesmo;

h) «Conteúdos ilegais», quaisquer informações que, por si só ou em relação a uma atividade, incluindo a venda de produtos ou a prestação de serviços, não estejam em conformidade com o direito da União ou com o direito de qualquer um dos Estados-Membros que seja conforme com o direito da União, independentemente do objeto ou da natureza precisa desse direito;

i) «Plataforma em linha», um serviço de alojamento virtual que, a pedido de um destinatário do serviço, armazene e difunda informações ao público, a menos que essa atividade seja um elemento menor e meramente acessório de outro serviço ou uma funcionalidade menor do serviço principal e que, por razões objetivas e técnicas, não possa ser utilizado sem esse outro serviço, e que a integração desse elemento ou dessa funcionalidade no outro serviço não constitua uma forma de contornar a aplicabilidade do presente regulamento;

j) «Motor de pesquisa em linha», um serviço intermediário que permite aos utilizadores fazer pesquisas para consultar, em princípio, todos os sítios na Internet, ou sítios Internet numa determinada língua, com base numa pesquisa sobre qualquer assunto, sob a forma de uma palavra-chave, comando de voz, frase ou outros dados, e que fornece resultados em qualquer formato nos quais pode ser encontrada informação relacionada com o tipo de conteúdo solicitado;

k) «Difusão ao público», a disponibilização de informações, a pedido do destinatário do serviço que as forneceu, a um número potencialmente ilimitado de terceiros;

l) «Contrato à distância», um «contrato à distância» tal como definido no artigo 2º, ponto 7, da Diretiva 2011/83/UE;

m) «Interface em linha», quaisquer programas informáticos, incluindo um sítio Web ou uma parte deste, e aplicações, incluindo aplicações móveis;

n) «Coordenador dos serviços digitais de estabelecimento»: o coordenador dos serviços digitais do Estado-Membro em que o estabelecimento principal de um prestador de um serviço intermediário está localizado ou em que o seu representante legal reside ou está estabelecido;

o) «Coordenador dos serviços digitais de destino», o coordenador dos serviços digitais de um Estado-Membro em que o serviço intermediário é prestado;

p) «Destinatário ativo de uma plataforma em linha», um destinatário do serviço que estabeleceu uma relação com uma plataforma em linha, quer solicitando à plataforma em linha que aloje informações, quer expondo-se a informações alojadas pela plataforma em linha difundidas através da sua interface em linha;

q) «Destinatário ativo de um motor de pesquisa em linha», um destinatário do serviço que realizou uma pesquisa no motor de pesquisa em linha e foi exposto a informações indexadas e apresentadas na sua interface em linha;

r) «Anúncio publicitário», informações concebidas para promover a mensagem de uma pessoa singular ou coletiva, independentemente de visarem objetivos comerciais ou não comerciais, e apresentadas por uma plataforma em linha na sua interface em linha mediante remuneração, especificamente paga para promover essas informações;

s) «Sistema de recomendação», um sistema total ou parcialmente automatizado utilizado por uma plataforma em linha para sugerir na sua interface em linha informações específicas aos destinatários do serviço ou conferir prioridade a essa informação, nomeadamente como resultado de uma pesquisa iniciada pelo destinatário do serviço, ou que determine de outra forma a ordem relativa ou a proeminência das informações apresentadas;

t) «Moderação de conteúdos», as atividades, automatizadas ou não, empreendidas por prestadores de serviços intermediários, destinadas em especial a detetar, identificar e combater os conteúdos ilegais ou informações incompatíveis com os seus termos e condições fornecidos pelos destinatários do serviço, incluindo as medidas tomadas que afetam a disponibilidade, visibilidade e acessibilidade desses conteúdos ilegais ou dessas informações, como a despromoção, a desmonetização, a desativação do acesso ou a supressão dos mesmos, ou que afetem a capacidade de os destinatários do serviço fornecerem essas informações, como a cessação ou suspensão da conta de um destinatário;

u) «Termos e condições», todas as cláusulas, independentemente da designação ou forma que assumam, que regem a relação contratual entre o prestador de serviços intermediários e os destinatários do serviço;

v) «Pessoas com deficiência», «pessoas com deficiência» tal como referido no artigo 3º, ponto 1, da Diretiva (UE) 2019/882 do Parlamento Europeu e do Conselho[38];

w) «Comunicação comercial», uma «comunicação comercial» tal como definida no artigo 2º, alínea *f)*, da Diretiva 2000/31/CE;

x) «Volume de negócios», o montante realizado por uma empresa na aceção do artigo 5º, nº 1, do Regulamento (CE) nº 139/2004 do Conselho[39].

[38] Diretiva (UE) 2019/882 do Parlamento Europeu e do Conselho, de 17 de abril de 2019, relativa aos requisitos de acessibilidade dos produtos e serviços (JO L 151 de 7.6.2019, p. 70)

[39] Regulamento (CE) nº 139/2004 do Conselho, de 20 de janeiro de 2004, relativo ao controlo das concentrações de empresas (JO L 24 de 29.1.2004, p. 1).

CAPÍTULO II – RESPONSABILIDADE DOS PRESTADORES DE SERVIÇOS INTERMEDIARIOS

Artigo 4º *Simples transporte*

1. No caso de prestações de um serviço da sociedade da informação que consista na transmissão, através de uma rede de comunicações, de informações prestadas pelo destinatário do serviço ou em facultar o acesso a uma rede de comunicações, o prestador do serviço não é responsável pelas informações transmitidas ou acedidas, desde que:

a) Não esteja na origem da transmissão;

b) Não selecione o destinatário da transmissão; e

c) Não selecione nem modifique as informações objeto da transmissão.

2. As atividades de transmissão e de facultamento de acesso mencionadas no nº 1 abrangem a armazenagem automática, intermédia e transitória das informações transmitidas, desde que essa armazenagem sirva exclusivamente para a execução da transmissão na rede de comunicações e a sua duração não exceda o tempo considerado razoavelmente necessário a essa transmissão.

3. O disposto no presente artigo não afeta a possibilidade de uma autoridade judiciária ou administrativa, de acordo com o sistema jurídico de um Estado-Membro, exigir do prestador que previna ou ponha termo a uma infração.

Artigo 5º *Armazenagem temporária («caching»)*

1. Em caso de prestação de um serviço da sociedade da informação que consista na transmissão, através de uma rede de comunicações, de informações prestadas por um destinatário do serviço, o prestador do serviço não é responsável pela armazenagem automática, intermédia e temporária dessas informações, efetuada apenas com o objetivo de tornar mais eficaz ou mais segura a transmissão posterior das informações a outros destinatários do serviço, a pedido dos mesmos, desde que o prestador:

a) Não modifique as informações;

b) Respeite as condições de acesso às informações;

c) Respeite as regras relativas à atualização das informações, indicadas de forma amplamente reconhecida e utilizada pelo sector;

d) Não interfira com a utilização legítima da tecnologia, tal como amplamente reconhecida e utilizada pelo sector, aproveitando-a para obter dados sobre a utilização das informações; e

e) Atue com diligência para suprimir ou bloquear o acesso às informações que armazenou, logo que tome conhecimento efetivo de que as informações foram suprimidas da rede na fonte de transmissão inicial, de que o acesso às mesmas foi bloqueado, ou de que uma autoridade judiciária ou administrativa ordenou essa supressão ou desativação de acesso.

2. O disposto no presente artigo não afeta a possibilidade de uma autoridade judiciária ou administrativa, de acordo com o sistema jurídico de um Estado-Membro, exigir do prestador que previna ou ponha termo a uma infração.

Artigo 6º *Alojamento virtual*

1. Em caso de prestação de um serviço da sociedade da informação que consista na armazenagem de informações prestadas por um destinatário do serviço, o prestador do serviço não é responsável pelas informações armazenadas a pedido de um destinatário do serviço, desde que:

a) Não tenha conhecimento efetivo da atividade ou conteúdo ilegal e, no que se refere a uma ação de indemnização por perdas e danos, não tenha conhecimento de factos ou de circunstâncias que evidenciem a ilegalidade da atividade ou do conteúdo; ou

b) A partir do momento em que tenha conhecimento da ilicitude, atue com diligência no sentido de suprimir ou desativar o acesso aos conteúdos ilegais.

2. O nº 1 não é aplicável nos casos em que o destinatário do serviço atue sob autoridade ou controlo do prestador.

3. O nº 1 não é aplicável no que respeita à responsabilidade, nos termos do direito em matéria de defesa dos consumidores, de plataformas em linha que permitem aos consumidores celebrar contratos à distância com comerciantes, sempre que essas plataformas apresentem o elemento específico de informação ou permitam, de qualquer outra forma, que a transação específica em causa induza um consumidor médio a acreditar que a informação, o produto ou o serviço objeto da transação é fornecido pela própria plataforma em linha ou por um destinatário do serviço que atue sob a sua autoridade ou controlo.

4. O disposto no presente artigo não afeta a possibilidade de uma autoridade judiciária ou administrativa, de acordo com o sistema jurídico de um Estado-Membro, exigir do prestador que previna ou ponha termo a uma infração.

Artigo 7º *Investigações voluntárias por iniciativa própria e conformidade legal*

Os prestadores de serviços intermediários não são considerados inelegíveis para beneficiar das isenções de responsabilidade referidas nos artigos 4º, 5º e 6º apenas por realizarem, de boa-fé e de forma diligente, investigações voluntárias por iniciativa própria ou por tomarem outras medidas destinadas a detetar, identificar e suprimir ou bloquear o acesso a conteúdos ilegais, ou por tomarem as medidas necessárias para cumprir os requisitos do direito da União e nacional, incluindo os requisitos previstos no presente regulamento.

Artigo 8º *Inexistência de obrigações gerais de vigilância ou de apuramento ativo dos factos*

Não será imposta a esses prestadores qualquer obrigação geral de controlar as informações que os prestadores de serviços intermediários transmitem ou armazenam, nem de procurar ativamente factos ou circunstâncias que indiquem ilicitudes.

Artigo 9º *Decisões de atuação contra conteúdos ilegais*

1. Após receção de uma decisão de atuação contra um ou mais elementos específicos de conteúdo ilegal, emitida pelas autoridades judiciárias ou administrativas nacionais competentes, com base no direito da União aplicável ou no direito nacional aplicável que seja conforme com o direito da União, os prestadores de serviços intermediários informam, sem demora injustificada, a autoridade que emitiu a ordem, ou qualquer outra autoridade especificada na ordem, do seguimento que lhe foi dado, especificando se e quando a ordem foi executada.

2. Os Estados-Membros asseguram que, quando uma decisão a que se refere o nº 1 é transmitida ao prestador, satisfaz pelo menos as seguintes condições:

a) A referida decisão inclui os seguintes elementos:

i) uma referência à base jurídica da ordem ao abrigo do direito da União ou do direito nacional,

ii) uma exposição dos motivos pelos quais a informação é considerada conteúdo ilegal, fazendo referência a uma ou mais disposições específicas do direito da União ou do direito nacional que seja conforme com o direito da União,

iii) informações que identifiquem a autoridade que emite a ordem,

iv) informações claras que permitam ao prestador de serviços intermediários identificar e localizar o conteúdo ilegal em causa, como um ou mais URL e, se necessário, informações adicionais,

v) informações sobre os mecanismos de reparação à disposição do prestador de serviços intermediários e do destinatário do serviço que forneceu o conteúdo,

vi) se aplicável, informações sobre a autoridade que deve receber as informações sobre o efeito conferido às ordens;

b) O âmbito territorial da referida decisão, com base nas regras aplicáveis do direito da União e do direito nacional, incluindo a Carta e, quando pertinente, nos princípios gerais do direito internacional, limita-se ao estritamente necessário para alcançar o seu objetivo;

c) A referida decisão é transmitida numa das línguas declaradas pelo prestador de serviços intermediários nos termos do artigo 11º, nº 3, ou noutra língua oficial dos Estados-Membros acordada entre a autoridade que emite a decisão e por esse prestador, e é enviada para o ponto de contacto eletrónico designado por esse prestador nos termos do artigo 11º; se não for redigida na língua declarada pelo prestador de serviços intermediários ou noutra língua bilateralmente acordada, a decisão pode ser transmitida na língua da autoridade que a emite, desde que seja acompanhada de uma tradução, para a tal língua declarada ou bilateralmente acordada, pelo menos dos elementos indicados nas alíneas *a)* e *b)* do presente número.

3. A autoridade que emite a decisão ou, se for caso disso, a autoridade nela especificada transmite essa ordem, juntamente com quaisquer informações recebidas do prestador de serviços intermediários que digam respeito ao seguimento dado à referida decisão, ao coordenador dos serviços digitais do Estado-Membro da autoridade emitente.

4. Após receção da decisão da autoridade judiciária ou administrativa, o coordenador dos serviços digitais do Estado-Membro em causa envia, sem demora injustificada, uma cópia da decisão a que se refere o nº 1 do presente artigo a todos os outros coordenadores dos serviços digitais através do sistema estabelecido nos termos do artigo 85º.

5. O mais tardar quando a decisão for executada ou, se for caso disso, no momento indicado pela autoridade emitente na sua ordem, os prestadores de serviços intermediários informam o destinatário do serviço em causa da decisão recebida e do seguimento que lhe foi dado. As informações comunicadas ao destinatário do serviço incluem a exposição dos motivos, as possibilidades de reparação existentes e uma descrição do âmbito territorial da ordem, nos termos do nº 2.

6. As condições e os requisitos estabelecidos no presente artigo aplicam-se sem prejuízo das disposições de direito processual civil e penal nacionais.

Artigo 10º *Decisões de prestação de informações*

1. Após receção de uma decisão de prestação de informações específicas sobre um ou mais destinatários individuais específicos do serviço, emitida pelas autoridades judiciárias ou administrativas nacionais competentes, com base no direito da União aplicável ou no direito nacional aplicável que seja conforme com o direito da União, os prestadores de serviços intermediários informam, sem demora injustificada, a autoridade que emitiu a ordem, ou qualquer outra autoridade especificada na ordem, da sua receção e do seguimento que lhe foi dado, especificando se e quando a ordem foi executada.

2. Os Estados-Membros asseguram que, quando uma decisão a que se refere o nº 1 é transmitida ao prestador, satisfaz pelo menos as seguintes condições:

a) A referida decisão inclui os seguintes elementos:

i) a remissão para a base jurídica da ordem ao abrigo do direito da União ou do direito nacional,

ii) informações que identifiquem a autoridade emitente,

iii) informações claras que permitam ao prestador de serviços intermediários identificar o destinatário ou destinatários específicos a respeito dos quais são procuradas informações, tais como um ou mais nomes de conta ou identificadores únicos,

iv) uma exposição de motivos que explique o objetivo para o qual a informação é necessária e a razão pela qual a exigência de fornecer a informação é necessária e proporcionada para determinar o cumprimento, pelos destinatários dos serviços intermediários, do direito da União ou do direito nacional que seja conforme com o direito da União aplicáveis, a menos que tal exposição não possa ser apresentada por motivos relacionados com a prevenção, investigação, deteção e repressão de crimes,

v) informações sobre os mecanismos de correção à disposição do prestador e dos destinatários do serviço em causa,

vi) se for caso disso, informações sobre a autoridade que recebe as informações sobre o seguimento dado às decisões;

b) A referida decisão exige apenas que o prestador forneça informações já recolhidas para efeitos de prestação do serviço e que estejam sob o seu controlo;

c) A referida decisão é transmitida numa das línguas declaradas pelo prestador de serviços intermediários nos termos do artigo 11º, nº 3, ou noutra língua oficial dos Estados-Membros, acordada entre autoridade que emite a decisão e o prestador, e é enviada para o ponto de contacto eletrónico designado por esse prestador nos termos do artigo 11º; se não for redigida na língua declarada pelo prestador de serviços intermediários ou noutra língua bilateralmente acordada, a decisão pode ser transmitida na língua da autoridade que a emite, desde que seja acompanhada de uma tradução, para a tal língua declarada ou bilateralmente acordada, pelo menos dos elementos indicados nas alíneas *a)* e *b)* do presente número.

3. A autoridade que emite a decisão ou, se for caso disso, a autoridade nela especificada, transmite a ordem, juntamente com quaisquer informações recebidas do prestador de serviços intermediários que digam respeito ao seguimento dado à referida decisão, ao coordenador dos serviços digitais do Estado-Membro da autoridade emitente.

4. Após receção da decisão da autoridade judiciária ou administrativa, o coordenador dos serviços digitais do Estado-Membro em causa envia, sem demora injustificada, uma cópia da decisão a que se refere o nº 1 do presente artigo a todos os coordenadores dos serviços digitais através do sistema estabelecido nos termos do artigo 85º.

5. O mais tardar quando a ordem for executada ou, se for caso disso, no momento indicado pela autoridade emitente na sua ordem, os prestadores de serviços intermediários informam o destinatário do serviço em causa da decisão recebida e do seguimento que lhe foi dado. As informações comunicadas ao destinatário do serviço incluem a exposição dos motivos e as possibilidades de reparação existentes, nos termos do nº 2.

6. As condições e os requisitos estabelecidos no presente artigo aplicam-se sem prejuízo das disposições de direito processual civil e penal nacionais.

CAPÍTULO III – OBRIGAÇÕES DE DEVIDA DILIGENCIA PARA UM AMBIENTE EM LINHA TRANSPARENTE E SEGURO

SECÇÃO 1 – Disposições aplicáveis a todos os prestadores de serviços intermediários

Artigo 11º *Pontos de contacto para as autoridades dos Estados-Membros, a Comissão e o Comité*

1. Os prestadores de serviços intermediários designam um ponto único de contacto que lhes permita comunicar diretamente, por via eletrónica, com as autoridades dos Estados-Membros, a Comissão e o Comité a que se refere o artigo 61º tendo em vista a aplicação do presente regulamento.

2. Os prestadores de serviços intermediários tornam públicas as informações necessárias para identificar e comunicar facilmente com os seus pontos únicos de contacto. Essas informações são facilmente acessíveis, e mantêm-se atualizadas.

3. Os prestadores de serviços intermediários especificam, nas informações a que se refere o nº 2, a língua ou as línguas oficiais dos Estados-Membros que, além de uma língua amplamente compreendida pelo maior número possível de cidadãos da União, podem ser utilizadas para comunicar com os seus pontos de contacto, e que incluem, pelo menos, uma das línguas oficiais do Estado-Membro em que o prestador de serviços intermediários tem o seu estabelecimento principal ou em que o seu representante legal reside ou se encontra estabelecido.

Artigo 12º *Pontos de contacto para os destinatários do serviço*

1. Os prestadores de serviços intermediários designam um ponto único de contacto que permita aos destinatários do serviço comunicar direta e rapidamente com esses prestadores, por via eletrónica e de forma facilmente compreensível, nomeadamente permitindo que os destinatários do serviço optem por meios de comunicação, que não dependam exclusivamente de instrumentos automatizados.

2. Para além das obrigações previstas na Diretiva 2000/31/CE, os prestadores de serviços intermediários tornam públicas junto dos destinatários do serviço as informações necessárias para identificar e comunicar facilmente com os seus pontos únicos de contacto. Essas informações são facilmente acessíveis, e mantêm-se atualizadas.

Artigo 13º *Representantes legais*

1. Os prestadores de serviços intermediários que não possuam um estabelecimento na União mas que ofereçam serviços na União designam, por escrito, uma pessoa singular ou coletiva para agir como seu representante legal num dos Estados-Membros em que o prestador ofereça os seus serviços.

2. Os prestadores de serviços intermediários mandatam o seu representante legal para atuar como pessoa ou entidade a quem as autoridades competentes dos Estados-Membros, a Comissão e o Comité se podem dirigir, para além ou em substituição do prestador, para tratar de todas as questões necessárias à receção, ao cumprimento e à execução das decisões emitidas em relação ao presente regulamento. Os prestadores de serviços intermediários dotam o seu representante legal dos poderes necessários e de recursos suficientes para assegurar a sua eficiente e tempestiva cooperação com as autoridades competentes dos Estados-Membros, a Comissão e o Comité e para dar cumprimento a essas decisões.

3. O representante legal designado pode ser considerado responsável pelo incumprimento das obrigações por força do presente regulamento, sem prejuízo da responsabilidade e das ações judiciais que possam ser intentadas contra o prestador de serviços intermediários.

4. Os prestadores de serviços intermediários notificam o nome, o endereço postal, o endereço de correio eletrónico e o número de telefone do seu representante legal ao coordenador dos serviços digitais no Estado-Membro em que esse representante legal resida ou se encontre estabelecido. Asseguram que essas informações estejam publicamente disponíveis, sejam facilmente acessíveis e exatas e sejam mantidas atualizadas.

5. A designação de um representante legal na União nos termos do nº 1 não constitui um estabelecimento na União.

Artigo 14º *Termos e condições*

1. Os prestadores de serviços intermediários incluem nos seus termos e condições informações sobre quaisquer restrições que imponham em relação à utilização do seu serviço no que diz respeito às informações prestadas pelos destinatários do serviço. Essas informações incluem informações sobre quaisquer políticas, procedimentos, medidas e instrumentos utilizados para efeitos de moderação de conteúdos, incluindo a tomada de decisões algorítmicas e a análise humana, bem como as regras processuais do respetivo sistema interno de gestão de reclamações. São apresentadas em linguagem clara, simples, inteligível, facilmente compreensível e inequívoca, e são disponibilizadas ao público num formato facilmente acessível e legível por máquina.

2. Os prestadores de serviços intermediários informam os destinatários do serviço de quaisquer alterações significativas dos termos e condições.

3. Sempre que um serviço intermediário seja principalmente direcionado a menores ou seja predominantemente utilizado por estes, o prestador desse serviço intermediário explica as condições e quaisquer restrições à utilização do serviço de forma a que os menores as possam compreender.

4. Os prestadores de serviços intermediários agem de forma diligente, objetiva e proporcionada na aplicação e execução das restrições referidas no nº 1, tendo devidamente em conta os direitos e interesses legítimos de todas as partes envolvidas, incluindo os direitos fundamentais dos destinatários do serviço, como a liberdade de expressão, a liberdade e o pluralismo dos meios de comunicação social e outros direitos e liberdades fundamentais, tal como consagrados na Carta.

5. Os fornecedores de plataformas em linha de muito grande dimensão e de motores de pesquisa em linha de muito grande dimensão fornecem, numa linguagem clara e inequívoca, aos destinatários de serviços uma síntese concisa, facilmente acessível e legível por máquina dos termos e condições, incluindo os mecanismos de ressarcimento e de reparação disponíveis.

6. As plataformas em linha de muito grande dimensão e os motores de pesquisa em linha de muito grande dimensão na aceção do artigo 33º publicam os seus termos e condições nas línguas oficiais de todos os Estados-Membros em que oferecem os seus serviços.

Artigo 15º *Obrigações de apresentação de relatórios de transparência dos prestadores de serviços intermediários*

1. Os prestadores de serviços intermediários disponibilizam ao público, num formato legível por máquina e de forma facilmente acessível, pelo menos uma vez por ano, relatórios claros, facilmente compreensíveis sobre qualquer atividade de moderação de conteúdos em que tenham participado durante o período pertinente. Esses relatórios incluem, em particular, informações sobre os seguintes elementos, consoante aplicável:

a) No caso dos prestadores de serviços intermediários, o número de decisões recebidas das autoridades dos Estados-Membros, incluindo as decisões emitidas nos termos dos artigos 9º e 10º, categorizadas por tipo de conteúdo ilegal em causa, o Estado-Membro que emite a ordem e o tempo mediano necessário para informar da sua receção a autoridade que emite a ordem, ou qualquer outra autoridade especificada na ordem, e para dar cumprimento à ordem;

b) No caso dos prestadores de serviços de alojamento virtual, o número de notificações apresentadas nos termos do artigo 16º, categorizadas por tipo de conteúdo alegadamente ilegal em causa, o número de notificações enviadas por sinalizadores de confiança, qualquer medida tomada na sequência das notificações, especificando se a medida foi tomada com base na legislação ou nos termos e condições do prestador, o número de notificações tratadas por meios automatizados e o tempo mediano necessário para a tomada da medida;

c) No caso dos prestadores de serviços intermediários, informações úteis e compreensíveis sobre a moderação de conteúdos realizada por iniciativa própria dos prestadores, incluindo a utilização de ferramentas automatizadas, as medidas tomadas para prestar formação e assistência às pessoas responsáveis pela moderação de conteúdos, o número e o tipo de medidas tomadas que afetam a disponibilidade, a visibilidade e a acessibilidade das informações fornecidas pelos destinatários do serviço, e a capacidade de os destinatários fornecerem informações através do serviço, bem como outras restrições conexas do serviço; as informações comunicadas são categorizadas por tipo de conteúdo ilegal ou de violação dos termos e condições do prestador do serviço, por método de deteção e por tipo de restrição aplicada;

d) No caso dos prestadores de serviços intermediários, o número de reclamações recebidas através dos sistemas internos de gestão de reclamações de acordo com os termos e condições do prestador e adicionalmente, no caso dos fornecedores de plataformas em linha, nos termos do artigo 20º, a base para essas reclamações, as decisões tomadas relativamente a essas reclamações, o tempo mediano necessário para tomar essas decisões e o número de casos em que essas decisões foram revertidas;

e) Qualquer utilização de meios automatizados para fins de moderação de conteúdos, incluindo uma descrição qualitativa, uma especificação dos objetivos exatos, indicadores da precisão e a eventual taxa de erros dos meios automatizados usados no cumprimento desses objetivos e quaisquer garantias aplicadas.

2. O nº 1 do presente artigo não se aplica aos prestadores de serviços intermediários considerados micro ou pequenas empresas tal como definidas na Recomendação 2003/361/CE e que não sejam plataformas em linha de muito grande dimensão, na aceção do artigo 33º do presente regulamento.

3. A Comissão pode adotar atos de execução para estabelecer modelos relativos ao formato, ao conteúdo e a outros pormenores dos relatórios nos termos do nº 1 do presente artigo, incluindo períodos de referência harmonizados. Os referidos atos de execução são adotados pelo procedimento consultivo a que se refere o artigo 88º.

SECÇÃO 2 – Disposições adicionais aplicáveis aos prestadores de serviços de alojamento virtual, incluindo de plataformas em linha

Artigo 16º *Mecanismos de notificação e ação*

1. Os prestadores de serviços de alojamento virtual criam mecanismos que permitam a qualquer pessoa ou entidade notificá-los da presença, no seu serviço, de elementos específicos de informação que a pessoa ou a entidade considere ser conteúdo ilegal. Esses mecanismos são de fácil acesso e utilização, e permitem a apresentação de notificações exclusivamente por meios eletrónicos.

2. Os mecanismos a que se refere o nº 1 são de molde a facilitar a apresentação de notificações suficientemente precisas e adequadamente fundamentadas. Para o efeito, os prestadores de alojamento virtual tomam as medidas necessárias para permitir e facilitar a apresentação de notificações que contenham todos os seguintes elementos:

a) Uma explicação suficientemente fundamentada das razões pelas quais a pessoa ou a entidade alega que as informações em questão constituem conteúdos ilegais;

b) Uma indicação clara da localização eletrónica exata dessas informações, como o ou os endereços URL exatos e, se necessário, informações adicionais que permitam a identificação dos conteúdos ilegais adaptadas ao tipo de conteúdo e ao tipo específico de serviço de alojamento virtual;

c) O nome e o endereço de correio eletrónico da pessoa ou entidade que apresenta a notificação, exceto no caso de informações que se considere implicarem um dos crimes referidos nos artigos 3º a 7º da Diretiva 2011/93/UE;

d) Uma declaração que confirme a boa-fé da pessoa ou entidade que apresenta a notificação e que as informações e alegações nela contidas são exatas e completas.

3. Considera-se que as notificações referidas no presente artigo dão lugar a um conhecimento efetivo ou a um alerta para efeitos do artigo 6º relativamente ao elemento específico de informação em causa quando permitem a um prestador diligente de alojamento virtual identificar a ilegalidade da atividade ou das informações em causa sem um exame jurídico pormenorizado.

4. Quando a notificação contiver os dados de contacto eletrónico da pessoa ou entidade que a apresentou, o prestador de serviços de alojamento virtual envia a essa pessoa ou entidade, sem demora injustificada, um aviso de receção da notificação.

5. O prestador notifica igualmente essa pessoa ou entidade, sem demora injustificada, da sua decisão relativamente às informações a que se refere a notificação, fornecendo informações sobre as possibilidades de reparação relativas a essa decisão.

6. Os prestadores de serviços de alojamento virtual procedem ao tratamento de quaisquer notificações que recebam ao abrigo dos mecanismos referidos no nº 1 e tomam as suas decisões relativamente às informações a que as notificações se referem de forma atempada, diligente, não arbitrária e objetiva. Quando utilizarem meios automatizados para esse tratamento ou tomada de decisão, incluem informações sobre essa utilização na notificação a que se refere o nº 5.

Artigo 17º *Exposição de motivos*

1. Os prestadores de serviços de alojamento virtual apresentam uma exposição de motivos clara e específica a todos os destinatários do serviço afetados relativamente a qualquer uma das seguintes restrições impostas com o fundamento de que as informações fornecidas pelo destinatário do serviço constituem conteúdo ilegal ou são incompatíveis com os seus termos e condições:

a) Quaisquer restrições à visibilidade de elementos específicos de informação fornecidos pelo destinatário do serviço, nomeadamente a supressão de conteúdos, a desativação do acesso a conteúdos ou a despromoção de conteúdos;

b) Suspensão, cessação ou outra restrição dos pagamentos monetários;

c) Suspensão ou cessação da prestação do serviço, no todo ou em parte;

d) Suspensão ou encerramento da conta do destinatário do serviço.

2. O nº 1 só é aplicável se o prestador tiver conhecimento dos dados de contacto eletrónico pertinentes. O presente número é aplicável o mais tardar a partir da data em que a restrição foi imposta, independentemente do motivo que lhe subjaz ou da forma como foi imposta.

O nº 1 não se aplica se as informações forem conteúdos comerciais enganosos de elevado volume.

3. A exposição de motivos referida no nº 1 contém, pelo menos, as seguintes informações:

a) informações sobre se a decisão implica a supressão, a desativação do acesso às informações, a despromoção ou a restrição da visibilidade das informações, ou a suspensão ou cessação dos pagamentos monetários relativos a essas informações ou impõe outras medidas referidas no nº 1 no que respeita às informações e, quando pertinente, o âmbito territorial da decisão e a sua duração;

b) Os factos e as circunstâncias em que a decisão se baseou, incluindo, se for caso disso, informações sobre se a decisão foi tomada na sequência de uma notificação apresentada nos termos do artigo 16º ou com base em investigações voluntárias por iniciativa própria e, se for estritamente necessário, a identidade do notificador;

c) Quando aplicável, informações sobre a utilização de meios automatizados na tomada da decisão, nomeadamente informações sobre se a decisão incide em conteúdos detetados ou identificados através de meios automatizados;

d) Quando a decisão disser respeito a conteúdos alegadamente ilegais, uma referência ao fundamento jurídico invocado e explicações sobre a razão pela qual as informações são consideradas conteúdos ilegais com base nesse fundamento;

e) Quando a decisão se basear na alegada incompatibilidade das informações com os termos e condições do prestador de serviços de alojamento virtual, uma referência à cláusula contratual invocada e explicações sobre a razão pela qual as informações são consideradas incompatíveis com essa cláusula;

f) Informações claras e facilmente compreensíveis sobre as possibilidades de reparação à disposição do destinatário do serviço relativamente à decisão, em especial, quando aplicável, através de mecanismos internos de gestão de reclamações, resolução extrajudicial de litígios e vias de recurso judicial.

4. As informações fornecidas pelos prestadores de serviços de alojamento virtual nos termos do presente artigo são claras e facilmente compreensíveis e tão precisas e específicas quanto razoavelmente possível nas circunstâncias em causa. As informações são, nomeadamente, de molde a permitir razoavelmente ao destinatário do serviço em causa o exercício efetivo das possibilidades de reparação a que se refere o nº 3, alínea *f)*.

5. O presente artigo não se aplica às decisões referidas no artigo 9º.

Artigo 18º *Notificação de suspeitas de crime*

1. Sempre que um prestador de serviços de alojamento virtual tome conhecimento de qualquer informação que levante suspeitas de que ocorreu, está a ocorrer ou é suscetível de ocorrer um crime que envolva uma ameaça à vida ou à segurança de uma ou várias pessoas, o prestador de serviços de alojamento virtual informa imediatamente da sua suspeita as autoridades policiais ou judiciárias do ou dos Estados-Membros em causa e fornece todas as informações pertinentes disponíveis.

2. Sempre que não puder identificar com razoável certeza o Estado-Membro em causa, o prestador de serviços de alojamento virtual informa as autoridades responsáveis pela aplicação da lei do Estado-Membro em que se encontra estabelecido ou em que o seu representante legal reside ou se encontra estabelecido ou informa a Europol, ou ambas.

Para efeitos do presente artigo, o Estado-Membro em causa é o Estado-Membro no qual se suspeita que tenha ocorrido, esteja a ocorrer ou seja suscetível de ocorrer o crime, ou o Estado-Membro em que o suspeito de ter cometido o crime resida ou esteja localizado ou o Estado-Membro em que a vítima do presumido crime resida ou esteja localizada.

SECÇÃO 3 – Disposições adicionais aplicáveis aos fornecedores de plataformas em linha

Artigo 19º *Exclusão das micro e pequenas empresas*

1. A presente secção, com exceção do artigo 24º, nº 3, não se aplica aos fornecedores de plataformas em linha que sejam considerados micro ou pequenas empresas tal como definidas na Recomendação 2003/361/CE.

A presente secção, com exceção do artigo 24º, nº 3, não se aplica aos fornecedores de plataformas em linha anteriormente qualificadas para o estatuto de pequena ou microempresa tal como definidas na Recomendação 2003/361/CE durante os 12 meses seguintes à perda desse estatuto nos termos do artigo 4º, nº 2, exceto quando se trate de plataformas em linha de muito grande dimensão, nos termos do artigo 33º.

2. Em derrogação do nº 1 do presente artigo, a presente secção aplica-se aos fornecedores de plataformas em linha que tenham sido designados como plataformas em linha de muito grande dimensão nos termos do artigo 33º, independentemente de serem ou não consideradas micro ou pequenas empresas.

Artigo 20º *Sistema interno de gestão de reclamações*

1. Os fornecedores de plataformas em linha concedem aos destinatários do serviço, inclusive às pessoas ou entidades que tenham apresentado uma notificação, durante um período mínimo de seis meses após a decisão a que se refere o presente número, acesso a um sistema interno eficaz de gestão de reclamações que lhes permita apresentar reclamações, de forma eletrónica e gratuita, contra a decisão tomada pelo fornecedor da plataforma em linha após receção de uma notificação, ou contra as decisões a seguir enunciadas tomadas pelo fornecedor da plataforma em linha com o fundamento de que as informações fornecidas pelos destinatários constituem conteúdo ilegal ou são incompatíveis com os seus termos e condições:

a) Decisões no sentido de suprimir a informação, bloquear o acesso à mesma ou restringir a sua visibilidade, ou de não o fazer;

b) Decisões no sentido de suspender ou cessar a prestação do serviço, no todo ou em parte, aos destinatários, ou de não o fazer;

c) Decisões no sentido de suspender ou encerrar a conta dos destinatários, ou de não o fazer;

d) Decisões no sentido de suspender, cessar ou de qualquer outra forma restringir a capacidade de monetizar as informações fornecidas pelos destinatários, ou de não o fazer.

2. O período mínimo de seis meses referido no nº 1 do presente artigo tem início no dia em que o destinatário do serviço é informado da decisão nos termos do artigo 16º, nº 5, ou do artigo 17º.

3. Os fornecedores de plataformas em linha asseguram que os seus sistemas internos de gestão de reclamações sejam de fácil acesso e utilização e permitam e facilitem a apresentação de reclamações suficientemente precisas e adequadamente fundamentadas.

4. Os fornecedores de plataformas em linha tratam as reclamações apresentadas através do seu sistema interno de gestão de reclamações de uma forma atempada, não discriminatória, diligente e não arbitrária. Sempre que uma reclamação contiver fundamentos suficientes para o fornecedor da plataforma em linha considerar que a sua decisão de não dar seguimento à notificação é infundada ou que as informações a que a reclamação se refere não são ilegais nem incompatíveis com os seus termos e condições, ou contiver informações que indiquem que o comportamento do autor da reclamação não justifica a medida tomada, revoga a sua decisão referida no nº 1 sem demora injustificada.

5. Os fornecedores de plataformas em linha informam os autores das reclamações, sem demora injustificada, da decisão fundamentada relativamente às informações a que se referem as reclamações e da possibilidade de resolução extrajudicial de litígios prevista no artigo 21º e das outras possibilidades de reparação disponíveis.

6. Os fornecedores de plataformas em linha asseguram que as decisões a que se refere o nº 5 sejam tomadas sob a supervisão de colaboradores devidamente qualificados, e não exclusivamente com base em meios automatizados.

Artigo 21º *Resolução extrajudicial de litígios*

1. Os destinatários do serviço, incluindo as pessoas ou entidades que tenham apresentado notificações, visados pelas decisões a que se refere o artigo 20º, nº 1, têm o direito de selecionar qualquer organismo de resolução extrajudicial de litígios que tenha sido certificado nos termos do nº 3 do presente artigo para resolver litígios relativos a essas decisões, incluindo as reclamações que não tenham podido ser resolvidas através do sistema interno de gestão de reclamações a que se refere aquele artigo.

Os fornecedores de plataformas em linha asseguram que as informações sobre a possibilidade de os destinatários do serviço terem acesso a uma resolução extrajudicial de litígios, a que se refere o primeiro parágrafo, sejam facilmente acessíveis na sua interface em linha, claras e facilmente compreensíveis.

O primeiro parágrafo aplica-se sem prejuízo do direito de o destinatário do serviço em causa, em qualquer fase, intentar ações para contestar essas decisões dos fornecedores de plataformas em linha junto de um tribunal, nos termos da lei aplicável.

2. Ambas as partes colaboram, de boa-fé, com o organismo de resolução extrajudicial de litígios certificado selecionado, tendo em vista a resolução do litígio.

Os fornecedores de plataformas em linha podem recusar-se a intervir junto de tal organismo de resolução extrajudicial de litígios se um litígio já tiver sido resolvido relativamente às mesmas informações e aos mesmos motivos de alegada ilegalidade ou incompatibilidade de conteúdo.

O organismo de resolução extrajudicial de litígios certificado não tem poderes para impor às partes uma resolução do litígio vinculativa.

3. O coordenador dos serviços digitais do Estado-Membro em que está estabelecido o organismo de resolução extrajudicial de litígios, certifica o organismo mediante pedido desse organismo, por um período máximo de cinco anos, que pode ser renovado, sempre que este tenha demonstrado que preenche todas as condições seguintes:

a) É imparcial e independente, inclusive financeiramente independente, dos fornecedores de plataformas em linha e dos destinatários do serviço prestado pelos fornecedores de plataformas em linha, inclusive das pessoas ou entidades que tenham apresentado notificações;

b) Possui os conhecimentos especializados necessários em relação às questões que surjam num ou mais domínios específicos ilegalidade de conteúdos, ou em relação à aplicação e execução dos termos e condições de um ou mais tipos de plataformas em linha, o que lhe permite contribuir eficazmente para a resolução de um litígio;

c) Os seus membros são remunerados de uma forma sem ligação com o resultado do procedimento;

d) A resolução extrajudicial de litígios que propõe é facilmente acessível através das tecnologias de comunicação eletrónica e prevê a possibilidade de iniciar a resolução do litígio e apresentar os documentos comprovativos necessários em linha;

e) É capaz de resolver litígios de forma rápida, eficiente e eficaz em termos de custos e em, pelo menos, uma das línguas oficiais das instituições da União;

f) A resolução extrajudicial de litígios que propõe processa-se de acordo com regras processuais claras e justas, facilmente acessíveis pelo público, e cumpre com o direito aplicável, incluindo o presente artigo.

O coordenador dos serviços digitais especifica, se aplicável, no certificado:

a) As questões específicas a que os conhecimentos especializados do organismo se referem, tal como referido no primeiro parágrafo, alínea *b)*; e

b) A ou as línguas oficiais das instituições da União em que o organismo é capaz de resolver litígios, tal como referido no primeiro parágrafo, alínea *e)*.

4. Os organismos de resolução extrajudicial de litígios certificados apresentam um relatório anual ao coordenador dos serviços digitais que os certificou sobre o seu funcionamento, especificando, pelo menos, o número de litígios que receberam, as informações sobre os resultados desses litígios, o tempo médio necessário para os resolver e quaisquer deficiências ou dificuldades encontradas. Fornecem informações adicionais a pedido desse coordenador dos serviços digitais.

Os coordenadores dos serviços digitais elaboram, de dois em dois anos, um relatório sobre o funcionamento dos organismos de resolução extrajudicial de litígios que certificaram. Esse relatório, nomeadamente:

a) Indica o número de litígios que cada organismo de resolução extrajudicial de litígios certificado recebeu anualmente;

b) Indica os resultados dos procedimentos apresentados a esses organismos e o tempo médio necessário para resolver os litígios;

c) Identifica e explica quaisquer deficiências ou dificuldades sistemáticas ou sectoriais encontradas em relação ao funcionamento desses organismos;

d) Identifica as boas práticas relativas a esse funcionamento;

e) Contém, se for caso disso, recomendações sobre a forma de melhorar esse funcionamento.

Os organismos de resolução extrajudicial de litígios certificados disponibilizam as suas decisões às partes num período de tempo razoável e no prazo máximo de 90 dias de calendário após a receção da reclamação. No caso de litígios altamente complexos, o organismo de resolução extrajudicial de litígios certificado pode, se assim o entender, prorrogar o prazo de 90 dias de calendário por um período adicional que não pode exceder 90 dias, o que se traduz numa duração total máxima de 180 dias.

5. Se o organismo de resolução extrajudicial de litígios decidir o litígio a favor do destinatário do serviço, inclusive da pessoa ou entidade que apresentou uma notificação, o fornecedor da plataforma em linha suporta as todas as taxas cobradas pelo organismo de resolução extrajudicial de litígios e reembolsa esse destinatário, incluindo a pessoa ou entidade, de quaisquer outras despesas razoáveis que tenha pago no âmbito da resolução do litígio. Se o organismo de resolução extrajudicial de litígios decidir o litígio a favor do fornecedor da plataforma em linha, o destinatário do serviço, incluindo a pessoa ou entidade, não é obrigado a reembolsar quaisquer taxas ou outras despesas que o fornecedor da plataforma em linha tenha pago ou deva pagar no âmbito da resolução do litígio, salvo se o organismo de resolução extrajudicial de litígios constatar que esse destinatário atuou de manifesta má fé.

As taxas cobradas pelo organismo de resolução extrajudicial de litígios aos fornecedores de plataformas em linha pela resolução do litígio são razoáveis e, em todo o caso, não podem exceder os custos incorridos pelo organismo. Para os destinatários do serviço, a resolução de litígios é disponibilizada de forma gratuita ou mediante o pagamento de uma soma simbólica.

Os organismos de resolução extrajudicial de litígios certificados dão a conhecer as taxas, ou os mecanismos utilizados para as determinar, ao destinatário do serviço, inclusive às pessoas ou entidades que apresentaram uma notificação, e ao fornecedor da plataforma em linha em causa, antes de darem início à resolução do litígio.

6. Os Estados-Membros podem criar organismos de resolução extrajudicial de litígios para efeitos do nº 1 ou apoiar as atividades de alguns ou de todos os organismos de resolução extrajudicial de litígios que tenham certificado nos termos do nº 3.

Os Estados-Membros devem garantir que nenhuma das atividades que realizem ao abrigo do primeiro parágrafo afete a capacidade dos seus coordenadores dos serviços digitais para certificar os organismos em questão nº 3.

7. Um coordenador dos serviços digitais que tenha certificado um organismo de resolução extrajudicial de litígios revoga essa certificação se determinar, na sequência de uma investigação realizada por iniciativa própria ou com base nas informações recebidas de terceiros, que o organismo de resolução extrajudicial de litígios deixou de satisfazer as condições estabelecidas no nº 3. Antes de revogar essa certificação, o coordenador dos serviços digitais dá a esse organismo a oportunidade de reagir às conclusões da sua investigação e à sua intenção de revogar a certificação do organismo de resolução extrajudicial de litígios.

8. Os coordenadores dos serviços digitais notificam à Comissão os organismos de resolução extrajudicial de litígios que tenham certificado nos termos do nº 3, incluindo, quando aplicável, as especificações a que se refere o segundo parágrafo do mesmo número, bem como os organismos de resolução extrajudicial de litígios cuja certificação tenham revogado. A Comissão publica uma lista desses organismos, incluindo as referidas especificações, num sítio Web específico facilmente acessível, e mantém-na atualizada.

9. O presente artigo aplica-se sem prejuízo da Diretiva 2013/11/UE e dos procedimentos e entidades de resolução alternativa de litígios à disposição dos consumidores estabelecidos ao abrigo dessa diretiva.

Artigo 22º *Sinalizadores de confiança*

1. Os fornecedores de plataformas em linha tomam as medidas técnicas e organizativas necessárias para assegurar que as notificações apresentadas por sinalizadores de confiança, agindo dentro do seu domínio de competências designado, através dos mecanismos referidos no artigo 16º, têm prioridade e são tratadas e objeto de uma decisão sem demora indevida.

2. O estatuto de «sinalizadores de confiança» nos termos do presente regulamento é concedido, a pedido de qualquer entidade, pelo coordenador dos serviços digitais do Estado-Membro em que o requerente se encontra estabelecido, a um requerente que tenha demonstrado que cumpre todas as condições seguintes:

a) Possui conhecimentos especializados e competências específicas para efeitos de deteção, identificação e notificação de conteúdos ilegais;

b) É independente de qualquer fornecedor de plataformas em linha;

c) Realiza as suas atividades tendo em vista a apresentação de notificações de forma diligente, precisa e objetiva.

3. Os sinalizadores de confiança publicam, pelo menos uma vez por ano, relatórios facilmente compreensíveis e pormenorizados sobre as notificações apresentadas nos termos do artigo 16º durante o período pertinente. O relatório indica, pelo menos, o número de notificações categorizadas por:

a) Identidade do prestador de serviços de alojamento virtual;

b) Tipo de conteúdo alegadamente ilegal notificado;

c) Medidas tomadas pelo prestador.

Estes relatórios contêm uma explicação dos procedimentos em vigor para assegurar que o sinalizador de confiança mantenha a sua independência.

Os sinalizadores de confiança remetem esses relatórios ao coordenador dos serviços digitais responsável pela atribuição e disponibilizam-nos ao público. As informações constantes desses relatórios não contêm dados pessoais.

4. Os coordenadores dos serviços digitais comunicam à Comissão e ao Comité os nomes, endereços postais e endereços de correio eletrónico das entidades às quais concederam o estatuto de sinalizador de confiança nos termos do nº 2 ou cujo estatuto de sinalizador de confiança tenham suspendido nos termos do nº 6 ou revogado nos termos do nº 7.

5. A Comissão publica as informações referidas no nº 4 numa base de dados acessível ao público num formato facilmente acessível e legível por máquina, e mantém a base de dados atualizada.

6. Sempre que um fornecedor de plataformas em linha disponha de informações que indiquem que um sinalizador de confiança apresentou um número significativo de notificações insuficientemente precisas, inexatas ou inadequadamente fundamentadas através dos mecanismos a que se refere o artigo 16º, incluindo informações recolhidas no âmbito do tratamento de reclamações através dos sistemas internos de gestão de reclamações a que se refere o artigo 20º, nº 4, comunica essas informações ao coordenador dos serviços digitais que concedeu o estatuto de sinalizador de confiança à entidade em causa, fornecendo as explicações e os documentos comprovativos necessários. Após receber as informações do fornecedor de plataformas em linha e se o coordenador dos serviços digitais considerar que existem razões legítimas para dar início a uma investigação, o estatuto de sinalizador de confiança é suspenso durante o período da investigação. Essa investigação é levada a cabo sem demora indevida.

7. O coordenador dos serviços digitais que concedeu o estatuto de sinalizador de confiança a uma entidade revoga esse estatuto se determinar, na sequência de uma investigação realizada por iniciativa própria ou com base nas informações recebidas de terceiros, incluindo as informações facultadas por um fornecedor de plataformas em linha nos termos do nº 6, que a entidade já não satisfaz as condições estabelecidas no nº 2. Antes de revogar esse estatuto, o coordenador dos serviços digitais dá à entidade uma oportunidade de reagir às conclusões da sua investigação e à sua intenção de revogar o estatuto da entidade enquanto sinalizador de confiança.

8. A Comissão, após consulta ao Comité, deve, se necessário, emitir diretrizes para ajudar os fornecedores de plataformas em linha e os coordenadores dos serviços digitais na aplicação dos nºs 2, 6 e 7.

Artigo 23º *Medidas e proteção contra a utilização abusiva*

1. Os fornecedores de plataformas em linha suspendem, durante um período razoável e após terem emitido um aviso prévio, a prestação dos seus serviços aos destinatários do serviço que forneçam com frequência conteúdos manifestamente ilegais.

2. Os fornecedores de plataformas em linha suspendem, por um período razoável e após terem emitido um aviso prévio, o tratamento de notificações e reclamações apresentadas através dos mecanismos de notificação e ação e dos sistemas internos de gestão de reclamações referidos nos artigos 16º e 20º, respetivamente, por pessoas ou entidades ou por autores de reclamações que apresentem com frequência notificações ou reclamações manifestamente infundadas.

3. Ao tomarem uma decisão sobre a suspensão, os fornecedores de plataformas em linha avaliam, numa base casuística e de forma atempada, diligente e objetiva, se o destinatário do serviço, a pessoa, a entidade ou o autor de reclamações, efetua a utilização abusiva a que se referem os nºs 1 e 2, tendo em conta todos os factos e circunstâncias pertinentes decorrentes das informações de que o fornecedor de plataformas em linha dispõe. Essas circunstâncias incluem, pelo menos, os seguintes elementos:

a) O número absoluto de elementos de conteúdo manifestamente ilegal ou de notificações ou reclamações manifestamente infundadas apresentados num determinado período;

b) A sua proporção relativa em relação ao número total de elementos de informação fornecidos ou de notificações apresentadas num determinado período;

c) A gravidade das utilizações abusivas, nomeadamente a natureza dos conteúdos ilegais, e das suas consequências;

d) Quando for possível identificá-la, a intenção do destinatário do serviço, da pessoa, da entidade ou do autor de reclamações.

4. Os fornecedores de plataformas em linha estabelecem de forma clara e pormenorizada, nos seus termos e condições, a sua política relativamente à utilização abusiva referida nos nºs 1 e 2, e dão exemplos dos factos e das circunstâncias que têm em conta ao avaliar se determinado comportamento constitui uma utilização abusiva e a duração da suspensão.

Artigo 24º *Obrigações de apresentação de relatórios de transparência dos fornecedores de plataformas em linha*

1. Para além das informações a que se refere o artigo 15º, os fornecedores de plataformas em linha incluem nos relatórios a que se refere esse artigo informações sobre os seguintes pontos:

a) O número de litígios submetidos à apreciação dos organismos de resolução extrajudicial de litígios a que se refere o artigo 21º, os resultados da resolução de litígios, o tempo mediano necessário para concluir os procedimentos de resolução de litígios e a percentagem de litígios em que os fornecedores de plataformas em linha aplicou as decisões do organismo;

b) O número de suspensões impostas nos termos do artigo 23º, estabelecendo uma distinção entre as suspensões decretadas devido ao fornecimento de conteúdos manifestamente ilegais, à apresentação de notificações manifestamente infundadas e à apresentação de reclamações manifestamente infundadas.

2. Até 17 de fevereiro de 2023 e, posteriormente, pelo menos uma vez de seis em seis meses, os fornecedores publicam, para cada plataforma em linha ou motor de pesquisa em linha, numa secção acessível ao público da sua interface em linha, informações sobre o número médio mensal de destinatários ativos do serviço na União, calculados como média durante o período dos últimos seis meses e de acordo com a metodologia estabelecida nos atos delegados a que se refere o artigo 33º, nº 3, caso tais atos delegados tenham sido adotados.

3. Os fornecedores de plataformas em linha ou de motores de pesquisa em linha comunicam ao coordenador dos serviços digitais de estabelecimento e à Comissão, a pedido destes e sem demora injustificada, as informações a que se refere o nº 2, atualizadas à data do pedido. O coordenador dos serviços digitais ou a Comissão pode exigir que o fornecedor da plataforma em linha ou do motor de pesquisa em linha forneça informações adicionais no que respeita ao cálculo a que se refere esse número, incluindo explicações e justificações relativas aos dados utilizados. Essas informações não podem incluir dados pessoais.

4. Quando o coordenador dos serviços digitais de estabelecimento tiver razões para considerar, com base nas informações recebidas nos termos dos nºs 2 e 3 do presente artigo, que um fornecedor de plataformas em linha ou de motores de pesquisa em linha atinge o limiar do número médio mensal de destinatários ativos do serviço na União estabelecido no artigo 33º, nº 1, informa a Comissão desse facto.

5. Os fornecedores de plataformas em linha apresentam à Comissão, sem demora injustificada, as decisões e as exposições de motivos a que se refere o artigo 17º, nº 1, para inclusão numa base de dados acessível ao público e legível por máquina, gerida pela Comissão. Os fornecedores de plataformas em linha asseguram que as informações apresentadas não contenham dados pessoais.

6. A Comissão pode adotar atos de execução para estabelecer modelos relativos ao formato, ao conteúdo e a outros pormenores dos relatórios nos termos do nº 1 do presente artigo. Os referidos atos de execução são adotados pelo procedimento consultivo a que se refere o artigo 88º.

Artigo 25º *Conceção e organização da interface em linha*

1. Os fornecedores de plataformas em linha não podem conceber, organizar ou explorar as suas interfaces em linha de forma a enganar ou manipular os destinatários do seu serviço ou de forma a distorcer ou prejudicar substancialmente de outro modo a capacidade dos destinatários do seu serviço de tomarem decisões livres e informadas.

2. A proibição do nº 1 não se aplica às práticas abrangidas pela Diretiva 2005/29/CE ou pelo Regulamento (UE) 2016/679.

3. A Comissão pode emitir diretrizes sobre a aplicação do nº 1 a práticas específicas, nomeadamente:

a) Dar maior destaque a determinadas opções ao pedir ao destinatário do serviço uma decisão;

b) Solicitar reiteradamente que destinatário do serviço faça uma opção que já tenha sido feita, nomeadamente através da exibição de janelas instantâneas que interfiram com a experiência do utilizador;

c) Tornar o procedimento de cancelamento de um serviço mais difícil do que a subscrição ao mesmo.

Artigo 26º *Publicidade nas plataformas em linha*

1. Os fornecedores de plataformas em linha que exibam anúncios publicitários nas suas interfaces em linha asseguram que, para cada anúncio publicitário específico exibido a cada destinatário individual, os destinatários do serviço possam identificar de forma clara, concisa e inequívoca, e em tempo real, o seguinte:

a) Que as informações constituem um anúncio publicitário, nomeadamente através de sinalização bem visível, a qual pode seguir normas nos termos do artigo 44º;

b) A pessoa singular ou coletiva em cujo nome o anúncio publicitário é apresentado;

c) A pessoa singular ou coletiva que paga o anúncio publicitário, caso seja diferente da pessoa singular ou coletiva referida na alínea *b)*;

d) Informações pertinentes, direta e facilmente acessíveis a partir do anúncio publicitário, sobre os principais parâmetros utilizados para determinar o destinatário da exibição do anúncio publicitário e, se for caso disso, sobre como alterar esses parâmetros.

2. Os fornecedores de plataformas em linha facultam aos destinatários do serviço uma funcionalidade que lhes permita declarar se os conteúdos que fornecem constituem ou contêm comunicações comerciais.

Quando o destinatário do serviço apresenta uma declaração nos termos do presente número, o fornecedor de plataformas em linha assegura que os outros destinatários do serviço possam identificar de forma clara e inequívoca, e em tempo real, nomeadamente através de sinalização destacada, a qual pode seguir normas nos termos do artigo 44º, que os conteúdos fornecidos pelo destinatário do serviço constituem ou contêm comunicações comerciais, conforme descrito na declaração.

3. Os fornecedores de plataformas em linha não podem exibir anúncios publicitários aos destinatários do serviço com base na definição de perfis tal como definida no artigo 4º, ponto 4, do Regulamento (UE) 2016/679 utilizando categorias especiais de dados pessoais a que se refere o artigo 9º, nº 1, do Regulamento (UE) 2016/679.

Artigo 27º *Transparência dos sistemas de recomendação*

1. Os fornecedores de plataformas em linha que utilizem sistemas de recomendação estabelecem nos seus termos e condições, em linguagem clara e inteligível, os principais parâmetros utilizados nos seus sistemas de recomendação, bem como quaisquer opções que permitam aos destinatários do serviço alterar ou influenciar estes parâmetros.

2. Os principais parâmetros a que se refere o nº 1 explicam por que motivo determinadas informações são sugeridas ao destinatário do serviço. Estes parâmetros devem incluir pelo menos:

a) Os critérios mais significativos para determinar as informações sugeridas ao destinatário do serviço;

b) Os motivos da importância relativa destes parâmetros.

3. Caso estejam disponíveis várias opções nos termos do nº 1 para os sistemas de recomendação que determinam a ordem relativa das informações apresentadas aos destinatários do serviço, os fornecedores de plataformas em linha também disponibilizam uma funcionalidade que permita ao destinatário do serviço selecionar e alterar a sua opção preferida em qualquer momento. Essa funcionalidade é direta e facilmente acessível, a partir da secção específica da interface em linha da plataforma em linha em que as informações são priorizadas.

Artigo 28º *Proteção dos menores em linha*

1. Os fornecedores de plataformas em linha acessíveis a menores adotam medidas adequadas e proporcionadas para assegurar um nível elevado de privacidade, proteção e segurança dos menores no seu serviço.

2. Os fornecedores de plataformas em linha não podem exibir anúncios publicitários na sua interface com base na definição de perfis tal como definida no artigo 4º, ponto 4, do Regulamento (UE) 2016/679 utilizando dados pessoais do destinatário do serviço se tiverem conhecimento, com uma certeza razoável, de que o destinatário do serviço é um menor.

3. O cumprimento das obrigações estabelecidas no presente artigo não obriga os fornecedores de plataformas em linha a tratarem dados pessoais adicionais para avaliarem se o destinatário do serviço é um menor.

4. A Comissão, após consulta ao Comité, pode emitir diretrizes para ajudar os fornecedores de plataformas em linha na aplicação do nº 1.

SECÇÃO 4 – Disposições adicionais aplicáveis aos fornecedores de plataformas em linha que permitem aos consumidores celebrar contratos à distância com comerciantes

Artigo 29º *Exclusão das micro e pequenas empresas*

1. A presente secção não se aplica aos fornecedores de plataformas em linha que permitem aos consumidores celebrar contratos à distância com comerciantes que sejam consideradas micro ou pequenas empresas tal como definidas na Recomendação 2003/361/CE.

A presente secção não se aplica aos fornecedores de plataformas em linha que permitem aos consumidores celebrar contratos à distância com comerciantes anteriormente qualificadas para o estatuto de pequena ou microempresa tal como definidas na Recomendação 2003/361/CE durante os 12 meses seguintes à perda desse estatuto nos termos do artigo 4º, nº 2, exceto quando se trate de plataformas em linha de muito grande dimensão, nos termos do artigo 33º.

2. Em derrogação do nº 1 do presente artigo, a presente secção aplica-se aos fornecedores de plataformas em linha que permitem aos consumidores celebrar contratos à distância com comerciantes que tenham sido designados como plataformas em linha de muito grande dimensão nos termos do artigo 33º, independentemente de serem ou não consideradas micro ou pequenas empresas.

Artigo 30º *Rastreabilidade dos comerciantes*

1. Os fornecedores de plataformas em linha que permitem aos consumidores celebrar contratos à distância com comerciantes asseguram que os comerciantes só possam utilizar essas plataformas em linha para promover mensagens ou oferecer produtos ou serviços aos consumidores localizados na União se, antes da utilização dos seus serviços para estes fins, tiverem obtido as seguintes informações, sempre que forem aplicáveis ao comerciante:

a) O nome, endereço postal, número de telefone e endereço de correio eletrónico do comerciante;

b) Uma cópia do documento de identificação do comerciante ou qualquer outra identificação eletrónica, tal como definida no artigo 3º do Regulamento (UE) nº 910/2014 do Parlamento Europeu e do Conselho[40];

c) Os dados da conta de pagamento do comerciante;

d) Se o comerciante estiver inscrito num registo comercial ou noutro registo público equivalente, o registo comercial em que se encontra inscrito e o respetivo número de registo, ou forma de identificação equivalente nesse registo;

e) Uma autocertificação do comerciante, em que se compromete a oferecer apenas produtos ou serviços que respeitem as regras aplicáveis do direito da União.

[40] Regulamento (UE) nº 910/2014 do Parlamento Europeu e do Conselho, de 23 de julho de 2014, relativo à identificação eletrónica e aos serviços de confiança para as transações eletrónicas no mercado interno e que revoga a Diretiva 1999/93/CE (JO L 257 de 28.8.2014, p. 73).

2. Ao receber as informações a que se refere o nº 1, e antes de permitir que o comerciante em causa utilize os seus serviços, o fornecedor da plataforma em linha que permite aos consumidores celebrar contratos à distância com comerciantes deve, seja através da utilização de uma base de dados oficial em linha ou interface em linha de acesso livre, disponibilizada por um Estado-Membro ou pela União, seja através da apresentação de pedidos ao comerciante para fornecer documentos comprovativos provenientes de fontes fiáveis, envidar todos os esforços para avaliar se as informações referidas no nº 1, alíneas *a)* a *e)*, são fiáveis e completas. Para efeitos do presente regulamento, os comerciantes são responsáveis pela exatidão das informações prestadas.

No que diz respeito aos comerciantes que já utilizam os serviços de fornecedores de plataformas em linha que permitem aos consumidores celebrar contratos à distância com comerciantes para os fins referidos no nº 1 em 17 de fevereiro de 2024, os fornecedores envidam todos os esforços para obter dos comerciantes em causa as informações referidas na lista no prazo de 12 meses. Se os comerciantes em causa não fornecerem as informações dentro deste prazo, os fornecedores suspendem o fornecimento dos seus serviços a tais comerciantes até que estes tenham fornecido todas as informações.

3. Se o fornecedor da plataforma em linha que permite aos consumidores celebrar contratos à distância com comerciantes obtiver indicações suficientes de que qualquer informação a que se refere o nº 1 obtida do comerciante em causa é inexata, está incompleta ou não está atualizada, ou se tiver motivos para o supor, esse fornecedor solicita ao comerciante que corrija a situação, sem demora ou no prazo fixado pelo direito da União e nacional.

Se o comerciante não corrigir ou completar essas informações, o prestador de plataformas em linha que permite aos consumidores celebrar contratos à distância com comerciantes suspende rapidamente a prestação do seu serviço a esse comerciante em relação à oferta de produtos ou de serviços aos consumidores localizados na União até que o pedido tenha sido plenamente satisfeito.

4. Sem prejuízo do disposto no artigo 4º do Regulamento (UE) 2019/1150, caso um fornecedor de uma plataforma em linha que permite aos consumidores celebrar contratos à distância com comerciantes se recuse a autorizar um comerciante a utilizar o seu serviço nos termos do nº 1 do presente artigo, ou suspenda a sua prestação nos termos do nº 3 do presente artigo, o comerciante em causa tem o direito de apresentar uma reclamação nos termos dos artigos 20º e 21º do presente regulamento.

5. Os fornecedores de plataformas em linha que permitem aos consumidores celebrar contratos à distância com comerciantes armazenam as informações obtidas nos termos dos nºs 1 e 2 de forma segura durante um período de seis meses após a cessação da relação contratual com o comerciante em causa. Posteriormente, apagam as informações.

6. Sem prejuízo do disposto no nº 2 do presente artigo, o fornecedor da plataforma em linha que permite aos consumidores celebrar contratos à distância com comerciantes só divulga as informações a terceiros quando tal lhe for exigido nos termos do direito aplicável, incluindo as decisões a que se refere o artigo 10º e quaisquer decisões emitidas pelas autoridades competentes dos Estados-Membros ou pela Comissão para o desempenho das suas funções nos termos do presente regulamento.

7. O fornecedor da plataforma em linha que permite aos consumidores celebrar contratos à distância com comerciantes disponibiliza as informações a que se refere o nº 1, alíneas *a)*, *d)* e *e)*, na sua plataforma em linha aos destinatários do serviço de forma clara, facilmente acessível e compreensível. Essas informações ficam disponíveis pelo menos na interface em linha da plataforma em linha onde as informações sobre o produto ou sobre o serviço são apresentadas.

Artigo 31º *Conformidade desde a conceção*

1. Os fornecedores de plataformas em linha que permitem aos consumidores celebrar contratos à distância com comerciantes asseguram que a sua interface é concebida e organizada de forma a permitir que os comerciantes cumpram as obrigações que lhes incumbem em matéria de informação pré-contratual, conformidade e informação sobre a segurança dos produtos nos termos do direito da União aplicável.

Em especial, o fornecedor em causa assegura que a sua interface em linha permite aos comerciantes prestar informações sobre o nome, endereço postal, número de telefone e endereço de correio eletrónico do operador económico, tal como definido no artigo 3º, ponto 13, do Regulamento (UE) 2019/1020 e no direito da União.

2. Os fornecedores de plataformas em linha que permitem aos consumidores celebrar contratos à distância com comerciantes asseguram que a sua interface em linha é concebida e organizada de forma a permitir que os comerciantes forneçam, pelo menos, os seguintes elementos:

a) As informações necessárias para a identificação clara e inequívoca dos produtos ou serviços promovidos ou oferecidos aos consumidores localizados na União através dos serviços dos fornecedores;

b) Qualquer sinal que identifique o comerciante, como a marca comercial, símbolo ou o logótipo; e *c)* Se for caso disso, as informações relativas à rotulagem e marcação em conformidade com as normas do direito da União aplicável em matéria de segurança dos produtos e conformidade dos produtos.

3. Os fornecedores de plataformas em linha que permitem aos consumidores celebrar contratos à distância com comerciantes, envidam todos os esforços para avaliar se tais comerciantes forneceram as informações a que se referem os nºs 1 e 2 antes de lhes permitir oferecer os seus produtos ou serviços nessas plataformas. Após permitir ao comerciante oferecer os respetivos produtos ou serviços na sua plataforma em linha que permite aos consumidores celebrar contratos à distância com comerciantes, o fornecedor envida esforços razoáveis para verificar aleatoriamente se os produtos ou serviços oferecidos foram identificados como ilegais em qualquer base de dados em linha ou interface em linha oficial, de acesso livre e legível por máquina.

Artigo 32º *Direito à informação*

1. Caso um fornecedor de uma plataforma em linha que permite aos consumidores celebrar contratos à distância com comerciantes tome conhecimento, independentemente do meio utilizado, de que um produto ou serviço ilegal foi oferecido por um comerciante a consumidores localizados na União através dos seus serviços, esse fornecedor deve, na medida em que disponha dos seus dados de contacto, informar os consumidores que adquiriram o produto ou serviço ilegais através dos seus serviços do seguinte:

a) Do facto de o produto ou serviço ser ilegal;

b) Da identidade do comerciante; e

c) De quaisquer meios de reparação aplicáveis.

A obrigação estabelecida no primeiro parágrafo está limitada às aquisições de produtos ou serviços ilegais efetuadas durante os seis meses que precedem o momento em que o fornecedor tomou conhecimento da ilegalidade.

2. Se, no caso referido no nº 1, o fornecedor da plataforma em linha que permite aos consumidores celebrar contratos à distância com comerciantes não dispuser dos dados de contacto de todos os consumidores em causa, esse fornecedor disponibiliza ao público e torna facilmente acessível na sua interface em linha as informações sobre o produto ou serviço ilegal, a identidade do comerciante e quaisquer meios de reparação aplicáveis.

SECÇÃO 5 – Obrigações adicionais dos fornecedores de plataformas em linha de muito grande dimensão e de motores de pesquisa em linha de muito grande dimensão no que se refere à gestão de riscos sistémicos

Artigo 33º *Plataformas em linha de muito grande dimensão e motores de pesquisa em linha de muito grande dimensão*

1. A presente secção aplica-se às plataformas em linha e aos motores de pesquisa em linha que têm um número médio mensal de destinatários ativos do serviço na União igual ou superior a 45 milhões, e que são designadas como plataformas em linha de muito grande dimensão ou motores de pesquisa em linha de muito grande dimensão nos termos do nº 4.

2. A Comissão adota atos delegados nos termos do artigo 87º para ajustar o número médio mensal de destinatários ativos do serviço na União referido no nº 1, sempre que a população da União aumente ou diminua em pelo menos 5 % em relação à sua população em 2020, ou a sua população após ajustamento através de um ato delegado, em relação ao ano em que o último ato delegado foi adotado. Nesse caso, ajusta o número de forma a corresponder a 10 % da população da União no ano em que adota o ato delegado, arredondado por excesso ou por defeito para permitir que o número seja expresso em milhões.

3. A Comissão pode adotar atos delegados nos termos do artigo 87º, após consulta ao Comité, para completar as disposições do presente regulamento estabelecendo a metodologia de cálculo do número médio mensal de destinatários ativos do serviço na União, para efeitos do nº 1 do presente artigo e do artigo 24º, nº 2, assegurando que a metodologia tem em conta a evolução do mercado e da tecnologia.

4. A Comissão, após consulta ao Estado-Membro de estabelecimento ou após ter em conta as informações fornecidas pelo coordenador dos serviços digitais de estabelecimento nos termos do artigo 24º, nº 4, adota uma decisão que designe como plataforma em linha de muito grande dimensão ou motor de pesquisa em linha de muito grande dimensão para efeitos do presente regulamento a plataforma em linha ou o motor de pesquisa em linha que tenha um número médio mensal de destinatários ativos do serviço igual ou superior ao número referido no nº 1 do presente artigo. A Comissão toma a sua decisão com base nos dados comunicados pelo fornecedor da plataforma em linha ou do motor de pesquisa em linha nos termos do artigo 24º, nº 2, ou nas informações solicitadas nos termos do artigo 24º, nº 3, ou em quaisquer outras informações de que dispõe.

O não cumprimento pelo fornecedor da plataforma em linha ou do motor de pesquisa em linha do disposto no artigo 24º, nº 2, ou do pedido efetuado pelo coordenador dos serviços digitais de estabelecimento ou pela Comissão nos termos do artigo 24º, nº 3, não impede a Comissão de designar este fornecedor como fornecedor de uma plataforma em linha de muito grande dimensão ou de um motor de pesquisa em linha de muito grande dimensão nos termos do presente número.

Caso baseie a sua decisão noutras informações de que dispõe nos termos do primeiro parágrafo do presente número, ou com base em informações adicionais solicitadas nos termos do artigo 24º, nº 3, a Comissão dá ao fornecedor da plataforma em linha ou do motor de pesquisa em linha em causa 10 dias úteis para se pronunciar acerca das conclusões preliminares da Comissão e da sua intenção de designar a plataforma em linha ou o motor de pesquisa em linha como uma plataforma em linha de muito grande dimensão ou como um motor de pesquisa em linha de muito grande dimensão, respetivamente. A Comissão tem em devida conta os pontos de vista apresentados pelo fornecedor em causa.

O facto de o fornecedor da plataforma em linha ou do motor de pesquisa em linha em causa não se pronunciar nos termos do terceiro parágrafo não impede a Comissão de designar essa plataforma em linha ou esse motor de pesquisa em linha como uma plataforma em linha de muito grande dimensão ou como um motor de pesquisa em linha de muito grande dimensão, respetivamente, com base noutras informações de que dispõe.

5. A Comissão põe termo à designação se, durante um período ininterrupto de um ano, a plataforma em linha ou o motor de pesquisa em linha não tiver um número médio mensal de destinatários ativos do serviço igual ou superior ao número referido no nº 1.

6. A Comissão notifica as suas decisões nos termos dos nºs 4 e 5, sem demora injustificada, ao fornecedor da plataforma ou do motor de pesquisa em linha em linha em causa, ao Comité e ao coordenador dos serviços digitais de estabelecimento.

A Comissão assegura a publicação no Jornal Oficial da União Europeia da lista das plataformas em linha e dos motores de pesquisa em linha designados como sendo de muito grande dimensão e mantém essa lista atualizada. As obrigações estabelecidas na presente secção são, ou deixam de ser, aplicáveis às plataformas em linha de muito grande dimensão e aos motores de pesquisa em linha de muito grande dimensão em causa quatro meses após a notificação ao fornecedor em causa a que se refere o primeiro parágrafo.

Artigo 34º *Avaliação dos riscos*

1. Os fornecedores de plataformas em linha de muito grande dimensão e de motores de pesquisa em linha de muito grande dimensão identificam, analisam e avaliam diligentemente todos os riscos sistémicos na União decorrentes da conceção ou do funcionamento do seu serviço e dos seus sistemas relacionados, incluindo os sistemas algorítmicos, ou decorrentes da utilização dos seus serviços.

Efetuam as avaliações de risco até à data de aplicação referida no artigo 33º, nº 6, segundo parágrafo, e, posteriormente, pelo menos uma vez por ano, e, em qualquer caso, antes da introdução de funcionalidades suscetíveis de terem um impacto crítico nos riscos identificados nos termos do presente artigo. Esta avaliação dos riscos incidirá especificamente nos seus serviços, será proporcionada aos riscos sistémicos, tendo em conta a sua gravidade e probabilidade, e incluirá os seguintes riscos sistémicos:

a) A difusão de conteúdos ilegais através dos seus serviços;

b) Quaisquer efeitos negativos reais ou previsíveis no exercício dos direitos fundamentais, em particular os direitos fundamentais relativos à dignidade do ser humano consagrado no artigo 1º da Carta, ao respeito pela vida privada e familiar consagrado no artigo 7º da Carta, à proteção dos dados pessoais consagrado no artigo 8º da Carta, à liberdade de expressão e de informação, incluindo a liberdade e o pluralismo dos meios de comunicação social consagrado no artigo 11º da Carta, e à não discriminação consagrado no artigo 21º da Carta, ao respeito pelos direitos das crianças consagrado no artigo 24º da Carta e a um elevado nível de defesa dos consumidores, consagrado no artigo 38º da Carta;

c) Quaisquer efeitos negativos reais ou previsíveis no discurso cívico e nos processos eleitorais, bem como na segurança pública;

d) Quaisquer efeitos negativos reais ou previsíveis, em relação à violência de género, à proteção da saúde pública e aos menores, e às consequências negativas graves para o bem-estar físico e mental da pessoa.

2. Aquando da realização de avaliações de risco, os fornecedores de plataformas em linha de muito grande dimensão e de motores de pesquisa em linha de muito grande dimensão têm em conta, nomeadamente, se e como os fatores seguintes influenciam os riscos sistémicos referidos no nº 1:

a) A conceção dos seus sistemas de recomendação e de qualquer outro sistema algorítmico pertinente;

b) Os seus sistemas de moderação de conteúdos;

c) Os termos e condições aplicáveis e a sua aplicação;

d) Os sistemas de seleção e exibição de anúncios publicitários;

e) As práticas do fornecedor relacionadas com os dados.

As avaliações também analisam se e como os riscos referidos no nº 1 são influenciados pela manipulação intencional do seu serviço, incluindo uma utilização não autêntica ou da exploração automatizada do serviço, bem como a amplificação e difusão potencialmente rápida e alargada de conteúdos ilegais e de informações incompatíveis com os seus termos e condições.

A avaliação tem em conta os aspetos regionais ou linguísticos específicos, incluindo quando são específicos de um Estado-Membro.

3. Os fornecedores de plataformas em linha de muito grande dimensão e de motores de pesquisa em linha de muito grande dimensão conservam os documentos comprovativos das avaliações dos riscos durante pelo menos três anos após a realização das avaliações dos riscos e, mediante pedido, comunicam-nos à Comissão e ao coordenador dos serviços digitais de estabelecimento.

Artigo 35º *Atenuação de riscos*

1. Os fornecedores de plataformas em linha de muito grande dimensão e de motores de pesquisa em linha de muito grande dimensão adotam medidas de atenuação razoáveis, proporcionadas e eficazes, adaptadas aos riscos sistémicos específicos identificados nos termos do artigo 34º, tendo especialmente em conta o impacto de tais medidas nos direitos fundamentais. Estas medidas podem incluir, quando aplicável:

a) A adaptação da conceção, dos elementos ou do funcionamento dos seus serviços, incluindo as suas interfaces em linha;

b) A adaptação dos seus termos e condições e da sua aplicação;

c) A adaptação dos processos de moderação de conteúdos, incluindo a rapidez e a qualidade do tratamento das notificações relativas a tipos específicos de conteúdos ilegais e, se for caso disso, a rápida supressão dos conteúdos notificados ou a rápida desativação do acesso aos mesmos, em especial no que respeita aos discursos ilegais de incitação ao ódio ou a ciberviolência, bem como a adaptação de todos os processos de tomada de decisão pertinentes e dos recursos consagrados à moderação de conteúdos;

d) A execução de testes e a adaptação dos seus sistemas algorítmicos, incluindo os seus sistemas de recomendação;

e) A adaptação dos seus sistemas de publicidade e a adoção de medidas específicas destinadas a limitar ou ajustar a exibição de anúncios publicitários em associação com o serviço que prestam;

f) O reforço dos processos internos, dos recursos, da testagem, da documentação ou da supervisão de qualquer uma das suas atividades, em particular no que diz respeito à deteção de risco sistémico;

g) O início ou o ajustamento da cooperação com sinalizadores de confiança nos termos do artigo 22º e a execução das decisões dos organismos de resolução extrajudicial de litígios nos termos do artigo 21º;

h) O início ou o ajustamento da cooperação com outros fornecedores de plataformas em linha ou de motores de pesquisa em linha através dos códigos de conduta e dos protocolos de crise a que se referem os artigos 45º e 48º, respetivamente;

i) A adoção de medidas de sensibilização e a adaptação da sua interface em linha a fim de dar aos destinatários do serviço mais informação;

j) A adoção de medidas específicas para proteger os direitos das crianças, nomeadamente instrumentos de verificação da idade e de controlo parental, instrumentos destinados a ajudar os menores a sinalizar abusos ou a obter apoio, conforme adequado.

k) Assegurar que um elemento de informação, quer se trate de uma imagem, de áudio ou de um vídeo gerados ou manipulados que se assemelham sensivelmente a pessoas, objetos, lugares ou a outras entidades ou acontecimentos existentes e que pareçam falsamente a uma pessoa serem autênticos ou verdadeiros, seja distinguível através de marcações visíveis quando é apresentado nas suas interfaces em linha e, além disso, disponibilizar uma funcionalidade de fácil utilização que permita aos destinatários do serviço assinalar tal informação.

2. O Comité, em cooperação com a Comissão, publica, uma vez por ano, relatórios abrangentes. Os relatórios incluem os seguintes elementos:

a) A identificação e avaliação dos riscos sistémicos mais significativos e recorrentes comunicados por fornecedores de plataformas em linha de muito grande dimensão e de motores de pesquisa em linha de muito grande dimensão, ou identificados através de outras fontes de informação, em especial as proporcionadas nos termos dos artigos 39º, 40º e 42º;

b) Boas práticas em matéria de atenuação dos riscos sistémicos identificados para os fornecedores de plataformas em linha de muito grande dimensão e de motores de pesquisa em linha de muito grande dimensão.

Os referidos relatórios apresentam os riscos sistémicos discriminados pelos Estados-Membros em que ocorreram e na União no seu conjunto, conforme aplicável.

3. A Comissão, em cooperação com os coordenadores dos serviços digitais, pode emitir diretrizes sobre a aplicação do nº 1 em relação a riscos específicos, nomeadamente para apresentar boas práticas e recomendar eventuais medidas, tendo devidamente em conta as possíveis repercussões das medidas nos direitos fundamentais de todas as partes envolvidas consagrados na Carta. Durante a elaboração dessas diretrizes, a Comissão organiza consultas públicas.

Artigo 36º *Mecanismo de resposta em caso de crise*

1. Em caso de crise, a Comissão, agindo com base numa recomendação do Comité, pode adotar uma decisão que exija a um ou mais fornecedores de plataformas em linha de muito grande dimensão ou de motores de pesquisa em linha de muito grande dimensão que tomem uma ou mais das seguintes medidas:

a) Avaliar se e, em caso afirmativo, em que medida e como o funcionamento e a utilização dos seus serviços contribuem, ou são suscetíveis de contribuir, para uma ameaça grave a que se refere o nº 2;

b) Identificar e aplicar medidas específicas, eficazes e proporcionadas, como quaisquer das previstas no artigo 35º, nº 1, ou no artigo 48º, nº 2, para prevenir, eliminar ou limitar tal contribuição para a ameaça grave identificada nos termos da alínea *a)* do presente número;

c) Apresentar à Comissão, até uma determinada data ou em intervalos regulares especificados na decisão, um relatório sobre as avaliações a que se refere a alínea *a)*, sobre o conteúdo exato, a execução e o impacto qualitativo e quantitativo das medidas específicas adotadas nos termos da alínea *b)* e sobre qualquer outra questão relacionada com tais avaliações ou medidas especificadas na decisão.

Ao identificar e aplicar medidas nos termos da alínea *b)* do presente número, o fornecedor de serviços ou os fornecedores de serviços têm devidamente em conta a gravidade da ameaça grave a que se refere o nº 2, a urgência das medidas e as implicações reais ou potenciais para os direitos e interesses legítimos de todas as partes em causa, incluindo o facto de que as medidas não respeitem eventualmente os direitos fundamentais consagrados na Carta.

2. Para efeitos do presente artigo, considera-se que ocorreu uma crise se circunstâncias extraordinárias conduziram a uma ameaça grave para a segurança pública ou a saúde pública na União ou em partes significativas do seu território.

3. Ao adotar a decisão a que se refere o nº 1, a Comissão assegura o cumprimento cumulativo dos seguintes requisitos:

a) As ações exigidas pela decisão são estritamente necessárias, justificadas e proporcionadas, tendo em conta, em particular, a gravidade da ameaça grave a que se refere o nº 2, a urgência das medidas e as implicações reais ou potenciais para os direitos e interesses legítimos de todas as partes em causa, incluindo o facto de que as medidas não respeitem eventualmente os direitos fundamentais consagrados na Carta;

b) A decisão fixa um prazo razoável em que as medidas específicas a que se refere o nº 1, alínea *b)*, devem ser adotadas, tendo em conta, em particular, a urgência destas medidas e o tempo necessário para as preparar e aplicar;

c) As ações exigidas pela decisão são limitadas a um período não superior a três meses.

4. Após adotar a decisão a que se refere o nº 1, a Comissão toma, sem demora injustificada, as medidas seguintes:

a) Comunica a decisão ao ou aos fornecedores destinatários da decisão;

b) Torna decisão disponível ao público; e

c) Informa o Comité da decisão, convida-o a apresentar os seus pontos de vista sobre a decisão e mantém-no informado de qualquer evolução subsequente relacionada com a decisão.

5. A escolha das medidas específicas que devem ser tomadas nos termos do nº 1, alínea *b)*, e do nº 7, segundo parágrafo, é efetuada pelo fornecedor ou pelos fornecedores destinatários da decisão da Comissão.

6. A Comissão pode, por sua iniciativa ou a pedido do fornecedor, entrar num diálogo com o fornecedor para determinar se, à luz das circunstâncias específicas do fornecedor, as medidas previstas ou aplicadas a que se refere o nº 1, alínea *b)*, são eficazes e proporcionadas para atingir os objetivos pretendidos. Em particular, a Comissão assegura que as medidas adotadas pelo fornecedor de serviços nos termos do nº 1, alínea *b)*, cumprem os requisitos a que se refere o nº 3, alíneas *a)* e *c)*.

7. A Comissão acompanha a aplicação das medidas específicas adotadas nos termos da decisão a que se refere o nº 1 do presente artigo com base nos relatórios a que se refere a alínea *c)* do mesmo número e em quaisquer outras informações pertinentes, incluindo as informações que pode solicitar nos termos do artigo 40º ou do artigo 67º, tendo em conta a evolução da crise. A Comissão apresenta regularmente ao Comité um relatório sobre esse acompanhamento, pelo menos uma vez por mês.

Se a Comissão considerar que as medidas específicas previstas ou aplicadas nos termos do nº 1, alínea *b)*, não são eficazes ou proporcionadas, pode, após consulta ao Comité, adotar uma decisão exigindo que o fornecedor reveja a identificação ou a aplicação destas medidas específicas.

8. Se for caso disso, tendo em conta a evolução da crise, a Comissão, agindo com base na recomendação do Comité, pode alterar a decisão a que se refere o nº 1 ou o nº 7, segundo parágrafo:

a) Revogando a decisão e, se for caso disso, exigindo que a plataforma em linha de muito grande dimensão ou o motor de pesquisa em linha de muito grande dimensão cessem a aplicação das medidas identificadas e aplicadas nos termos do nº 1, alínea *b)*, ou do nº 7, segundo parágrafo, em particular se os motivos para adotar tais medidas já não existirem;

b) Prorrogando o prazo referido no nº 3, alínea *c)*, por um período não superior a três meses;

c) Tendo em conta a experiência adquirida com a aplicação das medidas, em particular o facto de que as medidas não respeitem eventualmente os direitos fundamentais consagrados na Carta.

9. Os requisitos estabelecidos nos nºs 1 a 6 são aplicáveis à decisão e à sua alteração a que se refere o presente artigo.

10. A Comissão tem na máxima conta as recomendações do Comité emitidas nos termos do presente artigo.

11. A Comissão apresenta anualmente ao Parlamento Europeu e ao Conselho, após a adoção de decisões nos termos do presente artigo e, em qualquer caso, três meses após o fim da crise, um relatório sobre a aplicação das medidas específicas tomadas em cumprimento de tais decisões.

Artigo 37º *Auditoria independente*

1. Os fornecedores de plataformas em linha de muito grande dimensão e de motores de pesquisa em linha de muito grande dimensão estão sujeitos, a expensas próprias e pelo menos uma vez por ano, a auditorias independentes para avaliar o cumprimento dos seguintes elementos:

a) As obrigações estabelecidas no capítulo III;

b) Quaisquer compromissos assumidos nos termos dos códigos de conduta referidos nos artigos 45º e 46º e dos protocolos de crise referidos no artigo 48º.

2. Os fornecedores de plataformas em linha de muito grande dimensão e de motores de pesquisa em linha de muito grande dimensão prestam às organizações que realizam as auditorias nos termos do presente artigo a cooperação e a assistência necessárias para lhes permitir realizar estas auditorias de modo eficaz, eficiente e atempado, nomeadamente permitindo o seu acesso a todos os dados e instalações pertinentes e respondendo a perguntas orais ou escritas. Abstêm-se de dificultar, influenciar indevidamente ou contrariar a realização da auditoria.

Tais auditorias asseguram um nível de confidencialidade adequado e o sigilo profissional em relação às informações obtidas dos fornecedores de plataformas em linha de muito grande dimensão e de motores de pesquisa em linha de muito grande dimensão e de terceiros no contexto das auditorias, incluindo após a sua conclusão. No entanto, o cumprimento deste requisito não pode afetar negativamente a realização das auditorias e outras disposições do presente regulamento, em particular as relativas à transparência, supervisão e à execução. Se necessário para efeitos da apresentação de relatórios de transparência nos termos do artigo 42º, nº 4, o relatório de auditoria e o relatório de execução da auditoria a que se referem os nºs 4 e 6 do presente artigo são acompanhados de versões que não contenham quaisquer informações que possam razoavelmente ser consideradas confidenciais.

3. As auditorias realizadas nos termos do nº 1 são realizadas por organizações que:

a) Sejam independentes do fornecedor das plataformas em linha de muito grande dimensão ou dos motores de pesquisa em linha de muito grande dimensão em causa e de qualquer pessoa coletiva ligada a este fornecedor e que não tenham quaisquer conflitos de interesses com esse fornecedor ou qualquer destas pessoas; em especial:

i) não tenham prestado serviços que não sejam de auditoria relacionados com as questões auditadas ao fornecedor da plataforma em linha de muito grande dimensão ou do motor de pesquisa em linha de muito grande dimensão em causa, nem a qualquer pessoa coletiva ligada a este fornecedor nos 12 meses antecedentes ao início da auditoria e comprometeu-se a não lhes prestar tais serviços no período de 12 meses seguintes à conclusão da auditoria,

ii) não tenham prestado serviços de auditoria nos termos do presente artigo ao fornecedor da plataforma em linha de muito grande dimensão ou do motor de pesquisa em linha de muito grande dimensão em causa, nem a qualquer pessoa coletiva ligada a este fornecedor durante mais de 10 anos consecutivos,

iii) não realizem a auditoria em contrapartida de honorários que dependam do resultado da auditoria;

b) Possuam experiência comprovada no domínio da gestão de riscos, competências e capacidades técnicas;

c) Tenham demonstrado objetividade e ética profissional com base, nomeadamente, na adesão a códigos de conduta ou normas adequadas.

4. Os fornecedores de plataformas em linha de muito grande dimensão e de motores de pesquisa em linha de muito grande dimensão asseguram que as organizações que realizam as auditorias elaboram um relatório de auditoria para cada auditoria. Esse relatório é elaborado por escrito, fundamentado, e inclui, pelo menos, os seguintes elementos:

a) O nome, o endereço postal e o ponto de contacto do fornecedor da plataforma em linha de muito grande dimensão ou do motor de pesquisa em linha de muito grande dimensão sujeito a auditoria e o período abrangido;

b) O nome e o endereço postal da organização ou das organizações que realizam a auditoria;

c) Uma declaração de interesses;

d) Uma descrição dos elementos específicos auditados e a metodologia aplicada;

e) Uma descrição e um resumo das principais conclusões retiradas da auditoria;

f) Uma lista dos terceiros consultados para efeitos da auditoria;

g) Um parecer de auditoria sobre se o fornecedor da plataforma em linha de muito grande dimensão ou do motor de pesquisa em linha de muito grande dimensão sujeito a auditoria cumpriu as obrigações e os compromissos a que se refere o nº 1, a saber, «positivo», «positivo com observações» ou «negativo»;

h) Se o parecer de auditoria não for «positivo», as recomendações operacionais sobre medidas específicas para assegurar o cumprimento e o calendário recomendado para assegurar o cumprimento.

5. Se a organização que realiza a auditoria não pôde auditar determinados elementos específicos ou emitir uma opinião de auditoria com base nas suas investigações, o relatório de auditoria inclui uma explicação das circunstâncias e dos motivos pelos quais esses elementos não puderam ser auditados.

6. Os fornecedores de plataformas em linha de muito grande dimensão ou de motores de pesquisa em linha de muito grande dimensão que recebam um relatório de auditoria que não seja «positivo» têm devidamente em conta as recomendações operacionais que lhes sejam dirigidas com vista a tomar as medidas necessárias para as aplicar. No prazo de um mês a contar da receção dessas recomendações, adotam um relatório de execução da auditoria que descreva essas medidas. Se não aplicarem as recomendações operacionais, justificam, no relatório de execução da auditoria, as razões para não o fazer e indicam quaisquer medidas alternativas que tomaram para resolver os eventuais casos de incumprimento identificados.

7. A Comissão fica habilitada a adotar atos delegados nos termos do artigo 87º a fim de completar o presente regulamento estabelecendo as regras necessárias para a realização das auditorias nos termos do presente artigo, em particular no que diz respeito às regras necessárias sobre as etapas processuais, as metodologias de auditoria e os modelos de comunicação de informações para as auditorias realizadas nos termos do presente artigo. Os referidos atos delegados têm em conta as normas de auditoria facultativas a que se refere o artigo 44º, nº 1, alínea *e)*.

Artigo 38º *Sistemas de recomendação*

Para além dos requisitos estabelecidos no artigo 27º, os fornecedores de plataformas em linha de muito grande dimensão e de motores de pesquisa em linha de muito grande dimensão que utilizem sistemas de recomendação oferecem pelo menos uma opção para cada um dos seus sistemas de recomendação que não se baseie na definição de perfis, tal como definida no artigo 4º, nº 4, do Regulamento (UE) 2016/679.

Artigo 39º *Transparência acrescida da publicidade em linha*

1. Os fornecedores de plataformas em linha de muito grande dimensão ou de motores de pesquisa em linha de muito grande dimensão que exibam anúncios publicitários nas suas interfaces em linha compilam e disponibilizam ao público, numa secção específica da sua interface em linha, através de uma ferramenta pesquisável e fiável que permita efetuar consultas multicritério e através de interfaces de programação de aplicações, um repositório que contenha as informações referidas no nº 2, durante todo o período em que exibam um anúncio publicitário e até um ano após o anúncio publicitário ter sido apresentado pela última vez nas suas interfaces em linha. Asseguram que o repositório não contenha quaisquer dados pessoais dos destinatários do serviço a quem o anúncio publicitário tenha ou possa ter sido exibido e envidam os esforços razoáveis para assegurar que as informações sejam exatas e completas.

2. O repositório inclui, pelo menos, todas as seguintes informações:

a) O conteúdo do anúncio publicitário, incluindo o nome do produto, do serviço ou da marca e o objeto do anúncio publicitário;

b) A pessoa singular ou coletiva em cujo nome o anúncio publicitário foi exibido;

c) A pessoa singular ou coletiva que pagou o anúncio publicitário, caso seja diferente da pessoa referida na alínea *b)*;

d) O período durante o qual o anúncio publicitário foi exibido;

e) Se o anúncio publicitário se destinava a ser exibido especificamente a um ou mais grupos específicos de destinatários do serviço e, em caso afirmativo, os principais parâmetros utilizados para o efeito, incluindo, se for caso disso, os principais parâmetros utilizados para excluir um ou mais destes grupos específicos;

f) As comunicações comerciais publicadas nas plataformas em linha de muito grande dimensão e identificadas nos termos do artigo 26º, nº 2;

g) O número total de destinatários do serviço alcançados e, quando aplicável, números agregados discriminados por Estado-Membro relativos ao ou aos grupos de destinatários que o anúncio publicitário visou especificamente.

3. No que diz respeito ao nº 2, alíneas *a), b)* e *c),* caso um fornecedor de plataformas em linha de muito grande dimensão ou de motores de pesquisa em linha de muito grande dimensão tenha suprimido ou bloqueado o acesso a um anúncio publicitário específico com base na sua alegada ilegalidade ou incompatibilidade com os seus termos e condições, o repositório não inclui as informações a que se referem as alíneas em causa. Em tal caso, o repositório inclui, para o anúncio publicitário específico em causa, as informações referidas no artigo 17º, nº 3, alíneas *a)* a *e),* ou no artigo 9º, nº 2, alínea *a),* subalínea *i),* consoante o caso.

A Comissão pode, após a consulta ao Comité, aos investigadores habilitados pertinentes referidos no artigo 40º e ao público, emitir diretrizes sobre a estrutura, a organização e as funcionalidades dos repositórios a que se refere o presente artigo.

Artigo 40º *Acesso aos dados e controlo*

1. Os fornecedores de plataformas em linha de muito grande dimensão ou de motores de pesquisa em linha de muito grande dimensão concedem ao coordenador dos serviços digitais de estabelecimento ou à Comissão, mediante pedido fundamentado e num prazo razoável, especificado nesse pedido, acesso aos dados necessários para controlar e avaliar o cumprimento do presente regulamento.

2. Os coordenadores dos serviços digitais e a Comissão utilizam os dados acedidos nos termos do nº 1 apenas para efeitos de controlo e avaliação do cumprimento do presente regulamento e têm devidamente em conta os direitos e interesses dos fornecedores de plataformas em linha de muito grande dimensão ou de motores de pesquisa em linha de muito grande dimensão e dos destinatários do serviço em causa, nomeadamente a proteção dos dados pessoais, a proteção das informações confidenciais, em especial os segredos comerciais, e a manutenção da segurança do seu serviço.

3. Para efeitos do nº 1, os fornecedores de plataformas em linha de muito grande dimensão ou de motores de pesquisa em linha de muito grande dimensão explicam, a pedido do coordenador dos serviços digitais de estabelecimento ou da Comissão, a conceção, a lógica, o funcionamento e a testagem dos seus sistemas algorítmicos, incluindo os seus sistemas de recomendação.

4. Mediante pedido fundamentado do coordenador dos serviços digitais de estabelecimento, os fornecedores de plataformas em linha de muito grande dimensão ou de motores de pesquisa em linha de muito grande dimensão facultam, num prazo razoável, especificado no pedido, acesso aos dados aos investigadores habilitados que preencham os requisitos enunciados no nº 8 do presente artigo, com a finalidade exclusiva de realizar uma investigação que contribua para a deteção, identificação e compreensão dos riscos sistémicos na União, tal como estabelecido nos termos do artigo 34º, nº 1, e para a avaliação da adequação, eficiência e impacto das medidas de atenuação dos riscos nos termos do artigo 35º.

5. No prazo de 15 dias após a receção de um pedido conforme referido no nº 4, os fornecedores de plataformas em linha de muito grande dimensão ou de motores de pesquisa em linha de muito grande dimensão podem solicitar ao coordenador dos serviços digitais de estabelecimento que altere o pedido, se entenderem que não podem conceder acesso aos dados solicitados devido a uma das duas razões seguintes:

a) Não têm acesso aos dados;

b) A concessão de acesso aos dados resulta em vulnerabilidades significativas de segurança do seu serviço ou para a proteção de informações confidenciais, em particular segredos comerciais.

6. Os pedidos de alteração nos termos do nº 5 contêm propostas de um ou mais meios alternativos através dos quais possa ser facultado acesso aos dados solicitados ou a outros dados adequados e suficientes para a finalidade a que se destina o pedido.

O coordenador dos serviços digitais de estabelecimento toma uma decisão sobre o pedido de alteração no prazo de 15 dias e comunica ao fornecedor da plataforma em linha de muito grande dimensão ou do motor de pesquisa em linha de muito grande dimensão a sua decisão, bem como, quando pertinente, o pedido alterado e o novo prazo para satisfazer o pedido.

7. Os fornecedores de plataformas em linha de muito grande dimensão ou de motores de pesquisa em linha de muito grande dimensão facilitam e facultam o acesso aos dados nos termos dos nºs 1 e 4 através de interfaces adequadas especificadas no pedido, nomeadamente bases de dados em linha ou interfaces de programação de aplicações.

8. Mediante pedido devidamente fundamentado dos investigadores, o coordenador dos serviços digitais de estabelecimento concede a tais investigadores o estatuto de «investigadores habilitados» para a pesquisa específica referida na aplicação e emite um pedido fundamentado de acesso aos dados a um fornecedor de plataformas em linha de muito grande dimensão e de motores de pesquisa em linha de muito grande dimensão nos termos do nº 4, sempre que os investigadores demonstrem que satisfazem todas as seguintes condições:

a) Estão filiados num organismo de investigação tal como definido no artigo 2º, ponto 1, da Diretiva (UE) 2019/790;

b) São independentes de interesses comerciais;

c) O seu pedido revela o financiamento da investigação;

d) São capazes de cumprir os requisitos específicos de segurança e confidencialidade dos dados correspondentes a cada pedido e de proteger os dados pessoais, e descrevem no seu pedido as medidas técnicas e organizativas adequadas que tenham adotado para o efeito;

e) O seu pedido demonstra que o seu acesso aos dados e os prazos solicitados são necessários e proporcionados para a finalidade da sua investigação, e que os resultados esperados dessa investigação irão contribuir para as finalidades previstas no nº 4;

f) As atividades de investigação planeadas serão realizadas para as finalidades previstas no nº 4;

g) Comprometem-se a disponibilizar ao público gratuitamente os resultados da sua investigação num prazo razoável após a conclusão da investigação, sem prejuízo dos direitos e interesses dos destinatários do serviço em causa, nos termos do Regulamento (UE) 2016/679.

Após receção do pedido nos termos do presente número, o coordenador dos serviços digitais de estabelecimento informa a Comissão e o Comité.

9. Os investigadores podem igualmente apresentar o seu pedido ao coordenador dos serviços digitais do Estado-Membro do organismo de investigação em que estão filiados. Após a receção do pedido nos termos do presente número, o coordenador dos serviços digitais efetua uma avaliação inicial para determinar se os respetivos investigadores cumprem todas as condições estabelecidas no nº 8. O respetivo coordenador dos serviços digitais envia subsequentemente o pedido, juntamente com os documentos comprovativos apresentados pelos respetivos investigadores e a avaliação inicial. O coordenador dos serviços digitais de estabelecimento toma a decisão de conceder, ou não, a um investigador o estatuto de «investigador habilitado» sem demora injustificada.

Embora tenha devidamente em conta a avaliação inicial fornecida, a decisão final de conceder a um investigador o estatuto de «investigador habilitado» é da competência do coordenador dos serviços digitais de estabelecimento, nos termos do nº 8.

10. O coordenador dos serviços digitais que concedeu o estatuto de investigador habilitado e emitiu o pedido fundamentado de acesso a dados aos fornecedores de plataformas em linha de muito grande dimensão ou de motores de pesquisa em linha de muito grande dimensão a favor de um investigador habilitado emite uma decisão que põe termo ao acesso, se determinar, na sequência de uma investigação efetuada por sua iniciativa ou com base em informações recebidas de terceiros, que o investigador habilitado já não cumpre as condições estabelecidas no nº 8, e informa o fornecedor da plataforma em linha de muito grande dimensão ou do motor de pesquisa em linha de muito grande dimensão em causa da decisão. Antes de pôr termo ao acesso, o coordenador dos serviços digitais dá ao investigador habilitado a oportunidade de reagir às conclusões da sua investigação e à sua intenção de pôr termo ao acesso.

11. Os coordenadores dos serviços digitais de estabelecimento comunicam ao Comité os nomes e os dados de contacto das pessoas singulares ou das entidades às quais concederam o estatuto de «investigador habilitado» nos termos do nº 8, bem como a finalidade da investigação em relação à qual o pedido foi apresentado, ou, se tiverem terminado o acesso aos dados nos termos do nº 10, comunicam essa informação ao Comité.

12. Os fornecedores de plataformas em linha de muito grande dimensão ou de motores de pesquisa em linha de muito grande dimensão facultam o acesso aos dados sem demora injustificada, incluindo, se que tecnicamente possível, aos dados em tempo real desde que os dados estejam publicamente acessíveis na sua interface em linha por investigadores, incluindo os filiados em organismos, organizações e associações sem fins lucrativos, que cumpram as condições estabelecidas no nº 8, alíneas *b)*, *c)*, *d)* e *e)*, e que utilizem os dados exclusivamente para a realização de atividades de investigação que contribuam para a deteção, identificação e compreensão dos riscos sistémicos na União nos termos do artigo 34º, nº 1.

13. A Comissão, após consulta ao Comité, adota atos delegados que completem o presente regulamento, através do estabelecimento das condições técnicas em que os fornecedores de plataformas em linha de muito grande dimensão ou de motores de pesquisa em linha de muito grande dimensão devem partilhar dados nos termos dos nºs 1 e 4 e as finalidades para as quais os dados podem ser utilizados. Os referidos atos delegados estabelecem as condições específicas ao abrigo das quais a partilha de dados com investigadores pode ter lugar nos termos do Regulamento (UE) 2016/679, bem como os indicadores objetivos pertinentes, os procedimentos e, se necessário, os mecanismos consultivos independentes de apoio à partilha de dados, tendo em conta os direitos e interesses dos fornecedores de plataformas em linha de muito grande dimensão ou de motores de pesquisa em linha de muito grande dimensão e dos destinatários do serviço em causa, nomeadamente a proteção das informações confidenciais, em especial dos segredos comerciais, e a manutenção da segurança do seu serviço.

Artigo 41º *Função da verificação da conformidade*

1. Os fornecedores de plataformas em linha de muito grande dimensão ou de motores de pesquisa em linha de muito grande dimensão estabelecem uma função de verificação da conformidade, que seja independente das suas funções operacionais e composta por um ou mais responsáveis pela conformidade, incluindo o chefe da função de verificação da conformidade. Essa função de verificação da conformidade dispõe de autoridade, dimensão e recursos suficientes, bem como de acesso ao órgão de administração do fornecedor da plataforma em linha de muito grande dimensão ou do motor de pesquisa em linha de muito grande dimensão, para controlar a conformidade desse fornecedor com o presente regulamento.

2. O órgão de administração do fornecedor da plataforma em linha de muito grande dimensão ou do motor de pesquisa em linha de muito grande dimensão assegura que os responsáveis pela conformidade possuam as qualificações profissionais, os conhecimentos, a experiência e a capacidade necessários para desempenhar as funções a que se refere o nº 3.

O órgão de administração do fornecedor da plataforma em linha de muito grande dimensão ou do motor de pesquisa em linha de muito grande dimensão assegura que o chefe da função de verificação da conformidade seja um dirigente superior independente com responsabilidade distinta pela função de verificação da conformidade.

O chefe da função de verificação da conformidade presta contas diretamente ao órgão de administração do fornecedor da plataforma em linha de muito grande dimensão ou do motor de pesquisa em linha de muito grande dimensão, e pode manifestar preocupações e advertir esse órgão sempre que os riscos referidos no artigo 34º ou o incumprimento do presente regulamento afetem ou possam afetar o fornecedor da plataforma em linha de muito grande dimensão ou do motor de pesquisa em linha de muito grande dimensão em causa, sem prejuízo das responsabilidades do órgão de administração nas suas funções de supervisão e gestão.

O chefe da função de verificação da conformidade não pode ser afastado sem a aprovação prévia do órgão de administração do fornecedor da plataforma em linha de muito grande dimensão ou do motor de pesquisa em linha de muito grande dimensão.

3. As funções dos responsáveis pela conformidade são as seguintes:

a) Cooperar com o coordenador dos serviços digitais de estabelecimento e com a Comissão para efeitos do presente regulamento;

b) Assegurar que todos os riscos a que se refere o artigo 34º sejam identificados e devidamente comunicados e que sejam tomadas medidas razoáveis, proporcionadas e eficazes de atenuação dos riscos nos termos do artigo 35º;

c) Organizar e supervisionar as atividades do fornecedor da plataforma em linha de muito grande dimensão ou do motor de pesquisa em linha de muito grande dimensão relacionadas com a auditoria independente nos termos do artigo 37º;

d) Informar e aconselhar a direção e os funcionários do fornecedor da plataforma em linha de muito grande dimensão ou do motor de pesquisa em linha de muito grande dimensão sobre as obrigações pertinentes por força do presente regulamento;

e) Controlar o cumprimento, por parte do fornecedor da plataforma em linha de muito grande dimensão ou do motor de pesquisa em linha de muito grande dimensão, das obrigações que lhe incumbem por força do presente regulamento;

f) Se for caso disso, controlar o cumprimento, por parte do fornecedor da plataforma em linha de muito grande dimensão ou do motor de pesquisa em linha de muito grande dimensão, dos compromissos assumidos ao abrigo dos códigos de conduta nos termos dos artigos 45º e 46º ou dos protocolos de crise nos termos do artigo 48º.

4. Os fornecedores de plataformas em linha de muito grande dimensão ou de motores de pesquisa em linha de muito grande dimensão comunicam o nome e os dados de contacto do chefe da função de verificação de conformidade ao coordenador dos serviços digitais de estabelecimento e à Comissão.

5. O órgão de administração do fornecedor da plataforma em linha de muito grande dimensão ou do motor de pesquisa em linha de muito grande dimensão define, supervisiona e é responsável pela aplicação dos mecanismos de governação do fornecedor que asseguram a independência da função de verificação da conformidade, nomeadamente a divisão de responsabilidades no âmbito da organização do fornecedor de plataformas em linha de muito grande dimensão ou de motores de pesquisa em linha de muito grande dimensão, a prevenção de conflitos de interesses e a boa gestão dos riscos sistémicos identificados nos termos do artigo 34º.

6. O órgão de administração aprova e revê periodicamente, pelo menos uma vez por ano, as estratégias e políticas de assunção, gestão, controlo e atenuação dos riscos identificados nos termos do artigo 34º aos quais a plataforma em linha de muito grande dimensão ou o motor de pesquisa em linha de muito grande dimensão estejam ou possam vir a estar expostos.

7. O órgão de administração consagra tempo suficiente à análise das medidas relacionadas com a gestão dos riscos. Participa ativamente nas decisões relacionadas com a gestão dos riscos e assegura a atribuição de recursos adequados à gestão dos riscos identificados nos termos do artigo 34º.

Artigo 42º *Obrigações de apresentação de relatórios de transparência*

1. Os fornecedores de plataformas em linha de muito grande dimensão ou dc motores de pesquisa em linha de muito grande dimensão publicam os relatórios referidos no artigo 15º o mais tardar no prazo de dois meses a contar da data de aplicação referida no artigo 33º, nº 6, segundo parágrafo, e, posteriormente, pelo menos de seis em seis meses.

2. Para além das informações a que se refere o artigo 15º e o artigo 24º, nº 1, os relatórios a que se refere o nº 1 do presente artigo publicados por fornecedores de plataformas em linha de muito grande dimensão especificam:

a) Os recursos humanos que o fornecedor de plataformas em linha de muito grande dimensão utiliza para a moderação de conteúdos no que diz respeito ao serviço oferecido na União, discriminados por cada língua oficial dos Estados-Membros aplicável, incluindo para o cumprimento das obrigações estabelecidas nos artigos 16º e 22º, bem como para o cumprimento das obrigações estabelecidas no artigo 20º;

b) As qualificações e os conhecimentos linguísticos das pessoas que desempenham as atividades a que se refere a alínea *a)*, bem como a formação e o apoio prestados a este pessoal;

c) Os indicadores de precisão e as informações conexas a que se refere o artigo 15º, nº 1, alínea *e)*, discriminados por cada língua oficial dos Estados-Membros.

Os relatórios são publicados pelo menos numa das línguas oficiais dos Estados-Membros.

3. Além das informações a que se refere o artigo 24º, nº 2, os fornecedores de plataformas em linha de muito grande dimensão ou de motores de pesquisa em linha de muito grande dimensão incluem nos relatórios referidos no nº 1 do presente artigo as informações sobre o número médio mensal de destinatários do serviço em cada Estado-Membro.

4. Os fornecedores de plataformas em linha de muito grande dimensão ou de motores de pesquisa em linha de muito grande dimensão transmitem ao coordenador dos serviços digitais de estabelecimento e à Comissão, sem demora injustificada após a conclusão, e disponibilizam ao público o mais tardar três meses após a receção de cada relatório de auditoria nos termos do artigo 37º, nº 4:

a) Um relatório com os resultados da avaliação dos riscos nos termos do artigo 34º;

b) As medidas de atenuação implementadas nos termos do artigo 35º, nº 1;

c) O relatório de auditoria previsto no artigo 37º, nº 4;

d) O relatório de execução da auditoria previsto no artigo 37º, nº 6;

e) Se for caso disso, informações sobre as consultas realizadas pelo fornecedor para apoiar as avaliações dos riscos e a conceção das medidas de redução dos riscos.

5. Se um fornecedor de plataformas em linha de muito grande dimensão ou de motores de pesquisa em linha de muito grande dimensão entender que a publicação de informação nos termos do nº 4 pode resultar na divulgação de informação confidencial desse fornecedor ou dos destinatários do serviço, provocar vulnerabilidades significativas para a segurança do seu serviço, comprometer a segurança pública ou prejudicar os destinatários, pode suprimi-la dos relatórios disponibilizados ao público. Nesse caso, o fornecedor transmite os relatórios completos ao coordenador dos serviços digitais de estabelecimento e à Comissão, acompanhados de uma exposição dos motivos da supressão da informação dos relatórios disponibilizados ao público.

Artigo 43º *Taxa de supervisão*

1. A Comissão cobra aos fornecedores de plataformas em linha de muito grande dimensão e motores de pesquisa em linha de muito grande dimensão uma taxa de supervisão anual após a sua designação nos termos do artigo 33º.

2. O montante global das taxas de supervisão anuais cobre os custos estimados da Comissão com as suas funções de supervisão no âmbito do presente regulamento, em especial os custos relacionados com a designação nos termos do artigo 33º, com a criação, manutenção e o funcionamento da base de dados nos termos do artigo 24º, nº 5, e com o sistema de partilha de informações nos termos do artigo 85º, com as submissões nos termos do artigo 59º, com o apoio ao Comité nos termos do artigo 62º e com as funções de supervisão nos termos do artigo 56º e do capítulo IV, secção 4.

3. Os fornecedores de plataformas em linha de muito grande dimensão e de motores de pesquisa em linha de muito grande dimensão estão sujeitos a uma taxa de supervisão anual para cada serviço para o qual tenham sido designados nos termos do artigo 33º.

A Comissão adota atos de execução que estabelecem o montante da taxa de supervisão anual aplicável a cada fornecedor de plataformas em linha de muito grande dimensão ou de motores de pesquisa em linha de muito grande dimensão. Ao adotar os referidos atos de execução, a Comissão aplica a metodologia estabelecida no ato delegado a que se refere o nº 4 do presente artigo e respeita os princípios estabelecidos no nº 5 do presente artigo. Os referidos atos de execução são adotados pelo procedimento consultivo a que se refere o artigo 88º.

4. A Comissão adota atos delegados, nos termos do artigo 87º, que estabeleçam a metodologia e os procedimentos pormenorizados para:

a) A determinação dos custos estimados a que se refere o nº 2;

b) A determinação das taxas de supervisão anuais individuais a que se refere o nº 5, alíneas *b)* e *c)*;

c) A determinação do limite máximo global definido no nº 5, alínea *c)*; e

d) As disposições pormenorizadas necessárias para efetuar pagamentos.

Ao adotar os referidos atos de delegados, a Comissão respeita os princípios estabelecidos no nº 5 do presente artigo.

5. O ato de execução a que se refere o nº 3 e o ato delegado a que se refere o nº 4 respeitam os seguintes princípios:

a) A estimativa do montante global da taxa de supervisão anual tem em conta os custos do ano anterior;

b) A taxa de supervisão anual é proporcionada ao número médio mensal de destinatários ativos na União de cada plataforma em linha de muito grande dimensão ou de cada motor de pesquisa em linha de muito grande dimensão designado nos termos do artigo 33º;

c) O montante global da taxa de supervisão anual cobrada a um determinado fornecedor de plataformas em linha de muito grande dimensão ou motor de pesquisa de muito grande dimensão não excede, em caso algum, 0,05 % do seu resultado líquido anual a nível mundial no exercício precedente.

6. As taxas de supervisão anuais individuais cobradas nos termos do nº 1 do presente artigo constituem receitas afetadas externas nos termos do artigo 21º, nº 5, do Regulamento (UE, Euratom) 2018/1046 do Parlamento Europeu e do Conselho[41].

[41] Regulamento (UE, Euratom) 2018/1046 do Parlamento Europeu e do Conselho, de 18 de julho de 2018, relativo às disposições financeiras aplicáveis ao orçamento geral da União, que altera os Regulamentos (UE) nº 1296/2013, (UE) nº 1301/2013, (UE) nº 1303/2013, (UE) nº

7. A Comissão apresenta anualmente ao Parlamento Europeu e ao Conselho um relatório sobre o montante global dos custos em que incorreu para o desempenho das funções previstas no presente regulamento e o montante total das taxas de supervisão anuais individuais cobradas no ano precedente.

SECÇÃO 6 – Outras disposições relativas às obrigações de devida diligência

Artigo 44º *Normas*

1. A Comissão consulta o Comité e apoia e promove a elaboração e a aplicação de normas facultativas estabelecidas pelos organismos de normalização europeus e internacionais pertinentes, pelo menos no que diz respeito ao seguinte:

a) Apresentação eletrónica de notificações nos termos do artigo 16º;

b) Modelos, conceção e processos para uma comunicação prática com os destinatários do serviço sobre as restrições decorrentes dos termos e condições e das suas alterações;

c) Apresentação eletrónica de notificações por sinalizadores de confiança nos termos do artigo 22º, incluindo através de interfaces de programação de aplicações;

d) Interfaces específicas, incluindo interfaces de programação de aplicações, para facilitar o cumprimento das obrigações estabelecidas nos artigos 39º e 40º;

e) Auditoria de plataformas em linha de muito grande dimensão e de motores de pesquisa em linha de muito grande dimensão nos termos do artigo 37º;

f) Interoperabilidade dos repositórios de anúncios publicitários referidos no artigo 39º, nº 2;

g) Transmissão de dados entre intermediários de publicidade em apoio das obrigações de transparência nos termos do artigo 26º, nº 1, alíneas *b)*, *c)* e *d)*.

h) Medidas técnicas destinadas a permitir cumprir as obrigações em matéria de publicidade previstas no presente regulamento, incluindo as obrigações relativas à sinalização bem visível dos anúncios publicitários e comunicações comerciais referidas no artigo 26º;

i) Interfaces de escolha e apresentação de informações sobre os principais parâmetros dos diferentes tipos de sistemas de recomendação, nos termos dos artigos 27º e 38º;

1304/2013, (UE) nº 1309/2013, (UE) nº 1316/2013, (UE) nº 223/2014 e (UE) nº 283/2014, e a Decisão nº 541/2014/UE, e revoga o Regulamento (UE, Euratom) nº 966/2012 (JO L 193 de 30.7.2018, p. 1).

j) Normas para medidas específicas destinadas a proteger os menores em linha.

2. A Comissão apoia a atualização das normas à luz da evolução tecnológica e do comportamento dos destinatários dos serviços em questão. As informações pertinentes relativas à atualização das normas estão publicamente disponíveis e são facilmente acessíveis.

Artigo 45º *Códigos de conduta*

1. A Comissão e o Comité incentivam e facilitam a elaboração de códigos de conduta facultativos a nível da União para contribuir para a correta aplicação do presente regulamento, tendo em conta, em particular, os desafios específicos da resposta aos diferentes tipos de conteúdos ilegais e riscos sistémicos, em conformidade com o direito da União, nomeadamente em matéria de concorrência e de proteção dos dados pessoais.

2. Sempre que surjam riscos sistémicos significativos, na aceção do artigo 34º, nº 1, que digam respeito a várias plataformas em linha de muito grande dimensão ou motores de pesquisa em linha de muito grande dimensão, a Comissão pode convidar os fornecedores de plataformas em linha de muito grande dimensão em causa ou os fornecedores de motores de pesquisa em linha de muito grande dimensão em causa, e outros fornecedores de plataformas em linha de muito grande dimensão, de motores de pesquisa em linha de muito grande dimensão, de plataformas em linha e de outros serviços intermediários, conforme adequado, bem como as autoridades competentes pertinentes, organizações da sociedade civil e outras partes interessadas pertinentes, a participarem na elaboração de códigos de conduta, nomeadamente estabelecendo compromissos para tomar medidas específicas de atenuação de riscos, bem como um regime de comunicação regular de informações sobre eventuais medidas tomadas e os seus resultados.

3. Aquando da aplicação dos nºs 1 e 2, a Comissão e o Comité, e, se pertinente, outros organismos, procuram assegurar que os códigos de conduta definam claramente os seus objetivos específicos, contenham indicadores-chave de desempenho para medir a realização desses objetivos e tenham devidamente em conta as necessidades e os interesses de todas as partes interessadas, e, em especial, os cidadãos, a nível da União. A Comissão e o Comité procuram igualmente assegurar que os participantes informem regularmente a Comissão e os respetivos coordenadores dos serviços digitais de estabelecimento sobre quaisquer medidas tomadas e os seus resultados, aferidos em função dos indicadores-chave de desempenho que contêm. Os indicadores-chave de desempenho e os compromissos em matéria de comunicação de informações têm em conta as diferenças entre os vários participantes em termos de dimensão e capacidade.

4. A Comissão e o Comité avaliam se os códigos de conduta satisfazem os objetivos especificados nos nºs 1 e 3, devendo acompanhar e avaliar regularmente a realização dos seus objetivos, tendo em conta os indicadores-chave de desempenho que podem incluir e publicam as suas conclusões.

A Comissão e o Comité incentivam e facilitam igualmente a revisão e a adaptação regulares dos códigos de conduta.

Em caso de não cumprimento sistemático dos códigos de conduta, a Comissão e o Comité podem convidar os signatários dos códigos de conduta a adotarem as medidas necessárias.

Artigo 46º *Códigos de conduta para a publicidade em linha*

1. A Comissão incentiva e facilita a elaboração de códigos de conduta facultativos a nível da União por fornecedores de plataformas em linha e outros prestadores de serviços pertinentes, como prestadores de serviços intermediários de publicidade em linha, outros intervenientes na cadeia de valor da publicidade programática ou organizações que representam os destinatários do serviço e organizações da sociedade civil ou autoridades pertinentes, a fim de contribuir para uma maior transparência para os intervenientes na cadeia de valor da publicidade em linha para além dos requisitos dos artigos 26º e 39º.

2. A Comissão tem por objetivo garantir que os códigos de conduta visam uma transmissão eficaz de informações, que respeite plenamente os direitos e interesses de todas as partes envolvidas, bem como um ambiente competitivo, transparente e justo na publicidade em linha, nos termos do direito da União e do direito nacional, nomeadamente em matéria de concorrência e de proteção da privacidade e de dados pessoais. A Comissão tem por objetivo assegurar que os códigos de conduta abordem, pelo menos, o seguinte:

a) A transmissão de informações, na posse dos prestadores de serviços intermediários de publicidade em linha aos destinatários do serviço, que dizem respeito aos requisitos estabelecidos no artigo 26º, nº 1, alíneas *b)*, *c)* e *d)*;

b) A transmissão de informações na posse dos prestadores de serviços intermediários de publicidade em linha aos repositórios nos termos do artigo 39º;

c) Informações significativas sobre a monetização dos dados.

3. A Comissão incentiva a elaboração dos códigos de conduta até 18 de fevereiro de 2025 e a sua aplicação até 18 de agosto de 2025.

4. A Comissão incentiva todos os intervenientes na cadeia de valor da publicidade em linha a que se refere o nº 1 a aprovarem os compromissos assumidos nos códigos de conduta, e a cumprirem os mesmos.

Artigo 47º *Códigos de conduta em matéria de acessibilidade*

1. A Comissão incentiva e facilita a elaboração de códigos de conduta a nível da União com a participação de fornecedores de plataformas em linha e outros prestadores de serviços pertinentes, organizações que representam os destinatários do serviço e organizações da sociedade civil ou autoridades pertinentes para promover uma igual participação plena e efetiva melhorando o acesso aos serviços em linha que, em virtude da sua conceção inicial ou adaptação subsequente, respondem às necessidades específicas das pessoas com deficiência.

2. A Comissão procura assegurar que os códigos de conduta tenham o objetivo de assegurar que esses serviços são acessíveis, em conformidade com o direito da União e o direito nacional, para maximizar a sua utilização previsível por pessoas com deficiência. A Comissão procura assegurar que os códigos de conduta incluam pelo menos os seguintes objetivos:

a) Conceber e adaptar os serviços para que sejam acessíveis às pessoas com deficiência tornando-os percetíveis, operáveis, compreensíveis e robustos;

b) Explicar como os serviços cumprem os requisitos de acessibilidade aplicáveis e disponibilizar estas informações ao público de modo acessível às pessoas com deficiência;

c) Disponibilizar as informações, os formulários e as medidas facultados nos termos do presente regulamento de modo a serem fáceis de encontrar, fáceis de compreender e acessíveis a pessoas com deficiência.

3. A Comissão incentiva a elaboração dos códigos de conduta até 18 de fevereiro de 2025 e a sua aplicação até 18 de agosto de 2025.

Artigo 48º *Protocolos de crise*

1. O Comité pode recomendar à Comissão que dê início à elaboração de protocolos de crise facultativos, nos termos dos nºs 2, 3 e 4, para enfrentar situações de crise. Essas situações são estritamente limitadas a circunstâncias extraordinárias que afetem a segurança pública ou a saúde pública.

2. A Comissão incentiva e facilita a participação dos fornecedores de plataformas em linha de muito grande dimensão, de motores de pesquisa em linha de muito grande dimensão e, se for caso disso, dos fornecedores de outras plataformas em linha ou de outros motores de pesquisa em linha, na elaboração, testagem e aplicação desses protocolos de crise. A Comissão tem como objetivo assegurar que esses protocolos de crise incluem uma ou mais das seguintes medidas:

a) Apresentar, de forma visível, informações sobre a situação de crise fornecidas pelas autoridades dos Estados-Membros ou a nível da União, ou, em função do contexto da crise, por outros organismos fidedignos pertinentes;

b) Assegurar que o prestador de serviços intermediários designe um ponto de contacto específico para gestão de crises; se pertinente, este pode ser o ponto de contacto eletrónico a que se refere o artigo 11º ou, no caso dos fornecedores de plataformas em linha de muito grande dimensão ou de motores de pesquisa em linha de muito grande dimensão, o responsável pela conformidade a que se refere o artigo 41º;

c) Quando aplicável, a adaptação dos recursos consagrados ao cumprimento das obrigações estabelecidas nos artigos 16º, 20º, 22º, 23º e 35º às necessidades decorrentes da situação de crise.

3. A Comissão, quando adequado, associa as autoridades dos Estados-Membros e pode também associar os órgãos e organismos da União na elaboração, testagem e supervisão da aplicação dos protocolos de crise. A Comissão pode, quando necessário e adequado, associar igualmente organizações da sociedade civil ou outras organizações pertinentes na elaboração dos protocolos de crise.

4. A Comissão tem como objetivo assegurar que os protocolos de crise estabeleçam claramente todos os seguintes elementos:

a) Os parâmetros específicos para determinar o que constitui a circunstância extraordinária específica que o protocolo de crise procura resolver e os objetivos que prossegue;

b) O papel de cada participante e as medidas que devem ser postas em prática na elaboração do protocolo de crise e assim que tenha sido ativado;

c) Um procedimento claro para determinar quando deve o protocolo de crise ser ativado;

d) Um procedimento claro para determinar o período durante o qual as medidas previstas em caso de ativação do protocolo de crise devem ser tomadas, que está limitado ao estritamente necessário para dar resposta às circunstâncias extraordinárias específicas em causa;

e) Garantias para fazer face a efeitos negativos no exercício dos direitos fundamentais consagrados na Carta, em particular do direito à liberdade de expressão e de informação e do direito à não discriminação;

f) Um processo para divulgar publicamente quaisquer medidas tomadas, a sua duração e os seus resultados, após o término da situação de crise.

5. Se a Comissão considerar que um protocolo de crise não consegue resolver eficazmente a situação de crise, ou garantir o exercício dos direitos fundamentais referidos no nº 4, alínea *e)*, solicita aos participantes que revejam o protocolo de crise, nomeadamente através da adoção de medidas adicionais.

CAPÍTULO IV – APLICAÇÃO, COOPERAÇÃO, SANÇÕES E EXECUÇÃO

SECÇÃO 1 – Autoridades competentes e coordenadores nacionais dos serviços digitais

Artigo 49º *Autoridades competentes e coordenadores dos serviços digitais*

1. Os Estados-Membros designam uma ou várias autoridades competentes como responsáveis pela supervisão dos prestadores de serviços intermediários e pela execução do presente Regulamento («autoridades competentes»).

2. Os Estados-Membros designam uma das autoridades competentes como seu coordenador dos serviços digitais. O coordenador dos serviços digitais é responsável por todas as matérias relativas à supervisão e execução do presente regulamento no Estado-Membro que o designou, a menos que o Estado-Membro em causa tenha atribuído determinadas funções ou sectores específicos a outras autoridades competentes. Em todo o caso, o coordenador dos serviços digitais é responsável por assegurar a coordenação dessas matérias a nível nacional e por contribuir para a supervisão e execução eficazes e coerentes do presente regulamento em toda a União.

Para o efeito, os coordenadores dos serviços digitais cooperam entre si, com outras autoridades nacionais competentes, com o Comité e com a Comissão, sem prejuízo da possibilidade de os Estados-Membros preverem mecanismos de cooperação e trocas regulares de pontos de vista entre o coordenador dos serviços digitais e outras autoridades nacionais, sempre que tal seja pertinente para o desempenho das respetivas funções.

Se um Estado-Membro designar uma ou mais autoridades competentes para além do coordenador dos serviços digitais, assegura que as respetivas funções dessas autoridades e do coordenador dos serviços digitais sejam claramente definidas e que os mesmos cooperem de forma estreita e eficaz no desempenho das suas funções.

3. Os Estados-Membros designam os coordenadores dos serviços digitais até 17 de fevereiro de 2024.

Os Estados-Membros tornam público e comunicam à Comissão e ao Comité o nome da respetiva autoridade competente designada como coordenador dos serviços digitais, bem como informações sobre a forma como este pode ser contactado. O Estado-Membro em causa comunica à Comissão e ao Comité o nome das outras autoridades competentes referidas no nº 2, bem como as respetivas funções.

4. As disposições aplicáveis aos coordenadores dos serviços digitais previstas nos artigos 50º, 51º e 56º aplicam-se igualmente a quaisquer outras autoridades competentes que os Estados-Membros designem nos termos do nº 1 do presente artigo.

Artigo 50º *Requisitos aplicáveis aos coordenadores dos serviços digitais*

1. Os Estados-Membros asseguram que os seus coordenadores dos serviços digitais desempenhem as suas funções nos termos do presente regulamento de forma imparcial, transparente e atempada. Os Estados-Membros asseguram que os seus coordenadores dos serviços digitais disponham de todos os recursos necessários para desempenharem as suas funções, incluindo recursos técnicos, financeiros e humanos suficientes para supervisionarem adequadamente todos os prestadores de serviços intermediários abrangidos pelo âmbito da sua competência. Cada Estado-Membro assegura que o seu coordenador dos serviços digitais tenha uma autonomia suficiente na gestão do seu orçamento dentro dos limites globais do orçamento para não afetar negativamente a independência do coordenador dos serviços digitais.

2. No desempenho das suas funções e no exercício dos seus poderes nos termos do presente regulamento, os coordenadores dos serviços digitais agem com total independência. Permanecem livres de qualquer influência externa, direta ou indireta, e não podem procurar nem aceitar instruções de qualquer outra autoridade pública ou de qualquer entidade privada.

3. O nº 2 do presente artigo aplica-se sem prejuízo das funções dos coordenadores dos serviços digitais no âmbito do sistema de supervisão e execução previsto no presente regulamento nem a cooperação com outras autoridades competentes nos termos do artigo 49º, nº 2. O nº 2 do presente artigo não impede o exercício do controlo jurisdicional e aplica-se sem prejuízo dos requisitos proporcionados em matéria de responsabilização no que diz respeito às atividades gerais dos coordenadores dos serviços digitais, tais como as despesas financeiras ou a apresentação de relatórios aos parlamentos nacionais, desde que esses requisitos não prejudiquem a consecução dos objetivos do presente regulamento.

Artigo 51º *Poderes dos coordenadores dos serviços digitais*

1. Sempre que necessário ao desempenho das suas funções no quadro do presente regulamento, são atribuídos aos coordenadores dos serviços digitais os seguintes poderes de investigação no que respeita à conduta dos prestadores de serviços intermediários abrangidos pela competência do seu Estado-Membro:

a) O poder de exigir a esses prestadores, bem como a quaisquer outras pessoas que atuem para fins que se incluam no âmbito da sua atividade comercial, industrial, artesanal ou profissional que possam razoavelmente ter conhecimento de informações relacionadas com uma presumível infração ao disposto no presente regulamento, incluindo organizações que efetuem as auditorias referidas no artigo 37º e no artigo 75º, nº 2, que forneçam essas informações sem demora injustificada;

b) O poder de efetuar, ou de solicitar a uma autoridade judiciária do seu Estado-Membro que ordene, inspeções de quaisquer instalações que esses prestadores ou essas pessoas utilizem para fins que se incluam no âmbito da sua atividade comercial, industrial, artesanal ou profissional, ou de solicitar a outras autoridades públicas que o façam, a fim de examinar, apreender, fazer ou obter cópias de informações relativas a uma presumível infração sob qualquer forma, independentemente do suporte de armazenamento;

c) O poder de pedir a qualquer membro do pessoal ou representante desses prestadores ou dessas pessoas explicações sobre quaisquer informações relativas a uma presumível infração e de registar as respostas com o seu consentimento através de quaisquer meios técnicos.

2. Sempre que necessário ao desempenho das suas funções no âmbito do presente regulamento, são atribuídos aos coordenadores dos serviços digitais os seguintes poderes de execução no que respeita aos prestadores de serviços intermediários abrangidos pela competência do seu Estado-Membro:

a) O poder de aceitar os compromissos assumidos por esses prestadores em relação à sua conformidade com o presente regulamento e de tornar esses compromissos vinculativos;

b) O poder de ordenar a cessação das infrações e, se for caso disso, de impor medidas de correção proporcionais à infração e necessárias para pôr efetivamente termo a essa infração, ou de solicitar a uma autoridade judiciária do seu Estado-Membro que o faça;

c) O poder de impor coimas, nos termos do artigo 52º, ou de solicitar a uma autoridade judiciária do seu Estado-Membro que o faça, por incumprimento do presente regulamento, incluindo por incumprimento de uma das decisões de investigação emitidas nos termos do nº 1 do presente artigo;

d) O poder de impor uma sanção pecuniária compulsória nos termos do artigo 52º, ou de solicitar a uma autoridade judiciária do seu Estado-Membro que o faça, para assegurar a cessação de uma infração em conformidade com uma decisão emitida nos termos da alínea *b)* do presente parágrafo ou por incumprimento de uma das decisões de investigação emitidas nos termos do nº 1 do presente artigo;

e) O poder de adotar medidas provisórias, ou de solicitar à autoridade judiciária nacional competente no seu Estado-Membro que o faça, para evitar o risco de causar um prejuízo grave.

No que respeita ao primeiro parágrafo, alíneas *c)* e *d)*, são igualmente atribuídos aos coordenadores dos serviços digitais os poderes de execução previstos nessas alíneas em relação às outras pessoas referidas no nº 1 por incumprimento de uma das decisões que lhes tenham sido dirigidas nos termos desse número. Os coordenadores dos serviços digitais só podem exercer esses poderes de execução após fornecerem atempadamente a essas outras pessoas todas as informações pertinentes relativas a essas decisões, incluindo o prazo aplicável, as coimas ou as sanções pecuniárias compulsórias que lhes possam ser impostas por incumprimento e as possibilidades de reparação.

3. Sempre que necessário para o desempenho das suas funções ao abrigo do presente regulamento, é igualmente atribuído aos coordenadores dos serviços digitais, em relação aos prestadores de serviços intermediários abrangidos pela competência do seu Estado-Membro, sempre que tenham sido esgotados todos os outros poderes previstos no presente artigo para pôr termo a uma infração e a infração não tenha sido sanada ou persista e cause prejuízos graves que não possam ser evitados através do exercício de outros poderes disponíveis ao abrigo do direito da União ou do direito nacional, o poder de tomar as seguintes medidas:

a) Exigir ao órgão de direção desses prestadores, sem demora injustificada, que analise a situação, adote e apresente um plano de ação que descreva as medidas necessárias para pôr termo à infração, garanta que o prestador tome essas medidas e apresente um relatório sobre as medidas tomadas;

b) Se o coordenador dos serviços digitais considerar que um prestador de serviços intermediários não cumpriu suficientemente os requisitos referidos na alínea *a)*, que a infração não tenha sido sanada ou que persiste e causa prejuízos graves, e que essa infração implica um crime que envolve uma ameaça à vida ou à segurança das pessoas, solicitar à autoridade judiciária competente do seu Estado-Membro que ordene a restrição temporária do acesso dos destinatários do serviço a que respeita a infração ou, apenas quando tal não seja tecnicamente viável, solicitá-lo à interface em linha do prestador de serviços intermediários em que a infração ocorre.

Antes de apresentar o pedido referido no primeiro parágrafo, alínea *b)*, do presente número, o coordenador dos serviços digitais deve, salvo se agir a pedido da Comissão conforme referido no artigo 82º, convidar as partes interessadas a apresentar observações escritas num prazo não inferior a duas semanas, descrevendo as medidas que tenciona solicitar e identificando o ou os destinatários visados. O prestador de serviços intermediários, o ou os destinatários visados e qualquer outro terceiro que demonstre um interesse legítimo têm o direito de participar no processo perante a autoridade judiciária competente. As medidas ordenadas são proporcionadas à natureza, gravidade, recorrência e duração da infração, sem restringir indevidamente o acesso dos destinatários do serviço em causa a informações lícitas.

A restrição do acesso tem uma duração de quatro semanas, sob reserva da possibilidade de a autoridade judiciária competente, na sua ordem, permitir ao coordenador dos serviços digitais prorrogar essa duração por períodos adicionais idênticos, sujeito a um número máximo de prorrogações estabelecido por essa autoridade judiciária. O coordenador dos serviços digitais apenas pode prorrogar a duração se, tendo em conta os direitos e interesses de todas as partes afetadas por essa restrição e todas as circunstâncias pertinentes, incluindo quaisquer informações que o prestador de serviços intermediários, o ou os destinatários e qualquer outro terceiro que demonstre um interesse legítimo lhe possa fornecer, considerar que ambas as condições seguintes foram satisfeitas:

a) O prestador de serviços intermediários não tomou as medidas necessárias para pôr termo à infração;

b) A restrição temporária não restringe indevidamente o acesso às informações lícitas por parte dos destinatários do serviço, tendo em conta o número de destinatários afetados e a existência de alternativas adequadas e facilmente acessíveis.

Se o coordenador dos serviços digitais considerar que as condições estabelecidas no terceiro parágrafo, alíneas *a)* e *b)*, foram satisfeitas, mas não puder prorrogar a duração nos termos do terceiro parágrafo, apresenta um novo pedido à autoridade judiciária competente, tal como referido no primeiro parágrafo, alínea *b)*.

4. Os poderes enumerados nos nºs 1, 2 e 3 aplicam-se sem prejuízo do disposto na secção 3.

5. As medidas tomadas pelos coordenadores dos serviços digitais no exercício dos seus poderes enumerados nos nºs 1, 2 e 3 são eficazes, dissuasivas e proporcionadas, tendo em conta, nomeadamente, a natureza, gravidade, recorrência e duração da infração ou presumível infração a que essas medidas se referem, bem como a capacidade económica, técnica e operacional do prestador dos serviços intermediários em causa, quando pertinente.

6. Os Estados-Membros estabelecem condições e procedimentos específicos para o exercício dos poderes nos termos dos nºs 1, 2 e 3 e asseguram que qualquer exercício desses poderes esteja sujeito às garantias adequadas previstas no direito nacional aplicável, em conformidade com a Carta e com os princípios gerais do direito da União. Em especial, essas medidas só podem ser tomadas em conformidade com o direito ao respeito pela vida privada e os direitos de defesa, incluindo o direito de ser ouvido e de acesso ao processo, e sob reserva do direito à ação judicial de todas as partes afetadas.

Artigo 52º *Sanções*

1. Os Estados-Membros definem as regras relativas às sanções aplicáveis às infrações ao presente regulamento pelos prestadores de serviços intermediários abrangidos pela sua competência e tomam todas as medidas necessárias para assegurar a sua aplicação nos termos do artigo 51º.

2. As sanções são efetivas, proporcionadas e dissuasivas. Os Estados-Membros notificam a Comissão dessas regras e dessas medidas e também, sem demora, de qualquer alteração ulterior.

3. Os Estados-Membros asseguram que o montante máximo das coimas que podem ser impostas em caso de incumprimento de uma obrigação prevista no presente regulamento corresponda a 6 % do volume de negócios anual a nível mundial do prestador de serviços intermediários em causa no exercício anterior. Os Estados-Membros asseguram que o montante máximo da coima que pode ser imposta pelo fornecimento de informações incorretas, incompletas ou enganosas, pela ausência de resposta ou pela não retificação de informações incorretas, incompletas ou enganosas e pela recusa de sujeição a uma inspeção corresponda a 1 % do rendimento ou do volume de negócios anual a nível mundial do prestador de serviços intermediários ou da pessoa em causa no exercício anterior.

4. Os Estados-Membros asseguram que o montante máximo de uma sanção pecuniária compulsória corresponda a 5 % do volume de negócios médio diário a nível mundial ou do rendimento médio diário do prestador de serviços intermediários em causa no exercício anterior por dia, calculado a partir da data especificada na decisão em causa.

Artigo 53º *Direito de apresentação de reclamação*

Os destinatários do serviço, bem como os órgãos, as organizações ou as associações mandatados para exercer os direitos conferidos pelo presente regulamento em seu nome, têm o direito de apresentar uma reclamação contra os prestadores de serviços intermediários alegando uma infração ao disposto no presente regulamento junto do coordenador dos serviços digitais do Estado-Membro em que o destinatário do serviço está localizado ou estabelecido. O coordenador dos serviços digitais avalia a reclamação e, se for caso disso, transmite-a ao coordenador dos serviços digitais de estabelecimento, acompanhada, se for considerado adequado, de um parecer. Se a reclamação for da responsabilidade de outra autoridade competente do seu Estado-Membro, o coordenador dos serviços digitais que a receber transmite-a a essa autoridade. Durante o processo, ambas as partes têm o direito de ser ouvidas e de receber informações adequadas sobre o estado da reclamação, nos termos do direito nacional.

Artigo 54º *Indemnização*

Nos termos do direito da União e nacional, os destinatários do serviço têm o direito de pedir uma indemnização aos prestadores de serviços intermediários no que diz respeito a quaisquer perdas ou danos sofridos devido a uma violação, por parte desses prestadores, das obrigações que lhes incumbem por força do presente regulamento.

Artigo 55º *Relatórios de atividades*

1. Os coordenadores dos serviços digitais elaboram um relatório anual sobre as suas atividades nos termos do presente regulamento, que inclua o número de reclamações recebidas nos termos do artigo 53º e uma síntese do seguimento que lhes foi dado. Os coordenadores dos serviços digitais disponibilizam os relatórios anuais ao público, num formato legível por máquina, sujeito às regras aplicáveis em matéria de confidencialidade das informações nos termos do artigo 84º, e comunicam-nos à Comissão e ao Comité.

2. O relatório anual inclui também as seguintes informações:

a) O número e o objeto das decisões de atuação contra conteúdos ilegais e das decisões de prestação de informações emitidas nos termos dos artigos 9º e 10º por qualquer autoridade judiciária ou administrativa nacional do Estado-Membro do coordenador dos serviços digitais em causa;

b) Os efeitos dessas decisões, tal como comunicados ao coordenador dos serviços digitais nos termos dos artigos 9º e 10º.

3. Se um Estado-Membro tiver designado várias autoridades competentes nos termos do artigo 49º, garante que o coordenador dos serviços digitais elabore um relatório único que abranja as atividades de todas as autoridades competentes e que o coordenador dos serviços digitais receba das outras autoridades competentes em causa todas as informações pertinentes e todo o apoio de que necessite para o efeito.

SECÇÃO 2 – Competência, investigação coordenada e mecanismos de controlo da coerência

Artigo 56º *Competência*

1. O Estado-Membro em que se encontra o estabelecimento principal do prestador de serviços intermediários tem competência exclusiva para supervisionar e executar o disposto no presente regulamento, com exceção das competências previstas nos nºs 2, 3 e 4.

2. A Comissão tem competência exclusiva para supervisionar e executar o disposto no capítulo III, secção 5.

3. A Comissão tem competência para supervisionar e executar o presente regulamento, para além do estabelecido no capítulo III, secção 5, contra fornecedores de plataformas em linha de muito grande dimensão e de motores de pesquisa em linha de muito grande dimensão.

4. Caso a Comissão não tenha dado início a qualquer procedimento relativo à mesma infração, o Estado-Membro em que se situa o estabelecimento principal do fornecedor de plataformas em linha de muito grande dimensão ou de motores de pesquisa em linha de muito grande dimensão tem competência para supervisionar e executar as obrigações por força do presente regulamento que não constem do capítulo III, secção 5, no que respeita a esses prestadores.

5. Os Estados-Membros e a Comissão supervisionam e executam as disposições do presente regulamento em estreita cooperação.

6. Caso um prestador de serviços intermediários não possua um estabelecimento na União, o Estado-Membro em que o seu representante legal reside ou se encontra estabelecido ou a Comissão têm competência, nos termos dos nºs 1 e 4 do presente artigo, para supervisionar e executar as obrigações pertinentes por força do presente regulamento.

7. Caso um prestador de serviços intermediários não nomeie um representante legal nos termos do artigo 13º, todos os Estados-Membros e, no caso de um prestador de uma plataforma em linha de muito grande dimensão ou de um motor de pesquisa em linha de muito grande dimensão, a Comissão têm competência para supervisionar e executar nos termos do presente artigo.

Caso um coordenador dos serviços digitais tencione exercer as suas competências ao abrigo do presente número, notifica todos os outros coordenadores dos serviços digitais e a Comissão e assegura que sejam respeitadas as garantias aplicáveis previstas na Carta, em especial para evitar que o mesmo comportamento seja sancionado mais do que uma vez por constituir uma violação das obrigações estabelecidas no presente regulamento. Se a Comissão tencionar exercer as suas competências ao abrigo do presente número, notifica todos os outros coordenadores dos serviços digitais dessa intenção. Na sequência de uma notificação nos termos do presente número, os outros Estados-Membros não podem dar início a um processo pela mesma infração que a referida na notificação.

Artigo 57º *Assistência mútua*

1. Os coordenadores dos serviços digitais e a Comissão cooperam estreitamente e prestam-se assistência mútua, a fim de aplicar o presente regulamento de forma coerente e eficiente. A assistência mútua inclui, em especial, o intercâmbio de informações nos termos do presente artigo e a obrigação de o coordenador dos serviços digitais de estabelecimento informar todos os coordenadores dos serviços digitais de destino, o Comité e a Comissão da abertura de uma investigação e da sua intenção de tomar uma decisão final, incluindo a sua avaliação, relativamente a um determinado prestador de serviços intermediários.

2. Para efeitos de uma investigação, o coordenador dos serviços digitais de estabelecimento pode solicitar a outros coordenadores dos serviços digitais que forneçam informações específicas que estejam na sua posse sobre um determinado prestador de serviços intermediários, ou que exerçam os seus poderes de investigação a que se refere o artigo 51º, nº 1, no que diz respeito a informações específicas que se encontrem no seu Estado-Membro. Se for caso disso, o coordenador dos serviços digitais que recebe o pedido pode envolver outras autoridades competentes ou outras autoridades públicas do Estado-Membro em causa.

3. O coordenador dos serviços digitais que recebe o pedido nos termos do nº 2 satisfaz esse pedido e informa o coordenador dos serviços digitais de estabelecimento das medidas tomadas, sem demora injustificada e o mais tardar dois meses após a sua receção, salvo se:

a) O alcance do objeto do pedido não estiver suficientemente especificado ou justificado, ou não for proporcionado tendo em conta os objetivos da investigação; ou *b)* Nem o coordenador dos serviços digitais requerido nem outra autoridade competente ou outra autoridade pública do mesmo Estado-Membro estiverem na posse das informações solicitadas, nem tiverem acesso às mesmas; ou

c) O pedido não puder ser satisfeito sem infringir o direito da União ou nacional.

O coordenador dos serviços digitais que recebe o pedido justifica a sua recusa mediante a apresentação de uma resposta fundamentada, no prazo estabelecido no primeiro parágrafo.

Artigo 58º *Cooperação transfronteiriça entre coordenadores dos serviços digitais*

1. Salvo se a Comissão tiver iniciado uma investigação pela mesma alegada infração, sempre que um coordenador dos serviços digitais de destino tenha razões para suspeitar que um prestador de um serviço intermediário infringiu o presente regulamento de uma forma que afete negativamente os destinatários do serviço no Estado-Membro desse coordenador dos serviços digitais, este pode solicitar ao coordenador dos serviços digitais de estabelecimento que avalie a questão e tome as medidas de investigação e execução necessárias para assegurar o cumprimento do presente regulamento.

2. Salvo se a Comissão tiver iniciado uma investigação pela mesma alegada infração, e a pedido de, pelo menos, três coordenadores dos serviços digitais de destino que tenham razões para suspeitar que um determinado prestador de serviços intermediários infringiu o presente regulamento de uma forma que afete negativamente os destinatários do serviço no seu Estado-Membro, o Comité pode solicitar ao coordenador dos serviços digitais de estabelecimento que avalie a questão e tome as medidas de investigação e execução necessárias para assegurar o cumprimento do presente regulamento.

3. Um pedido nos termos do nº 1 ou nº 2 é devidamente fundamentado e indica, pelo menos:

a) O ponto de contacto do prestador dos serviços intermediários em causa, tal como previsto no artigo 11º;

b) Uma descrição dos factos pertinentes, as disposições do presente regulamento em questão e as razões pelas quais o coordenador dos serviços digitais que enviou o pedido, ou o Comité, suspeita que o prestador infringiu o presente regulamento, incluindo uma descrição dos efeitos negativos da alegada infração;

c) Quaisquer outras informações que o coordenador dos serviços digitais que tenha enviado o pedido, ou o Comité, considere pertinentes, incluindo, quando adequado, informações recolhidas por iniciativa própria ou sugestões de medidas específicas de investigação ou de execução a tomar, incluindo medidas provisórias.

4. O coordenador dos serviços digitais de estabelecimento tem na máxima conta o pedido emitido nos termos do nº 1 ou nº 2 do presente artigo. Se considerar que não dispõe de informações suficientes para dar seguimento ao pedido e tiver razões para considerar que o coordenador dos serviços digitais que enviou o pedido, ou o Comité, o coordenador dos serviços digitais de estabelecimento pode fornecer informações adicionais, pode solicitar essas informações nos termos do artigo 57º ou, em alternativa, lançar uma investigação conjunta nos termos do artigo 60º, nº 1, que envolva, pelo menos, o coordenador dos serviços digitais requerente. O prazo previsto no nº 5 do presente artigo é suspenso até que essas informações adicionais sejam prestadas ou até que o convite para participar na investigação conjunta seja recusado.

5. O coordenador dos serviços digitais de estabelecimento deve, sem demora injustificada e, em todo o caso, o mais tardar dois meses após a receção do pedido nos termos do nº 1 ou nº 2, comunicar ao coordenador dos serviços digitais que enviou o pedido, e ao Comité, a avaliação da presumível infração, bem como uma explicação de quaisquer medidas de investigação ou de execução tomadas ou previstas a este respeito para assegurar o cumprimento do presente regulamento.

Artigo 59º *Submissão à Comissão*

1. Se não for efetuada uma comunicação no prazo estabelecido no artigo 58º, nº 5, ou em caso de desacordo do Comité com a avaliação ou com as medidas tomadas ou previstas nos termos do artigo 58º, nº 5, ou nos casos referidos no artigo 60º, nº 3, o Comité pode remeter o assunto à apreciação da Comissão, fornecendo todas as informações pertinentes. Essas informações incluem, pelo menos, o pedido ou a recomendação enviada ao coordenador dos serviços digitais de estabelecimento, a avaliação realizada por esse coordenador dos serviços digitais, os motivos do desacordo e quaisquer informações adicionais de apoio à submissão à Comissão.

2. A Comissão avalia a questão no prazo de dois meses a contar da submissão da questão nos termos do nº 1, após consulta do coordenador dos serviços digitais de estabelecimento.

3. Se, nos termos do nº 2 do presente artigo, a Comissão considerar que a avaliação ou as medidas de investigação ou de execução tomadas ou previstas nos termos do artigo 58º, nº 5, são insuficientes para assegurar a sua execução efetiva ou de outra forma incompatíveis com o presente regulamento, comunica os seus pontos de vista ao coordenador dos serviços digitais de estabelecimento e ao Comité e solicita ao coordenador dos serviços digitais de estabelecimento que proceda a uma análise da questão.

O coordenador dos serviços digitais de estabelecimento toma as medidas de investigação ou de execução necessárias para assegurar o cumprimento do presente regulamento, tendo na máxima conta os pontos de vista e o pedido de análise pela Comissão. No prazo de dois meses a contar do pedido de análise, o coordenador dos serviços digitais de estabelecimento comunica as medidas tomadas à Comissão, bem como ao coordenador dos serviços digitais requerente ou ao Comité que tomou medidas nos termos do artigo 58º, nº 1 ou nº 2.

Artigo 60º *Investigações conjuntas*

1. O coordenador dos serviços digitais de estabelecimento pode lançar e conduzir investigações conjuntas com a participação de um ou mais coordenadores dos serviços digitais em causa:

a) Por sua própria iniciativa, para investigar uma alegada infração ao presente regulamento por um determinado prestador de serviços intermediários em vários Estados-Membros; ou

b) Mediante recomendação do Comité, agindo a pedido de pelo menos três coordenadores dos serviços digitais que aleguem, com base numa suspeita razoável, uma infração, por parte de um determinado prestador de serviços intermediários, que afete os destinatários do serviço nos seus Estados-Membros.

2. Qualquer coordenador dos serviços digitais que comprove ter um interesse legítimo em participar numa investigação conjunta nos termos do nº 1 pode pedir para o fazer. A investigação conjunta é concluída no prazo de três meses a contar do início da mesma, salvo acordo em contrário entre os participantes.

O coordenador dos serviços digitais de estabelecimento comunica a sua posição preliminar sobre a alegada infração o mais tardar um mês após o termo do prazo referido no primeiro parágrafo a todos os coordenadores dos serviços digitais, à Comissão e ao Comité. A posição preliminar tem em conta os pontos de vista de todos os outros coordenadores dos serviços digitais que participam na investigação conjunta. Se for caso disso, a posição preliminar indica igualmente as medidas de execução previstas.

3. O Comité pode submeter a questão à Comissão nos termos do artigo 59º, nos seguintes casos:

a) O coordenador dos serviços digitais de estabelecimento não comunicou a sua posição preliminar no prazo estabelecido no nº 2;

b) O Comité discorda substancialmente da posição preliminar comunicada pelo coordenador dos serviços digitais de estabelecimento; ou

c) O coordenador dos serviços digitais de estabelecimento não deu prontamente início à investigação conjunta na sequência da recomendação do Comité nos termos do nº 1, alínea *b).*

4. Na realização da investigação conjunta, os coordenadores dos serviços digitais participantes cooperam de boa-fé entre si tendo em conta, se for caso disso, as indicações do coordenador dos serviços digitais de estabelecimento e a recomendação do Comité. Os coordenadores dos serviços digitais de destino que participam na investigação conjunta têm o direito, mediante pedido ou após consulta do coordenador dos serviços digitais de estabelecimento, de exercer os seus poderes de investigação a que se refere o artigo 51º, nº 1, em relação aos prestadores de serviços intermediários afetados pela alegada infração, no que diz respeito a informações e instalações que se encontrem no seu território.

SECÇÃO 3 – Comité Europeu dos Serviços Digitais

Artigo 61º *Comité Europeu dos Serviços Digitais*

1. É criado um grupo consultivo independente de coordenadores dos serviços digitais para a supervisão dos prestadores de serviços intermediários, denominado «Comité Europeu dos Serviços Digitais» («Comité»).

2. O Comité aconselha os coordenadores dos serviços digitais e a Comissão, nos termos do presente regulamento, de modo a alcançar os seguintes objetivos:

a) Contribuir para a aplicação coerente do presente regulamento e para a cooperação efetiva dos coordenadores dos serviços digitais e da Comissão no que diz respeito às matérias abrangidas pelo presente regulamento;

b) Coordenar e contribuir para as diretrizes e a análise da Comissão e dos coordenadores dos serviços digitais, bem como de outras autoridades competentes, sobre questões emergentes em todo o mercado interno no que diz respeito às matérias abrangidas pelo presente regulamento;

c) Prestar assistência aos coordenadores dos serviços digitais e à Comissão na supervisão das plataformas em linha de muito grande dimensão.

Artigo 62º *Estrutura do Comité*

1. O Comité é composto pelos coordenadores dos serviços digitais, que são representados por funcionários de alto nível. A não designação de um coordenador dos serviços digitais por parte de um ou mais Estados-Membros não obsta a que o Comité desempenhe as suas funções ao abrigo do presente regulamento. Quando previsto no direito nacional, outras autoridades competentes com responsabilidades operacionais específicas para a aplicação e execução do presente regulamento, juntamente com o coordenador dos serviços digitais, podem participar no Comité. Outras autoridades nacionais podem ser convidadas para as reuniões, sempre que as questões debatidas sejam pertinentes para as mesmas.

2. O Comité é presidido pela Comissão. A Comissão convoca as reuniões e prepara a ordem de trabalhos de acordo com as funções do Comité nos termos do presente regulamento e em consonância com o seu regulamento interno. Sempre que for pedido ao Comité a adoção de uma recomendação nos termos do presente regulamento, esse pedido é imediatamente disponibilizado aos outros coordenadores dos serviços digitais através do sistema de partilha de informações previsto no artigo 85º.

3. Cada Estado-Membro tem direito a um voto. A Comissão não tem direito de voto.

O Comité adota os seus atos por maioria simples. Ao adotar uma recomendação à Comissão a que se refere o artigo 36º, nº 1, primeiro parágrafo, o Comité vota no prazo de 48 horas após o pedido do presidente do Comité.

4. A Comissão presta apoio administrativo e analítico ao Comité para o desempenho das suas atividades nos termos do presente regulamento.

5. O Comité pode convidar peritos e observadores para participarem nas suas reuniões, e pode cooperar com outros órgãos, organismos e grupos consultivos da União, bem como com peritos externos, quando adequado. O Comité torna públicos os resultados desta cooperação.

6. O Comité pode consultar as partes interessadas, e disponibiliza ao público os resultados dessa consulta.

7. O Comité adota o seu regulamento interno, na sequência do acordo da Comissão.

Artigo 63º *Funções do Comité*

1. Sempre que necessário para cumprir os objetivos estabelecidos no artigo 61º, nº 2, o Comité deve, em particular:

a) Apoiar a coordenação de investigações conjuntas;

b) Apoiar as autoridades competentes na análise de relatórios e resultados de auditorias de plataformas em linha de muito grande dimensão ou de motores de pesquisa em linha de muito grande dimensão a transmitir nos termos do presente regulamento;

c) Emitir pareceres, recomendações ou conselhos aos coordenadores dos serviços digitais nos termos do presente regulamento, tendo em conta, em especial, a liberdade de prestação de serviços dos prestadores de serviços intermediários;

d) Aconselhar a Comissão sobre as medidas referidas no artigo 66º e adotar pareceres relativos a plataformas em linha de muito grande dimensão ou a motores de pesquisa em linha de muito grande dimensão, nos termos do presente regulamento;

e) Apoiar e promover a elaboração e a aplicação de normas europeias, diretrizes, relatórios, modelos e códigos de conduta, em cooperação com todas as partes interessadas, tal como previsto no presente regulamento, nomeadamente através da emissão de pareceres ou recomendações sobre as questões relacionadas com o artigo 44º, bem como a identificação de questões emergentes, no que diz respeito às matérias abrangidas pelo presente regulamento.

2. Os coordenadores dos serviços digitais e, se for caso disso, outras autoridades competentes que não sigam os pareceres, os pedidos ou as recomendações adotados pelo Comité que lhes sejam dirigidos apresentam as razões desta opção, incluindo explicações sobre as investigações, as ações e as medidas que tenham aplicado, ao apresentarem relatórios nos termos do presente regulamento ou ao adotarem as decisões pertinentes, conforme o caso.

SECÇÃO 4 – Supervisão, investigação, execução e vigilância no que respeita aos fornecedores de plataformas em linha de muito grande dimensão e de motores de pesquisa em linha de muito grande dimensão

Artigo 64º *Desenvolvimento de conhecimentos especializados e de capacidades*

1. A Comissão, em cooperação com os coordenadores dos serviços digitais e o Comité, desenvolve os conhecimentos especializados e as capacidades da União nomeadamente, se for caso disso, através do destacamento de pessoal dos Estados-Membros.

2. Além disso, a Comissão, em cooperação com os coordenadores dos serviços digitais e o Comité, coordena a avaliação de questões sistémicas e emergentes em toda a União em relação às plataformas em linha de muito grande dimensão ou aos motores de pesquisa em linha de muito grande dimensão no que diz respeito às matérias abrangidas pelo presente regulamento.

3. A Comissão pode solicitar aos coordenadores dos serviços digitais, ao Comité e a outros órgãos e organismos da União com conhecimentos especializados pertinentes que lhe prestem apoio na avaliação das questões sistémicas e emergentes em toda a União ao abrigo do presente regulamento.

4. Os Estados-Membros cooperam com a Comissão, nomeadamente através dos respetivos coordenadores dos serviços digitais e de outras autoridades competentes, se for caso disso, nomeadamente disponibilizando os seus conhecimentos especializados e as suas capacidades.

Artigo 65º *Execução das obrigações das plataformas em linha de muito grande dimensão e dos motores de pesquisa em linha de muito grande dimensão*

1. Para efeitos de investigação do cumprimento das obrigações estabelecidas no presente regulamento por parte dos fornecedores de plataformas em linha de muito grande dimensão e de motores de pesquisa em linha de muito grande dimensão, a Comissão pode exercer os poderes de investigação previstos na presente secção antes mesmo de iniciar um processo nos termos do artigo 66º, nº 2. Pode exercer esses poderes por sua própria iniciativa ou na sequência de um pedido apresentado nos termos do nº 2 do presente artigo.

2. Sempre que um coordenador dos serviços digitais tenha motivos para suspeitar que um fornecedor de uma plataforma em linha de muito grande dimensão ou de um motor de pesquisa em linha de muito grande dimensão infringiu o disposto no capítulo III, secção 5, ou, de modo sistemático, qualquer disposição do presente regulamento de uma forma que afete gravemente os destinatários do serviço no seu Estado-Membro, pode apresentar, através do sistema de partilha de informações previsto no artigo 85º, um pedido à Comissão para que esta avalie a questão.

3. Os pedidos apresentados nos termos do nº 2 são devidamente fundamentados e indicam, pelo menos:

a) O ponto de contacto do fornecedor da plataforma em linha de muito grande dimensão ou do motor de pesquisa em linha de muito grande dimensão em causa tal como previsto no artigo 11º;

b) Uma descrição dos factos pertinentes, as disposições do presente regulamento em questão e as razões pelas quais o coordenador de serviços digitais que enviou o pedido suspeita que o fornecedor da plataforma em linha de muito grande dimensão ou do motor de pesquisa em linha de muito grande dimensão infringiu o presente regulamento, incluindo uma descrição dos factos que demonstram que a presumível infração é de natureza sistémica;

c) Outras informações que o coordenador dos serviços digitais que enviou o pedido considere pertinentes, incluindo, se for caso disso, informações recolhidas por sua própria iniciativa.

Artigo 66º *Início do processo pela Comissão e cooperação na investigação*

1. A Comissão pode dar início a um processo com vista à possível adoção de decisões nos termos dos artigos 73º e 74º relativamente à conduta em causa do fornecedor da plataforma em linha de muito grande dimensão ou do motor de pesquisa em linha de muito grande dimensão que a Comissão suspeite de ter infringido qualquer alguma das disposições do presente regulamento.

2. Se a Comissão decidir iniciar um processo nos termos do nº 1, notifica todos os coordenadores dos serviços digitais e o Comité através do sistema de partilha de informações a que se refere o artigo 85º, bem como o fornecedor da plataforma em linha de muito grande dimensão ou do motor de pesquisa em linha de muito grande dimensão em causa.

Os coordenadores dos serviços digitais transmitem à Comissão, após serem informados do início do processo e sem demora injustificada, todas as informações na sua posse sobre a infração em causa.

O início de um processo nos termos do nº 1 do presente artigo pela Comissão retira ao coordenador dos serviços digitais, ou a qualquer autoridade competente, se for caso disso, as suas competências para supervisionar e executar as obrigações ao abrigo do presente regulamento nos termos do artigo 56º, nº 4.

3. No exercício dos seus poderes de investigação ao abrigo do presente regulamento, a Comissão pode solicitar o apoio individual ou conjunto de quaisquer coordenadores dos serviços digitais afetados pela presumível infração, incluindo o coordenador dos serviços digitais de estabelecimento. Os coordenadores dos serviços digitais que tenham recebido esse pedido e, quando envolvida pelo coordenador dos serviços digitais, qualquer outra autoridade competente, deverão cooperar atempada e lealmente com a Comissão e ficar habilitados a exercer os seus poderes de investigação a que se refere o artigo 51º, nº 1, em relação ao fornecedor da plataforma em linha de muito grande dimensão ou ao motor de pesquisa em linha de muito grande dimensão em causa, no que diz respeito a informações, pessoas e instalações que se encontrem nos respetivos Estados-Membros e em conformidade com o pedido.

4. A Comissão fornece ao coordenador dos serviços digitais de estabelecimento e ao Comité todas as informações pertinentes sobre o exercício das competências referidas nos artigos 67º a 72º e as suas conclusões preliminares a que se refere o artigo 79º, nº 1. O Comité apresenta os seus pontos de vista sobre essas conclusões preliminares à Comissão dentro do prazo fixado nos termos do artigo 79º, nº 2. Na sua decisão, a Comissão tem na máxima conta os pontos de vista do Comité.

Artigo 67º *Pedidos de informação*

1. A fim de desempenhar as funções que lhe são atribuídas ao abrigo da presente secção, a Comissão pode, mediante simples pedido ou por decisão, exigir ao fornecedor da plataforma em linha de muito grande dimensão ou do motor de pesquisa em linha de muito grande dimensão em causa, bem como a qualquer outra pessoa singular ou coletiva que atue com fins que se incluam no âmbito da sua atividade comercial, industrial, artesanal ou profissional que possa razoavelmente ter conhecimento de informações relacionadas com a presumível infração, incluindo organizações que efetuem as auditorias referidas no artigo 37º e no artigo 75º, nº 2, que forneçam essas informações num prazo razoável.

2. Ao dirigir um simples pedido de informações ao fornecedor da plataforma em linha de muito grande dimensão ou do motor de pesquisa em linha de muito grande dimensão em causa ou a outra pessoa referida no nº 1 do presente artigo, a Comissão indica o fundamento jurídico e a finalidade do pedido, especifica as informações necessárias e fixa o prazo para a sua comunicação, bem como as coimas, previstas no artigo 74º, aplicáveis em caso de fornecimento de informações inexatas, incompletas ou enganosas.

3. Caso exija ao fornecedor da plataforma em linha de muito grande dimensão ou do motor de pesquisa em linha de muito grande dimensão em causa ou a outra pessoa referida no nº 1 do presente artigo que forneça informações por decisão, a Comissão indica o fundamento jurídico e a finalidade do pedido, especifica as informações necessárias e fixa o prazo para a sua comunicação. A Comissão indica igualmente as coimas previstas no artigo 74º e indica ou impõe as sanções pecuniárias compulsórias previstas no artigo 76º. A Comissão indica ainda o direito de recorrer da decisão perante o Tribunal de Justiça da União Europeia.

4. Os fornecedores da plataforma em linha de muito grande dimensão ou do motor de pesquisa em linha de muito grande dimensão em causa ou outra pessoa referida no nº 1, ou os seus representantes e, no caso de pessoas coletivas, de sociedades ou de empresas sem personalidade jurídica, as pessoas autorizadas a representá-las nos termos da lei ou dos respetivos estatutos, fornecem as informações solicitadas em nome do fornecedor da plataforma em linha de muito grande dimensão ou do motor de pesquisa em linha de muito grande dimensão em causa ou de outra pessoa referida no nº 1. Os advogados devidamente mandatados podem fornecer as informações solicitadas em nome dos seus mandantes. Estes últimos são plenamente responsáveis em caso de prestação de informações incompletas, incorretas ou enganosas.

5. A pedido da Comissão, os coordenadores dos serviços digitais e outras autoridades competentes fornecem à Comissão todas as informações necessárias para que possa desempenhar as funções que lhe são atribuídas ao abrigo da presente secção.

6. A Comissão, sem demora injustificada após enviar o pedido simples ou a decisão a que se refere o nº 1 do presente artigo, envia uma cópia dos mesmos aos coordenadores dos serviços digitais, através do sistema de partilha de informações referido no artigo 85º.

Artigo 68º *Competências para realizar entrevistas e registar declarações*

1. A fim de desempenhar as funções que lhe são atribuídas ao abrigo da presente secção, a Comissão pode entrevistar qualquer pessoa singular ou coletiva que consinta em ser entrevistada para efeitos de recolha de informações relacionadas com o objeto de uma investigação em relação à presumível infração. A Comissão tem o direito de registar essa entrevista por meios técnicos adequados.

2. Se a entrevista a que se refere o nº 1 for realizada noutras instalações que não as da Comissão, a Comissão informa o coordenador dos serviços digitais do Estado-Membro em cujo território se realiza a entrevista. A pedido desse coordenador dos serviços digitais, os funcionários por ele mandatados podem prestar assistência aos funcionários e outros acompanhantes mandatados pela Comissão para procederem à entrevista.

Artigo 69º *Poderes para realizar inspeções*

1. A fim de desempenhar as funções que lhe são atribuídas ao abrigo da presente secção, a Comissão pode realizar todas as inspeções necessárias nas instalações do fornecedor da plataforma em linha de muito grande dimensão ou do motor de pesquisa em linha de muito grande dimensão em causa ou de outra pessoa referida no artigo 67º, nº 1.

2. Os agentes e outros acompanhantes mandatados pela Comissão para proceder a uma inspeção têm poderes para:

a) Aceder a todas as instalações, terrenos e meios de transporte do fornecedor da plataforma em linha de muito grande dimensão ou do motor de pesquisa em linha de muito grande dimensão ou da outra pessoa em causa;

b) Inspecionar os livros e outros registos relacionados com a prestação do serviço em causa, independentemente do seu suporte;

c) Tirar ou obter sob qualquer forma cópias ou extratos de tais livros ou outros registos;

d) Exigir ao fornecedor da plataforma em linha de muito grande dimensão ou do motor de pesquisa em linha de muito grande dimensão ou a outra pessoa em causa que faculte o acesso e explicações sobre a sua organização, funcionamento, sistema informático, algoritmos, tratamento de dados e práticas comerciais e registar ou documentar as explicações fornecidas;

e) Selar quaisquer instalações utilizadas para fins relacionados com a atividade comercial, industrial, artesanal ou profissional do fornecedor da plataforma em linha de muito grande dimensão ou do motor de pesquisa em linha de muito grande dimensão ou da outra pessoa em causa, bem como livros ou outros registos, pelo período e na medida do necessário para a inspeção;

f) Solicitar a qualquer representante ou membro do pessoal do prestador da plataforma em linha de muito grande dimensão, do motor de pesquisa em linha de muito grande dimensão ou da outra pessoa em causa explicações sobre factos ou documentos relacionados com o objeto e a finalidade da inspeção e registar as suas respostas;

g) Dirigir perguntas a qualquer representante ou membro do pessoal sobre o objeto e a finalidade da inspeção e registar as suas respostas.

3. As inspeções podem igualmente ser realizadas com a assistência de auditores ou peritos nomeados pela Comissão nos termos do artigo 72º, nº 2, bem como do coordenador dos serviços digitais ou das autoridades nacionais competentes do Estado-Membro em cujo território seja realizada a inspeção.

4. Caso a produção de livros ou de outros registos relativos à prestação do serviço que tenham sido exigidos seja incompleta ou caso as respostas às perguntas colocadas no âmbito do nº 2 do presente artigo sejam inexatas, incompletas ou enganosas, os funcionários e outros acompanhantes mandatados pela Comissão para realizar uma inspeção exercem os seus poderes mediante apresentação de mandado escrito que indique o objeto e a finalidade da inspeção, bem como as sanções previstas nos artigos 74º e 76º. Em tempo útil antes da inspeção, a Comissão informa o coordenador dos serviços digitais do Estado-Membro em cujo território se deve realizar a inspeção acerca da mesma.

5. Durante as inspeções, os funcionários e outros acompanhantes mandatados pela Comissão, os auditores e os peritos nomeados pela Comissão, o coordenador dos serviços digitais ou as outras autoridades competentes do Estado-Membro em cujo território é realizada a inspeção, podem exigir ao fornecedor da plataforma em linha de muito grande dimensão, do motor de pesquisa em linha de muito grande dimensão ou a outra pessoa em causa, que forneça explicações sobre a sua organização, funcionamento, sistema informático, algoritmos, tratamento de dados e condutas profissionais e podem dirigir perguntas ao seu pessoal-chave.

6. O fornecedor da plataforma em linha de muito grande dimensão, do motor de pesquisa em linha de muito grande dimensão ou outra pessoa singular ou coletiva em causa são obrigados a submeter-se a uma inspeção ordenada por decisão da Comissão. A decisão indica o objeto e a finalidade da inspeção, fixa a data em que esta deve ter início e indica as sanções previstas nos artigos 74º e 76º, e o direito de recorrer da decisão perante o Tribunal de Justiça da União Europeia. Antes de tomar essa decisão, a Comissão consulta o coordenador dos serviços digitais do Estado-Membro em cujo território se deve realizar a inspeção.

7. Os funcionários e outras pessoas mandatadas ou nomeadas pelo coordenador dos serviços digitais do Estado-Membro em cujo território se deve realizar a inspeção prestam assistência ativa, a pedido desse coordenador dos serviços digitais ou da Comissão, aos funcionários e a outros acompanhantes mandatados pela Comissão em relação à inspeção. Para o efeito, dispõem dos poderes enumerados no nº 2.

8. Caso os funcionários e outros acompanhantes mandatados pela Comissão verifiquem que o fornecedor da plataforma em linha de muito grande dimensão, do motor de pesquisa em linha de muito grande dimensão ou a outra pessoa em causa se opõem a uma inspeção ordenada nos termos do presente artigo, o Estado-Membro em cujo território deve ser realizada a inspeção deve, a pedido desses funcionários ou de outros acompanhantes e nos termos do direito nacional do Estado-Membro, prestar-lhes a assistência necessária, incluindo, se for adequado nos termos desse direito nacional, através da aplicação de medidas coercivas por uma autoridade competente de aplicação da lei, a fim de lhes permitir realizar a inspeção.

9. Se a assistência prevista no nº 8 exigir uma autorização de uma autoridade judiciária nacional nos termos do direito nacional do Estado-Membro em causa, essa autorização é solicitada pelo coordenador dos serviços digitais desse Estado-Membro a pedido dos funcionários e outros acompanhantes mandatados pela Comissão. Essa autorização pode igualmente ser requerida a título de medida cautelar.

10. Caso seja solicitada a autorização a que se refere nº 9, a autoridade judiciária nacional chamada a pronunciar-se verifica a autenticidade da decisão da

Comissão que ordena a inspeção e o caráter não arbitrário e não excessivo das medidas coercivas previstas relativamente ao objeto da inspeção. Ao efetuar essa verificação, a autoridade judiciária nacional pode solicitar à Comissão, diretamente ou através dos coordenadores dos serviços digitais do Estado-Membro em causa, explicações pormenorizadas, em especial no que diz respeito aos motivos pelos quais a Comissão suspeita de uma infração ao presente regulamento, no que diz respeito à gravidade da presumível infração e no que diz respeito à natureza do envolvimento do fornecedor da plataforma em linha de muito grande dimensão, do motor de pesquisa em linha de muito grande dimensão ou da outra pessoa em causa. No entanto, a autoridade judiciária nacional não pode pôr em causa a necessidade da inspeção nem exigir informações constantes do processo da Comissão. A legalidade da decisão da Comissão está apenas sujeita a fiscalização pelo Tribunal de Justiça da União Europeia.

Artigo 70º *Medidas provisórias*

1. No contexto de processos que possam conduzir à adoção de uma decisão de incumprimento nos termos do artigo 73º, nº 1, em caso de urgência devido ao risco de prejuízos graves para os destinatários do serviço, a Comissão pode, mediante decisão, ordenar medidas provisórias contra o fornecedor da plataforma em linha de muito grande dimensão ou do motor de pesquisa em linha de muito grande dimensão em causa com base na constatação prima facie de uma infração.

2. Uma decisão nos termos do nº 1 é aplicável por um período determinado e pode ser renovada, se tal for necessário e adequado.

Artigo 71º *Compromissos*

1. Se, durante o processo conduzido ao abrigo da presente secção, o fornecedor da plataforma em linha de muito grande dimensão ou do motor de pesquisa em linha de muito grande dimensão em causa assumir compromissos para assegurar o cumprimento das disposições pertinentes do presente regulamento, a Comissão pode, mediante decisão, tornar esses compromissos vinculativos para o fornecedor dessa plataforma ou desse motor de pesquisa e declarar que não existem outros motivos para a adoção de medidas.

2. A Comissão pode, mediante pedido ou por iniciativa própria, reabrir o processo se:

a) Tiver ocorrido uma alteração substancial da situação de facto em que a decisão se fundou;

b) O fornecedor da plataforma em linha de muito grande dimensão ou do motor de pesquisa em linha de muito grande dimensão em causa agir de forma contrária aos compromissos por si assumidos; ou

c) A decisão se tiver baseado em informações incompletas, incorretas ou enganosas fornecidas pelo fornecedor da plataforma em linha de muito grande dimensão ou do motor de pesquisa em linha de muito grande dimensão em causa ou por outra pessoa referida no artigo 67º, nº 1.

3. Se a Comissão considerar que os compromissos assumidos pelo fornecedor da plataforma em linha de muito grande dimensão ou do motor de pesquisa em linha de muito grande dimensão em causa não são suficientes para assegurar o cumprimento efetivo das disposições pertinentes do presente regulamento, rejeita-os numa decisão fundamentada aquando da conclusão do processo.

Artigo 72º *Medidas de acompanhamento*

1. Para efeitos do desempenho das funções que lhe são atribuídas ao abrigo da presente secção, a Comissão pode tomar as medidas necessárias para acompanhar a aplicação e o cumprimento efetivos do presente regulamento pelos fornecedores da plataforma em linha de muito grande dimensão e do motor de pesquisa em linha de muito grande dimensão. A Comissão pode ordenar a esses fornecedores que facultem acesso às suas bases de dados e algoritmos, bem como explicações relativas aos mesmos. As medidas em causa podem incluir a imposição de uma obrigação ao fornecedor da plataforma em linha de muito grande dimensão ou do motor de pesquisa em linha de muito grande dimensão no sentido de conservar todos os documentos considerados necessários para avaliar a execução e o cumprimento das obrigações por força do presente regulamento.

2. As medidas previstas no nº 1 podem incluir a nomeação de peritos e auditores externos independentes, bem como de peritos e auditores das autoridades nacionais competentes com o acordo da autoridade em causa, a fim de prestar assistência à Comissão no controlo da aplicação e do cumprimento efetivos das disposições pertinentes do presente regulamento e de fornecer conhecimentos especializados ou específicos à Comissão.

Artigo 73º *Incumprimento*

1. A Comissão adota uma decisão de incumprimento sempre que constatar que o fornecedor da plataforma em linha de muito grande dimensão ou do motor de pesquisa em linha de muito grande dimensão em causa não cumpre um ou mais dos seguintes elementos:

a) As disposições pertinentes do presente regulamento;

b) Medidas provisórias ordenadas nos termos do artigo 70º;

c) Compromissos tornados vinculativos nos termos do artigo 71º.

2. Antes de adotar a decisão prevista no nº 1, a Comissão comunica as suas conclusões preliminares ao fornecedor da plataforma em linha de muito grande dimensão ou do motor de pesquisa em linha de muito grande dimensão em causa. Nas conclusões preliminares, a Comissão explica as medidas que pondera tomar, ou que considera que o fornecedor da plataforma em linha de muito grande dimensão ou do motor de pesquisa em linha de muito grande dimensão em causa deve tomar, para dar eficazmente resposta às conclusões preliminares.

3. Na decisão adotada nos termos do nº 1, a Comissão ordena ao fornecedor da plataforma em linha de muito grande dimensão ou do motor de pesquisa em linha de muito grande dimensão em causa que tome as medidas necessárias para assegurar o cumprimento da decisão nos termos do nº 1 num prazo razoável nela especificado e que forneça informações sobre as medidas que esse tenciona tomar para dar cumprimento à decisão.

4. O fornecedor da plataforma em linha de muito grande dimensão ou do motor de pesquisa em linha de muito grande dimensão em causa fornece à Comissão uma descrição das medidas por si tomadas para assegurar o cumprimento da decisão adotada nos termos do nº 1 aquando da sua aplicação.

5. Caso a Comissão conclua que as condições previstas no nº 1 não estão satisfeitas, encerra a investigação, mediante uma decisão. A decisão é imediatamente aplicável.

Artigo 74º *Coimas*

1. Na decisão referida no artigo 73º, a Comissão pode impor coimas ao fornecedor da plataforma em linha de muito grande dimensão ou do motor de pesquisa em linha de muito grande dimensão em causa, num valor não superior a 6 % do seu volume de negócios anual total a nível mundial no exercício anterior, se concluir que esse fornecedor, deliberadamente ou por negligência:

a) Infringe as disposições pertinentes do presente regulamento;

b) Não respeita uma decisão que ordena medidas provisórias nos termos do artigo 70º; ou

c) Não cumpre um compromisso tornado vinculativo mediante decisão adotada nos termos do artigo 71º.

2. A Comissão pode adotar uma decisão de imposição de coimas ao fornecedor da plataforma em linha de muito grande dimensão ou do motor de pesquisa em linha de muito grande dimensão em causa ou a outra pessoa singular ou coletiva referida no artigo 67º, nº 1, num valor não superior a 1 % do rendimento anual total ou do volume de negócios total a nível mundial do exercício anterior, sempre que, deliberadamente ou por negligência:

a) Fornecer informações incorretas, incompletas ou enganosas em resposta a um simples pedido ou a um pedido por decisão nos termos do artigo 67º;

b) Não responder no prazo estabelecido à decisão que exige a prestação de informações;

c) Não retificar, no prazo fixado pela Comissão, informações incorretas, incompletas ou enganosas fornecidas por um membro do pessoal, ou não fornecer ou recusar-se a fornecer informações completas;

d) Recusar submeter-se a uma inspeção nos termos do artigo 69º;

e) Não cumprir as medidas adotadas pela Comissão nos termos do artigo 72º; ou

f) Não cumprir as condições de acesso ao processo da Comissão nos termos do artigo 79º, nº 4.

3. Antes de adotar a decisão nos termos do nº 2 do presente artigo, a Comissão comunica as suas conclusões preliminares ao fornecedor da plataforma em linha de muito grande dimensão ou do motor de pesquisa em linha de muito grande dimensão em causa ou a outra pessoa referida no artigo 67º, nº 1.

4. Ao fixar o montante da coima, a Comissão tem em conta a natureza, a gravidade, a duração e a recorrência da infração e, para as coimas aplicadas nos termos do nº 2, o consequente atraso no processo.

Artigo 75º *Supervisão reforçada das medidas corretivas destinadas a dar resposta às violações das obrigações estabelecidas no capítulo III, secção 5*

1. Ao adotar uma decisão nos termos do artigo 73º relativamente a uma infração, por parte de um fornecedor de uma plataforma em linha de muito grande dimensão ou de um motor de pesquisa em linha de muito grande dimensão, a uma das disposições do capítulo III, secção 5, a Comissão utiliza o sistema de supervisão reforçada previsto no presente artigo. Ao fazê-lo, a Comissão tem na máxima conta os pareceres do Comité emitidos nos termos do presente artigo.

2. Na decisão referida no artigo 73º, a Comissão exige ao fornecedor da plataforma em linha de muito grande dimensão ou do motor de pesquisa em linha de muito grande dimensão em causa que elabore e comunique, num prazo razoável especificado na decisão, aos coordenadores dos serviços digitais, à Comissão e ao Comité um plano de ação que estabeleça as medidas necessárias que sejam suficientes para pôr termo à infração ou corrigi-la. Essas medidas incluem o compromisso de realizar uma auditoria independente, nos termos do artigo 37º, nºs 3 e 4, sobre a execução das outras medidas, e especificam a identidade dos auditores, bem como a metodologia, o calendário e o acompanhamento da auditoria. As medidas podem também incluir, quando adequado, o compromisso de participar num código de conduta pertinente, tal como previsto no artigo 45º.

3. No prazo de um mês a contar da receção do plano de ação, o Comité comunica o seu parecer sobre o plano de ação à Comissão. No prazo de um mês a contar da receção desse parecer, a Comissão decide se as medidas previstas no plano de ação são suficientes para pôr termo à infração ou corrigi-la, e fixa um prazo razoável para a sua execução. O eventual compromisso de aderir aos códigos de conduta pertinentes é tido em conta nessa decisão. A Comissão acompanha posteriormente a execução do plano de ação. Para o efeito, o fornecedor da plataforma em linha de muito grande dimensão ou do motor de pesquisa em linha de muito grande dimensão em causa transmite o relatório de auditoria à Comissão sem demora injustificada após a sua disponibilização, e mantém a Comissão informada sobre as medidas tomadas para executar o plano de ação. A Comissão pode exigir ao fornecedor da plataforma em linha de muito grande dimensão ou do motor de pesquisa em linha de muito grande dimensão em causa que forneça informações adicionais necessárias a esse acompanhamento, num prazo razoável fixado pela Comissão.

A Comissão mantém o Comité e os coordenadores dos serviços digitais informados sobre a execução do plano de ação e o respetivo acompanhamento.

4. A Comissão pode tomar as medidas necessárias nos termos do presente regulamento, nomeadamente do artigo 76º, nº 1, alínea *e)*, e do artigo 82º, nº 1, sempre que:

a) O fornecedor da plataforma em linha de muito grande dimensão ou do motor de pesquisa em linha de muito grande dimensão em causa não apresentar um plano de ação, o relatório de auditoria, as atualizações necessárias ou quaisquer informações adicionais exigidas, dentro do prazo aplicável;

b) A Comissão rejeitar o plano de ação proposto por considerar que as medidas nele previstas são insuficientes para pôr termo ou corrigir a infração; ou

c) A Comissão considerar, com base no relatório de auditoria, nas atualizações ou informações adicionais fornecidas ou noutras informações pertinentes de que disponha, que a execução do plano de ação é insuficiente para pôr termo ou corrigir a infração.

Artigo 76º *Sanções pecuniárias compulsórias*

1. A Comissão pode adotar uma decisão, que imponha ao fornecedor da plataforma em linha de muito grande dimensão ou do motor de pesquisa em linha de muito grande dimensão em causa ou a outra pessoa referida no artigo 67º, nº 1, conforme aplicável, sanções pecuniárias compulsórias que não excedam 5 % do rendimento médio diário ou do volume de negócios anual mundial médio diário do exercício anterior por dia, calculadas a contar da data indicada na decisão, a fim de os obrigar a:

a) Fornecer informações corretas e completas em resposta a uma decisão que exija a prestação de informações nos termos do artigo 67º;

b) Submeter-se a uma inspeção que a Comissão tenha ordenado mediante decisão adotada nos termos do artigo 69º;

c) Cumprir uma decisão que ordene medidas provisórias nos termos do artigo 70º, nº 1;

d) Cumprir compromissos tornados juridicamente vinculativos mediante decisão adotada nos termos do artigo 71º, nº 1;

e) Cumprir uma decisão nos termos do artigo 73º, nº 1, incluindo, se for caso disso, os requisitos que contém relativamente ao plano de ação referido no artigo 75º.

2. Se o fornecedor da plataforma em linha de muito grande dimensão ou do motor de pesquisa em linha de muito grande dimensão em causa ou outra pessoa referida no artigo 67º, nº 1, tiver cumprido a obrigação de cujo incumprimento resultara a sanção pecuniária compulsória, a Comissão pode fixar o montante definitivo da referida sanção num montante inferior ao da decisão inicial.

Artigo 77º *Prazo de prescrição para a imposição de sanções*

1. Os poderes conferidos à Comissão pelos artigos 74º e 76º ficam sujeitos a um prazo de prescrição de cinco anos.

2. O prazo de prescrição começa a ser contado a partir do dia em que é cometida a infração. Todavia, no que se refere às infrações continuadas ou repetidas, o prazo de prescrição apenas começa a ser contado a partir do dia em que estas tenham cessado.

3. O prazo de prescrição para a imposição de coimas ou de sanções pecuniárias compulsórias é interrompido por qualquer ato da Comissão ou do coordenador dos serviços digitais para efeitos da investigação da infração ou da instrução do respetivo processo. Constituem, nomeadamente, atos que interrompem o prazo de prescrição:

a) Pedidos de informação apresentados pela Comissão ou por um coordenador dos serviços digitais;

b) Inspeções;

c) A abertura de um processo por parte da Comissão nos termos do artigo 66º, nº 1.

4. Cada interrupção implica o reinício da contagem do prazo de prescrição. Todavia, o prazo de prescrição para a imposição de coimas ou de sanções pecuniárias compulsórias produz efeitos o mais tardar no dia em que um prazo igual ao dobro do prazo de prescrição chegar ao seu termo sem que a Comissão tenha imposto uma coima ou uma sanção pecuniária compulsória. Este prazo é prorrogado pelo período durante o qual a prescrição tiver sido suspensa nos termos do nº 5.

5. O prazo de prescrição para a imposição de coimas ou de sanções pecuniárias compulsórias fica suspenso pelo período em que a decisão da Comissão for objeto de recurso pendente no Tribunal de Justiça da União Europeia.

Artigo 78º *Prazo de prescrição para a execução de sanções*

1. Os poderes da Comissão no que se refere à execução das decisões tomadas nos termos dos artigos 74º e 76º estão sujeitos a um prazo de prescrição de cinco anos.

2. O prazo de prescrição começa a ser contado a partir do dia em que a decisão se torna definitiva.

3. O prazo de prescrição para a execução de sanções é interrompido:

a) Pela notificação de uma decisão que altere o montante inicial da coima ou da sanção pecuniária compulsória ou que indefira um pedido no sentido de obter tal alteração;

b) Por qualquer ato da Comissão ou de um Estado-Membro, agindo a pedido da Comissão, destinado à execução forçada da coima ou da sanção pecuniária compulsória.

4. Cada interrupção implica o reinício da contagem do prazo de prescrição.

5. O prazo de prescrição para a execução de sanções fica suspenso durante o período em que:

a) Decorrer o prazo de pagamento;

b) A execução da cobrança estiver suspensa por decisão do Tribunal de Justiça da União Europeia ou por decisão de um tribunal nacional.

Artigo 79º *Direito de ser ouvido e de acesso ao processo*

1. Antes de adotar uma decisão nos termos do artigo 73º, nº 1, do artigo 74º ou do artigo 76º, a Comissão dá ao fornecedor da plataforma em linha de muito grande dimensão ou do motor de pesquisa em linha de muito grande dimensão em causa ou a outra pessoa referida no artigo 67º, nº 1, a oportunidade de serem ouvidos relativamente a:

a) Conclusões preliminares da Comissão, incluindo sobre quaisquer objeções por ela formuladas; e

b) Medidas eventualmente previstas pela Comissão tendo em conta as conclusões preliminares a que se refere a alínea *a)*.

2. O fornecedor da plataforma em linha de muito grande dimensão ou do motor de pesquisa em linha de muito grande dimensão em causa ou outra pessoa referida no artigo 67º, nº 1, podem apresentar as suas observações sobre as conclusões preliminares da Comissão num prazo razoável estabelecido pela Comissão nas suas conclusões preliminares, que não pode ser inferior a 14 dias.

3. A Comissão baseia as suas decisões unicamente nas objeções relativamente às quais as partes em causa tenham podido apresentar as suas observações.

4. Os direitos de defesa das partes em causa são plenamente respeitados no desenrolar do processo. As partes em causa têm direito de aceder ao processo da Comissão nos termos de uma divulgação negociada, sob reserva do interesse legítimo do fornecedor da plataforma em linha de muito grande dimensão ou do motor de pesquisa em linha de muito grande dimensão ou de outra pessoa em causa, na proteção dos seus segredos comerciais. A Comissão tem competência para adotar decisões que estabeleçam essas condições de divulgação em caso de desacordo entre as partes. Ficam excluídas da consulta do processo da Comissão as informações confidenciais, bem como os documentos internos da Comissão, do Comité, dos coordenadores dos serviços digitais, de outras autoridades competentes ou de outras autoridades públicas dos Estados-Membros. Ficam, nomeadamente, excluídas da consulta as notas de correspondência entre a Comissão e essas autoridades. Nenhuma disposição do presente número obsta a que a Comissão divulgue e utilize as informações necessárias para fazer prova de uma infração.

5. As informações recolhidas nos termos dos artigos 67º, 68º e 69º são utilizadas apenas para efeitos do presente regulamento.

Artigo 80º *Publicação de decisões*

1. A Comissão publica as decisões que adotar nos termos do artigo 70º, nº 1, do artigo 71º, nº 1, e dos artigos 73º a 76º. Essa publicação menciona as partes interessadas e o conteúdo essencial da decisão, incluindo as sanções impostas.

2. A publicação tem em conta os direitos e os interesses legítimos do fornecedor da plataforma em linha de muito grande dimensão ou do motor de pesquisa em linha de muito grande dimensão em causa, de qualquer outra pessoa referida no artigo 67º, nº 1, e de terceiros na proteção das suas informações confidenciais.

Artigo 81º *Fiscalização pelo Tribunal de Justiça da União Europeia*

Nos termos do artigo 261º do TFUE, o Tribunal de Justiça da União Europeia goza de plena jurisdição para fiscalizar as decisões através das quais a Comissão tenha aplicado coimas ou sanções pecuniárias compulsórias. Pode suprimir, reduzir ou aumentar a coima ou sanção pecuniária compulsória aplicada.

Artigo 82º *Pedidos de restrição de acesso e cooperação com os tribunais nacionais*

1. Caso tenham sido esgotados todos os poderes previstos na presente secção para pôr termo a uma infração do presente regulamento, a infração persistir e causar prejuízos graves que não possam ser evitados através do exercício de outros poderes disponíveis ao abrigo do direito da União ou do direito nacional, a Comissão pode solicitar ao coordenador dos serviços digitais de estabelecimento do fornecedor da plataforma em linha de muito grande dimensão ou do motor de pesquisa em linha de muito grande dimensão em causa que tome medidas nos termos do artigo 51º, nº 3.

Antes de apresentar esse pedido ao coordenador dos serviços digitais, a Comissão convida as partes interessadas a apresentar observações escritas, num prazo não inferior a 14 dias úteis, descrevendo as medidas que tenciona solicitar e identificando o ou os destinatários visados.

2. Caso a aplicação coerente do presente regulamento o exija, a Comissão pode, por iniciativa própria, apresentar observações escritas à autoridade judiciária competente referida no artigo 51º, nº 3. Pode também, com o consentimento da autoridade judiciária em causa, apresentar observações orais.

Tendo em vista o propósito exclusivo de elaborar as suas observações, a Comissão pode solicitar a essa autoridade judiciária que transmita ou assegure a transmissão à Comissão de todos os documentos necessários à apreciação do processo.

3. Se um tribunal nacional se pronunciar sobre uma matéria que já é objeto de uma decisão adotada pela Comissão ao abrigo do presente regulamento, esse tribunal nacional não pode tomar uma decisão que seja contrária à referida decisão da Comissão. Os tribunais nacionais evitam igualmente tomar decisões que entrem em conflito com uma decisão prevista pela Comissão em procedimentos que esta tenha iniciado nos termos do presente regulamento. Para o efeito, um tribunal nacional pode avaliar se é ou não necessário suspender a instância. Tal não prejudica o disposto no artigo 267º do TFUE.

Artigo 83º *Atos de execução relativos à intervenção da Comissão*

Em relação à intervenção da Comissão abrangida pela presente secção, a Comissão pode adotar atos de execução relativos às modalidades práticas aplicáveis:

a) Ao processo previsto nos artigos 69º e 72º;

b) Às audições previstas no artigo 79º;

c) À divulgação negociada de informações prevista no artigo 79º.

Antes de adotar quaisquer medidas nos termos do primeiro parágrafo do presente artigo, a Comissão publica o respetivo projeto, convidando todos os interessados a apresentar-lhe as suas observações no prazo nele fixado, que não poderá ser inferior a um mês. Os referidos atos de execução são adotados pelo procedimento consultivo a que se refere o artigo 88º.

SECÇÃO 5 – Disposições comuns em matéria de execução

Artigo 84º *Sigilo profissional*

Sem prejuízo do intercâmbio e da utilização das informações a que se refere o presente capítulo, a Comissão, o Comité, as autoridades competentes dos Estados-Membros e os respetivos funcionários, agentes e outras pessoas que trabalhem sob a sua supervisão, e quaisquer outras pessoas singulares ou coletivas envolvidas, incluindo os auditores e os peritos nomeados ao abrigo do artigo 72º, nº 2, não podem divulgar informações que tenham obtido ou trocado nos termos do presente regulamento e que, pela sua natureza, estejam abrangidas pelo sigilo profissional.

Artigo 85º *Sistema de partilha de informações*

1. A Comissão cria e mantém um sistema fiável e seguro de partilha de informações de apoio às comunicações entre os coordenadores dos serviços digitais, a Comissão e o Comité. Pode ser concedido acesso a este sistema a outras autoridades competentes, sempre que tal seja necessário ao exercício das funções que lhes são atribuídas nos termos do presente regulamento.

2. Os coordenadores dos serviços digitais, a Comissão e o Comité utilizam o sistema de partilha de informações para todas as comunicações efetuadas nos termos do presente regulamento.

3. A Comissão adota atos de execução que estabeleçam as disposições práticas e operacionais relativas ao funcionamento do sistema de partilha de informações e à sua interoperabilidade com outros sistemas pertinentes. Os referidos atos de execução são adotados pelo procedimento consultivo a que se refere o artigo 88º.

Artigo 86º *Representação*

1. Sem prejuízo da Diretiva (UE) 2020/1828 ou de qualquer outro tipo de representação nos termos do direito nacional, os destinatários de serviços intermediários têm, pelo menos, o direito de mandatar um órgão, organização ou associação para exercer em seu nome os direitos que lhes são conferidos pelo presente regulamento, desde que esse órgão, organização ou associação preencha todas as seguintes condições:

a) Seja uma entidade sem fins lucrativos;

b) Tenha sido devidamente constituído nos termos do direito de um Estado-Membro;

c) Os seus objetivos estatutários incluam um interesse legítimo em assegurar o cumprimento do presente regulamento.

2. Os fornecedores de plataformas em linha tomam as medidas técnicas e organizativas necessárias para assegurar que as queixas apresentadas pelos órgãos, organizações ou associações a que se refere o nº 1 do presente artigo em nome dos destinatários do serviço, através dos mecanismos referidos no artigo 20º, nº 1, sejam tratadas e objeto de uma decisão prioritariamente e sem demora.

SECÇÃO 6 – Atos delegados e atos de execução

Artigo 87º *Exercício da delegação*

1. O poder de adotar atos delegados é conferido à Comissão nas condições estabelecidas no presente artigo.

2. A delegação de poderes referida nos artigos 24º, 33º, 37º, 40º e 43º é conferida à Comissão por um prazo de cinco anos a contar de 16 de novembro de 2022. A Comissão elabora um relatório relativo à delegação de poderes pelo menos nove meses antes do final do prazo de cinco anos. A delegação de poderes é tacitamente prorrogada por períodos de igual duração, salvo se o Parlamento Europeu ou o Conselho a tal se opuserem pelo menos três meses antes do final de cada prazo.

3. A delegação de poderes referida nos artigos 24º, 33º, 37º, 40º e 43º pode ser revogada em qualquer momento pelo Parlamento Europeu ou pelo Conselho.

A decisão de revogação põe termo à delegação dos poderes nela especificados. A decisão de revogação produz efeitos a partir do dia seguinte ao da sua publicação no Jornal Oficial da União Europeia ou de uma data posterior nela especificada. A decisão de revogação não afeta os atos delegados já em vigor.

4. Antes de adotar um ato delegado, a Comissão consulta os peritos designados por cada Estado-Membro de acordo com os princípios estabelecidos no Acordo Interinstitucional, de 13 de abril de 2016, sobre legislar melhor.

5. Assim que adotar um ato delegado, a Comissão notifica-o simultaneamente ao Parlamento Europeu e ao Conselho.

6. Os atos delegados adotados nos termos dos artigos 24º, 33º, 37º, 40º e 43º só entram em vigor se não tiverem sido formuladas objeções pelo Parlamento Europeu ou pelo Conselho no prazo de três meses a contar da notificação do ato ao Parlamento Europeu e ao Conselho, ou se, antes do termo desse prazo, o Parlamento Europeu e o Conselho tiverem informado a Comissão de que não têm objeções a formular. O referido prazo é prorrogável por três meses por iniciativa do Parlamento Europeu ou do Conselho.

Artigo 88º *Procedimento de comité*

1. A Comissão é assistida por um comité («Comité dos Serviços Digitais»). Este comité é um comité na aceção do Regulamento (UE) nº 182/2011.

2. Caso se remeta para o presente número, aplica-se o artigo 4º do Regulamento (UE) nº 182/2011.

CAPÍTULO V – DISPOSIÇÕES FINAIS

Artigo 89º *Alteração da Diretiva 2000/31/CE*

1. Os artigos 12º a 15º da Diretiva 2000/31/CE são suprimidos.

2. As remissões para os artigos 12º a 15º da Diretiva 2000/31/CE entendem-se como remissões para os artigos 4º, 5º, 6º e 8º do presente regulamento, respetivamente.

Artigo 90º *Alteração da Diretiva (UE) 2020/1828*

Ao anexo I da Diretiva (UE) 2020/1828, é aditado o seguinte ponto:

« **68)** Regulamento (UE) 2022/2065 do Parlamento Europeu e do Conselho, de 19 de outubro de 2022, relativo a um mercado único para os serviços digitais e que altera a Diretiva 2000/31/CE (Regulamento dos Serviços Digitais) (JO L 277 de 27.10.2022, p. 1).».

Artigo 91º *Reexame*

1. Até 18 de fevereiro de 2027, a Comissão avalia o potencial impacto do presente regulamento no desenvolvimento e no crescimento económico das pequenas e médias empresas e apresenta um relatório sobre esta matéria ao Parlamento Europeu, ao Conselho e ao Comité Económico e Social Europeu.

Até 17 de novembro de 2025, a Comissão avalia e apresenta ao Parlamento Europeu, ao Conselho e ao Comité Económico e Social um relatório sobre:

a) A aplicação do artigo 33º, incluindo a gama de prestadores de serviços intermediários abrangidos pelas obrigações estabelecidas no capítulo III, secção 5, do presente regulamento;

b) A forma como presente regulamento interage com outros atos jurídicos, nomeadamente os atos referidos no artigo 2º, nºs 3 e 4.

2. Até 17 de novembro de 2027 e, posteriormente, de cinco em cinco anos, a Comissão avalia o presente regulamento e apresenta um relatório ao Parlamento Europeu, ao Conselho e ao Comité Económico e Social Europeu.

Este relatório incide, em especial, sobre:

a) A aplicação do nº 1, segundo parágrafo, alíneas *a)* e *b)*;

b) O contributo do presente regulamento para o aprofundamento e o funcionamento eficiente do mercado interno dos serviços intermediários, em especial no que diz respeito à prestação transfronteiriça de serviços digitais;

c) A aplicação dos artigos 13º, 16º, 20º, 21º, 45º e 46º;

d) O âmbito das obrigações impostas às pequenas e microempresas;

e) A eficácia dos mecanismos de supervisão e execução;

f) O impacto no respeito do direito à liberdade de expressão e de informação.

3. Se for caso disso, o relatório referido nos nºs 1 e 2 é acompanhado de uma proposta de alteração do presente regulamento.

4. No relatório referido no nº 2 do presente artigo, a Comissão também avalia e apresenta um relatório sobre os relatórios anuais elaborados pelos coordenadores dos serviços digitais sobre as respetivas atividades, apresentados à Comissão e ao Comité nos termos do artigo 55º, nº 1.

5. Para efeitos do nº 2, os Estados-Membros e o Comité enviam informações a pedido da Comissão.

6. Ao efetuar as avaliações a que se refere o nº 2, a Comissão tem em consideração as posições e as conclusões a que tenham chegado o Parlamento Europeu, o Conselho e outros organismos ou fontes pertinentes e presta particular atenção às pequenas e médias empresas e à posição dos novos concorrentes.

7. Até 18 de fevereiro de 2027, a Comissão, após consulta ao Comité, procede a uma apreciação do funcionamento do Comité e da aplicação do artigo 43º, e apresenta um relatório ao Parlamento Europeu, ao Conselho e ao Comité Económico e Social Europeu, tendo em conta os primeiros anos de aplicação do regulamento. Com base nas conclusões e tendo na máxima conta o parecer do Comité, esse relatório é, se for caso disso, acompanhado de uma proposta de alteração do presente regulamento no que diz respeito à estrutura do Comité.

Artigo 92º *Aplicação antecipada aos fornecedores de plataformas em linha de muito grande dimensão e aos motores de pesquisa em linha de muito grande dimensão*

O presente regulamento é aplicável aos fornecedores de plataformas em linha de muito grande dimensão e de motores de pesquisa em linha de muito grande dimensão designados nos termos do artigo 33º, nº 4, quatro meses após a comunicação ao fornecedor em causa a que se refere o artigo 33º, nº 6, caso essa data seja anterior a 17 de fevereiro de 2024.

Artigo 93º *Entrada em vigor e aplicação*

1. O presente regulamento entra em vigor no vigésimo dia seguinte ao da sua publicação no Jornal Oficial da União Europeia.

2. O presente regulamento é aplicável a partir de 17 de fevereiro de 2024.

No entanto, o artigo 24º, nºs 2, 3 e 6, o artigo 33º, nºs 3 a 6, o artigo 37º, nº 7, o artigo 40º, nº 13, o artigo 43º e o capítulo IV, secções 4, 5 e 6, são aplicáveis a partir de 16 de novembro de 2022.

O presente regulamento é obrigatório em todos os seus elementos e diretamente aplicável em todos os Estados-Membros.

Feito em Estrasburgo, em 19 de outubro de 2022.

Pelo Parlamento Europeu

A Presidente

R. METSOLA

Pelo Conselho

O Presidente

M. BEK

ÍNDICE